GANSEYS

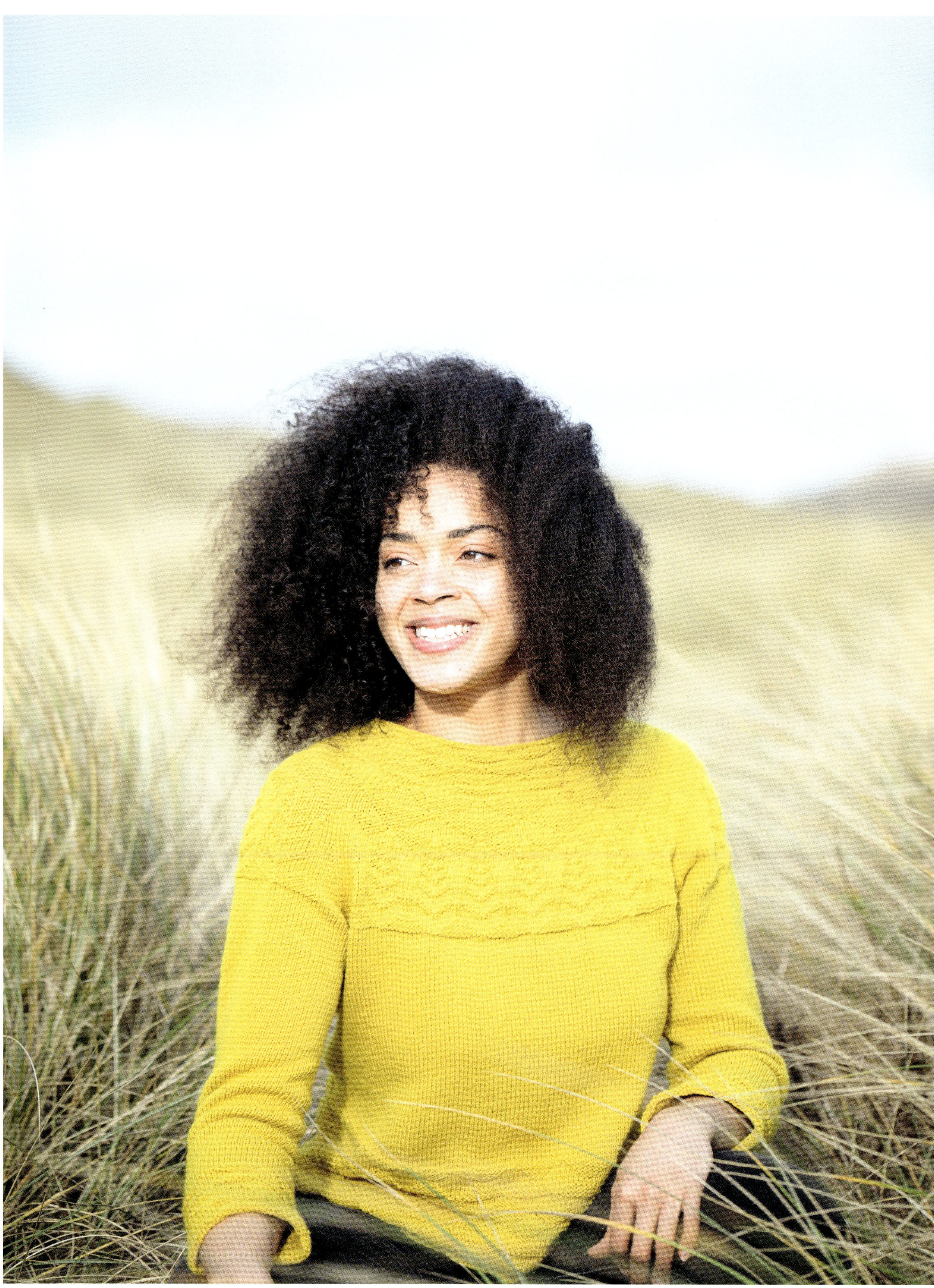

Di Gilpin & Sheila Greenwell

GANSEYS

150 STRICKMUSTER UND 10 MODELLE, INSPIRIERT VOM TRADITIONELLEN FISCHERPULLOVER

stiebner

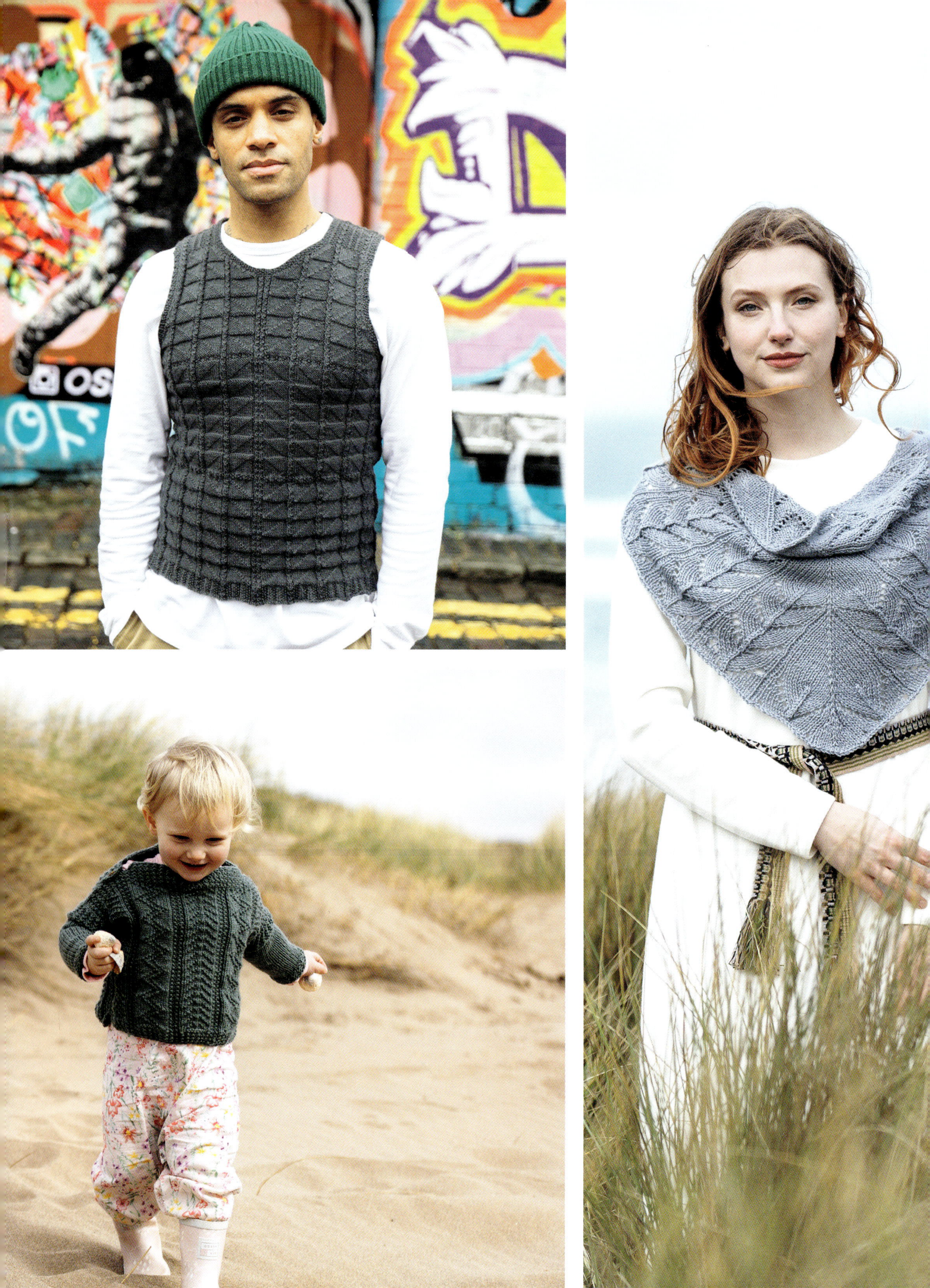

INHALT

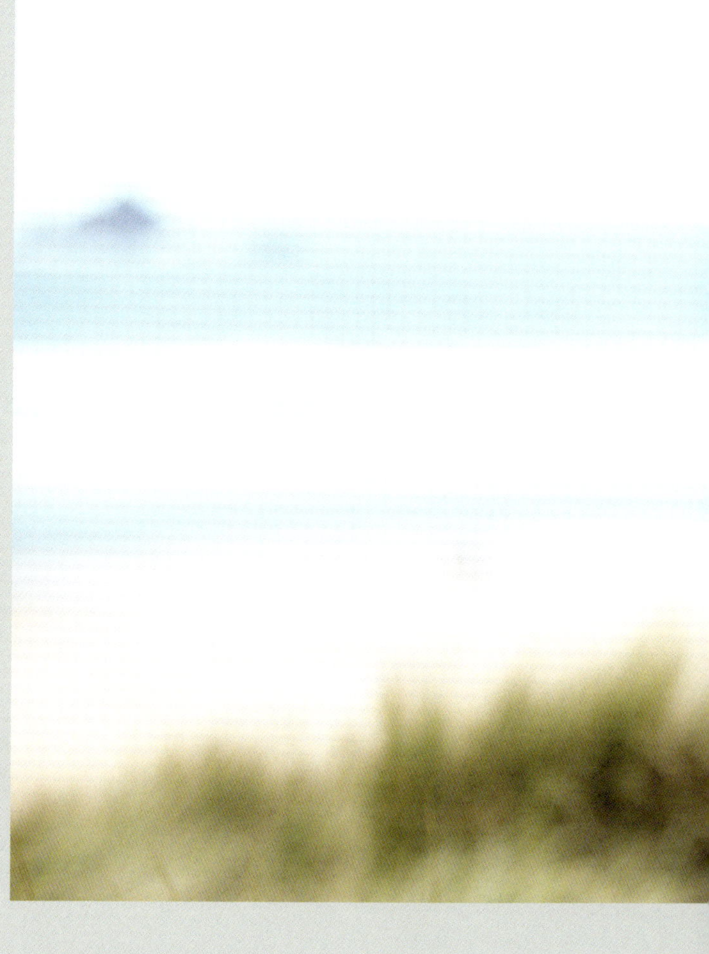

EINLEITUNG

The Gansey Knitting Sourcebook hat eine lange Entstehungszeit. Als Kind wurde mir zum ersten Mal bewusst, wie toll diese Kleidungsstücke sind. Damals besuchte ich Whitby in Yorkshire mit meiner lieben Tante Doris, die mir das Stricken beigebracht und die mich mit zwölf in den Wollladen Shepherd's Purse mitgenommen hat, um Wolle und ein Strickbuch zu kaufen. Ich wählte Gladys Thompson's ***Patterns for Guernseys, Jerseys & Arans: Fishermen's Sweaters from the British Isles!***

Ich bin in East Yorkshire aufgewachsen und habe mal neben dem Hafen in Bridlington gewohnt. In der Kellerwohnung lebten ein Kapitän im Ruhestand, seine Frau, ein Papagei und ihr wunderschöner Bernhardiner. Damals war ich sechs und lauschte bei einer Tasse Tee völlig fasziniert den Geschichten eines übervollen Lebens auf See. Ich verbrachte Stunden damit, am Kai nach Krebsen zu angeln, in der superkalten Nordsee zu schwimmen und zu stricken. Eines der ersten Projekte in der Schule war ein Paar Handschuhe auf einem Nadelspiel. Als ich Sheila, die Co-Autorin dieses Buchs, getroffen habe, verband uns die Liebe zum Stricken auf 12 cm langen Nadelspielen oder langen, geraden Nadeln, von denen eine unter den Arm geklemmt wird, auf die schottische oder nordenglische Weise. Auf langen Strickspielnadeln rund zu stricken ist typisch für gute Ganseystrickerei!

Wir stricken schon unser ganzes Leben lang und interessieren uns besonders für Ganseys, daher unternehmen wir eine Reise durch die Geschichte und die besonderen Details dieser faszinierenden Strickstücke; Maschenspannung (-probe), Maschenzahl, Muster, Schnittdetails, Wolle, Farbe und Motive. Es gibt viel zu erzählen und viel Geschichte zu entdecken. Ich habe lange Jahre am Moray Firth Partnership Gansey Project gearbeitet, und diese Sammlung befindet sich nun im Schottisches Fischereimuseum, wo wir gerade am »Knitting the Herring«-Projekt arbeiten, aus dem eine nationale Ganseysammlung für Schottland wird, die mit Sammlungen in England und Cornwall verbunden ist. Die besonderen Eriskay Ganseys von den Äußeren Hebriden gehören ebenfalls zur Sammlung.

Der Aufbau einer nationalen Sammlung wird zu einem größeren Verständnis für die Ursprünge und die Schöpfer führen, viele waren Fischersfrauen aus Küstendörfern. Es werden Variationen zwischen einzelnen Gemeinden und Familien hervortreten und das Leben der »Herring Girls«, kompetente Ganseystrickerinnen, die die Küste entlang den Heringsschwärmen nachreisten, um im jeweiligen Hafen den frischen Fang auszunehmen und einzusalzen.

Ganseys sind etwas ganz Besonderes. Sie werden mit 5-fädiger Ganseywolle ohne Naht traditionell auf fünf langen Stahlnadeln rund gestrickt, oft mit falschen Seitennähten. Die Strickerinnen erfanden ihre eigenen Muster, ergänzten oft für sie typische Motive, durch die man ihre Familie oder sogar ihr Heimatdorf an der Küste Schottlands, Englands, der Niederlande und mehr erkannte.

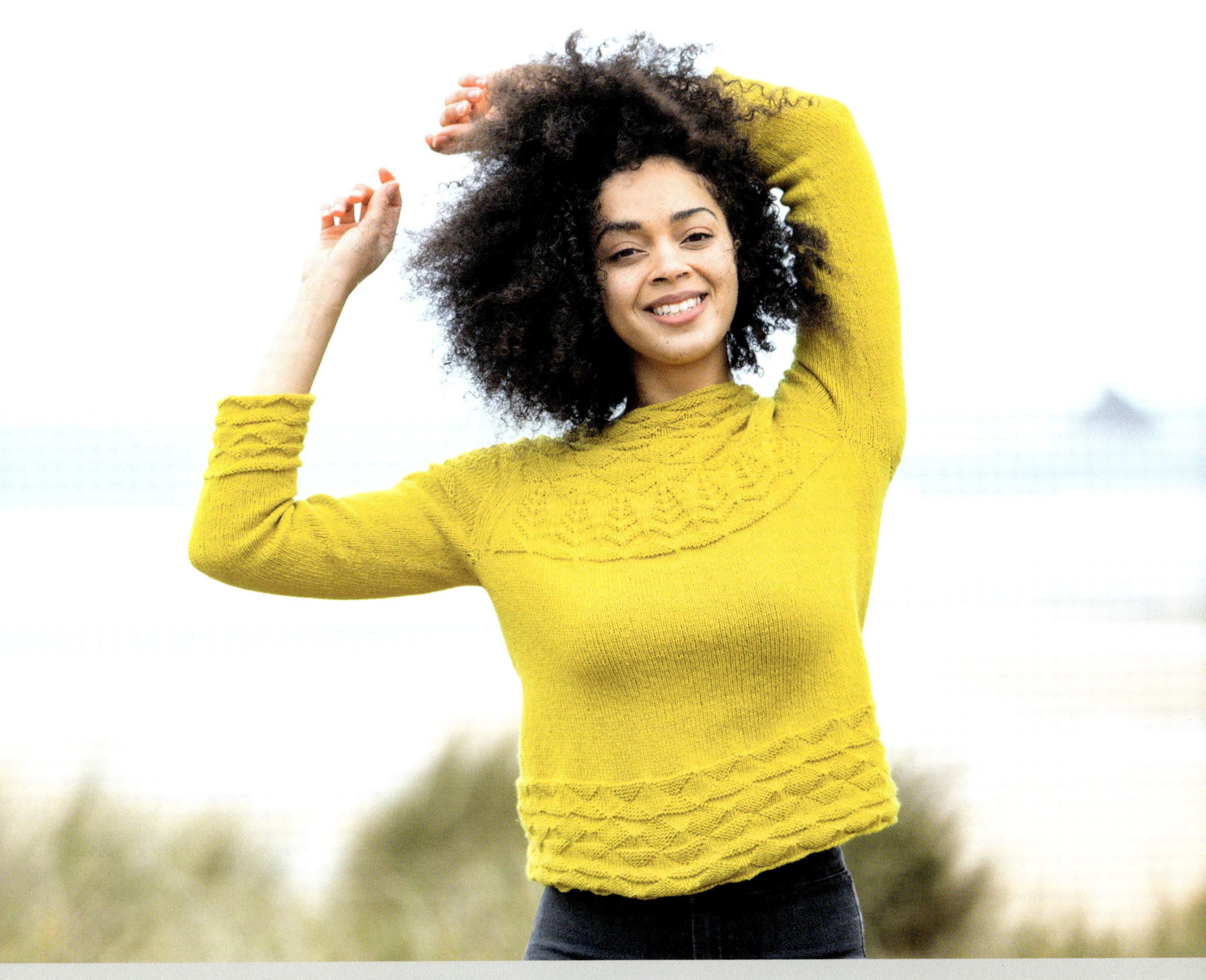

Diese besonderen Ganseymuster entstehen aus einfachen rechten und linken Maschen, im Dialekt der Yorkshire Dales »hit and missitt« (»getroffen und daneben« laut Mrs Crabtree of Dent in ***The Old Hand-Knitters of the Dales*** von Marie Hartley und Joan Ingilby). Traditionell sind Ganseys so geschnitten, dass sie die Fischer bei der Arbeit nicht in ihrer Bewegungsfreiheit einschränken, dabei sitzen sie eng, die Ärmel sind kurz, damit sie nicht in Netzen, Haken und Takelage hängen bleiben. Für einen besseren Sitz solch stark strapazierter Kleidungsstücke werden Ganseys mit einer großen Maschendichte gestrickt und besonderen Details für Bewegungsfreiheit und einfaches Flicken. Dazu gehören Unterarmzwickel, eine falsche Seitennaht, eine Schulterverbindung – manchmal mit einem Band oder Sattel –, Halsbündchen, oft mit einem Zwickel, und Ärmel, die von oben nach unten gearbeitet werden.

In diesem Buch möchten Sheila und ich unsere neuesten Forschungsergebnisse nach den Ursprüngen von Ganseys vorstellen, darunter eine Studie einer Familiensammlung aus dem Nordosten Schottlands mit bisher unveröffentlichten Notizen von Strickerinnen über mehrere Generationen. Wir haben auch ein tolles Archiv der Motive, Hintergrund- und Hauptmuster zusammengetragen, als Inspirationsquelle für Stricker, um ihre eigenen Muster zu entwickeln und die Komplexität und Schönheit dieser unglaublichen Strickstücke zu verstehen, die für die Harmonie von Nützlichkeit und Kunst stehen.

EINE KURZE GESCHICHTE DER GANSEYS

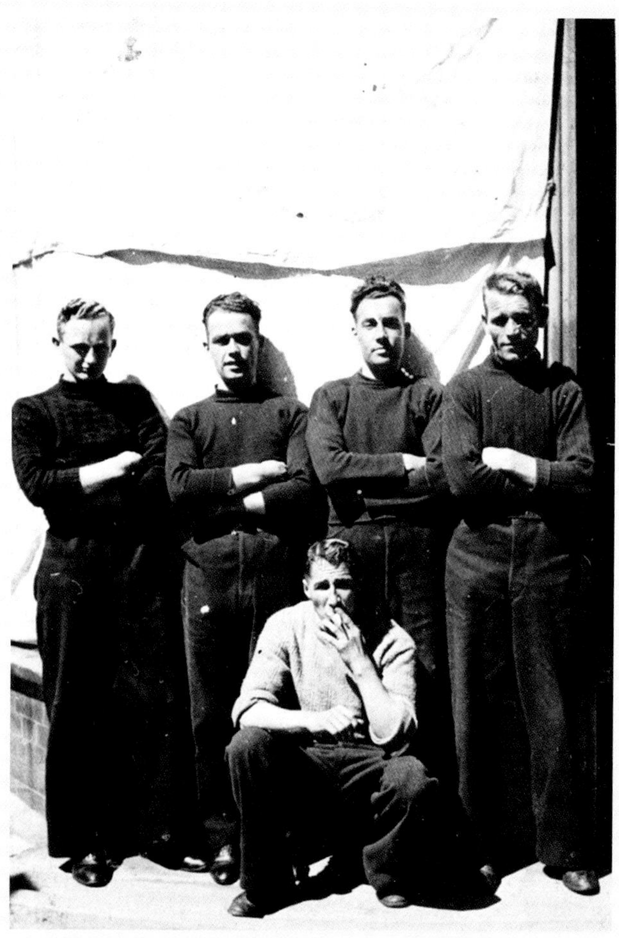

Gruppenporträt von fünf Pittenweem Fischern.
Bildgenehmigung des Schottischen Fischereimuseums, SFM_4567

WIESO GANSEY?

Ein Gansey ist ein Fischerpullover. Der Name wird oft mit Guernsey oder Jersey verbunden, wo es eine bis ins 15. Jahrhundert reichende Geschichte einfacher Strickpullover gibt. Auf Gälisch heißen sie »Geansaidh«, und Pullover heißt auf Norwegisch »Genser«, was ebenfalls von Guernsey kommt.

Ein Gansey wird nahtlos in einem Stück von Hand gestrickt, nicht von einer Maschine und ohne Zusammennähen, mit Zwickeln und anderen Details. Ein Gansey ist gemustert, nicht bloß glatt rechts, und hat eine besondere Maschendichte für ein dichtes und robustes Strickstück.

Typisch für Arbeitskleidung ist der Gansey perfekt für seine Zwecke. Viele Fischerdörfer lagen einsam, in der Nähe von Schafen, es gab also Wolle. Wolle ist das perfekte Material für eine kalte, nasse Umgebung, da sie die Körpertemperatur hält, und bei der dichten Maschenprobe des Ganseys ist sie auch wasserabweisend, während sie den Träger wärmt.

Die komplexen Muster und besondere Maschenprobe des Ganseys lassen eine lange textile Geschichte vermuten, die sich über Hunderte Jahre entwickelt hat. Sie hat eine gewisse Ähnlichkeit mit dem Seidendamaststricken, das Richard Rutt in seinem Buch ***A History of Handknitting*** beschreibt.

Dank der sogenannten Herring »Guines« (Mädchen und Frauen, die bei der Heringsverarbeitung halfen) wie Mrs Isabella Stewart (s. ***Unentdeckte Schätze***) wissen wir jetzt, dass Familien sich zu Motiven und Mustern Notizen machten, lange bevor Ganseymuster veröffentlicht wurden. Dabei haben die Strickerinnen, die immer neugierig sind, sicher gern ihr Repertoire erweitert, wenn sie etwas Neues und Interessantes sahen. Durch die Katalogisierung der wunderbaren Strickstücke der Sammlung des Schottischen Fischereimuseums erkannten wir die Komplexität von Design und Konstruktion, sie spiegeln sehr altes Wissen wider, das von Textilhistorikern oft übersehen wurde. Der Gansey ist ein lebendiges Zeugnis von Codes und Maschen, das gelesen werden kann, um ihm Geheimnisse zu entlocken.

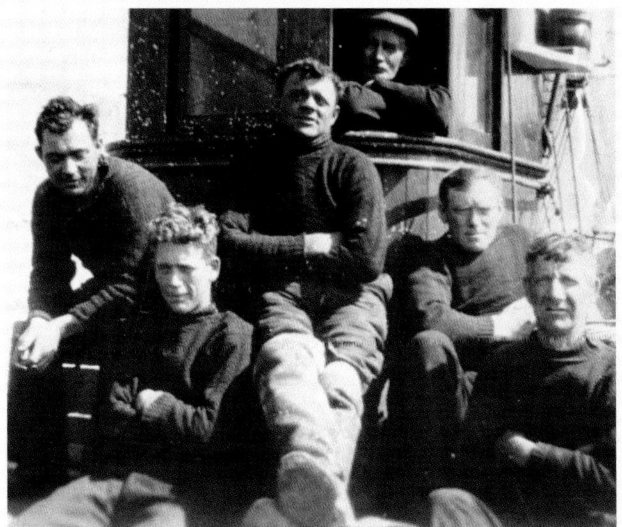

Mannschaft des Fischloggers Just Reward, KY239.
Bildgenehmigung vom Schottischen Fischereimuseum, SFM_2280

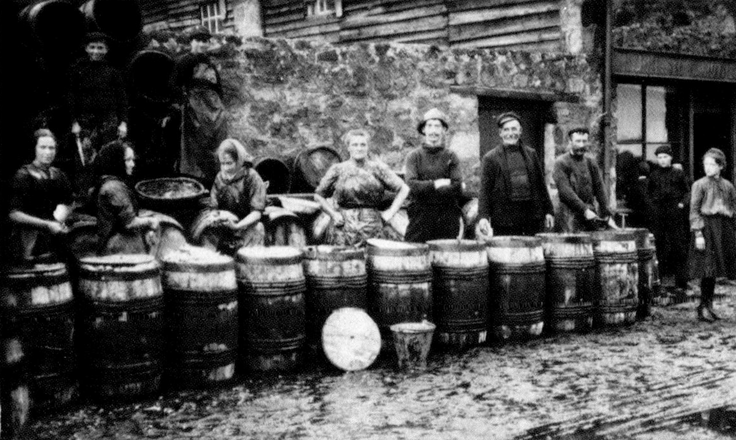

Ausnehmen und Pökeln von Heringen, Anstruther, 1909.
Bildgenehmigung vom Schottischen Fischereimuseum, SFM_1879

»Herring Quines«: Der Heringshandel und die »Fisher lassies«

Ab dem 17. Jahrhundert bestimmte der Hering oder »silver Darling«, wie der kleine Fisch liebevoll genannt wurde, das Fischen an der britischen Küste. Die Heringsschwärme sammelten sich jedes Jahr im Norden Schottlands und schwammen durch die Nordsee nach Süden. Die schottische Heringsflotte kam an den Shetland Inseln zusammen und folgte den Schwärmen, fing sie und brachte den Fang auf dem Weg nach Süden an Land.

Die Fischerboote kamen von überallher, auch von den Niederlanden und noch weiter entfernt. Das Museum auf Shetland besitzt eine gute Sammlung von Fotos von Kapitänen, Mannschaften und Booten, die im örtlichen Fotostudio gemacht wurden und die Männer in ihren schönen Ganseys zeigen. In der Moray Firth Sammlung fanden wir nicht nur Ganseys, sondern auch lange Unterwäsche, die unter den Ölhosen getragen wurde, teilweise in hellrosa 5-fädiger Wolle, aber auch weitere Pullover in einer dickeren Wolle, die als zusätzliche, äußere Schicht dienten. Es ist allerdings nicht einfach, auf den Fotos die Muster in der üblichen dunkelblauen Wolle zu erkennen!

Die einzige Art, wie sich der Hering, ein sehr weicher Fisch, der schnell schlecht wird, konservieren ließ, waren große Salzfässer. Der Fisch musste so schnell wie möglich ausgenommen, entschuppt und in die Fässer gepackt werden. Die Frauen, die das erledigten, kamen aus unterschiedlichen Teilen Schottlands, darunter auch die ärmeren Äußeren Hebriden und der Norden, woher Isabella Stewart stammte. Sie wurden »Herring Quines« (Quine ist schottisch für Mädchen oder junge Frau) oder »Herring Girls« genannt. Sie reisten mit der Flotte nach Süden. Auf manchen Booten salzten die Frauen der Fischer die Fische ein, andere engagierten Mädchen in unterschiedlichen Häfen.

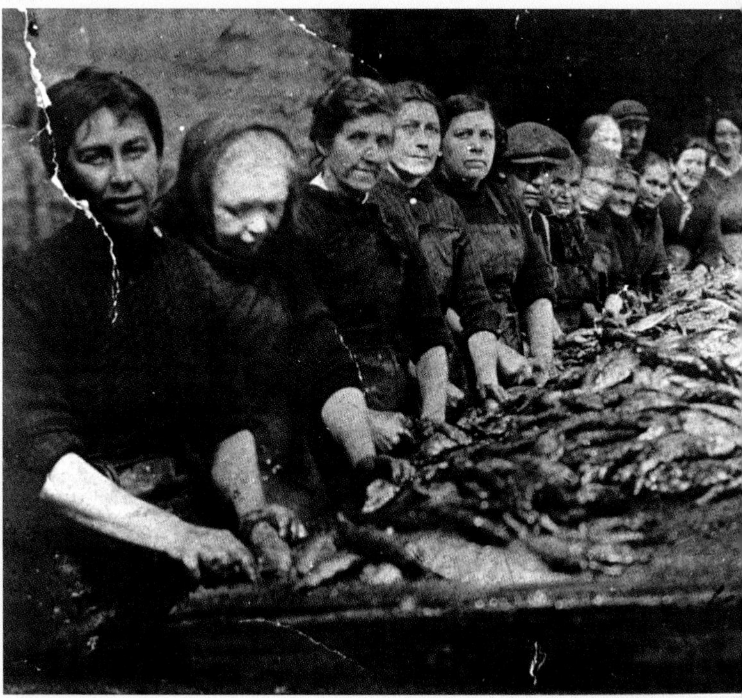

Ausnehmen von Heringen in Craig's yard, Dunbar, 1930er.
Bildgenehmigung vom Schottischen Fischereimuseum, SFM_4075

Viele der Frauen reisten gemeinsam und blieben manchmal, wenn sie das Ende der Reise erreichten, manche in Edinburgh, andere viel weiter im Süden. Es war hart, kalt und die Arbeit schwer. Sie wickelten Stoff um ihre Finger, um diese vor dem Salz und den Schuppen zu schützen. Viele Frauen strickten auf der Reise, und ich bin mir sicher, dass sie dabei auch Muster tauschten. Das erklärt, wie sich Muster von einer Region zur nächsten verbreiteten, noch bevor Gladys Thompsons Buch ***Patterns for Guernseys, Jerseys & Arans*** 1971 erschien, das Material enthielt, das in den 1950ern gesammelt worden war.

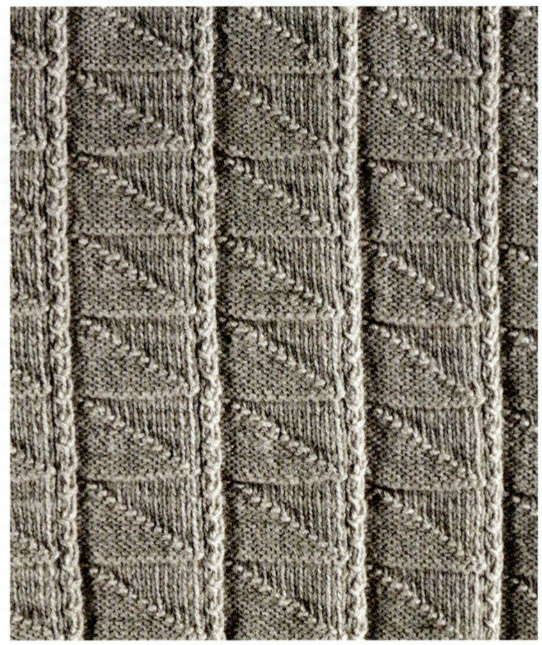

Flaggen und Scheinzöpfe, Fraserburgh.
Schottisches Fischereimuseum Collection, ANSFM:2019.374

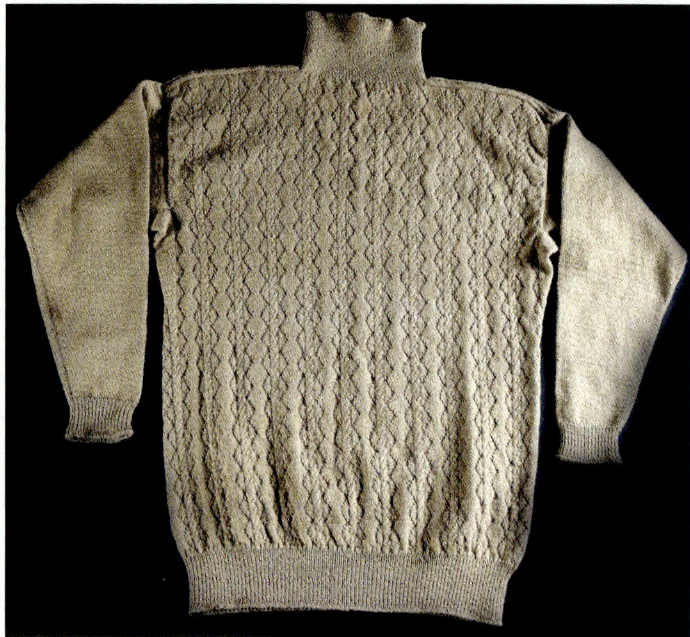

Offene Rauten mit 2-Maschen-Scheinzöpfen, Fraserburgh.
Schottisches Fischereimuseum Collection, ANSFM:2019.377

Es gibt tolle Bücher über Ganseys, und wir wollten nicht noch einmal den Teil der Geschichte durchgehen, der bereits beleuchtet wurde, stattdessen betrachten wir ein paar Fallbeispiele, um den Charakter des Ganseys und seine Stellung innerhalb der Sozialgeschichte seiner SchöpferInnen aufzuzeigen.

Um einen Gansey zu verstehen, ist die erste und wichtigste Frage, wer ihn gestrickt hat. Bei unserer Recherche in den Sammlungen von Moray Firth und dem Schottischen Fischereimuseum konnten wir die unterschiedlichen Strickerinnen, ihren Charakter und Ideenreichtum klar erkennen.

Die meisten Ganseys, die wir uns angesehen haben, wurden von Müttern, Ehefrauen oder Töchtern für Fischer innerhalb der Familie gestrickt, als schützende, wichtige Arbeitskleidung, die bei einer der gefährlichsten Arbeiten in Großbritannien getragen wurde. Die Maschenprobe bei manchem Strickstück betrug bis zu sechzig Maschen auf 10 cm, mit komplexen Mustern und Schnitt, damit der Pullover zur Sicherheit eng am Körper anlag.

Die Schönheit dieser Kleidungsstücke und die Stunden, die es gedauert hat, sie herzustellen, zu flicken und zu verändern, spiegeln die Liebe und Bindung dieser Familien aus kleinen Küstendörfern. Einer unserer Lieblingsstricksuperstars ist sicher Mrs Elsie Buchan, deren Arbeit wir im Museum gesehen und protokolliert haben. Elsie war eine großartige Strickerin aus Peterhead, im Nordwesten Schottlands, mit einem umwerfend klaren Maschenbild und einem einfallsreichen Geist. Sie nutzte den von ihr entworfenen Scheinzopf über zwei Maschen auf wunderbare Weise, um die Hauptmuster zu trennen oder den Pulli enger oder weiter zu machen.

Manchmal ließ sie zwei Zöpfe, die alle zwei Reihen gezopft werden, nebeneinanderlaufen, dann wieder strickte sie eine linke Masche dazwischen und zopfte nur noch alle vier Reihen. Jedes Kleidungsstück ist ein bisschen anders, aber alle tragen ihren ganz eigenen Stempel. Die Feinheit ihrer Arbeit sieht man vor allem bei zwei besonderen Ganseys.

Der erste hat ein Design einer schottischen Flagge mit einem einzelnen Zopf über zwei Maschen dazwischen, der zweite eine offene Raute mit einem doppelten zweimaschigen Zopf dazwischen, wodurch ein grandioses Allover-Muster entsteht.

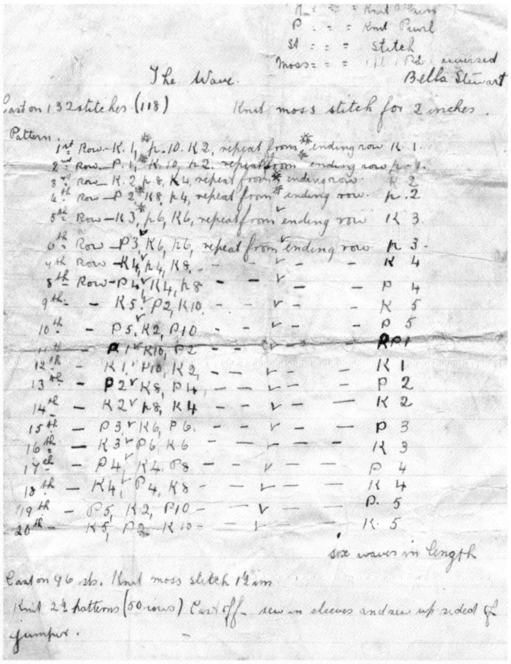

Bellas Notizen für »Die Welle«, gefunden in den handgeschriebenen Unterlagen. Als Sheila danach strickte, entstand ein wunderschönes Muster.

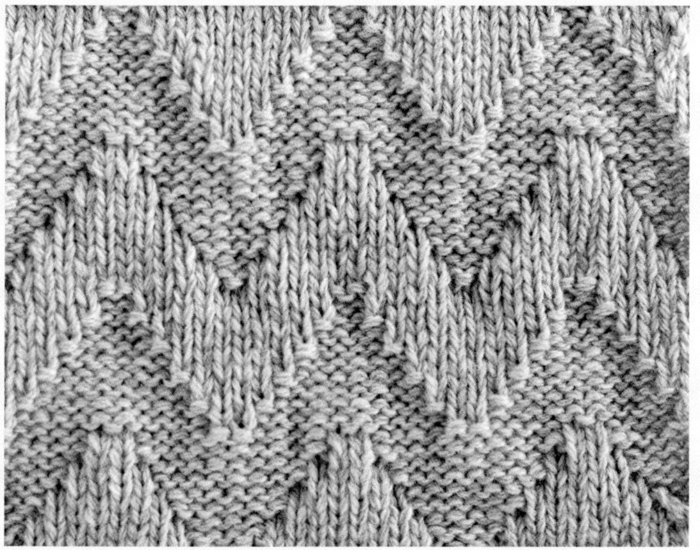

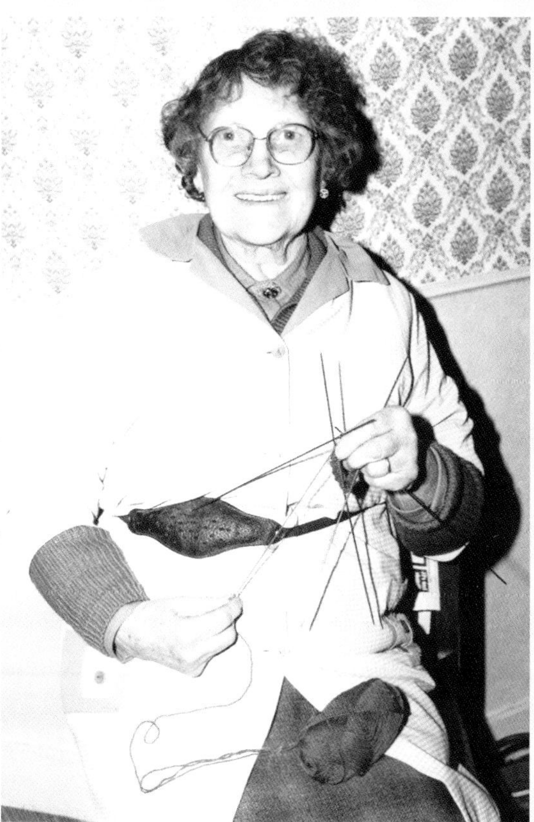

Bella mit ihrem Strickgürtel und ihren Nadeln

Unentdeckte Schätze

Als ich vor einigen Jahren beim Loch Ness Knitting Festival in Inverness gearbeitet habe, kam Stephanie Hoyle, die jahrelang für das Moray Firth Gansey Project gearbeitet hat, mit einem breiten Grinsen auf mich zu. Jemand hatte ihr gerade einen Karton Ganseys geschenkt, die wir noch nie gesehen hatten … Wir öffneten den Karton und fanden nicht nur eine Reihe wunderschöner Kleidungsstücke, sondern auch noch einen Ordner mit handgeschriebenen Notizen!

Das fühlte sich wie ein großer, wichtiger Fund an: Quellenmaterial, das zeigt, wie Muster auf Papierzetteln notiert und aufbewahrt wurden, manchmal in Lieblingsbüchern, um innerhalb der Familie weitergegeben zu werden. Ich konnte die Person ausfindig machen, die uns diesen Karton mit Ganseys und Notizen gegeben hatte, Anji, und sie schickte mir viele Informationen über ihre Großmutter Bella Stewart, von denen sich einige hier finden.

Isabella Stewart – Ganseystrickerin und Herring Quine

Mrs Isabella (Bella) Stewart wurde 1902 in eine Fischerfamilie in Seatown, Lossiemouth, geboren.

Wie es für die Frauen von Fischerfamilien üblich war, lernte sie zu stricken. Ihre Mutter brachte ihr bei, Ganseys, Strümpfe und lange Unterwäsche zu stricken, alles wichtige Kleidungsstücke für die Fischer der Familie.

Bevor sie 1927 James Stewart heiratete, arbeitete sie während der Heringssaison als Herring Quine. Dadurch kam sie nach Great Yarmouth, Barra und Shetland. Ihr Ehemann, ihre beiden Söhne und Schwiegersöhne waren Fischer, das Stricken daher ein Teil ihres Alltags. Sie war in der Gemeinde für ihre Ganseys bekannt und wurde oft gebeten, einen Gansey für jemand anderes zu stricken.

Bella strickte bis zu ihrem Tod, mit 90 Jahren, 1993.

»Meine Granny – eine Ganseystrickerin«
von Anji Hancock

»Als Tochter eines Fischers wuchs ich in den 1960ern auf und sah viele Männer meiner Familie in Ganseys und handgestrickten Wollstrümpfen. Hergestellt hatte sie meine Großmutter väterlicherseits, Isabella (Bella) Stewart. Wenn ich an meine Granny denke, dann eigentlich immer strickend. Sie hatte immer etwas auf ihren Nadeln und nahm es überallhin mit (sie nannte ihre Nadeln »wires« und stricken »wyvin«). Sie besuchte uns jeden Freitagabend, und als Kind war ich sowohl fasziniert als auch ein bisschen verängstigt von diesen langen, silbrigen, spitzen Metallgeräten, die sie beim Stricken ihres neuesten Ganseys so geschickt einsetzte. Am Ende einer Reihe stach sie die frei gewordene Nadel in einem scheinbar gefährlichen Manöver in ihren Bauch. Natürlich gab es keine Wunde, sie trug ja ihren Strickgürtel (»Whisker«)! Sie sagte immer, dass sie ohne nicht stricken könnte, und soweit ich mich erinnerte, benutzte sie immer einen.
Ich erinnere mich nur daran, dass sie Ganseys und Strümpfe strickte. Vielleicht hat sie auch andere Kleidungsstücke gestrickt, aber Ganseys waren auf jeden Fall ihr »Ding«. Bei ihr sah es so leicht aus, einen Gansey zu stricken, und ich glaube, sie hat nie eine Anleitung benutzt. Daher war es eine große Überraschung, nach ihrem Tod in ihrem Haus eine alte, verbeulte Blechdose voller stark genutzter Zettel mit Strickanleitungen für verschiedene Motive wie Herzen, Rauten und Zapfen zu finden. Manche waren in anderer Handschrift, und bei einer stand »ich hoffe, du kannst meine Schrift lesen«, daher vermute ich, dass sie andere Ganseystrickerinnen um die Anleitung für ein Motiv gebeten hat, das sie bei ihnen gesehen hatte.
Ich hatte auf jeden Fall den Eindruck, dass sie immer versucht hat, jeden Gansey durch Kleinigkeiten anders zu machen. Ich erinnere mich deutlich, dass sie sagte: »Ich denke, zur Abwechslung bekommt dieser hier Zöpfe am Bund«, und ein Gansey meines Vaters hat tatsächlich Zöpfe am Bund!
Meine Großmutter war eine Ganseystrickerin und eine Herring Quine – mir fehlt für beides das Talent! Ich bereue es sehr, dass ich sie nie gebeten haben, mir beizubringen, wie man einen Gansey strickt, aber was das Ausnehmen von Heringen angeht – ich bin sehr froh, dass das heute nicht mal eine Möglichkeit ist, selbst wenn meine Granny sich als ›happy times‹ daran erinnerte!«

Herring Quines reisten während der Saison ziemlich weit. Bella arbeitete in Barra, links, und auch in Lowestoft, unten.

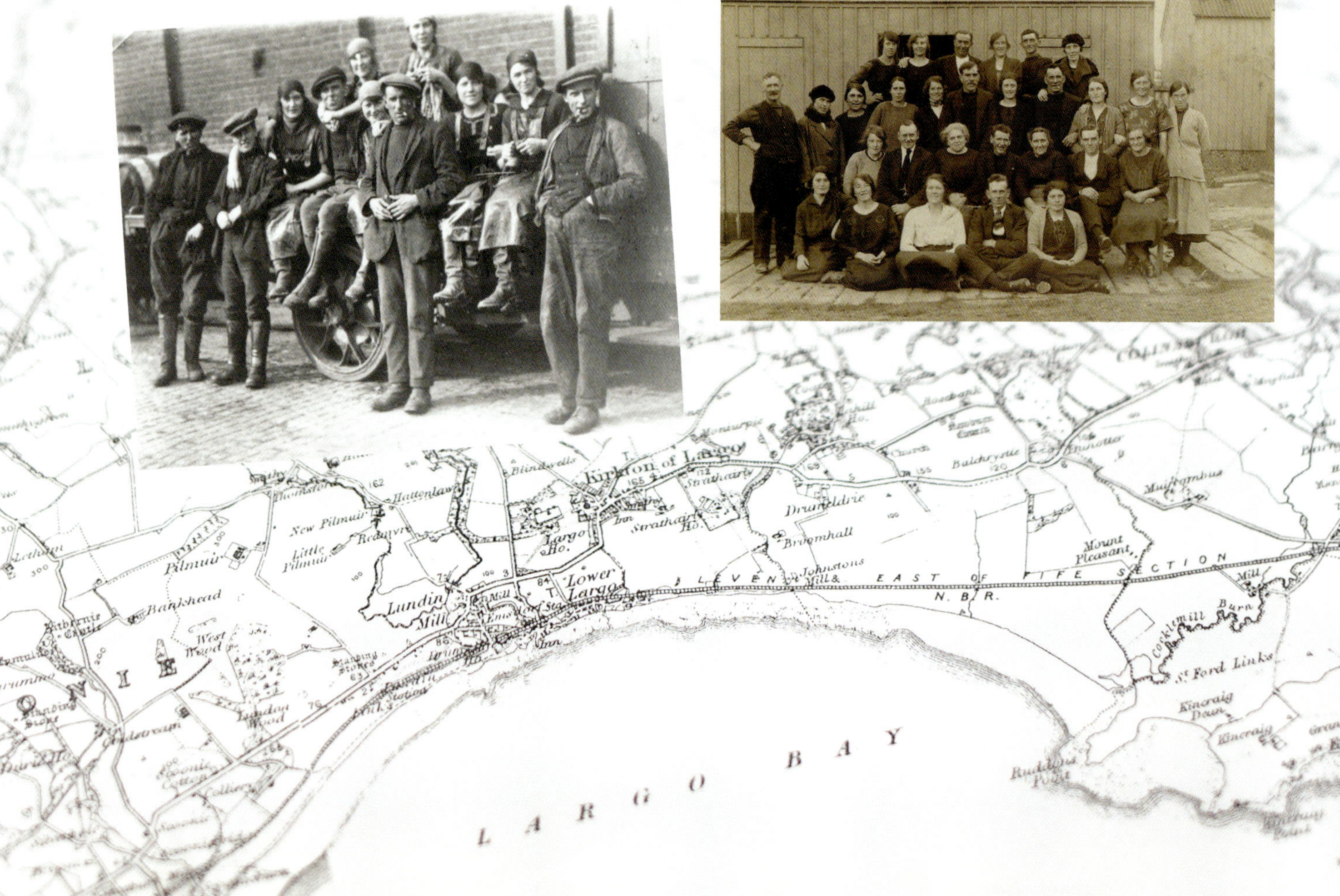

Bellas Notizen für ihr Original-Baummotiv

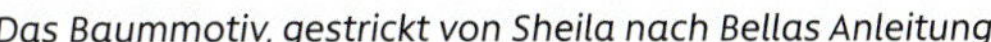

Das Baummotiv, gestrickt von Sheila nach Bellas Anleitung

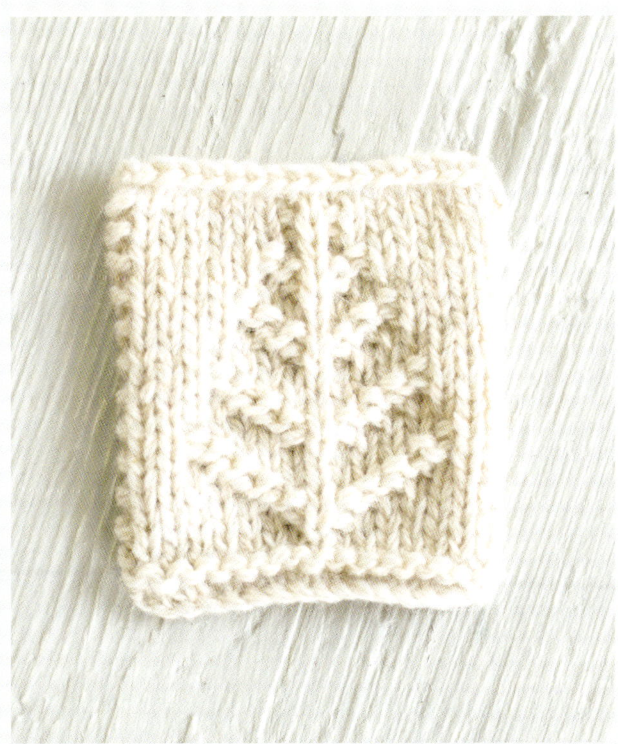

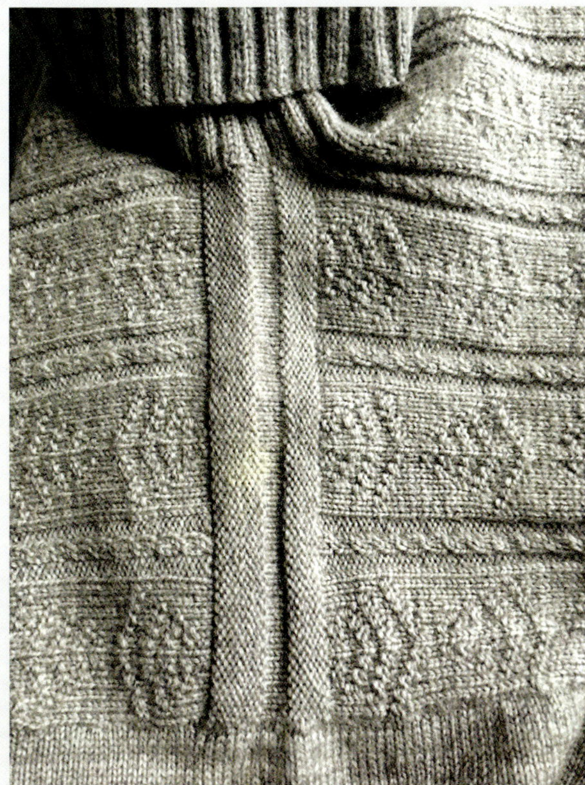

Der von Bella gestrickte Gansey mit ihrem Baummotiv und einem großartigen Beispiel eines Schulterbands

In den Notizen von Anji fielen uns unterschiedliche Anleitungsstile aus unterschiedlichen Zeiten auf, und Sheila machte sich daran, einige dieser Muster nachzustricken, vor allem die älteren. Es ist sehr selten, solche Notizen zu finden, aber es lässt vermuten, dass Familien ihre Lieblingsmuster aufbewahrten, auch wenn Anji bestätigt, dass ihre Großmutter eine großartige Strickerin war, die sich auch von Mustern in Zeitungen und Zeitschriften inspirieren ließ. Eines der Muster aus den Notizen, das Sheila gestrickt hat, ist ein wirklich wunderschöner Baum, ein älteres Muster, das als altes und Original-Motiv heraussticht und sich auch in einem der von Bella gestrickten Ganseys findet.

Zwei von Bellas Ganseys waren bereits der Moray Firth Sammlung gespendet worden, aber die restlichen zwölf nicht, sodass der nächste Schritt war, sie für das Museum aufzubereiten!

Ursprung der Muster

Nach 1950 wurde eines der Ganseymotive in verschiedenen Büchern »Heapies« (etwa: Häufchen) genannt. Das waren die dreieckigen Muster, die wir in den schottischen Ganseys in den Sammlungen, die wir untersucht hatten, gesehen haben, aber auch in anderen Regionen. Mich interessierte, woher dieses Wort stammte. Viele Muster sind sehr bildlich wie Bäume, Rauten und Netze, wie passte »Heapie« da hinein?

Ich begann zu recherchieren, was mich zu einem Artikel von Alexander Fenton über einen besonderen Dialekt namens Buchan weit im Norden Schottlands führte. Es ist eine tolle Forschungsarbeit über das Landleben und die Vielfalt der Wörter im Buchan: »Wenn in Auchenderran Torf gestochen wurde, wurden die Stücke von der Schaufel zum Trocknen in kleine Häufchen (Heapies) aus drei Stück aufgeschichtet. Manche wurden mit einer Schubkarre nach Hause gebracht, aber die meisten mit dem Pferd und dem Karren der Großmutter.« Ich verband das sofort mit meiner Zeit auf der Isle of Skye, wo man mir beibrachte, wie man Torf zum Heizen sticht. Meine Nachbarin Catriona zeigte mir, wie man den frisch gestochenen Torf dreieckig stapelt, damit er trocknet, bevor wir ihn für unsere Winterfeuer im alten Herd nach Hause bringen. Die Form dieses Stapels ist ein »Heapie«. Das Wort beschreibt perfekt diese Muster, die von der Nordostküste mit ihrem Torf und dem vielfältigen, ländlichen Leben in Buchan, Doric oder Scots erzählen.

Bei unserer Recherche im Schottischen Fischereimuseum haben Sheila und ich herausgefunden, dass es in bestimmten Regionen eindeutige Trends für gewisse Designs gibt. Besonders wichtig ist, dass man den persönlichen Stil der Strickerin in den kleinen Trennbereichen, der Auswahl größerer Motive und der Konstruktion des Pullovers gut erkennen kann. Das geschah manchmal, weil die Strickerin ein Muster in einer Zeitschrift gefunden hat oder auch in Gladys Thompsons Buch, aber in all dem gibt es etwas vom Ort und der Familie, das durchscheint.

Die Designs aus Cornwall tendieren im Allgemeinen zu horizontalen Mustern mit viel Struktur. Ein einfaches Flechtmuster kann zum Beispiel ein Strickstück so verziehen, dass es viel komplexer wirkt, als es tatsächlich ist. Es spiegelt die Meeresoberfläche und wirkt wie im Musikermuster (s. ***Mustersammlung: Fischgrätmuster, Polperro, Cornwall***) ziemlich poetisch.

Die Ganseys von East Neuk und Scottish Fleet haben mehr vertikale Muster mit wiederkehrenden Motiven wie Flaggen, Herzen, Rauten etc. Die Designs aus Nordschottland haben viel komplexere Trennmuster neben aufwendigen, größeren Motiven wie dem Anker. Manche der komplexesten und am dichtesten gemusterten Kleidungsstücke stammen aus dem extremen Norden Schottlands, aber es gibt Hinweise darauf, dass sie weiter unten an der Küste, bis hin nach Filey, in Nord-Yorkshire angepasst und genutzt wurden. Das wurde früher bereits gut dokumentiert durch Strickerinnen aus Filey, die meinten, ihre Ideen kämen aus dem Norden. Der größte Einfluss auf die Verbreitung der Muster an der britischen Küste war das Heringsfischen, durch das zweifellos viele Menschen unterwegs waren, die dann Ideen austauschten.

Eriskay Ganseys sind besonders interessant: Eriskay gehört zu den Western Isles oder Äußeren Hebriden.

Der erste Gansey von den Hebriden, den ich gesehen habe, und zwar in Gladys Thompsons Buch, stammte aus Barra, der südlichsten Insel. Als ich auf Skye lebte, lernte ich die Strickkooperative auf Eriskay kennen, die der örtliche Priester gegründet hatte. Viele dieser cremeweißen Ganseys wurden für den Verkauf gestrickt und sind überraschend dekorativ, mit Spitzenmustern und außergewöhnlichen Motiven, darunter der »Seestern« und »Hufabdrücke«, die ich beide bei Projekten für dieses Buch genutzt habe (s. Projekte: ***Calypso Sommertop*** und ***Cardium Ganseytuch***).

In Michael Pearsons großartigem Buch ***Traditional Knitting: Aran, Fair Isle and Fisher Ganseys*** ist ein großer Teil diesen Eriskay Ganseys gewidmet. Durch das Stricken verdiente man sich in diesen kleinen Bauerngemeinschaften, in denen jeder mehrere Berufe auf einmal ausübte, ein Zubrot. Ein bisschen stricken, fischen, Schnecken sammeln etc, das war mir bekannt, da ich über Jahre als Jugendliche dasselbe getan habe.

Die wirtschaftliche Notwendigkeit zu stricken war hier länger gegeben als im Rest des Landes. Auf den Äußeren Hebriden, Shetland und im Norden Schottlands wurden im 20. Jahrhundert noch Aranpullover für Geschäfte auf den Aran Isles und in Dublin gestrickt, außerdem Pullover mit bunten Rundpassen für die Mode Anfang des Jahrhunderts und Spitze, was in Shetland als Unternehmen angegangen wurde. Diese kreativen Strickerinnen waren sehr gut darin, Muster aufzunehmen. Wenn man sich die Stern-Designs der Hebriden ansieht, erkennt man schnell eine Ähnlichkeit zu den Einstrickmustern des Fair Isle. Bei vielen Ganseys aus dem Norden sehen wir einen Einfluss der Aranmuster, die sich in einige traditionelle Strickstücke einschlichen, wandernde Zöpfe zum Beispiel.

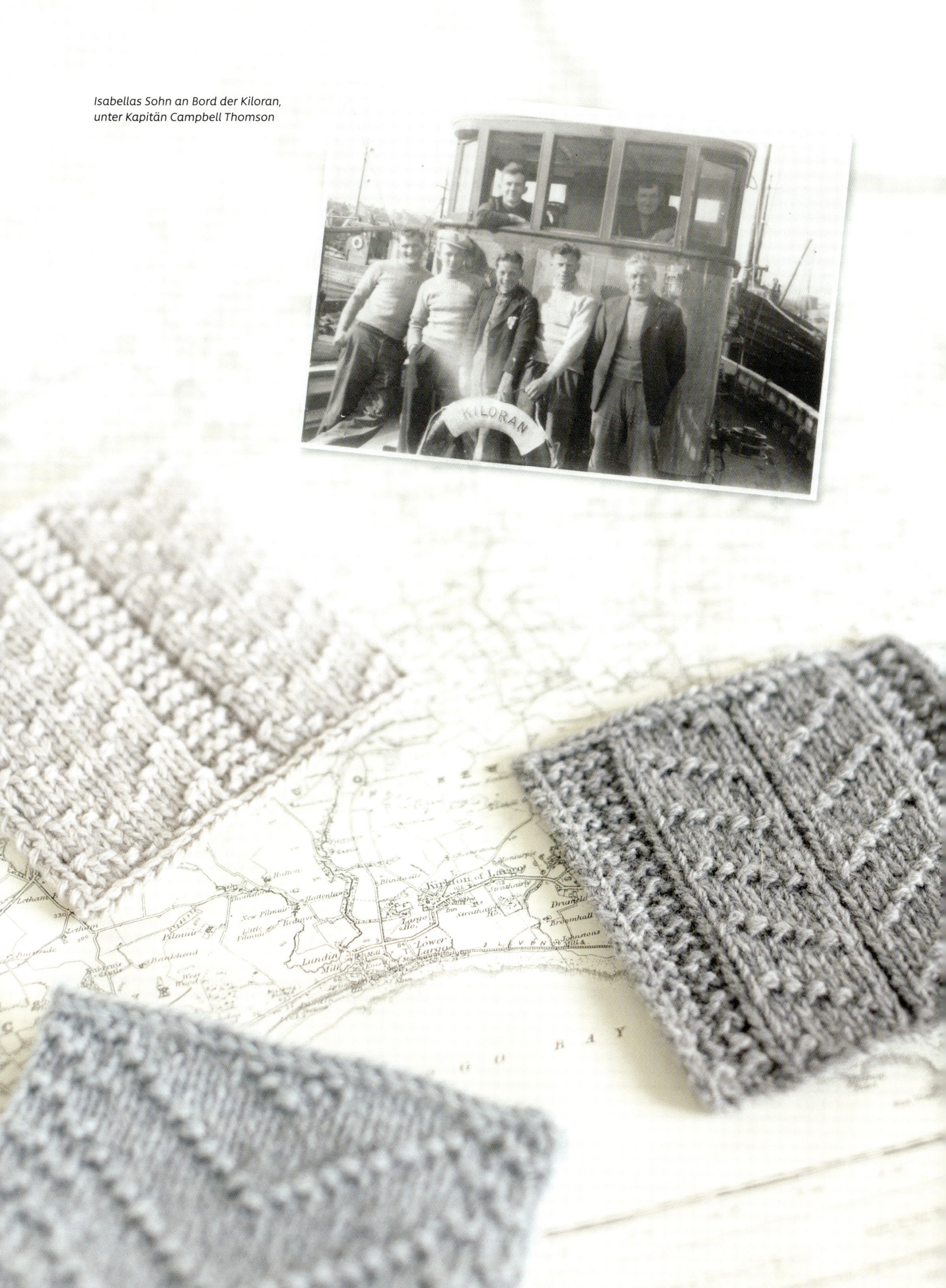

Isabellas Sohn an Bord der Kiloran, unter Kapitän Campbell Thomson

Ganseys im Laufe der Zeit

Sheila und ich haben viele Stunden mit den Ganseys in diesem Buch und im Schottischen Fischereimuseum verbracht. Wir haben entdeckt, wie eine Strickerin, Robina, bei ihrem ersten Gansey mit den Ärmelabnahmen experimentiert hat, wo sie 2 Maschen an verschiedenen Stellen, nicht nur neben der ordentlichen Nahtmasche, zusammengestrickt hat. Der zweite Ärmel war schon besser, und an ihrem zweiten Gansey waren die Abnahmen perfekt. Sie suchte offensichtlich nach dem perfekten Sitz für ihren Sohn, dem Fischer Tam. Kurz etwas zu Tam Easson, der für das Museum als Freiwilliger gearbeitet hat, Jen Gordon, eine Textilexpertin und Kuratorin, hat sehr schön über diesen erstaunlichen Mann geschrieben. Seinen eigenen Gansey, von seiner Mutter in Cremeweiß gestrickt, hatten wir in der Sammlung bewundert.

Jen schrieb: »Tam Easson verließ die Schule mit 14, um auf dem Fischerboot Violet zu kochen. Mit 20, als der Zweite Weltkrieg ausbrach, wurde er Mitglied der Mannschaft des Marineschiffs Solena und verbrachte die nächsten sieben Jahre auf Patrouille am Polarkreis. Er wurde schnell zum Bootsmann befördert, zu dessen Pflichten Buchhaltung und ›Frieden an Bord‹ gehörten. Erfahrene Fischer wurden auf Trawlern und Fischerloggern zum Minenräumen und zur Auslegerverteidigung eingesetzt, aber neue Seemänner und Landratten kamen in ›Harry Tate's Marine‹, wie es laut Tam hieß.«

Jen erinnert sich immer an ihn in seinem wunderschönen Gansey.

Wir sahen auch, wie eine Strickerin in den ersten Runden ein Rautenmuster ausprobierte und in den folgenden Runden verbesserte, die erste gefiel ihr offensichtlich nicht, aber aufziehen wollte sie sie auch nicht. Die Flickereien waren atemberaubend und zeigen, wie viel Liebe und Achtsamkeit nötig ist, um den Pulli so zu erhalten, dass er an die nächste Generation weitergegeben werden konnte. Es gab viele Techniken, um das Leben eines Ganseys zu verlängern: Manchmal wurden Bündchen einfach abgeschnitten und in einer neuen, helleren Wolle angestrickt, manchmal geschah das mehrfach, sodass man das Alter an den unterschiedlichen Wollen und dem neu Angestrickten erkennt. Wir sahen makellose Ganseys, die für den Verkauf gestrickt und dann gelagert, und andere, die so oft getragen worden waren, dass das Muster an manchen Stellen verschwunden ist. Erstaunlich sind auch neunzig bis hundert Jahre alte Ganseys, die mit ein bisschen Liebe und Aufmerksamkeit heute wieder tragbar wären.

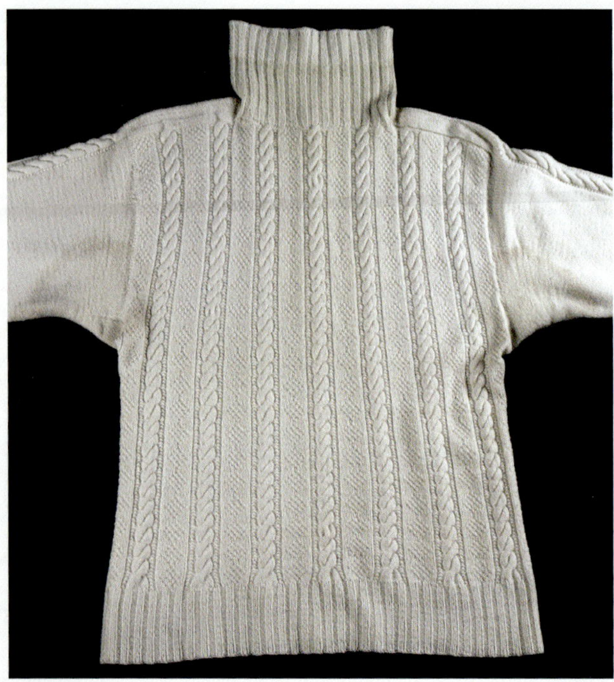

Weißer, handgestrickter Gansey mit Zöpfen und Perlmusterrauten. Gestrickt von Robina Jack für ihren Sohn, als er zu Beginn des 2. Weltkrieges Cellardyke verließ, um in der Royal Navy zu dienen. Schottisches Fischereimuseum Sammlung, ANSFM:2007.9

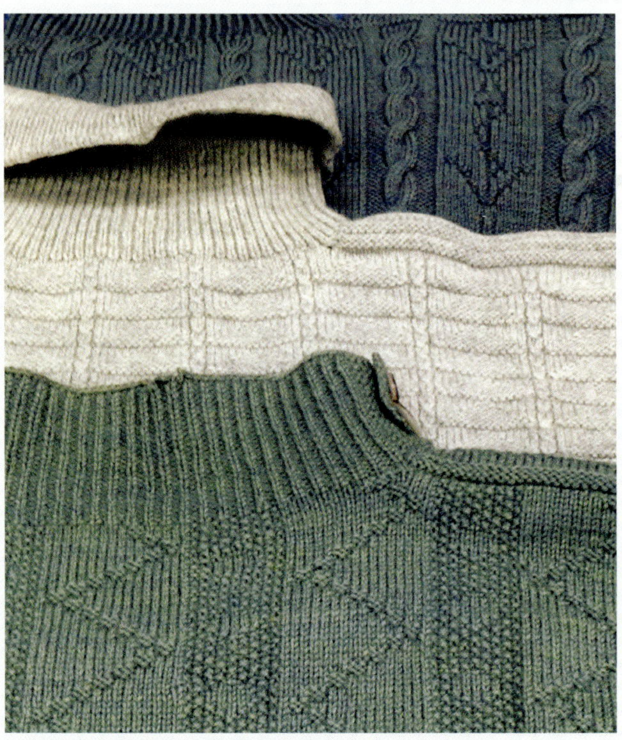

Traditionelle Ganseys in umwerfenden Farben aus der Sammlung des Schottischen Fischereimuseums. Foto: Di Gilpin

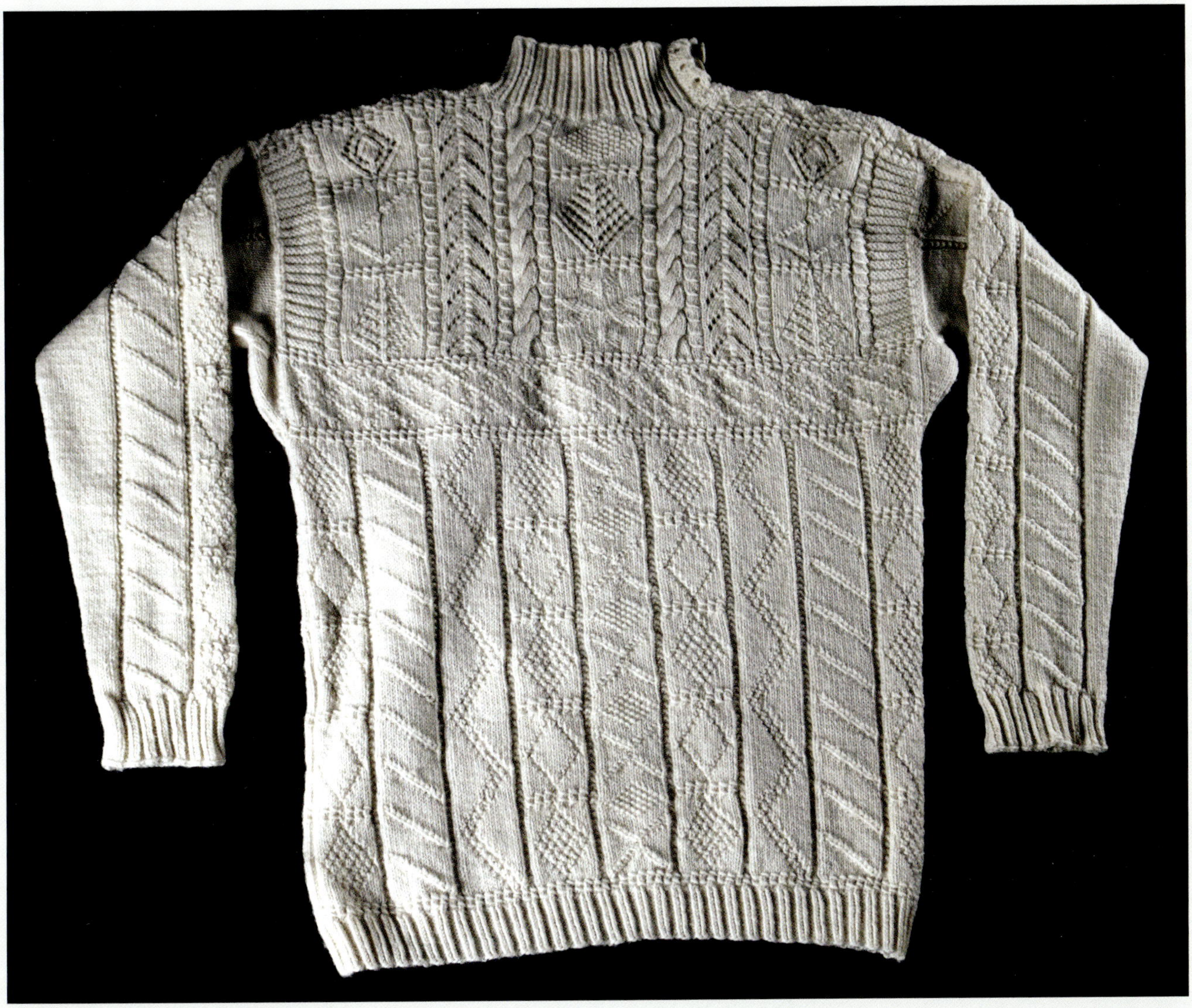

Lebensbaum aus Spitze, Hufeisen und Rauten mit Sternen, Ankern, Lebensbaum und Zöpfen, Eriskay. Schottisches Fischereimuseum Sammlung, ANSFM:2019.398

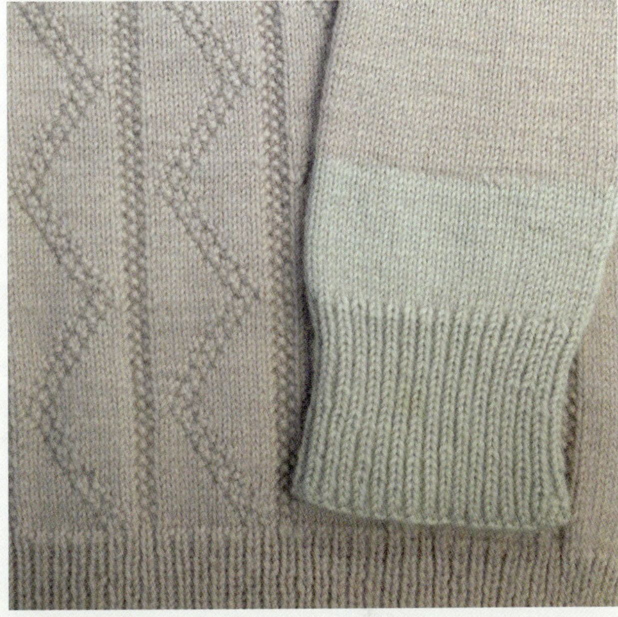

Eine leichte Farbänderung zeigt die Reparatur an diesem Ärmel in der Sammlung des Schottischen Fischereimuseums, ANSFM:1994.209.4. Foto: Di Gilpin

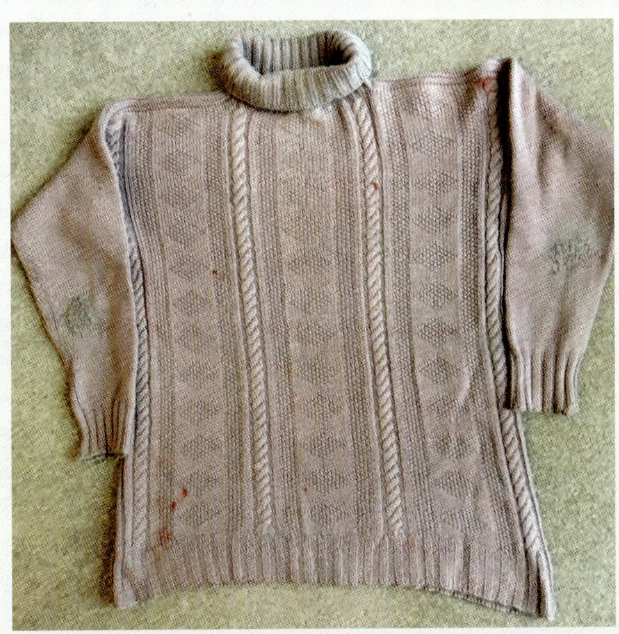

Flickerei an einem Gansey von Anjis Großvater, einem viel getragenen und sehr geliebten Pullover!

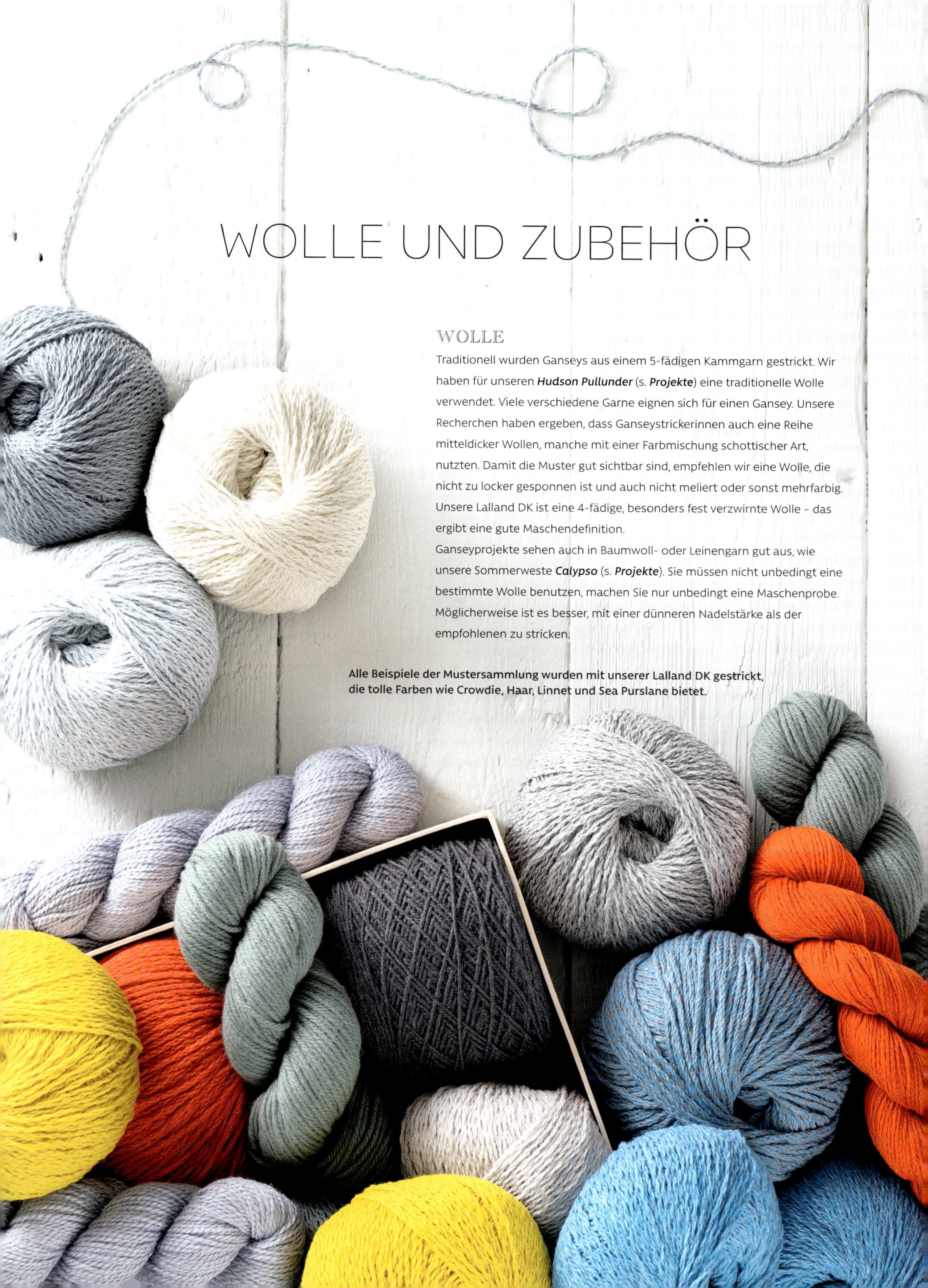

WOLLE UND ZUBEHÖR

WOLLE

Traditionell wurden Ganseys aus einem 5-fädigen Kammgarn gestrickt. Wir haben für unseren ***Hudson Pullunder*** (s. ***Projekte***) eine traditionelle Wolle verwendet. Viele verschiedene Garne eignen sich für einen Gansey. Unsere Recherchen haben ergeben, dass Ganseystrickerinnen auch eine Reihe mitteldicker Wollen, manche mit einer Farbmischung schottischer Art, nutzten. Damit die Muster gut sichtbar sind, empfehlen wir eine Wolle, die nicht zu locker gesponnen ist und auch nicht meliert oder sonst mehrfarbig. Unsere Lalland DK ist eine 4-fädige, besonders fest verzwirnte Wolle – das ergibt eine gute Maschendefinition.

Ganseyprojekte sehen auch in Baumwoll- oder Leinengarn gut aus, wie unsere Sommerweste ***Calypso*** (s. ***Projekte***). Sie müssen nicht unbedingt eine bestimmte Wolle benutzen, machen Sie nur unbedingt eine Maschenprobe. Möglicherweise ist es besser, mit einer dünneren Nadelstärke als der empfohlenen zu stricken.

Alle Beispiele der Mustersammlung wurden mit unserer Lalland DK gestrickt, die tolle Farben wie Crowdie, Haar, Linnet und Sea Purslane bietet.

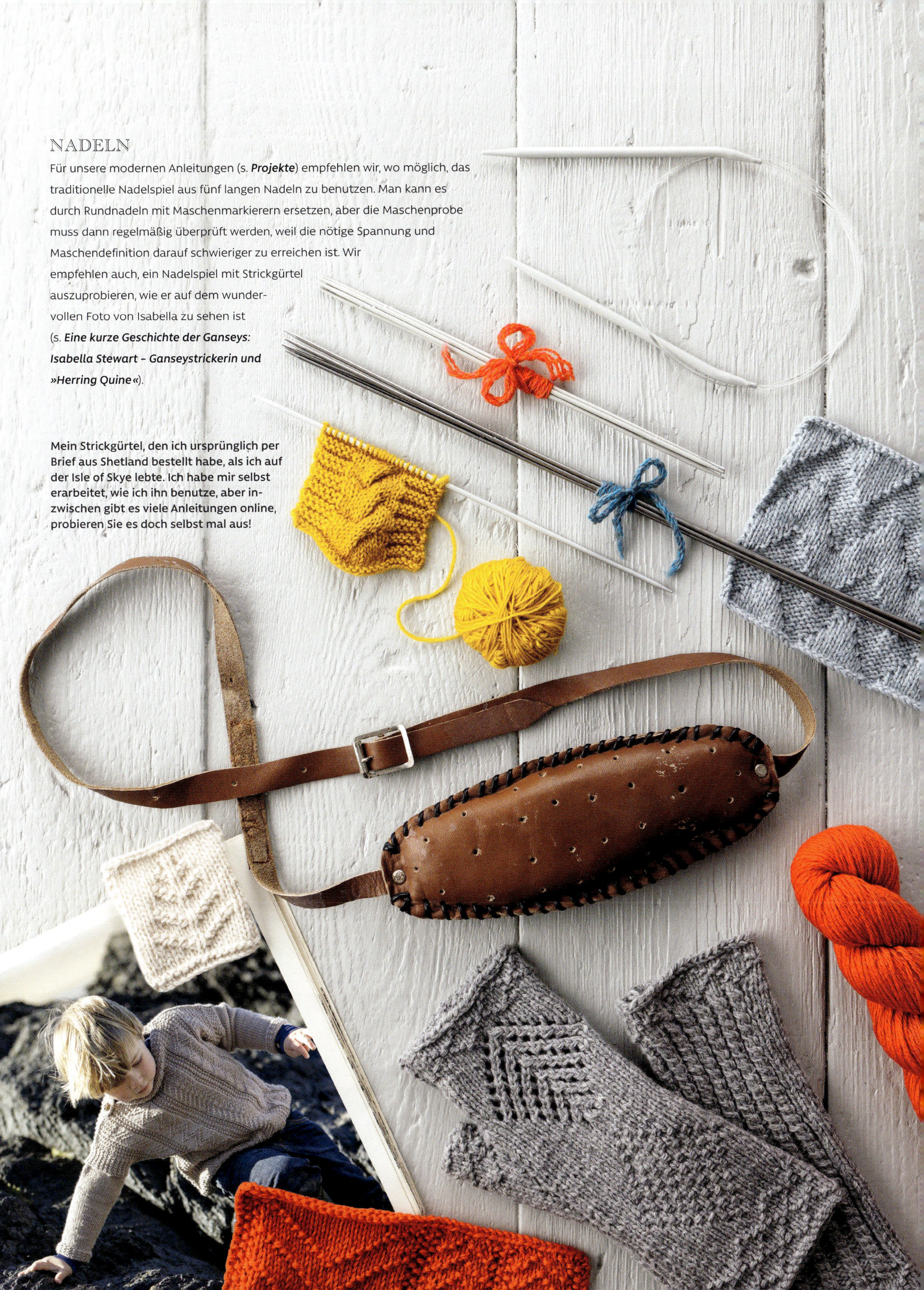

NADELN

Für unsere modernen Anleitungen (s. ***Projekte***) empfehlen wir, wo möglich, das traditionelle Nadelspiel aus fünf langen Nadeln zu benutzen. Man kann es durch Rundnadeln mit Maschenmarkierern ersetzen, aber die Maschenprobe muss dann regelmäßig überprüft werden, weil die nötige Spannung und Maschendefinition darauf schwieriger zu erreichen ist. Wir empfehlen auch, ein Nadelspiel mit Strickgürtel auszuprobieren, wie er auf dem wundervollen Foto von Isabella zu sehen ist (s. ***Eine kurze Geschichte der Ganseys: Isabella Stewart – Ganseystrickerin und »Herring Quine«***).

Mein Strickgürtel, den ich ursprünglich per Brief aus Shetland bestellt habe, als ich auf der Isle of Skye lebte. Ich habe mir selbst erarbeitet, wie ich ihn benutze, aber inzwischen gibt es viele Anleitungen online, probieren Sie es doch selbst mal aus!

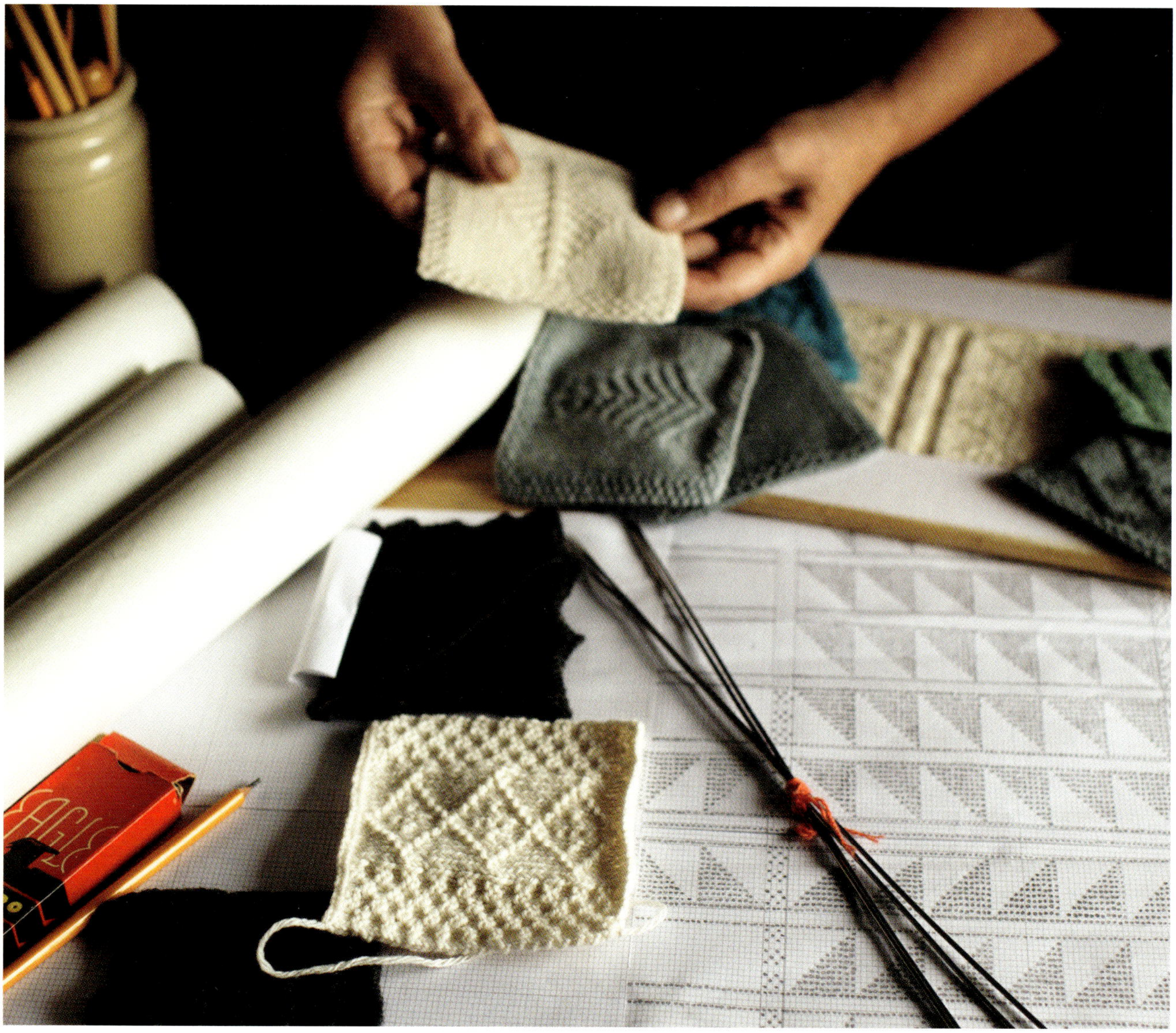

WEITERES ZUBEHÖR

Gute Beleuchtung ist beim Rundstricken enorm wichtig, besonders, wenn Sie mit dunkler Wolle arbeiten.
Dieses Buch ist so angelegt, dass Sie Ihre eigenen Lieblingsmotive in mehrere Anleitungen einbauen können. Zum Beispiel gibt es bei unserer ***Sea Biscuit Jacke*** (s. ***Projekte***) eine Vielzahl an Rauten oder Herzen, die Sie für Ihr ganz eigenes Design ergänzen können!
Wenn Sie Ihre eigenen Designs oder Motive zeichnen wollen, können Sie jetzt kariertes Papier von verschiedenen Strickseiten im Internet ausdrucken. Dieses kann an Ihre Maschenprobe angepasst werden, was sehr hilfreich ist.

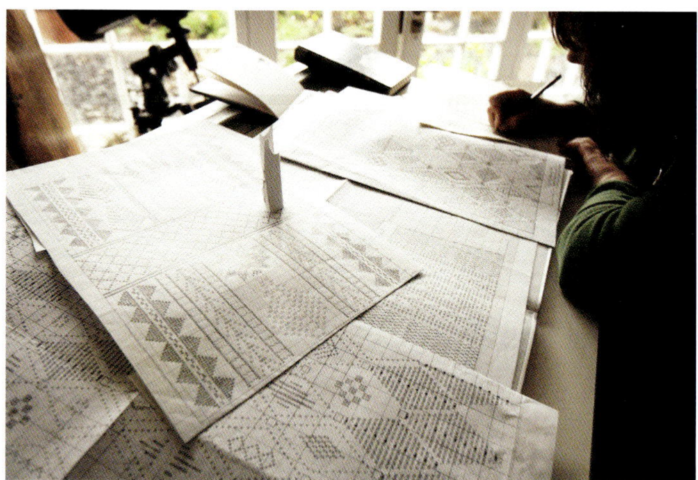

Mit kariertem Papier können Sie jedes Projekt zu Ihrem eigenen machen.

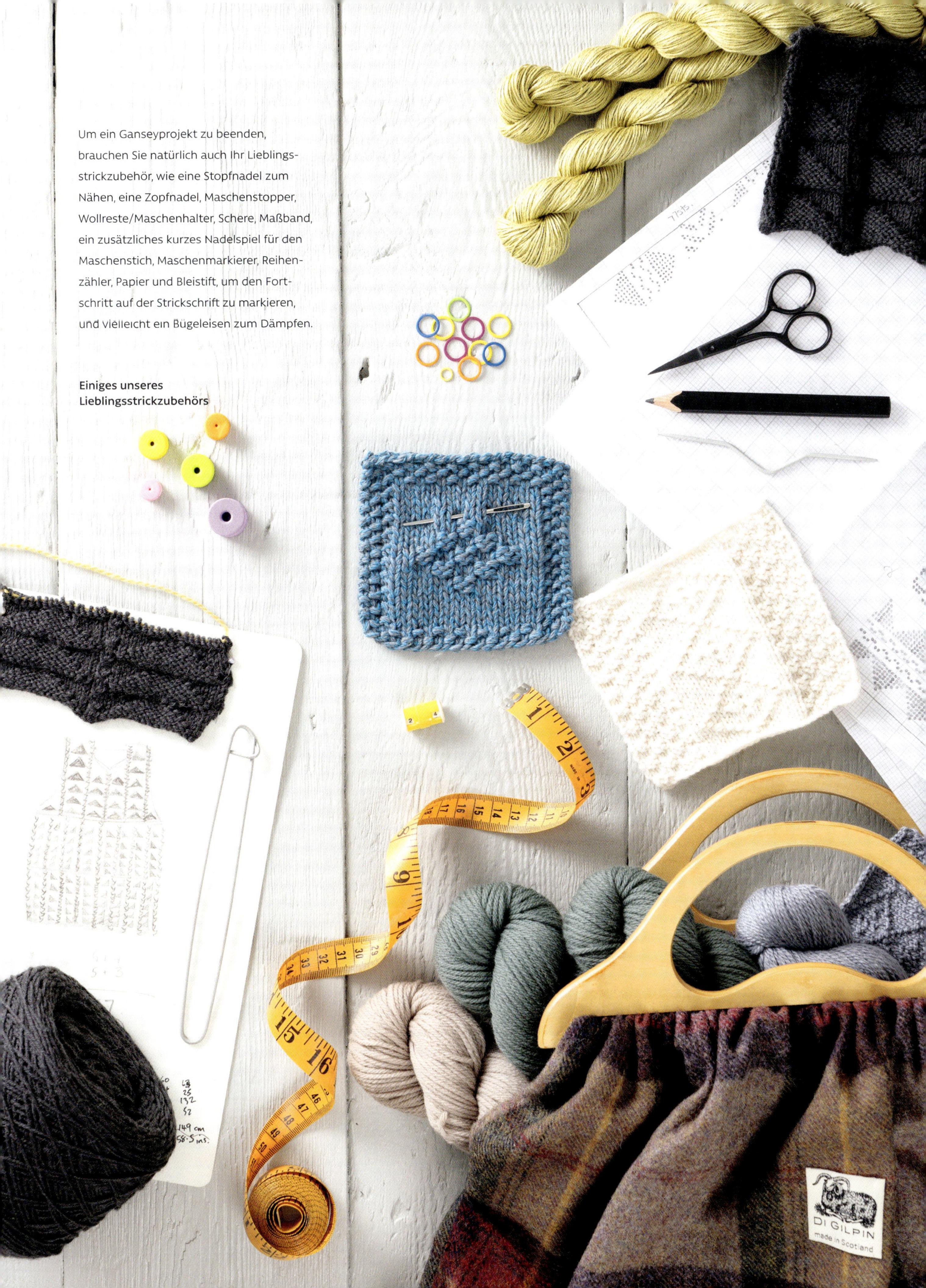

Um ein Ganseyprojekt zu beenden, brauchen Sie natürlich auch Ihr Lieblingsstrickzubehör, wie eine Stopfnadel zum Nähen, eine Zopfnadel, Maschenstopper, Wollreste/Maschenhalter, Schere, Maßband, ein zusätzliches kurzes Nadelspiel für den Maschenstich, Maschenmarkierer, Reihenzähler, Papier und Bleistift, um den Fortschritt auf der Strickschrift zu markieren, und vielleicht ein Bügeleisen zum Dämpfen.

Einiges unseres Lieblingsstrickzubehörs

GANSEY TECHNIKEN UND KONSTRUKTION

Ganseys sind auf eine ganz spezielle Art konstruiert. Dabei geht es vor allem darum, einen robusten, haltbaren Pullover zu stricken. Eines der typischen Merkmale ist der Unterarmzwickel, der bei einem so eng anliegenden Kleidungsstück nötig ist. Wenn dieser Zwickel zur Hälfte gestrickt ist, werden Vorder- und Rückenteil bis zu den Schultern getrennt auf zwei Nadeln gestrickt. Die Schultern können durch Abketten mit drei Nadeln geschlossen werden, im Maschenstich oder auch durch ein Schulterband oder -sattel.

Wenn die Schultern geschlossen sind, werden Maschen rund ums Armloch aufgenommen, dazu kommen auch die stillgelegten Zwickelmaschen, dann wird der Ärmel von oben nach unten zum Bund gestrickt. Dadurch kann man einen zerfransten Bund einfach ersetzen, indem man ihn abschneidet, Maschen aufnimmt und erneut strickt. Alternativ kann man ihn auch von unten aufziehen, sollte man den unteren Ärmel ebenfalls flicken müssen.

Traditionelle Ganseyärmel sind recht kurz, damit der Bund nicht bei der Arbeit der Fischer stört. Der Halsausschnitt kann auf vielerlei Weise beendet werden, oft mit einem Halszwickel, damit er nicht zu eng ist und drückt.

ZWICKEL

Zwickel sorgen bei Ganseys geschickt für mehr Bewegungsfreiheit unterm Arm. Bei den traditionellen Ganseys war das sehr nützlich für die Arbeit der Fischer an Bord.

Der Unterarmzwickel beginnt mit der »falschen Naht«, die vom Trennstreifen aus nach oben verläuft und aus einer oder mehreren Maschen bestehen kann. Da Ganseys rund gestrickt werden, markiert diese falsche Naht auch ganz automatisch den jeweiligen Platz in der Runde.

Man kann entweder in der mittleren oder den seitlichen Nahtmaschen selbst mit den Zunahmen für den Zwickel beginnen oder beidseitig davon. Wenn die Zwickelzunahmen beendet sind, werden die Maschen stillgelegt und es wird der Oberkörper gestrickt. Nachdem die Schultern geschlossen wurden, nimmt man rund um das Armloch Maschen auf, und die Zwickelmaschen werden wieder gestrickt, dieses Mal werden sie abgenommen, während man den Ärmel nach unten arbeitet.

Bei unseren Recherchen fanden wir Zwickel, die beidseitig mit Zöpfen oder Trennmustern geschmückt waren, die dann im Allovermuster des Pullis wiederholt wurden. Auf diesem Foto eines wunderschönen Ganseys aus dem Schottischen Fischereimuseum sieht man ein ganz besonderes Lebensbaummuster zu beiden Seiten des Zwickels. Der Zwickel selbst beginnt mit einer falschen Naht, die gezopft zu sein scheint. Dieser Scheinzopf verläuft auch außen am Lebensbaummuster.

Strickerinnen veränderten die Form des Zwickels manchmal, um die Ärmel und den Rumpf auf Brusthöhe genau anzupassen. Das sorgte beim Tragen für mehr Bewegungsfreiheit, was bei Pullovern, die mit so enger und dichter Maschenprobe gestrickt wurden, sehr hilfreich ist. Meist jedoch funktionieren Zwickel als symmetrische Rauten mit gleichmäßigen Zunahmen (am Körper) und Abnahmen (an den Ärmeln) am besten. Wir haben bei unseren Forschungen am Schottischen Fischereimuseum ein paar sehr individuelle Lösungen gefunden.

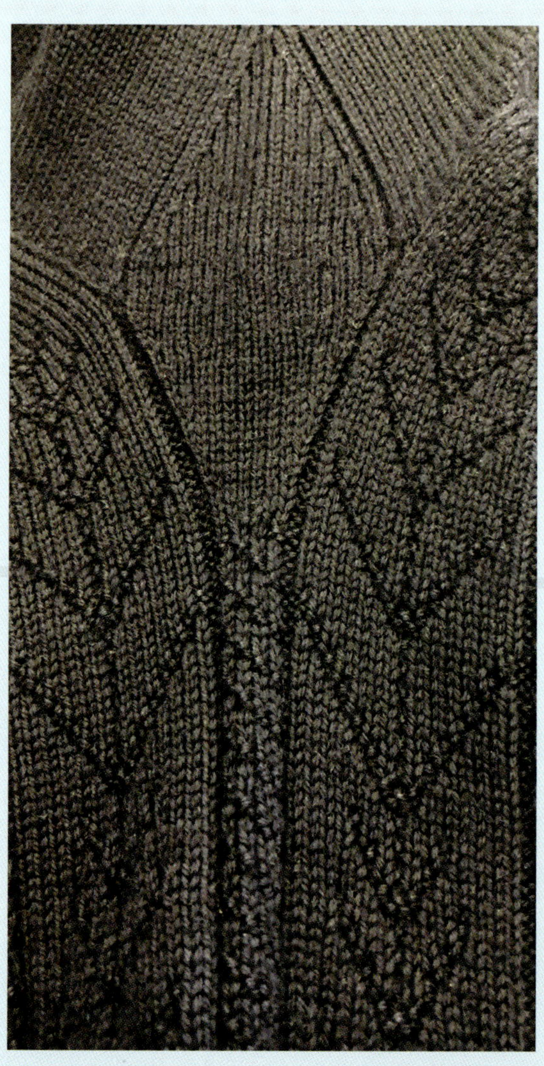

Zwickel mit Lebensbaumrand. Schottisches Fischereimuseum Sammlung, ANSFM:1994.209.7. Foto: Di Gilpin

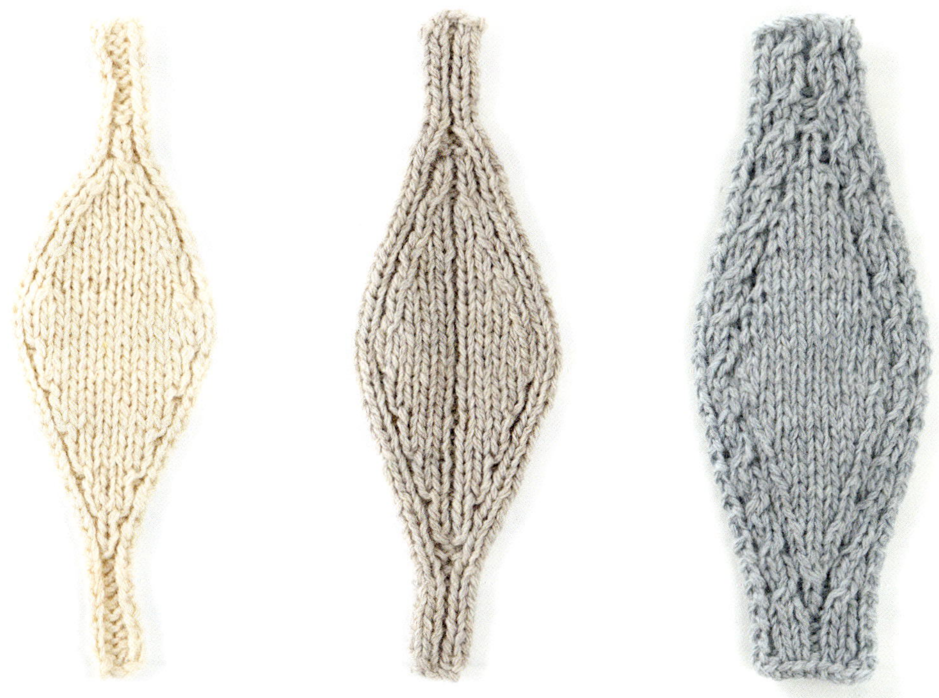

EIN PROBEZWICKEL

Der einfache Zwickel ist eine glatt rechte Raute mit glatt linkem Rand, die sich aus einer falschen Naht aus zwei linken Maschen entwickelt. Es ist ein sehr hübscher und ordentlicher Zwickel und vielfältig nutzbar (s. ***Zwickel an anderen Stellen***).

Die anderen Probezwickel sind Variationen des einfachen Zwickels. Wir empfehlen, jeden Zwickel nach der Strickschrift zu arbeiten, um die typischen Zu- und Abnahmen zu üben. In den Beispielen haben wir in jeder vierten Reihe zu- und abgenommen, aber das kann man beim Einsetzen in einen Pullover anpassen.

Einfacher Zwickel

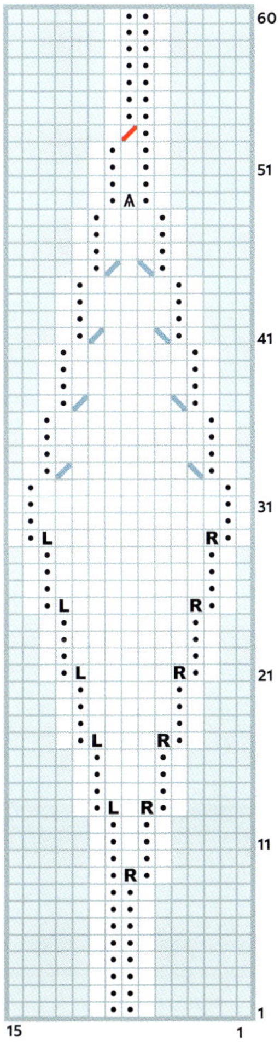

Zwickel mit Mittelnahtmasche

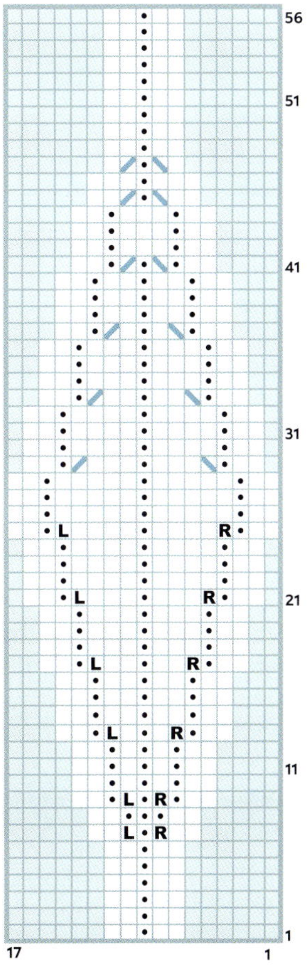

Zwickel mit Zopfrändern

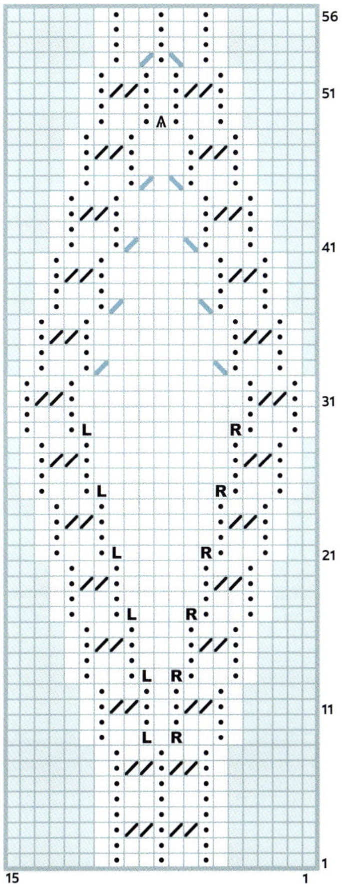

SCHLÜSSEL

- HinR: re RückR: li
- HinR: li RückR: re
- L M1L
- R M1R
- üzus
- 2 M re zus
- 3 üzli
- 2 M li zus
- 2 rechts Zopf
- keine Masche

RECHTS UND LINKS NEIGENDE ZUNAHMEN IM ZWICKEL STRICKEN

Die folgenden Illustrationen zeigen eine rechts neigende Zunahme (M1R), die immer zuerst und am rechten Rand gestrickt wird, und eine rechts neigende Zunahme (M1L), die nach den Zwickelmaschen gestrickt wird.

M1R (1 RECHTS NEIGENDE ZUNAHME)

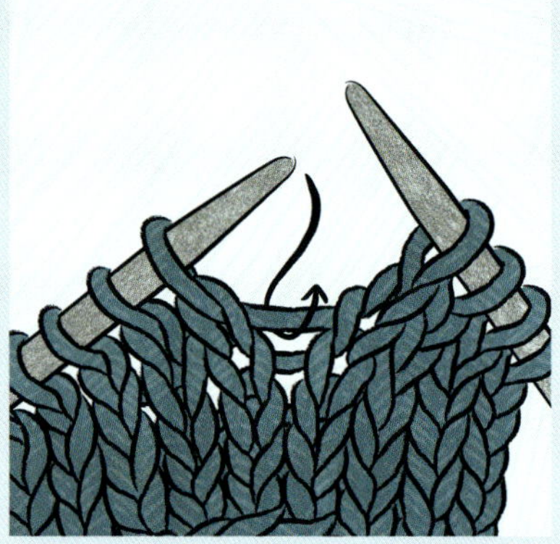

1. Schritt: Den Querfaden von hinten nach vorn aufnehmen

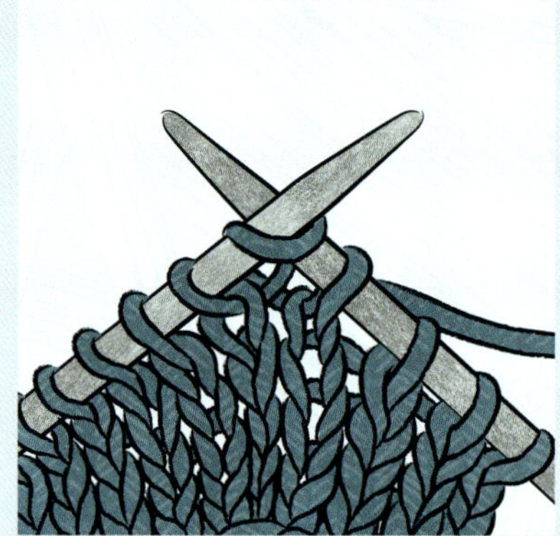

2. Schritt: Den Querfaden von vorn abstricken

M1L (1 LINKS NEIGENDE ZUNAHME)

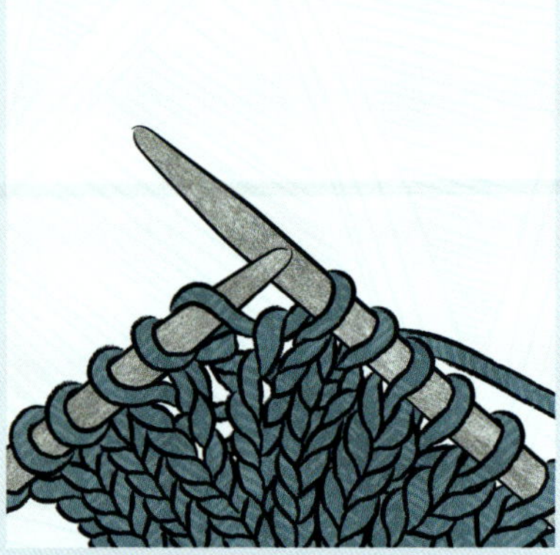

1. Schritt: Den Querfaden von vorn nach hinten aufnehmen

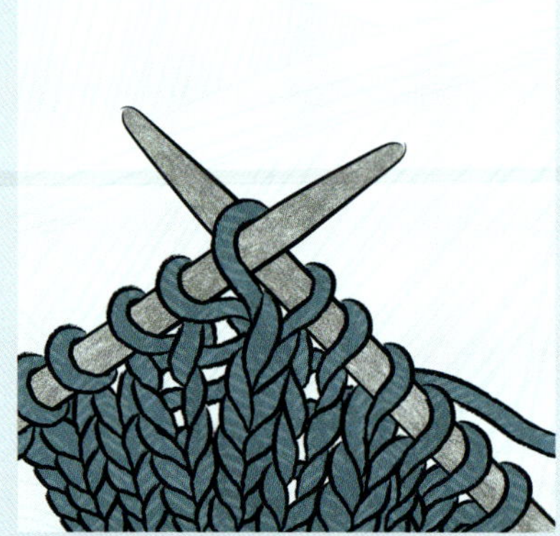

2. Schritt: Den Querfaden von hinten abstricken

RECHTS UND LINKS NEIGENDE ABNAHMEN IM ZWICKEL STRICKEN

Die folgenden Illustrationen zeigen eine links neigende Abnahme (üzus) die immer zuerst und am rechten Rand gestrickt wird, und eine links neigende Abnahme (2 M re zus), die nach den Zwickelmaschen gestrickt wird.

ÜZUS (LINKS NEIGENDE ABNAHME)

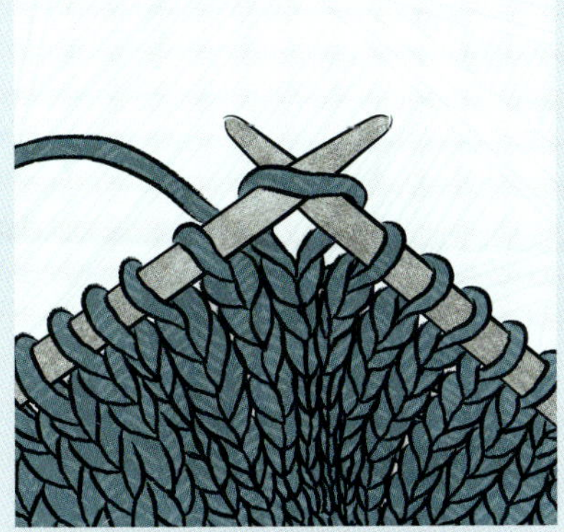

1. Schritt: Die Nadel wie zum rechts Stricken in die Masche auf der linken Nadel einstechen

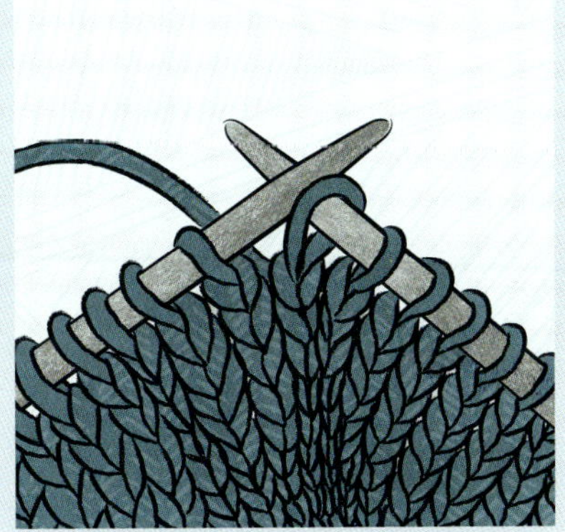

2. Schritt: Die Maschen auf die rechte Nadel abheben

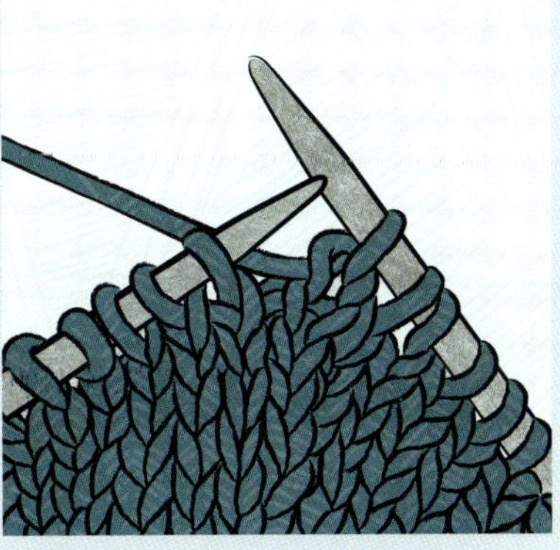

3. Schritt: Die nächste Masche auf der linken Nadel normal stricken

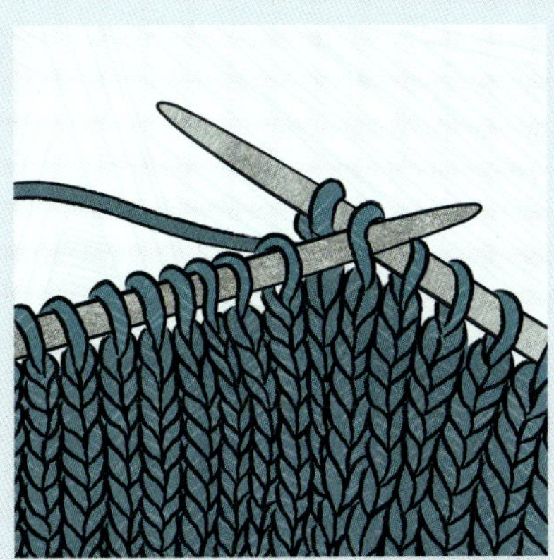

4. Schritt: Die linke Nadel von links nach rechts in die zweite Masche auf der rechten Nadel einstechen

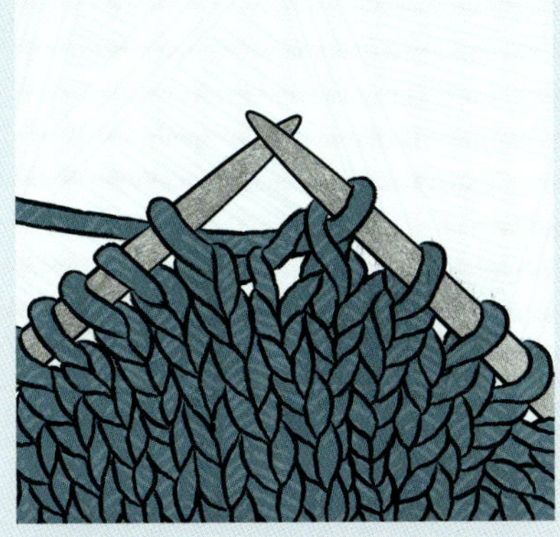

5. Schritt: Die zweite Masche über die erste Masche und von der rechten Nadel heben, um eine Masche abzunehmen

2 M RE ZUS (RECHTS NEIGENDE ABNAHME)

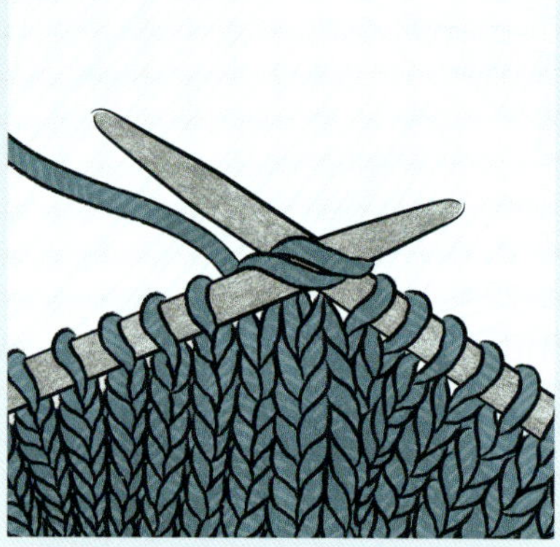

1. Schritt: Die rechte Nadel wie zum rechts Stricken in die ersten 2 Maschen auf der linken Nadel einstechen

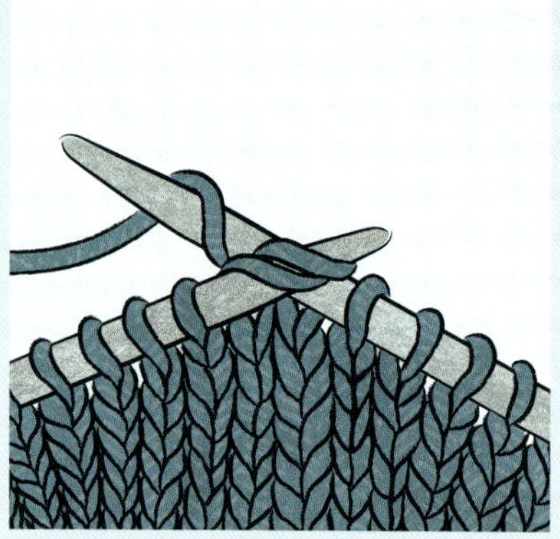

2. Schritt: Wie üblich den Faden um die rechte Nadel führen

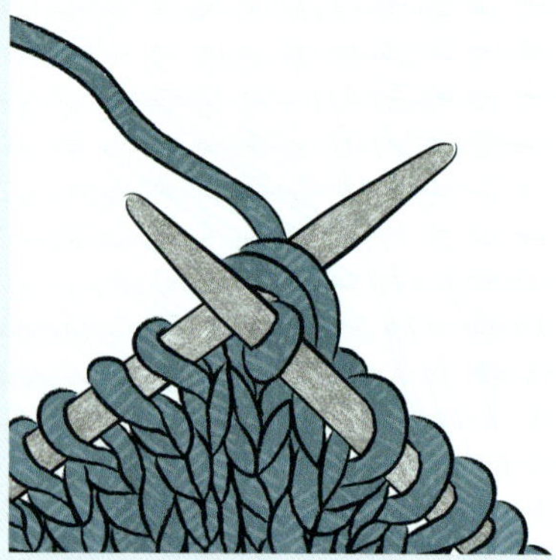

3. Schritt: Den Faden durch die Maschen ziehen

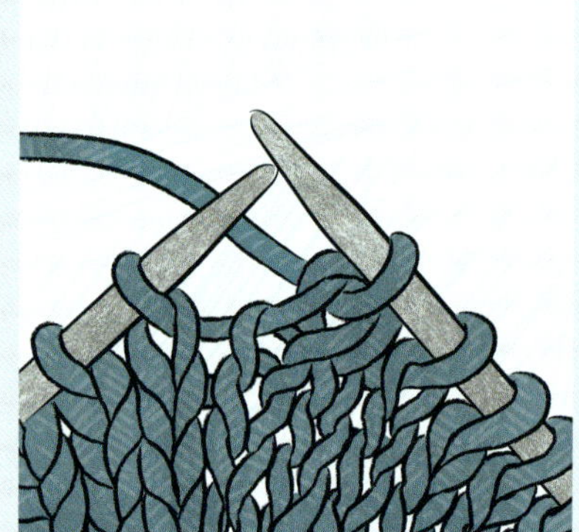

4. Schritt: Die Maschen von der linken Nadel gleiten lassen, eine Masche abgenommen

HALSZWICKEL BEI GANSEYS

Halszwickel bei Ganseys sind beim traditionellen, geraden Halsausschnitt praktisch, da sie es ermöglichen, dass der am Schluss gestrickte Kragen breiter und weiter wird. Sie wurden dann eingestrickt, wenn der Gansey weder Schultersattel noch -band hat (s. unten), damit der Ausschnitt nicht am Hals scheuerte, was Salzwasser und Fischschuppen noch unangenehmer machten! Durch den Zwickel wurde der Kragen nach außen gelenkt, sodass der Träger noch ein Taschentuch oder einen kleinen Schal hineinstecken konnte.

Für den Zwickel wird mit drei Nadeln abgekettet (s. ***Allgemeine Technik***), und zwar so viele Maschen, wie für die Schulter benötigt werden, minus der Maschenzahl, die zum Zwickel gehören, die restlichen Maschen bleiben für die andere Schulter und den Halsausschnitt auf zwei Nadeln. Man beginnt mit der letzten Masche nach dem Abketten und nimmt mit einer dritten Nadel die letzte Masche der abgeketteten auf und strickt sie, dann die Masche auf der ersten Nadel, wenden und 2 Maschen links, dann eine Masche von der zweiten Nadel links. Wenden und 3 Maschen rechts, dann eine Masche von der ersten Seite stricken. Über die Reihen wiederholen und glatt rechts stricken, bis man die gesamte Maschenzahl für den Zwickel auf beiden Seiten hat.

Die Maschen stilllegen und dasselbe für den anderen Zwickel wiederholen. Alle Maschen inklusive der Mittelmasche hinten und vorn am Kragen auf vier Nadelspielnadeln schieben und den Kragen stricken.

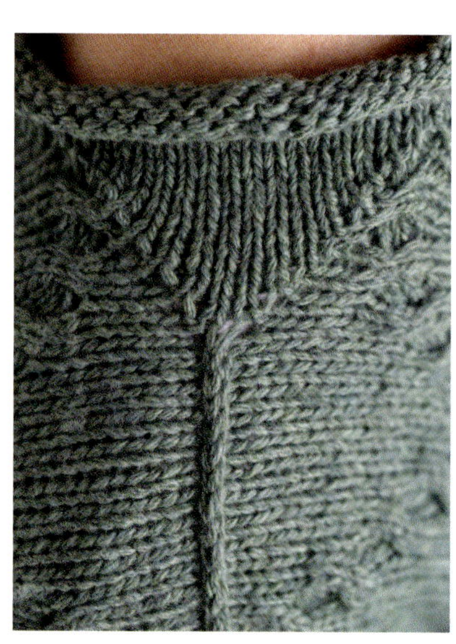

Zwickel wurden am Hals anstelle eines Schultersattels oder -bands eingesetzt

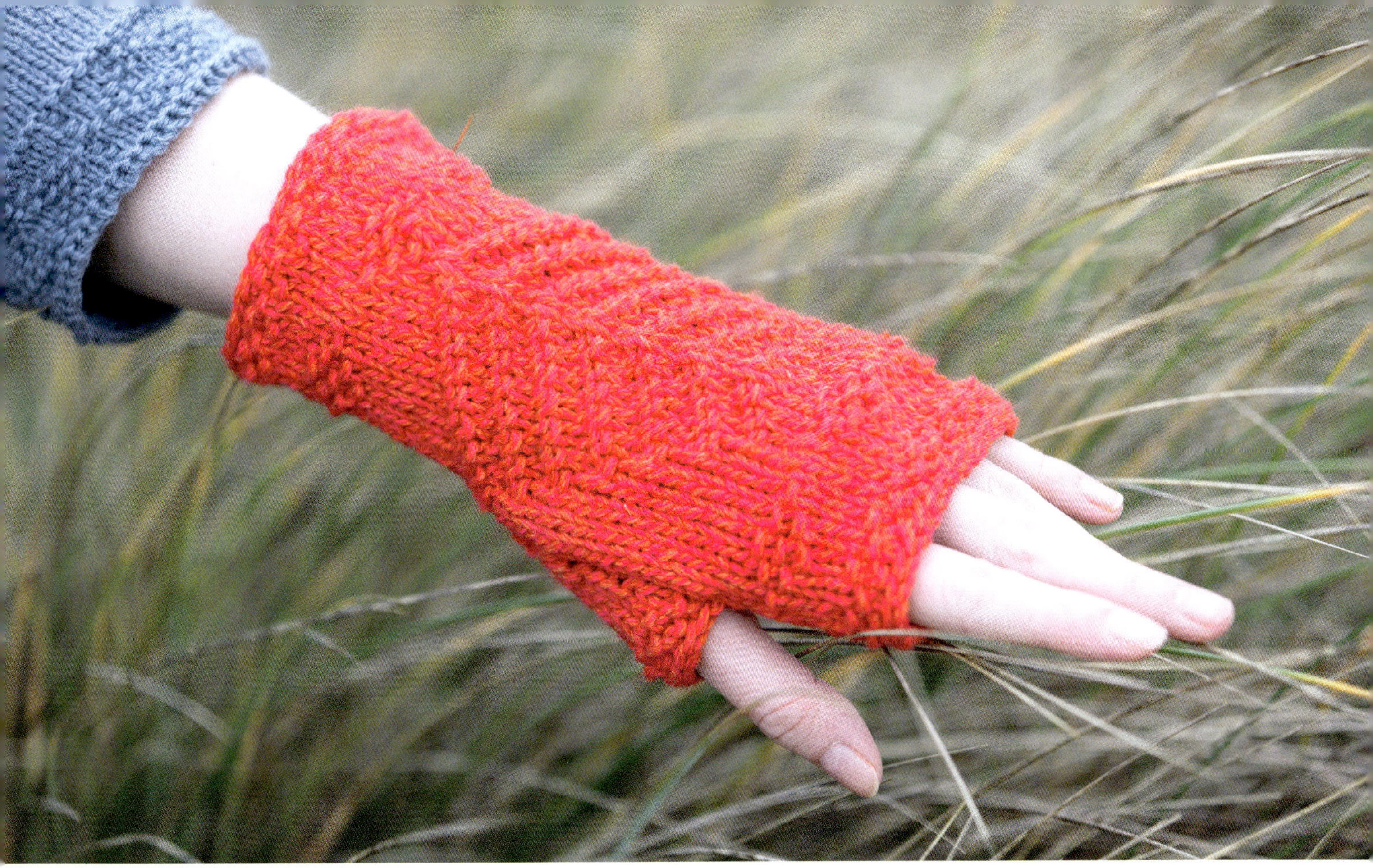

ZWICKEL AN ANDEREN STELLEN

Den kurzen Zwickel unten haben wir bei den ***Caledonia fingerlosen Handschuhen*** (s. ***Projekte***) benutzt, um zu zeigen, wie nützlich Zwickel auch bei anderen Strickstücken sind.

Der kurze Zwickel für die Handschuhe hat eine falsche Naht über 3 Maschen (1 M li, 1 M re, 1 M li).Es wird beidseitig der rechten, mittleren Nahtmasche zugenommen. Das bedeutet, dass man keine zusätzliche Masche für die Zunahmen braucht, sie ist bereits da! Wir experimentieren weiter mit Zwickeln bei dem wunderschönen ***Cardium Ganseytuch*** (s. ***Projekte***) mit einem Hufabdruckmuster, das wir in vielen Eriskay Ganseys der schottischen Western Isles gefunden haben.

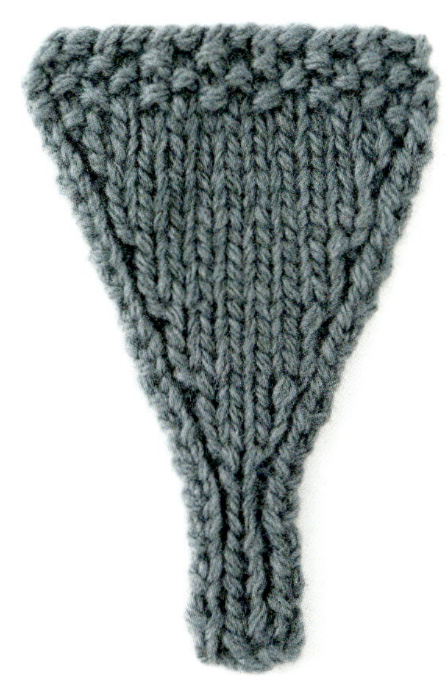

Probezwickel nach der Strickschrift für die Caledonia fingerlosen Handschuhe

SCHLÜSSEL

- □ HinR: re RückR: li
- • HinR: li RückR: re
- L M1L
- R M1R

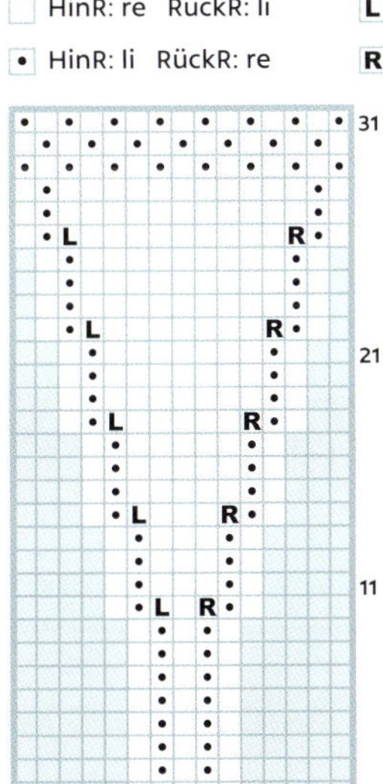

Kurzer Handschuhzwickel

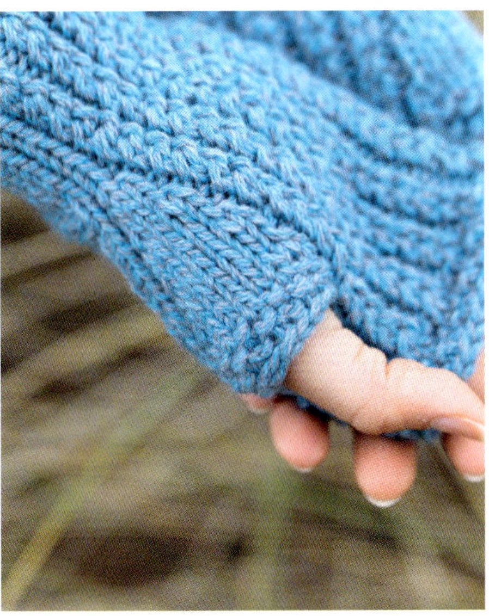

Daumenzwickel entstehen durch Zunahmen

SCHULTERBÄNDER

Überall an der Küste, von Cornwall bis Caithness, ist das Muster, das am häufigsten bei Schulterbändern genutzt wird, »Rig and Furrow«. »Rig and Furrow« beschreibt die früheste Art der Landwirtschaft in Großbritannien, vor allem in Schottland, die Hochäcker. Die Hochäcker entstanden, um die Fruchtbarkeit zu erhöhen. In den Äußeren Hebriden wurde dafür oft Seegras verwendet, besonders beim Kartoffelanbau.

Ich hatte das Glück, in meiner Jugend viel um diese Inseln zu segeln, eine der besten Arten, die unglaublichen Berge von Harris, Rhum und Skye zu betrachten. An einem windigen Tag mit Sonne und Wolken tauchen die Linien der Hochäcker wie von Zauberhand auf und zeichnen lineare Muster auf die Hügel, die jetzt nach den schrecklichen Vertreibungen des 18. und 19. Jahrhunderts entvölkert, überwuchert und unproduktiv sind, doch als eine Erinnerung an Hunderte Jahre der Landwirtschaft an diesen entlegenen Orten klar zu erkennen sind.

Für ein Schulterband werden die Schultermaschen der vorderen Passe in abwechselnden Bändern, normalerweise 3 Reihen glatt links, 2 Reihen glatt rechts, über 28 oder 33 Reihen gestrickt, mit 3 glatt linken Reihen am Ende.

Sie werden dann entweder durch Abketten mit 3 Nadeln oder durch Maschenstich mit der hinteren Schulter verbunden. Wir haben einen Gansey gesehen, bei dem ein Band von vorn nach hinten und das andere von hinten nach vorn gestrickt und dann im Maschenstich zusammengenäht wurden. Ein weiterer Beweis für die Einzigartigkeit der Pullover und Strickerinnen.

DAS ERISKAY SCHULTERBAND

Das Eriskay Schulterband besteht aus beliebten Mustern, normalerweise ein Rautengitter mit einem horizontalen Band aus krausrechten oder Hebemaschen, und findet sich an vielen der Ganseys, die Cath McMillan für die Eriskay Kooperative, die in den 1970ern gegründet wurde, gestrickt hat. Diese Hebemaschenmuster werden auch »Kornmaschen« genannt, was sich wohl auf die Ähren aus Gerste oder Weizen bezieht. Es ist fast ein Spitzenmuster und muss fest gestrickt werden. Uns ist aufgefallen, dass es dieselben Elemente enthält wie die Scheinzöpfe von Mrs Elsie Buchan aus Peterhead, auf dem Festland: eine Hebemasche und ein Umschlag. Das war's dann auch schon mit den Ähnlichkeiten, diese Muster sind aber typisch für diese beiden klugen und kreativen Strickerinnen.

Eriskay Schulterband mit Rauten und Kornmaschen

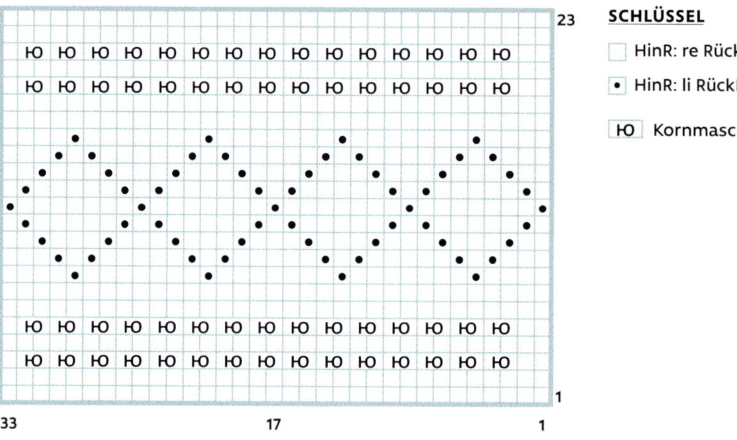

Eriskay Schulterband, bereit für den Maschenstich

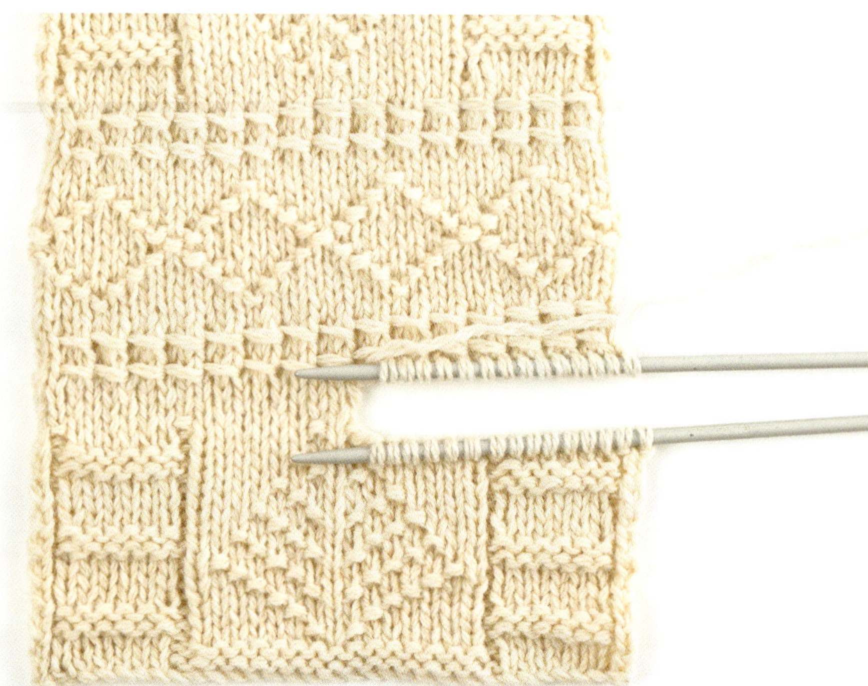

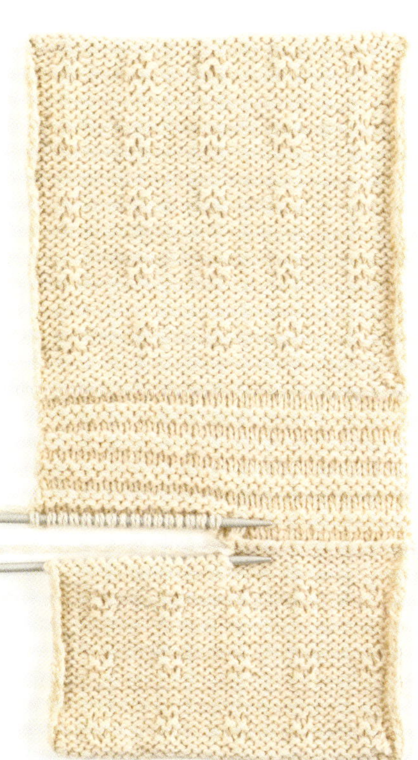

»Rig and Furrow« Schulterband von der Rückseite

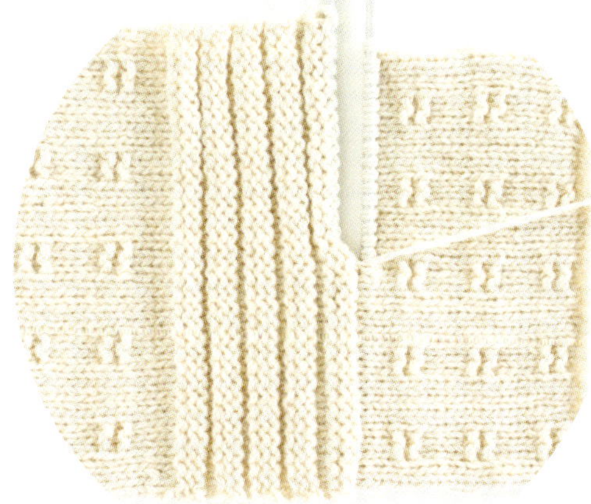

Das »Rig and Furrow« Schulterband auf der rechten Seite zur Hälfte mit 3 Nadeln abketten

SCHULTERSATTEL

Die Sattelschulter ist eine viel komplexere Konstruktion als das Schulterband. Der Sattel - der immer ein Muster der Passe enthält, wie z.B. Zickzack - entsteht, indem man die benötigte Maschenzahl plus 2 Randmaschen provisorisch anschlägt. Dann wird dieser Sattel wie folgt mit den Schultermaschen verbunden:

R 1 (RückR): 1 M wie zum li Stricken abh, im Muster bis zur letzten M, die letzte M des Bands mit der nächsten M der Passe 2 M li zus.

R 2 (HinR): 1 M wie zum li Stricken abh, im Muster bis zur letzten M, die letzte M des Bands mit der nächsten M der Passe üzus.

Die Randmaschen müssen sehr fest und ordentlich gestrickt werden, und normalerweise ist es nötig, alle paar Reihen 2 M von jeder Passe zu verstricken, damit die Schulter flach liegt.

Das liegt daran, dass es pro cm mehr Maschen als Reihen gibt. Das ist eine komplexe, aber befriedigende Art, die Schulter zu schließen, bei der das Sattelmuster über die Ärmelmitte und die Maschen des provisorischen Anschlags gearbeitet und am Hals genutzt wird.

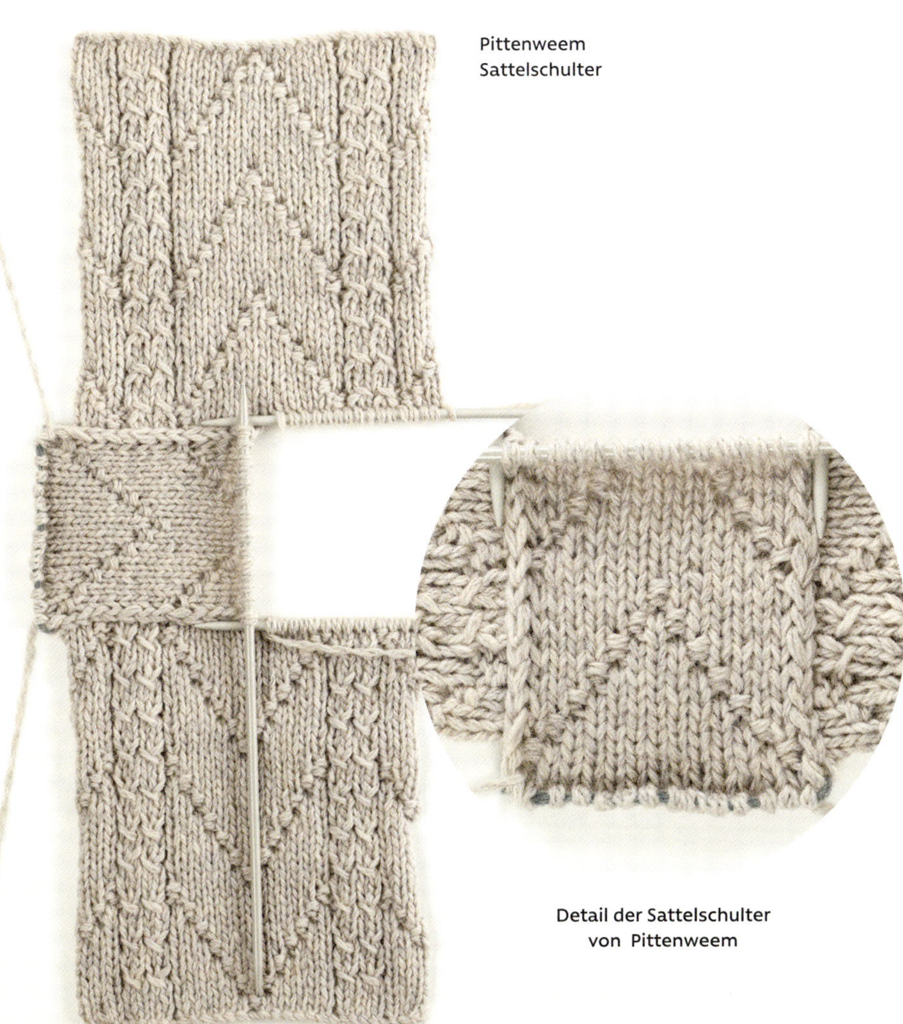

Pittenweem Sattelschulter

Detail der Sattelschulter von Pittenweem

MUSTER-
SAMMLUNG

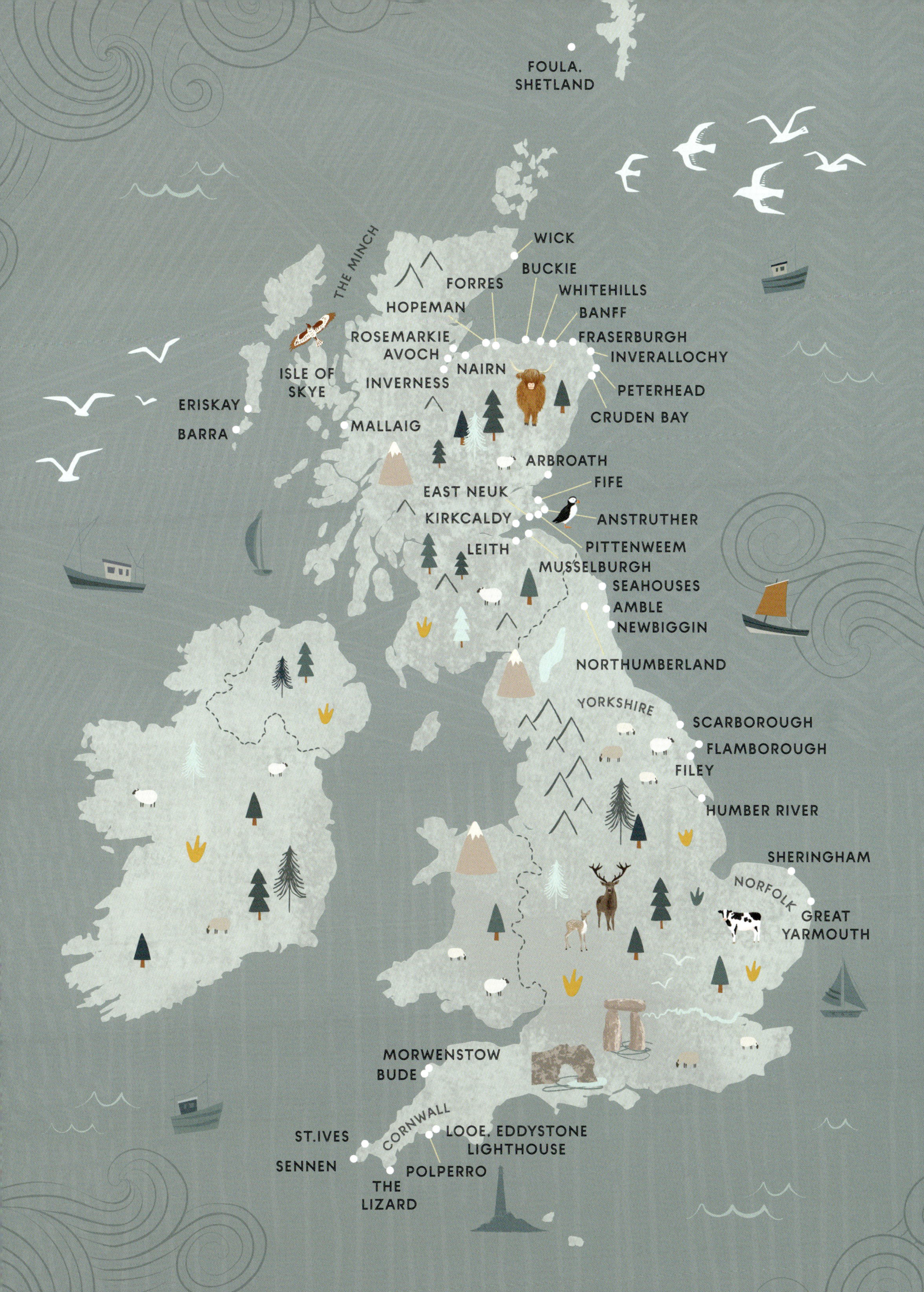
FOULA, SHETLAND
THE MINCH
WICK
BUCKIE
FORRES
WHITEHILLS
HOPEMAN
BANFF
ROSEMARKIE
FRASERBURGH
AVOCH
INVERALLOCHY
NAIRN
ISLE OF SKYE
INVERNESS
PETERHEAD
ERISKAY
CRUDEN BAY
BARRA
MALLAIG
ARBROATH
FIFE
EAST NEUK
KIRKCALDY
ANSTRUTHER
LEITH
PITTENWEEM
MUSSELBURGH
SEAHOUSES
AMBLE
NEWBIGGIN
NORTHUMBERLAND
YORKSHIRE
SCARBOROUGH
FLAMBOROUGH
FILEY
HUMBER RIVER
SHERINGHAM
NORFOLK
GREAT YARMOUTH
MORWENSTOW
BUDE
CORNWALL
ST.IVES
LOOE, EDDYSTONE LIGHTHOUSE
SENNEN
POLPERRO
THE LIZARD

RAUTEN

IHRE SYMMETRIE IST SPEKTAKULÄR

Es gibt viele unterschiedliche Rautenmuster beim Ganseystricken. Strickerinnen lieben sie, und sie tauchen, in Dörfern und Sammlungen, überall an der britischen Küste in sehr vielen Formen auf. Manche besonderen sind typisch für einen Ort, während andere sich fast überall finden. Ihre Symmetrie ist spektakulär und erlaubt es, sie an jede Größe anzupassen, wodurch sie sehr nützlich sind, wenn man die Maschenzahl in einem Ganseydesign berechnet. Sie stehen allein, in Paaren oder als Hintergrundmuster wie bei dem Inverallochy Rautenmuster.
Bei unseren Recherchen haben wir bisher erst eine einzige gefunden, die mit zwei linken Maschen beginnt und mit gerader Maschenzahl weitergeht (s. ***Besondere Rauten***). Alle anderen werden über eine ungerade Maschenzahl gestrickt und beginnen mit einer einzelnen linken Masche.
Die Rauten wurden mit Perlmuster, doppeltem Perlmuster, glatt rechts und anderen Mustern gefüllt, es gibt also eine immense Vielfalt.
Die Maschendefinition ist bei dieser Art Muster großartig, und es wirkt als einzelnes Motiv in horizontalen Bändern, aber auch als vertikale Rautenreihe, zum Beispiel in dem Gansey, den Mrs Edwards aus Inverallochy, an der schottischen Nordostküste, gestrickt hat und auf den sich Michael Pearson in seinem Buch ***Traditional Knitting*** bezieht. Pearson merkt auch an, dass das Rautenmuster hauptsächlich aus Schottland stammt, und zitiert Mrs Noble aus Filey: »... das Moos und die Raute stammten von den Schotten, wenn sie wegen des Herings kamen, dann strickten sie auf acht kurzen Nadeln – sie haben mir den Anker und Zickzack beigebracht, und sie strickten ein Karo anstelle eines Zopfs. Es gab noch ein Muster aus Schottland – die halbe Flagge –, meine Mutter strickte sie ohne Tau. Die Leiter war typischer für Filey, nicht die Raute.«
Offensichtlich reisten die Muster die Küste entlang, vor allem mit den Herring Girls. Aus dem Norden und Westen Schottlands wanderten sie nach Süden und die besonderen Themen und Motive mit ihnen. Es gibt viele Namen für die Rautenmuster, von »Fischernetzen« bis zu »Kirchenfenster«, Letzteres passt sehr gut für Designs aus East Neuk in Fife, wo in jedem Dorf auffallende Kirchen an markanten Orten stehen, um den Fischern zu helfen, ihre Boote sicher nach Hause zu steuern.

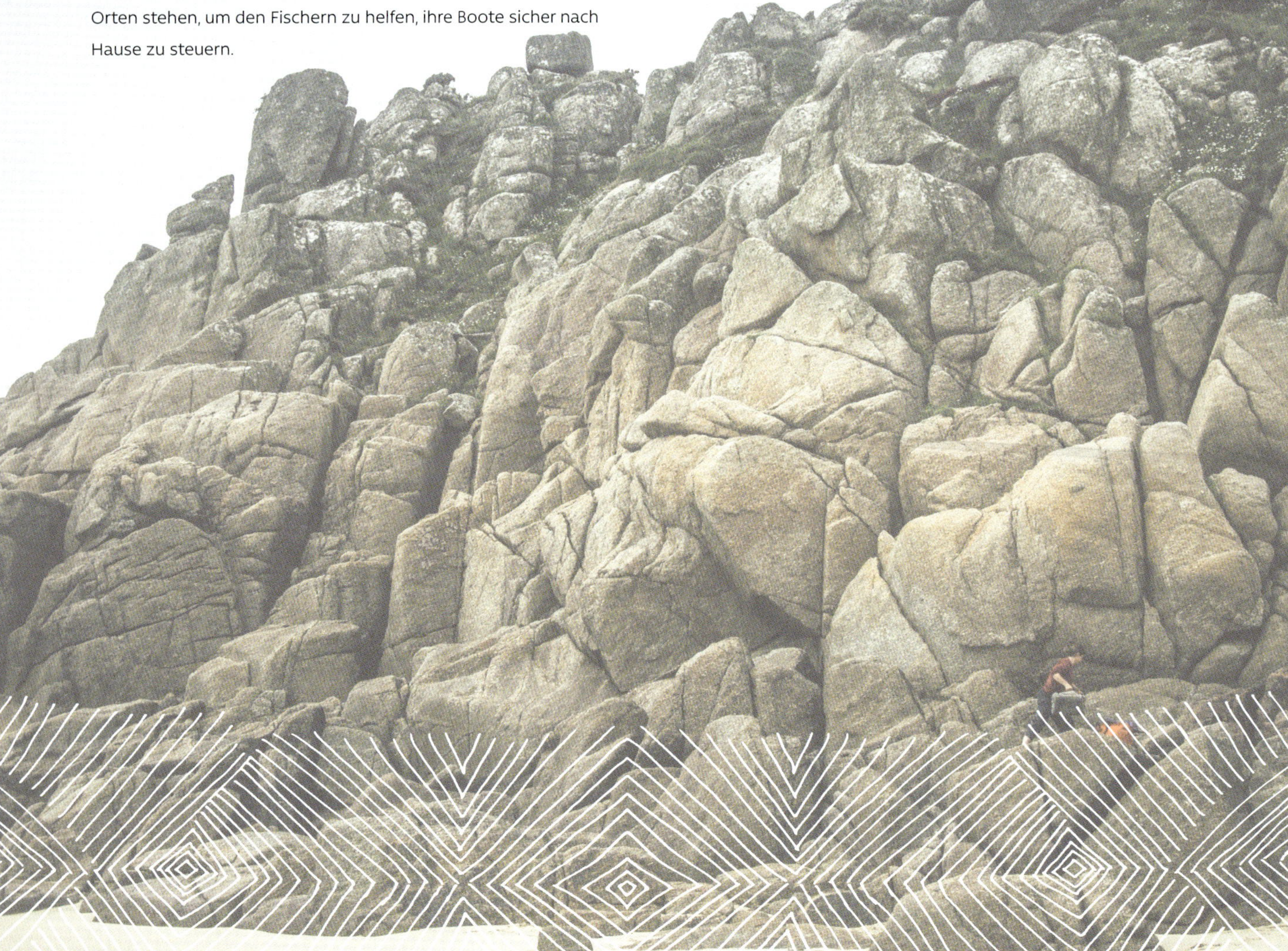

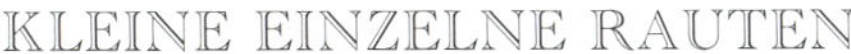

KLEINE EINZELNE RAUTEN

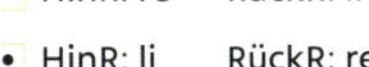

SCHLÜSSEL

HinR: re RückR: li

• HinR: li RückR: re

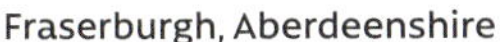

Fraserburgh, Aberdeenshire 1

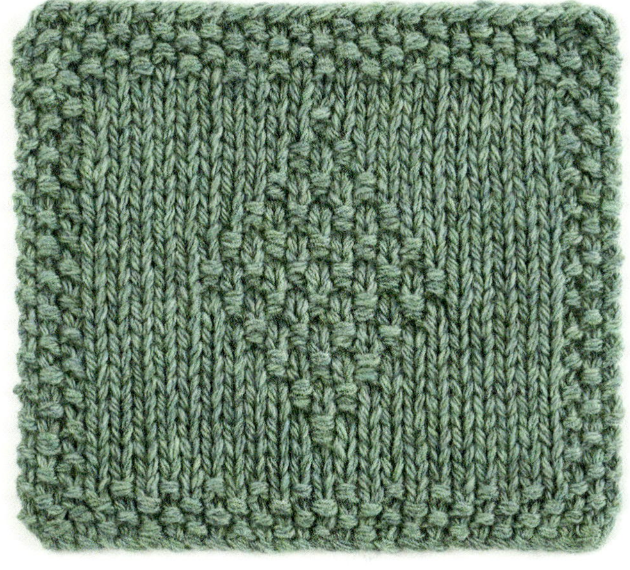

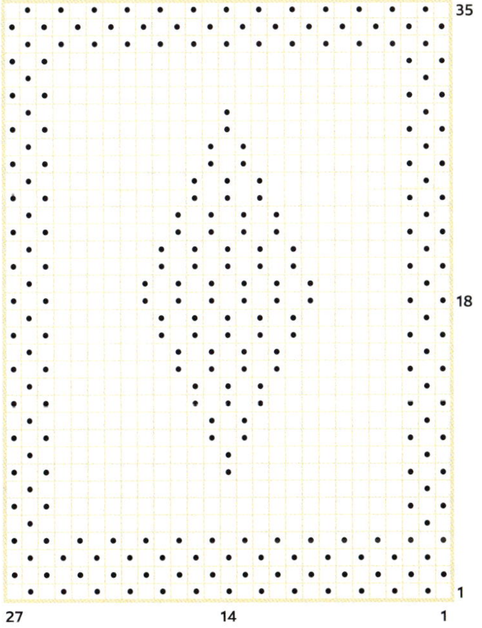

Fraserburgh, Aberdeenshire 2

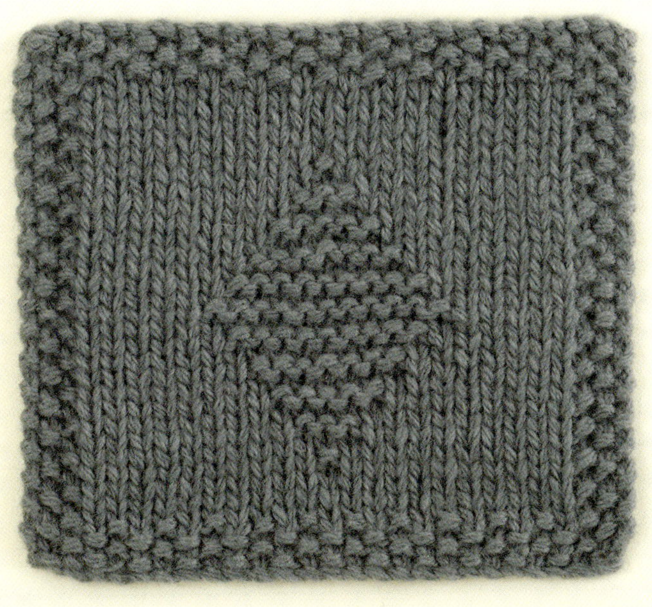

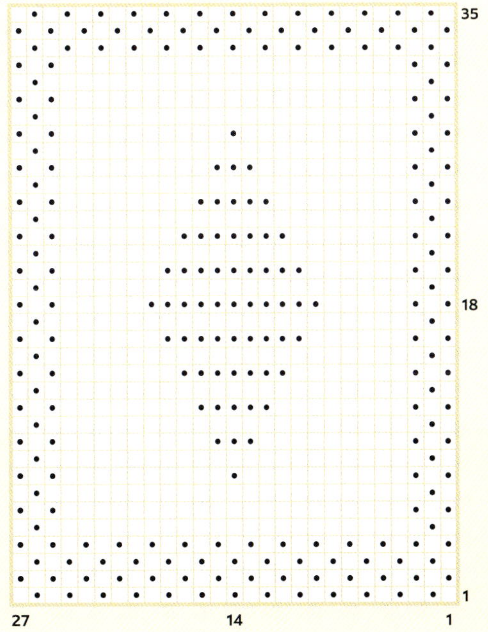

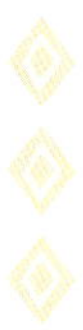

Inverallochy, Aberdeenshire

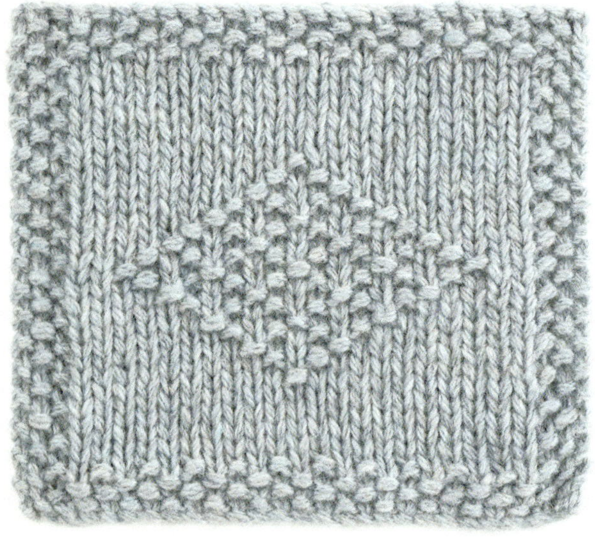

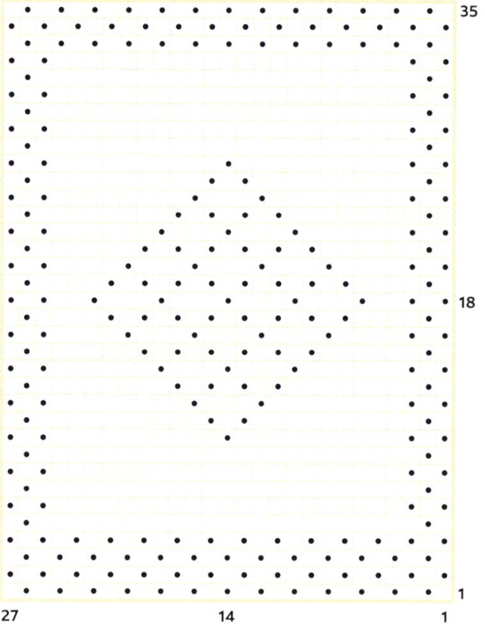

Cruden Bay, Aberdeenshire

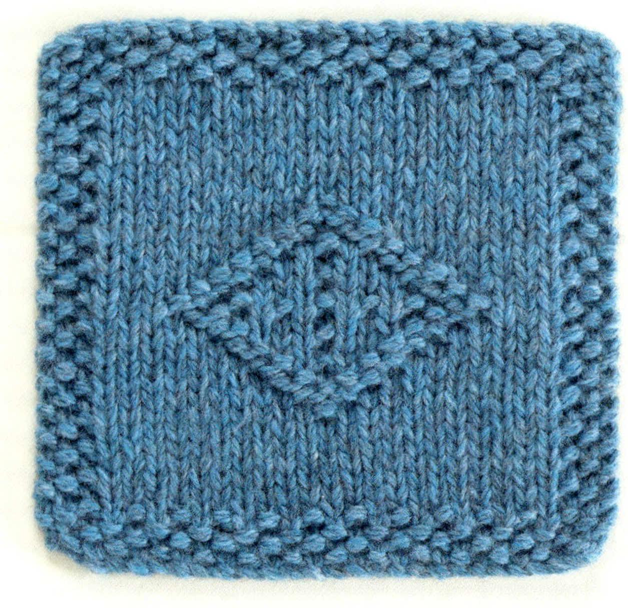

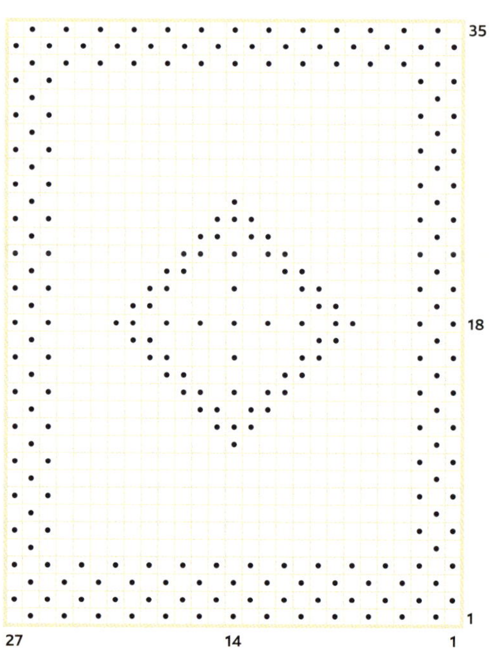

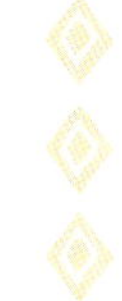

SCHLÜSSEL

HinR: re RückR: li

• HinR: li RückR: re

Buckie, Aberdeenshire

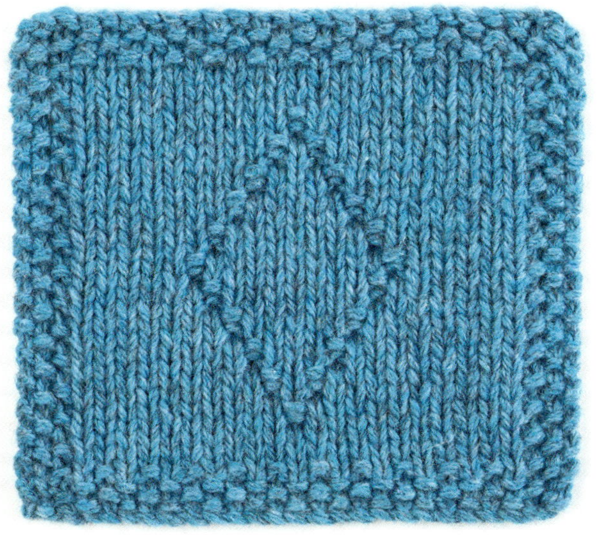

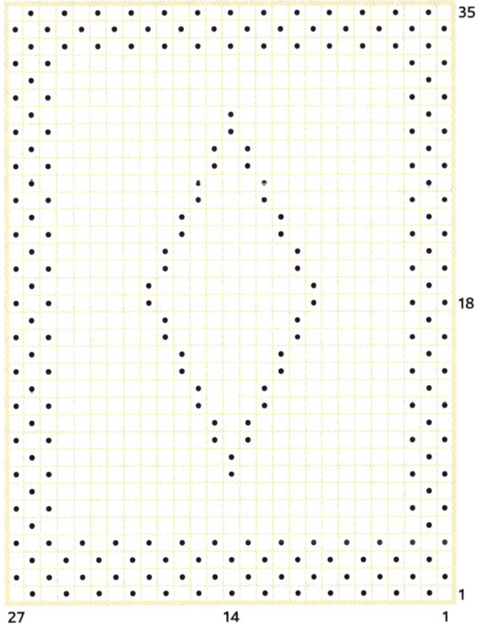

Scottish Fleet

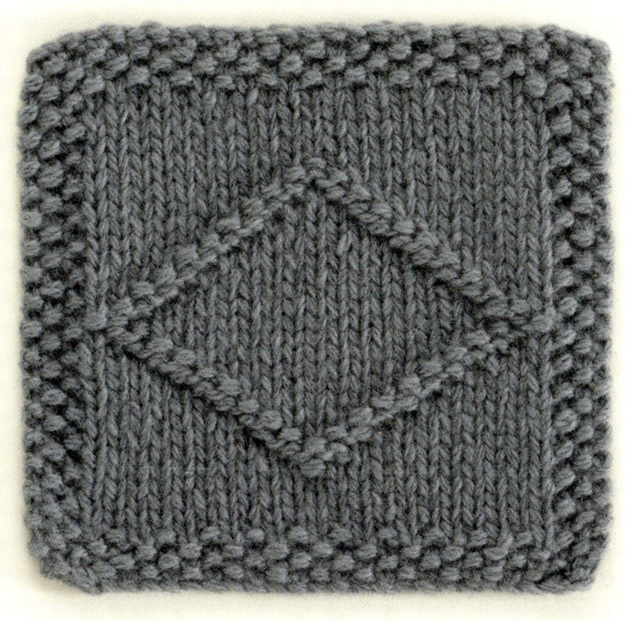

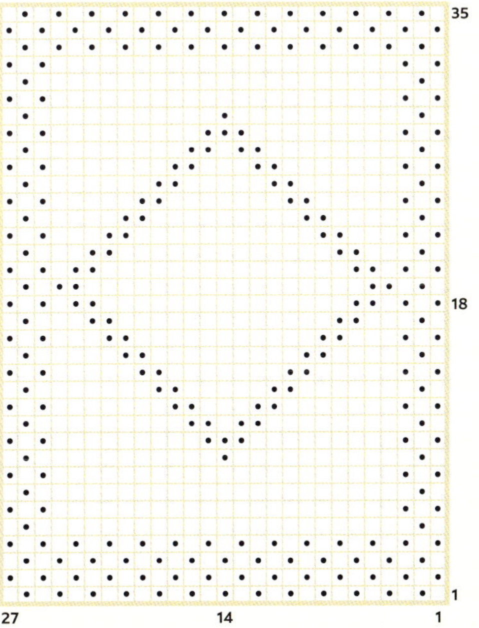

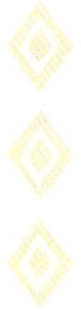

Mallaig, West Highlands

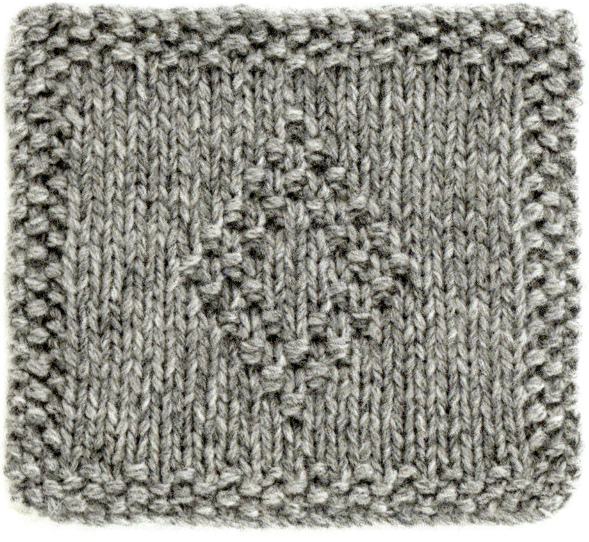

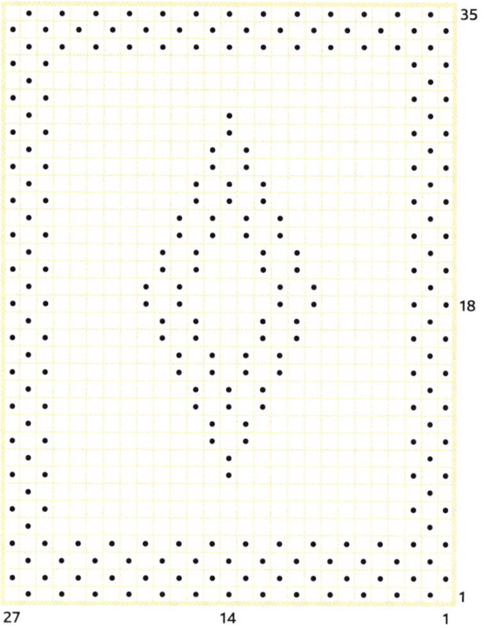

Eriskay, Western Isles

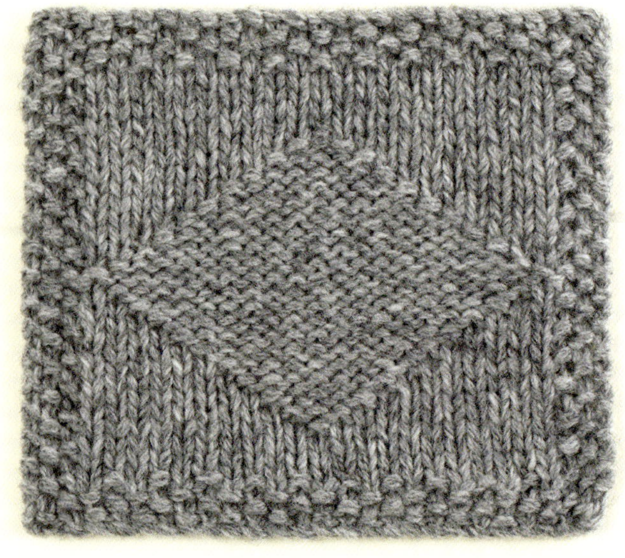

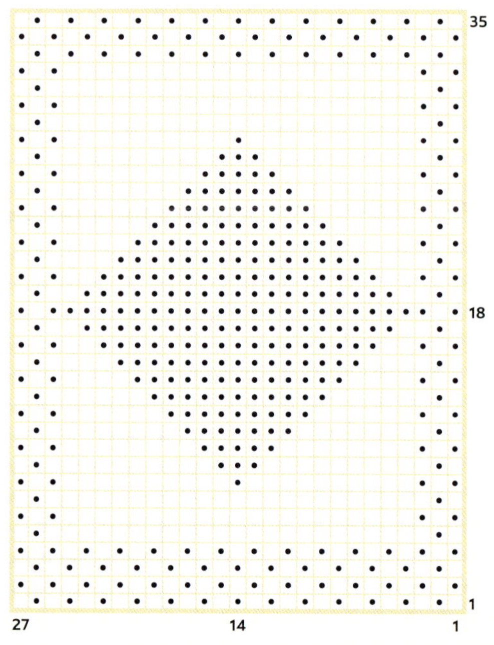

KLEINE DOPPELTE RAUTEN

SCHLÜSSEL

□	HinR: re	RückR: li
•	HinR: li	RückR: re

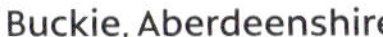
Buckie, Aberdeenshire

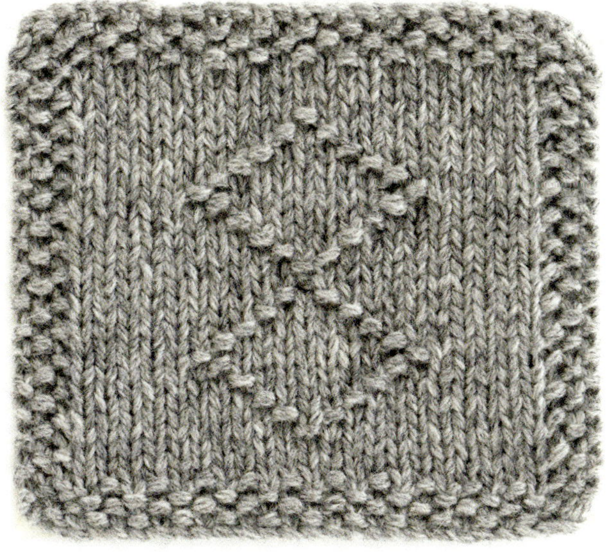

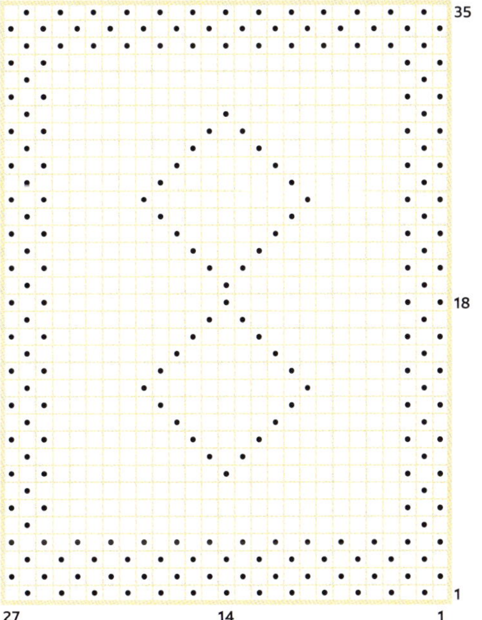

Banff, Aberdeenshire

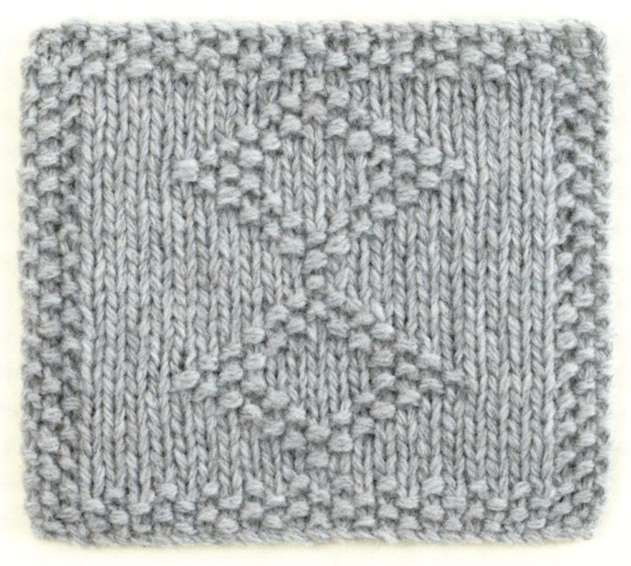

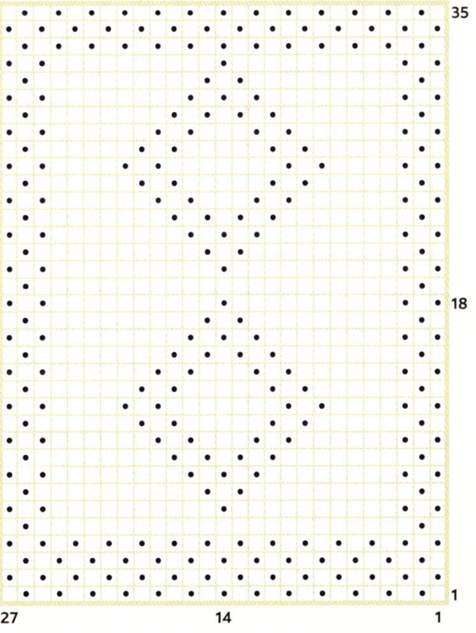

East Neuk, Fife

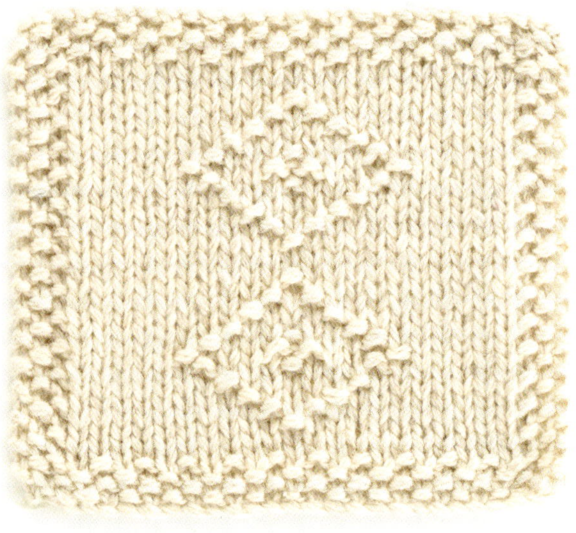

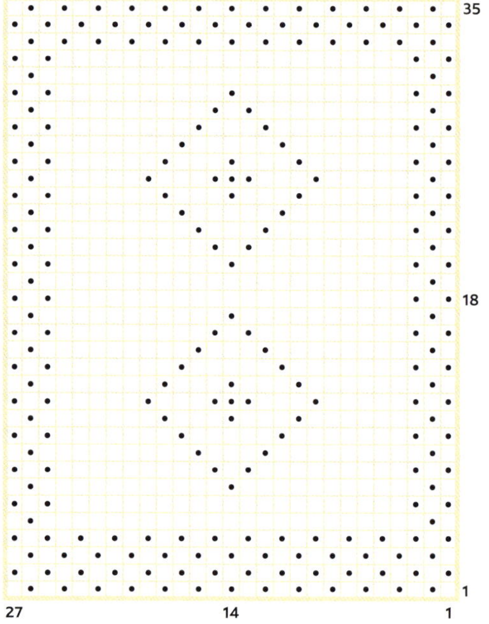

Leith, Edinburgh

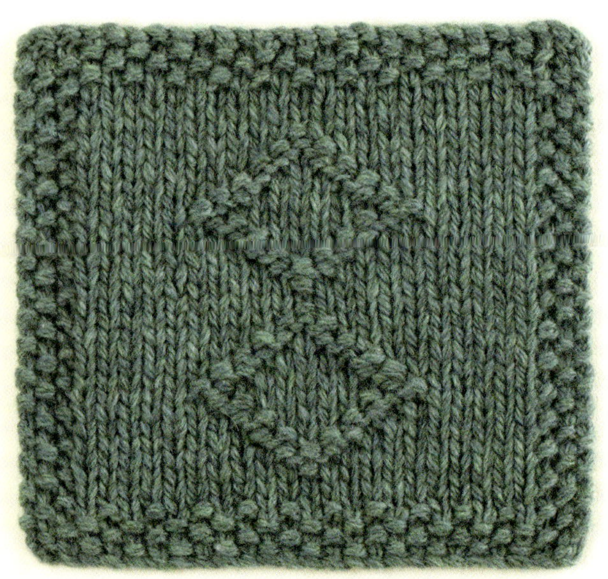

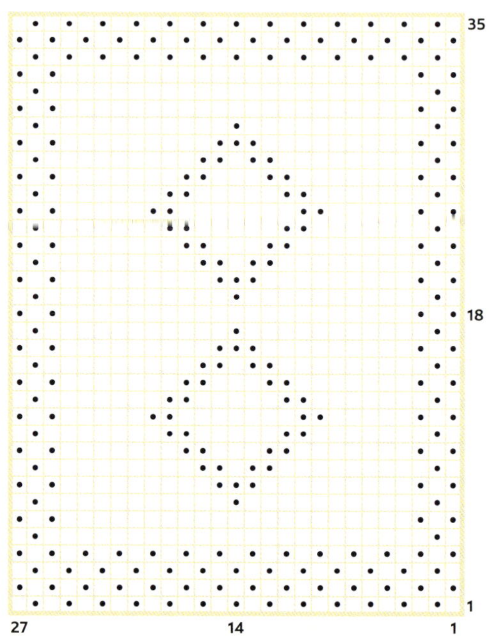

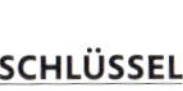

SCHLÜSSEL

HinR: re RückR: li

• HinR: li RückR: re

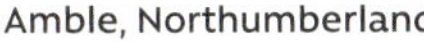

Amble, Northumberland

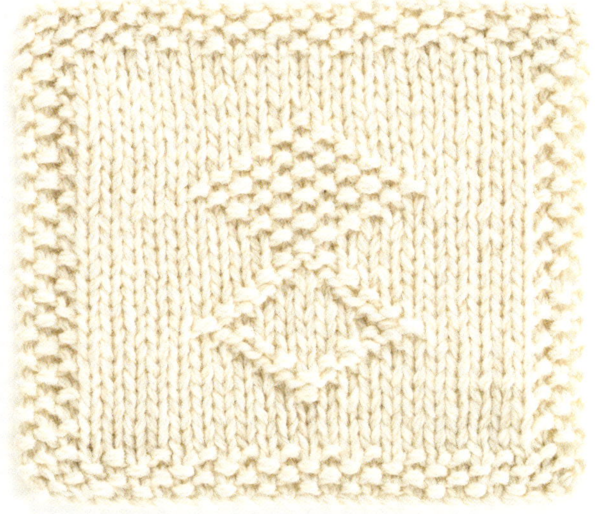

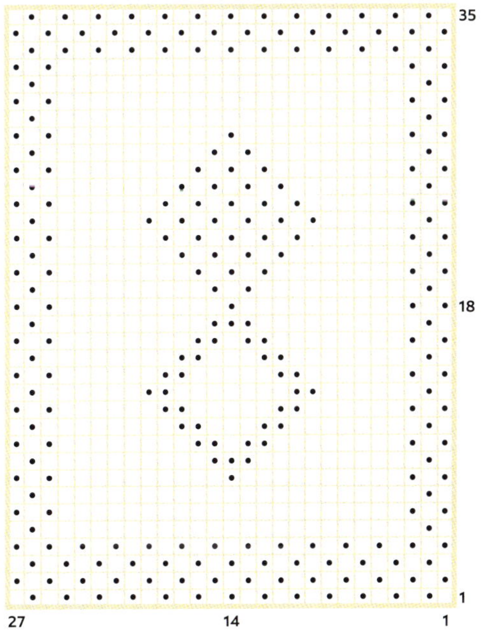

Buckie, Aberdeenshire

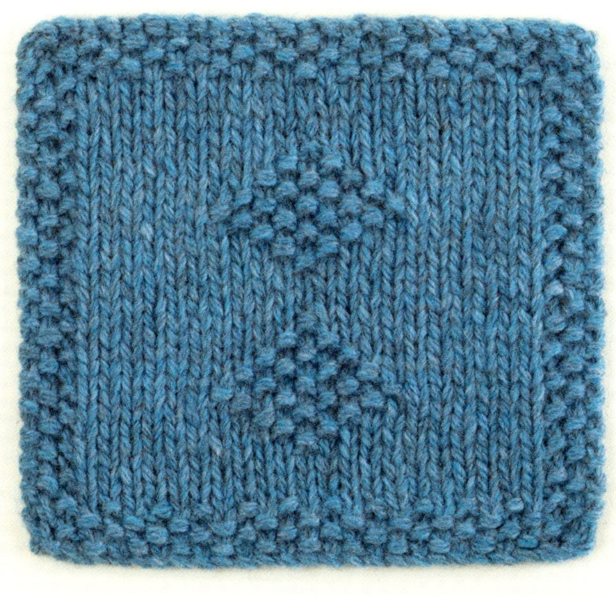

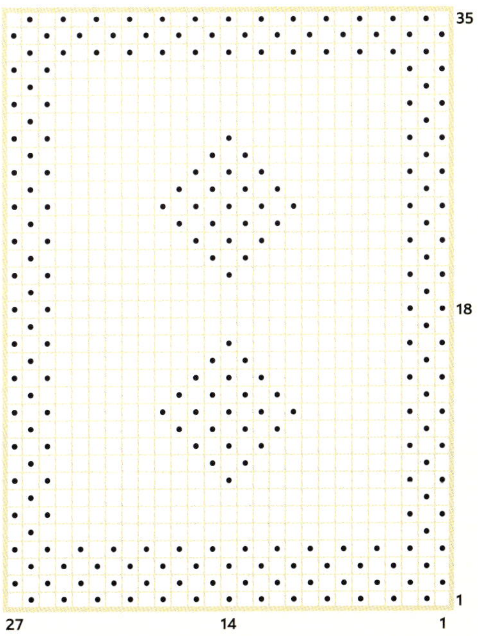

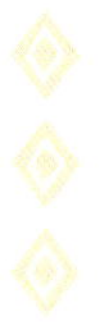

Peterhead, Aberdeenshire

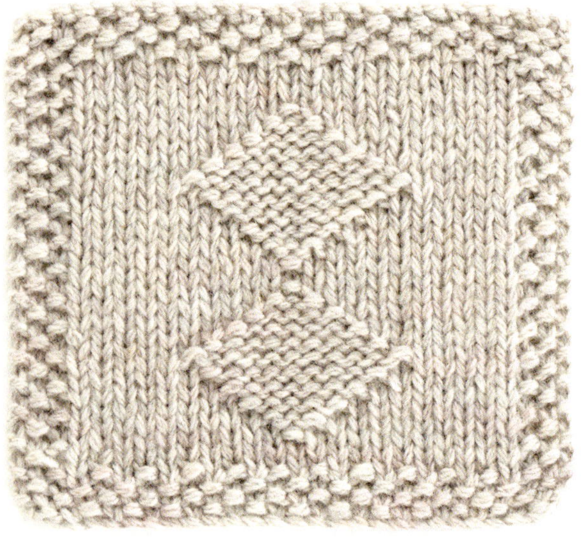

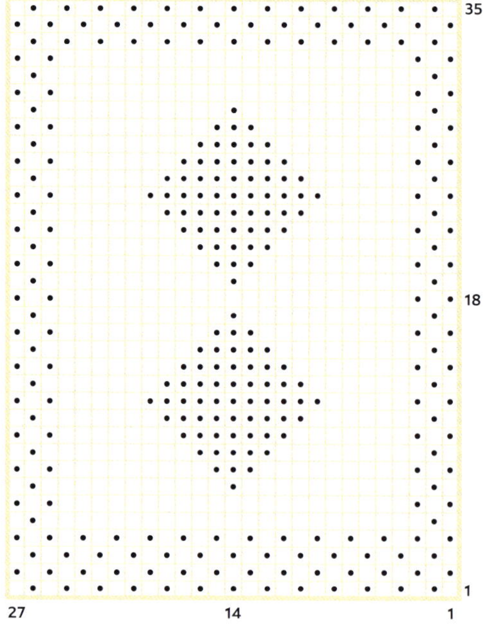

Inverness, Highlands

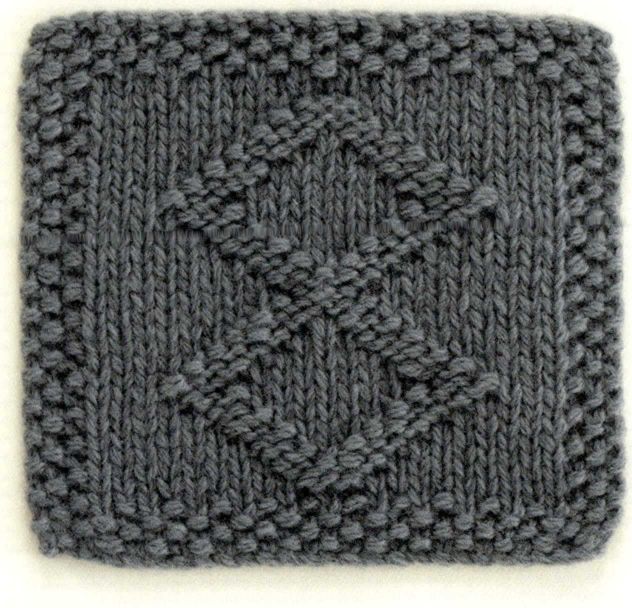

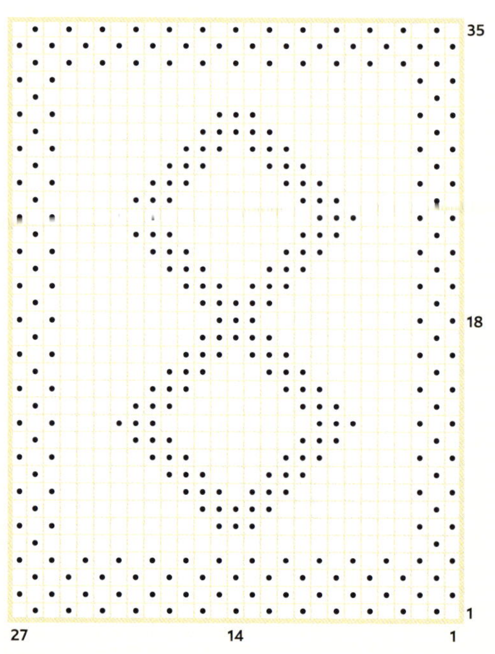

KLEINE RAUTENREIHEN

SCHLÜSSEL

□	HinR: re	RückR: li
•	HinR: li	RückR: re

Rosemarkie, Aberdeenshire

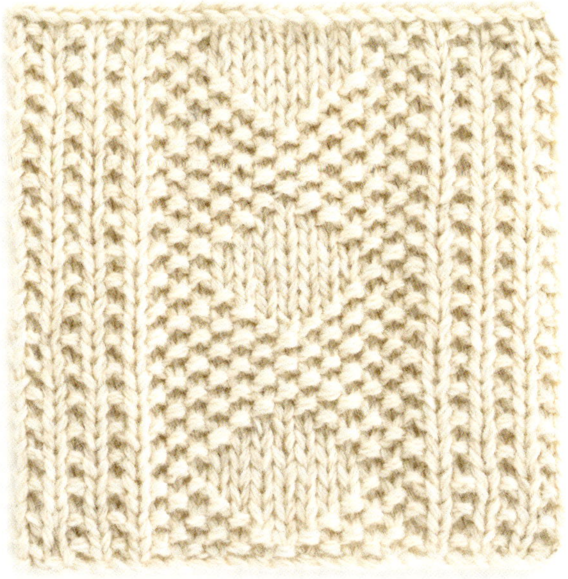

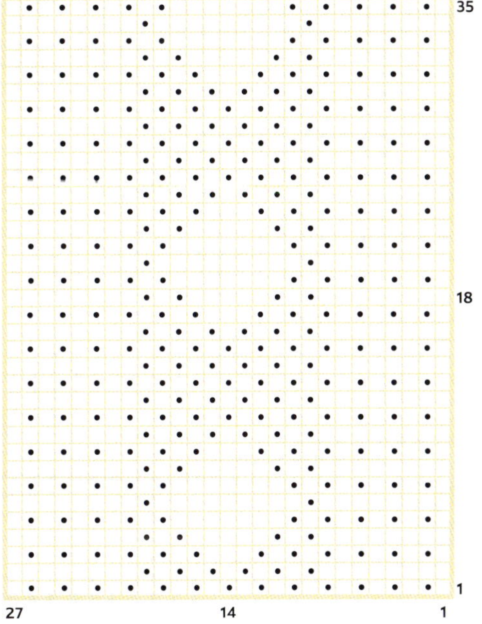

Inverallochy, Aberdeenshire

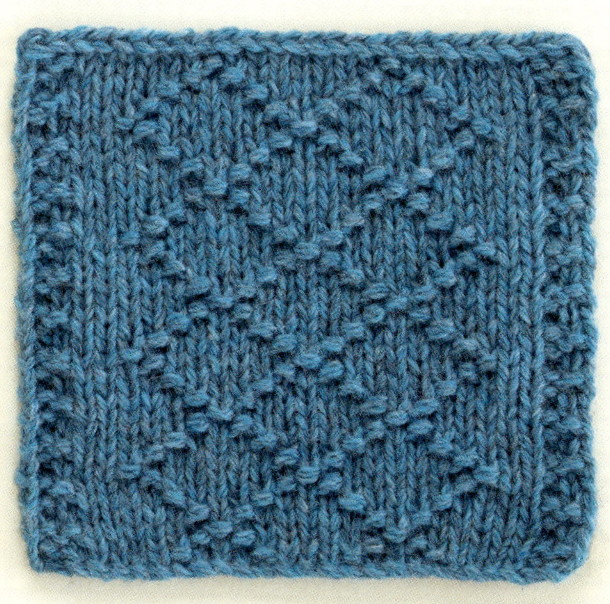

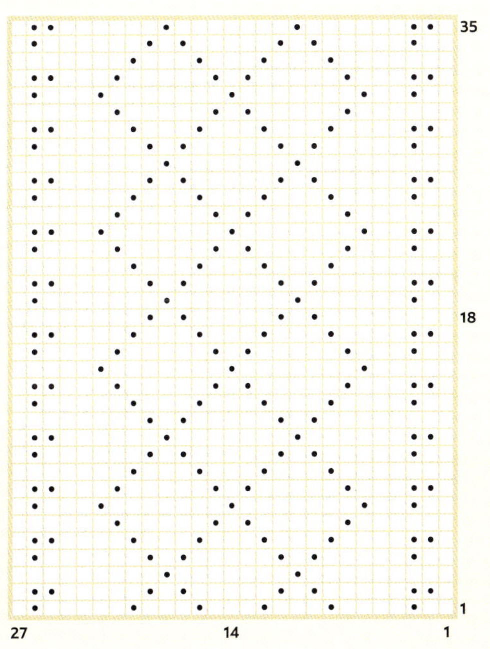

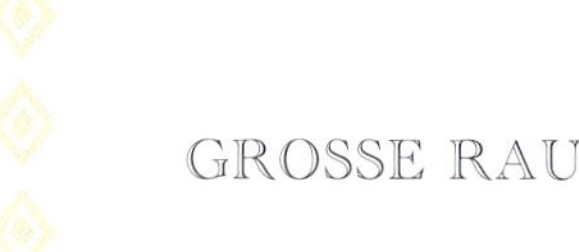

GROSSE RAUTEN

Eriskay, Western Isles

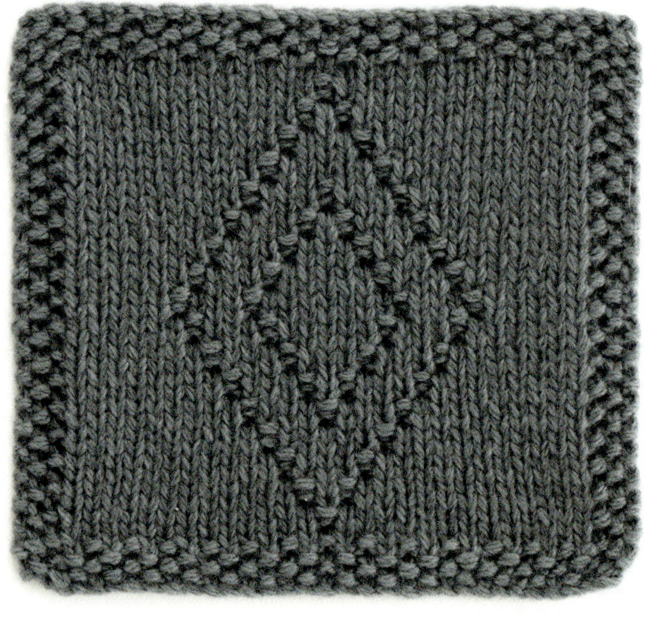

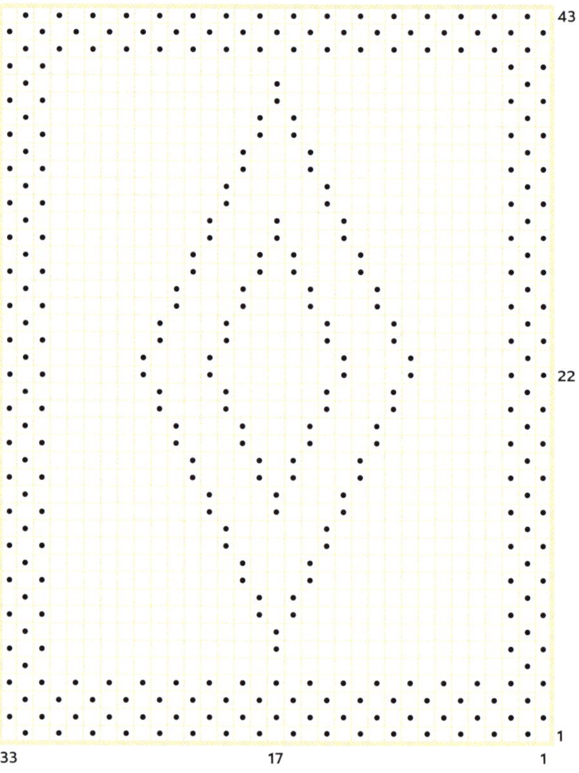

Humber River, Northern England

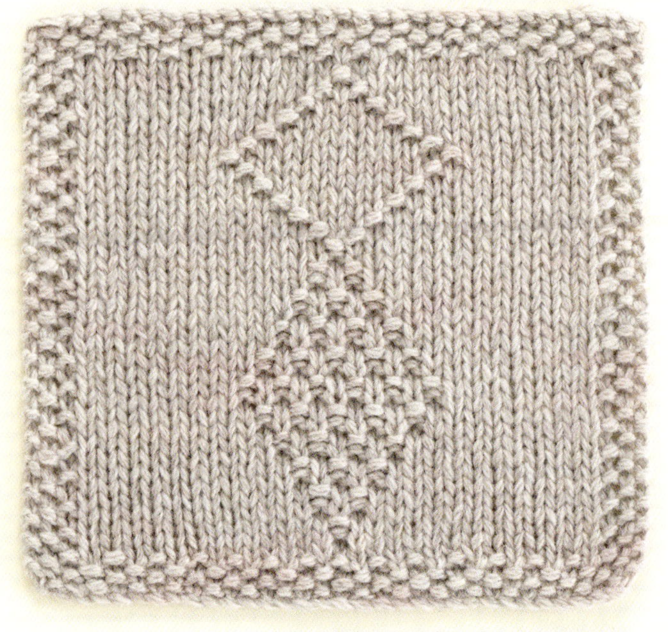

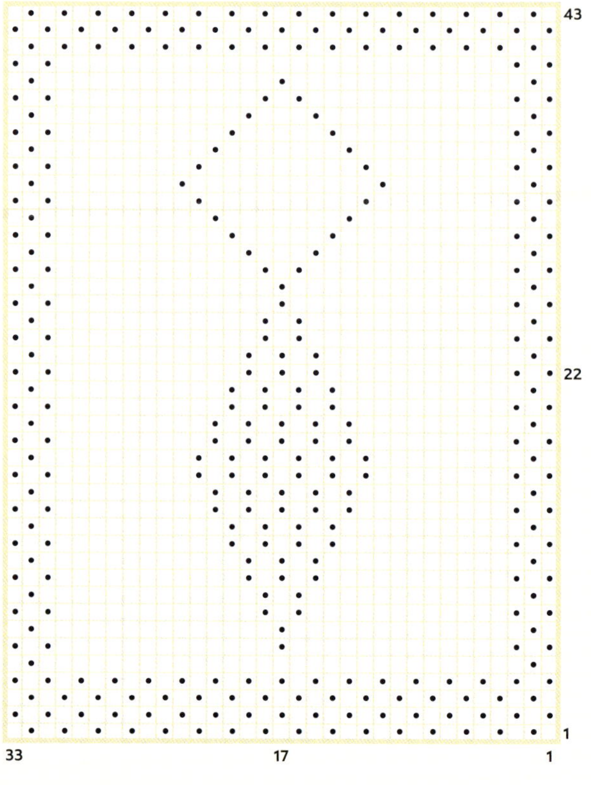

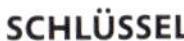

SCHLÜSSEL

HinR: re RückR: li

• HinR: li RückR: re

Kirkcaldy, Fife

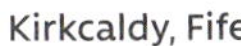

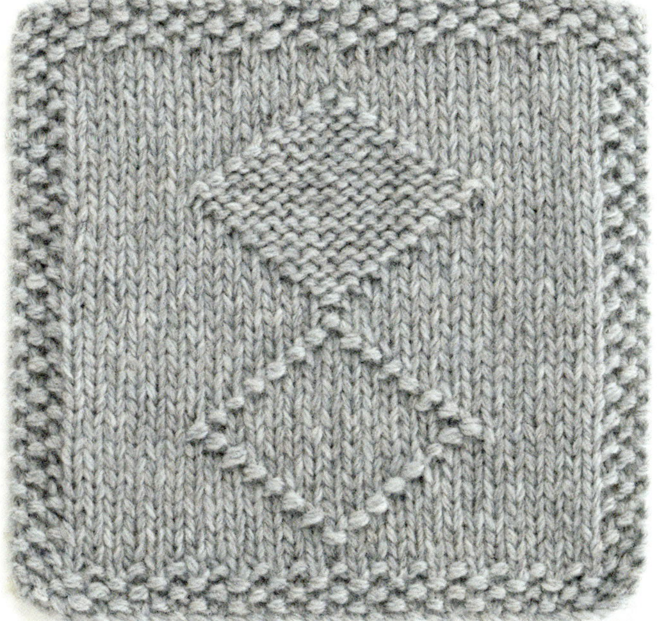

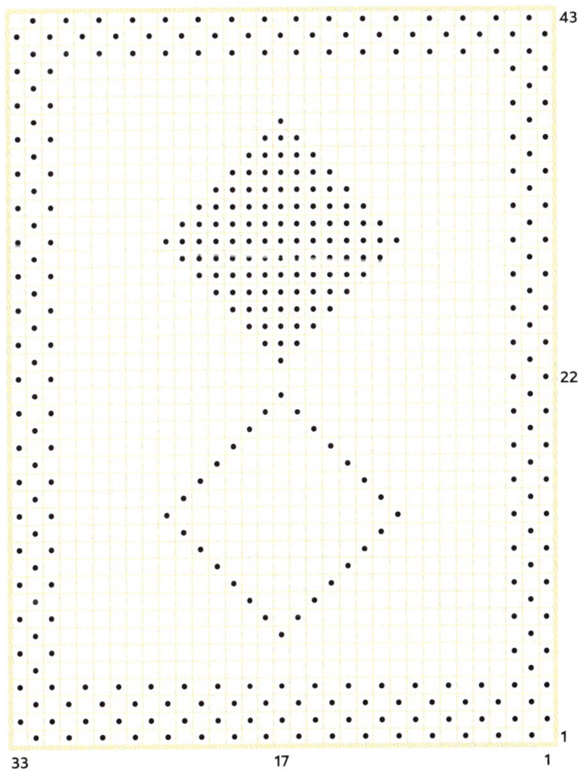

Musselburgh, East Lothian

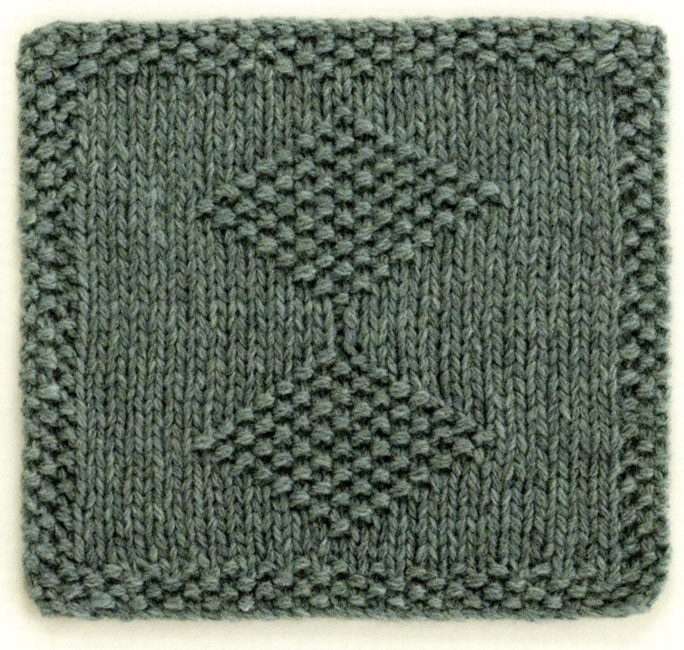

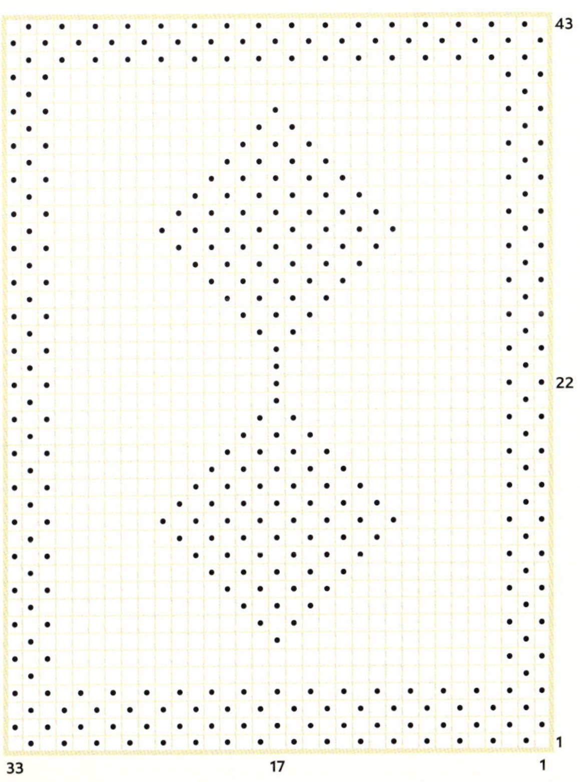

Foula, Shetland

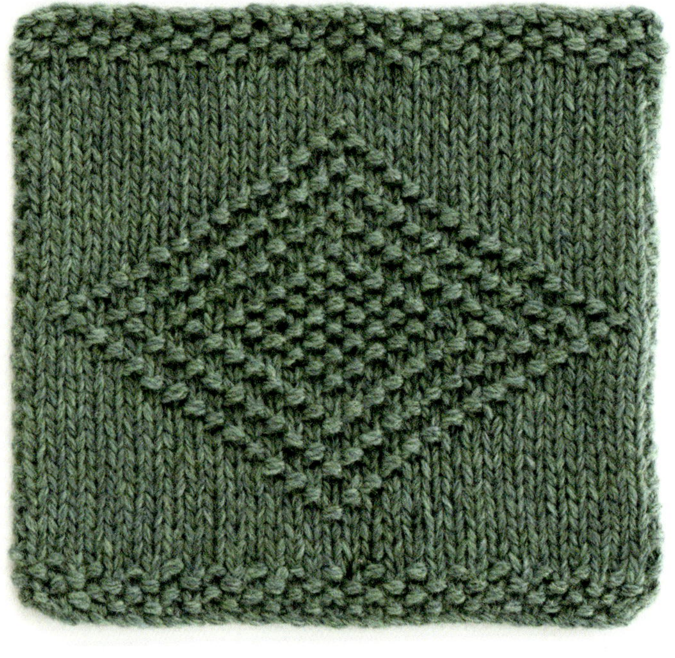

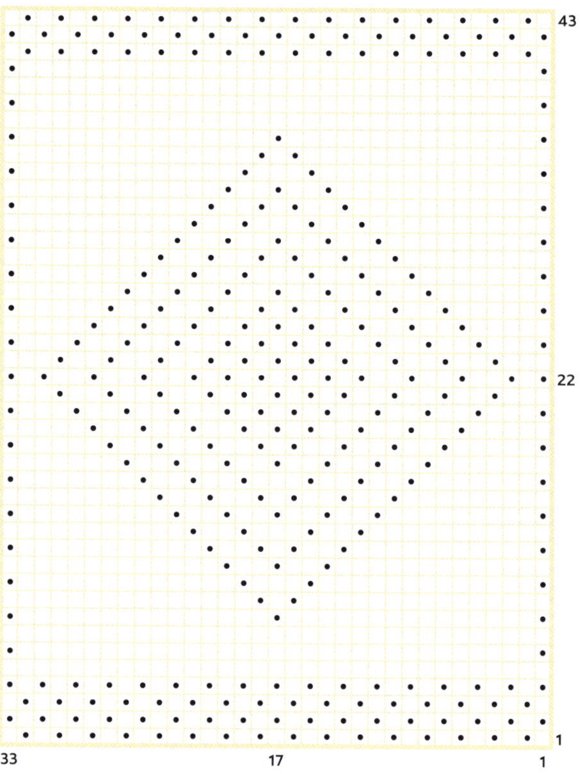

Nairn, Moray Firth

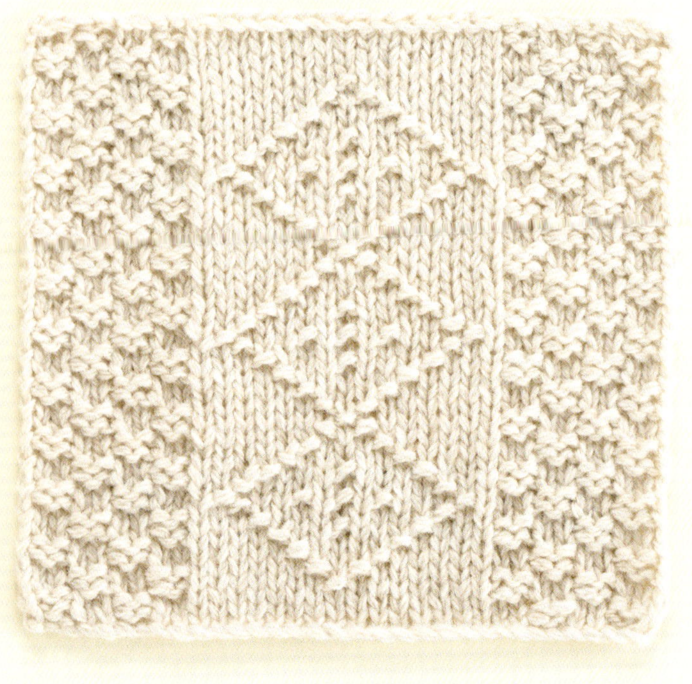

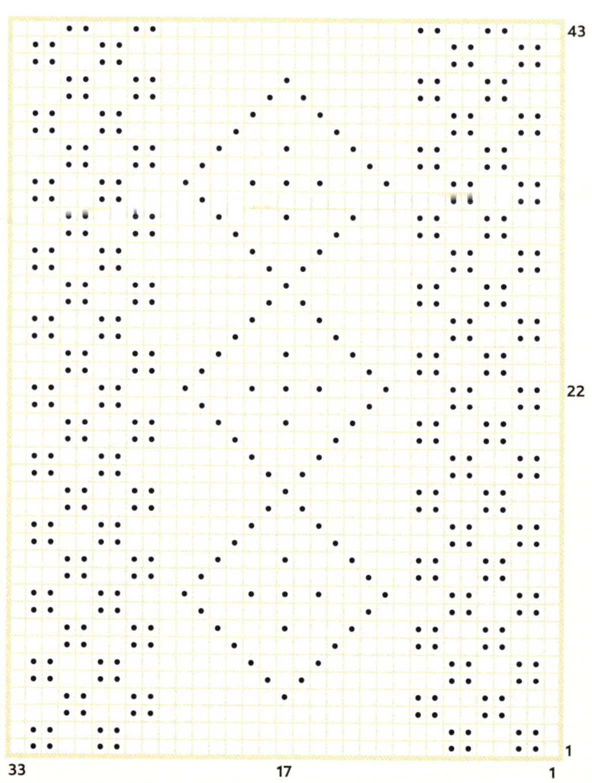

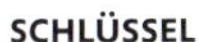

SCHLÜSSEL

□	HinR: re	RückR: li
•	HinR: li	RückR: re

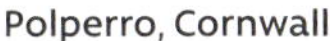

Polperro, Cornwall

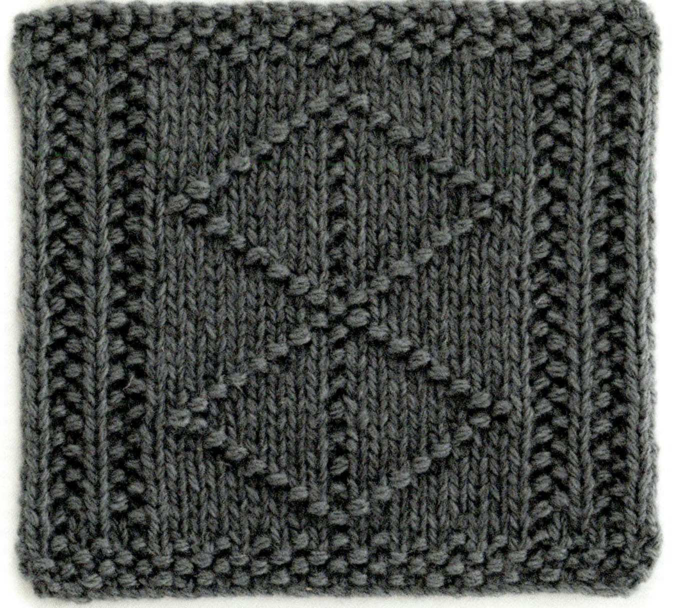

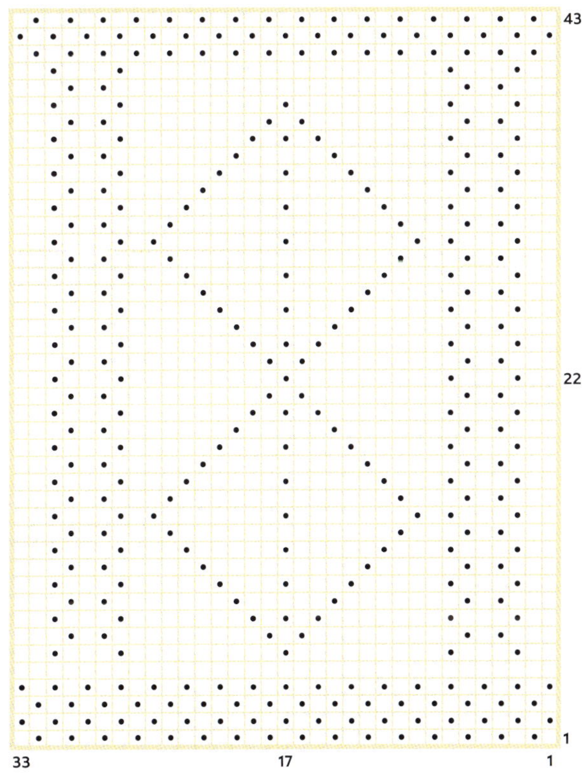

Flamborough, Yorkshire

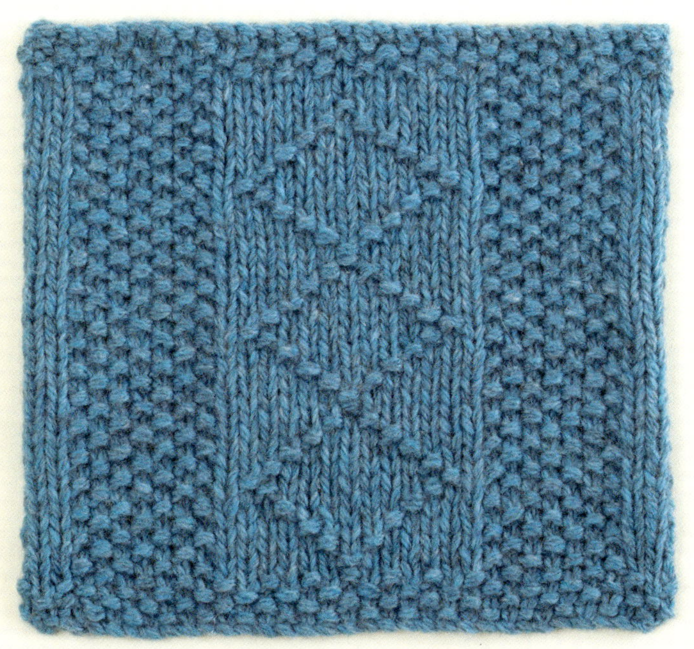

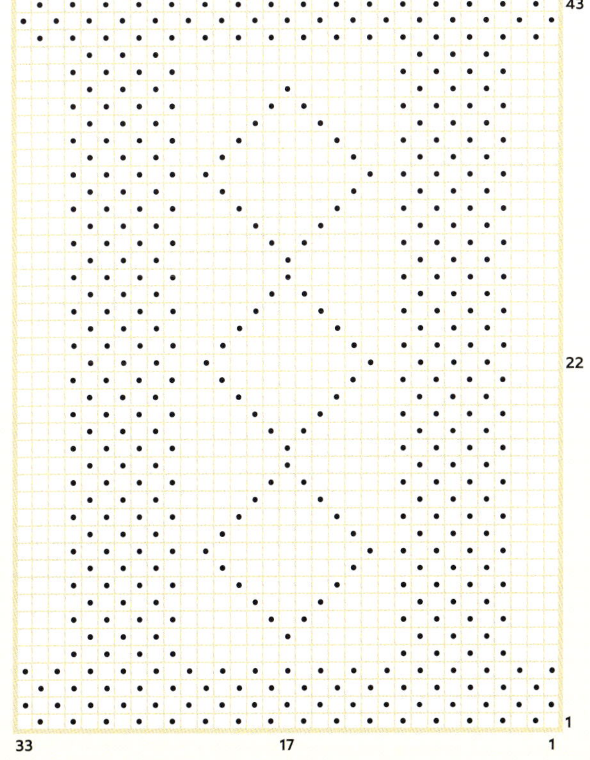

BESONDERE RAUTEN

Es gibt sehr viele Rautenmuster und -variationen, aber zwei fallen auf. Die erste ist die Sheringham Raute mit einem Fischgrätmuster. Und vor allem ist das so ziemlich die einzige Raute mit gerader Maschenzahl. Sie beginnt mit zwei linken Maschen über zwei Reihen, die sich wunderschön in der Spitze des Zickzacks/Fischgrät wiederholen. Als zweimaschige Raute sieht sie ziemlich anders aus, und ihre Gleichmäßigkeit ist einzigartig.

Die Fraserburgh Rauten sind offen und wurden von der großartigen Strickerin Mrs Elsie Buchan entworfen. Sie sind so clever und komplex, nie ganz geschlossen und mit dem für Elsie typischen doppelten Scheinzopf in der Mitte einer der Rauten, um dem Muster Struktur und Tiefe zu verleihen. So eine geschickte Kombination der Elemente zeigt die große Kreativität dieser Strickerin. Wir lieben Elsie!

Sheringham, Norfolk

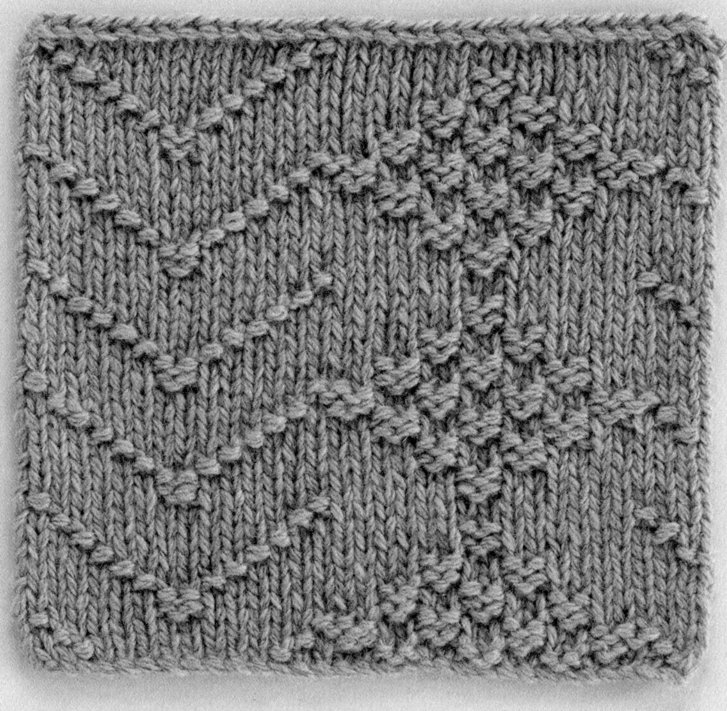

SCHLÜSSEL

- ☐ HinR: re RückR: li
- ⊡ HinR: li RückR: re
- Scheinzopf

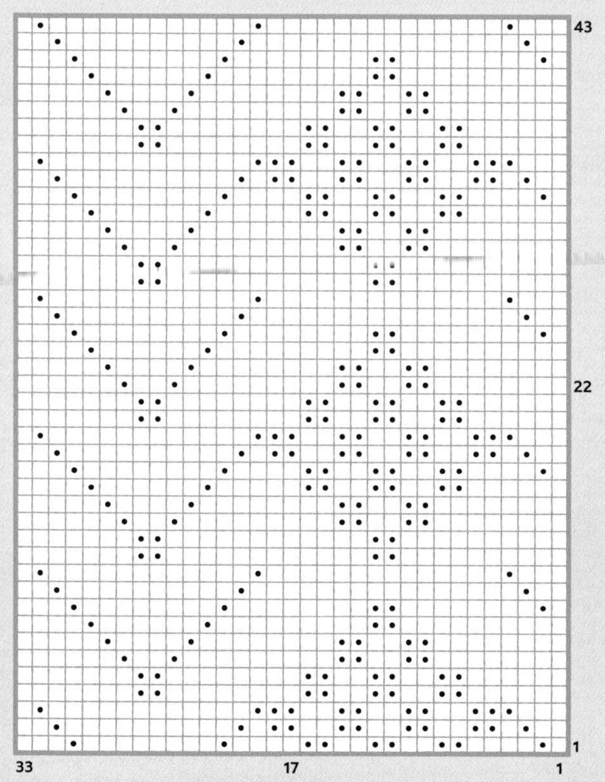

Fraserburgh, Aberdeenshire

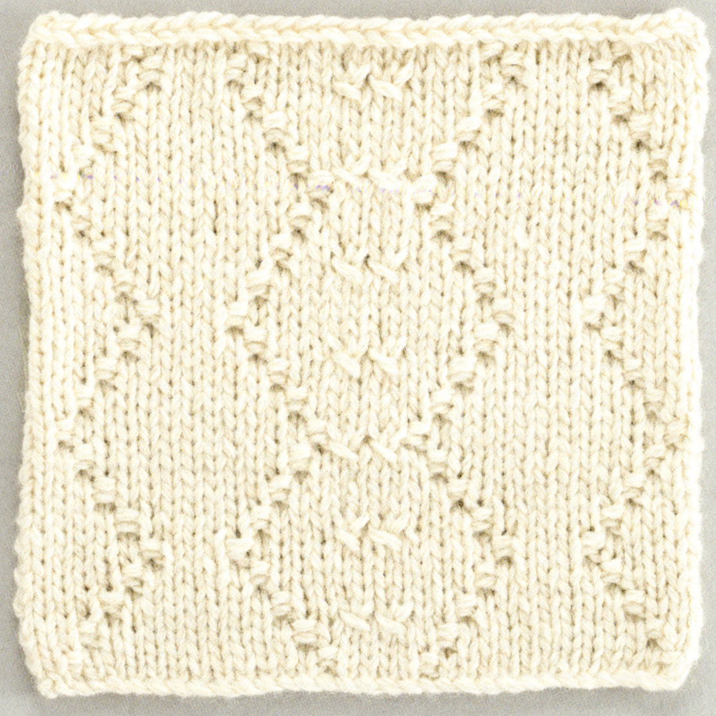

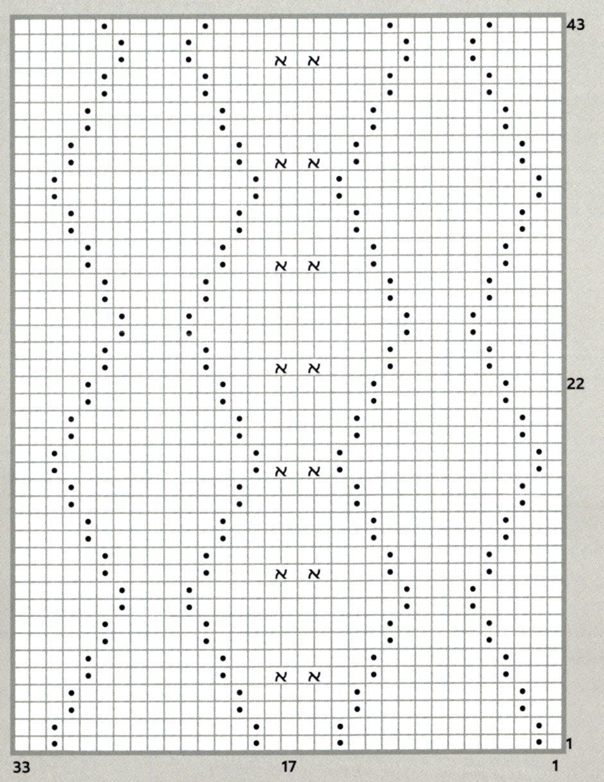

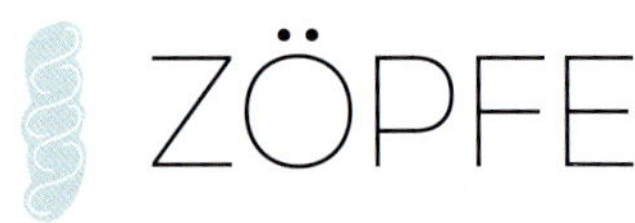

ZÖPFE

DRAMATISCH UND DEUTLICH

Es gibt viele umwerfende Zopfmuster, vor allem aus Schottland und Cornwall. Sie stellen die Taue oder Takelage der Schiffe dar. Zöpfe sind dramatisch und sehr effektvoll. Abgesehen von den Zöpfen über zwei Maschen zur Trennung, dominieren an der Ostküste Englands die kleinsten Zöpfe. Sie sind sehr regelmäßig und werden selten variiert, wie in dem Beispiel aus Filey, Yorkshire, das eventuell vom Doppelzopf mit beidseitigen Minileitern aus Wick, Caithness inspiriert wurde.

Besonders interessant sind Zöpfe aus Cornwall. In Polperro ist der Schlangenzopf mit Leitern gut dokumentiert und eine Klasse für sich! Das sehr spezielle Beispiel aus St. Ives lässt, wie viele der Muster aus Cornwall in diesem Buch, eine eigene Struktur entstehen, mit wandernden Zöpfen, die wie die wilde See vor Lizard Point an der Südspitze des Landes aussehen.

Schottische Zöpfe sind ähnlich markant. Der Inverness Zopf wird mit einem Flaggen/Dreieckmuster kombiniert, und in Avoch gibt es Krebsklauenzöpfe. Mein Liebling aus Forres, den wir in unseren Socken nutzen, wird auf einem glatt rechten Hintergrund gezopft, mit Leitern als Trennung. Auch dadurch entsteht mehr eine Struktur als ein rein vertikales Muster.

Sheila fiel vor Jahren auf, dass diese Zöpfe das gesamte Muster eines Ganseys verziehen, da die Maschenspannung beim Kreuzen der Maschen so stark verändert wird. Dadurch entsteht ein schiefer oder welliger Effekt, wenn man nicht zu Beginn des Zopfes zusätzliche Maschen aufnimmt, die an dessen Ende wieder abgenommen werden.

All die wunderschönen Zopfmuster, die Sheila gestrickt hat, haben beim Anschlag und beim Abketten weniger Maschen, als für die Zöpfe nötig sind, zusätzliche Maschen werden vor der ersten Zopfreihe in den Zöpfen zugenommen und dann nach der letzten Zopfreihe sofort wieder abgenommen, damit die Kanten gerade bleiben, aber das steht üblicherweise nicht in den Strickschriften. So werden zum Beispiel für einen Zopf über 12 Maschen nur 8 Maschen angeschlagen und 4 zusätzliche Maschen beim Zopfen zugenommen.

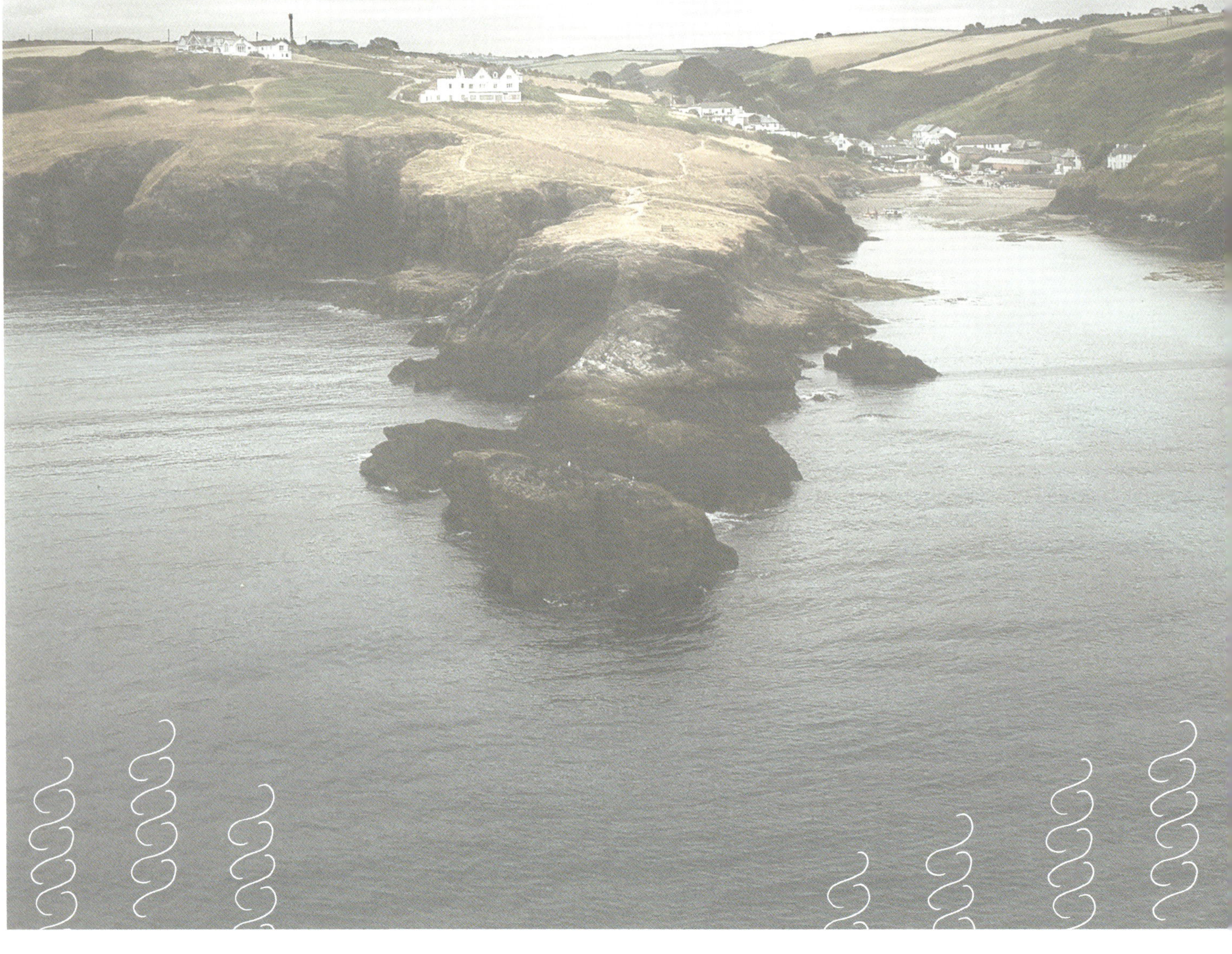

KLEINE ZÖPFE

SCHLÜSSEL

☐ HinR: re RückR: li

• HinR: li RückR: re

▱ 6 rechts Zopf

Filey, Yorkshire

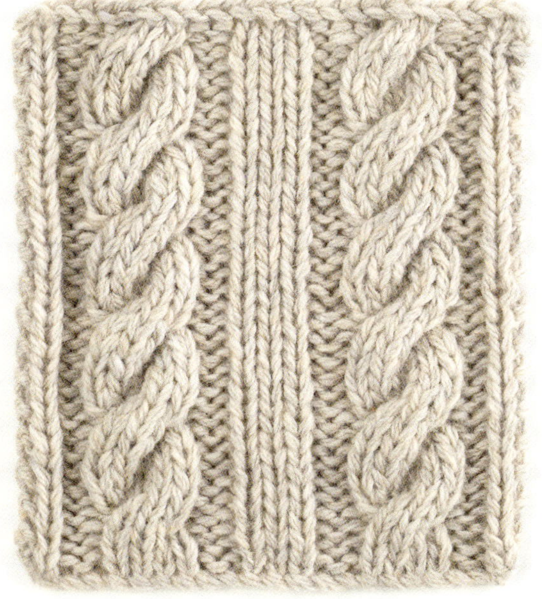

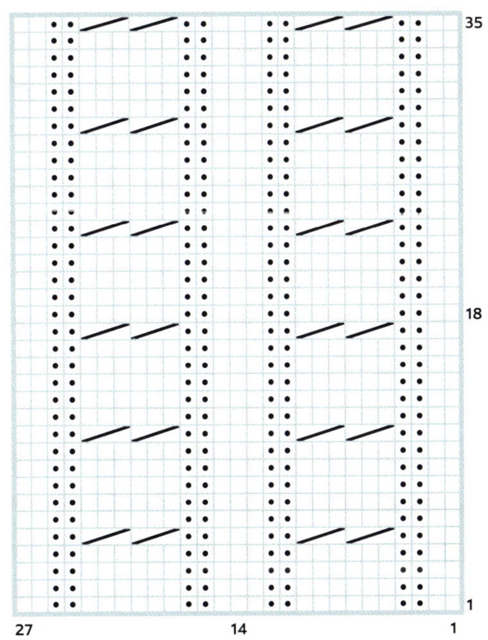

Wick, Caithness

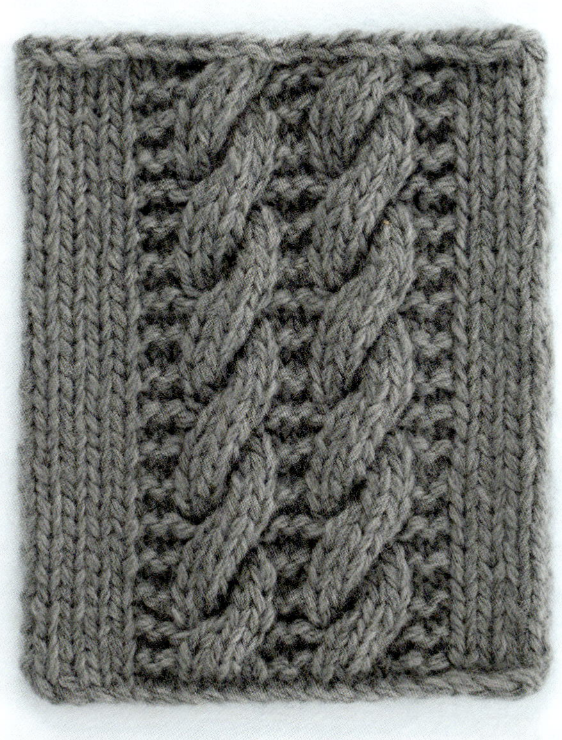

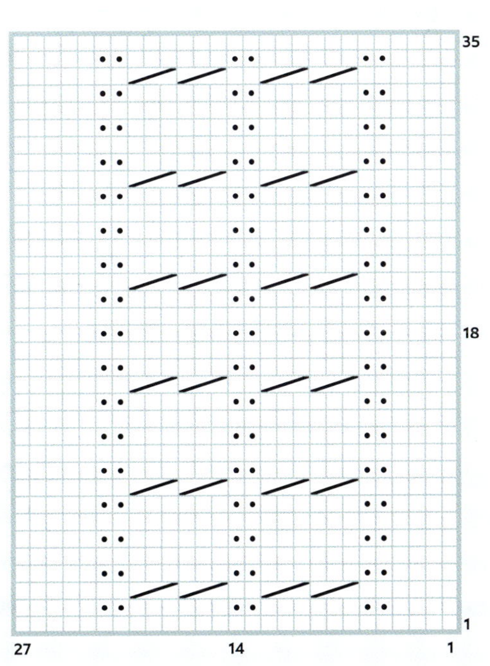

Bude, Cornwall

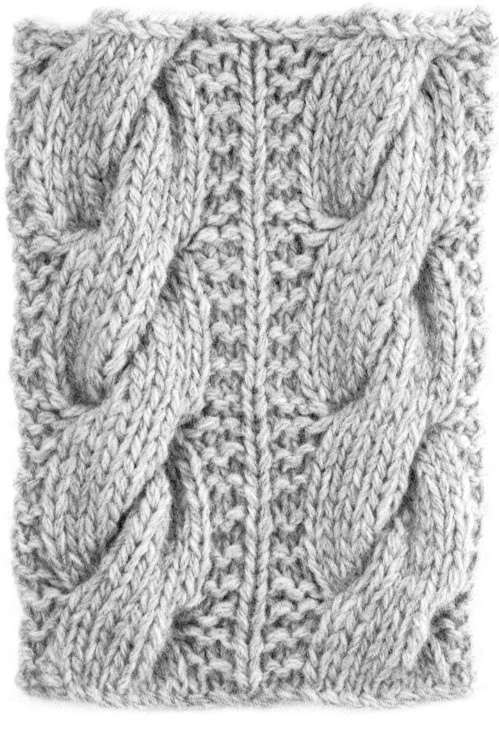

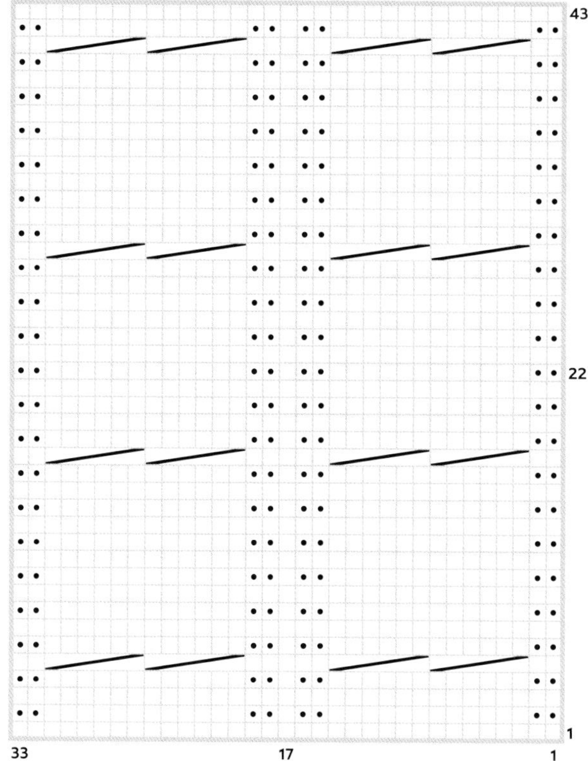

Avoch, Aberdeenshire

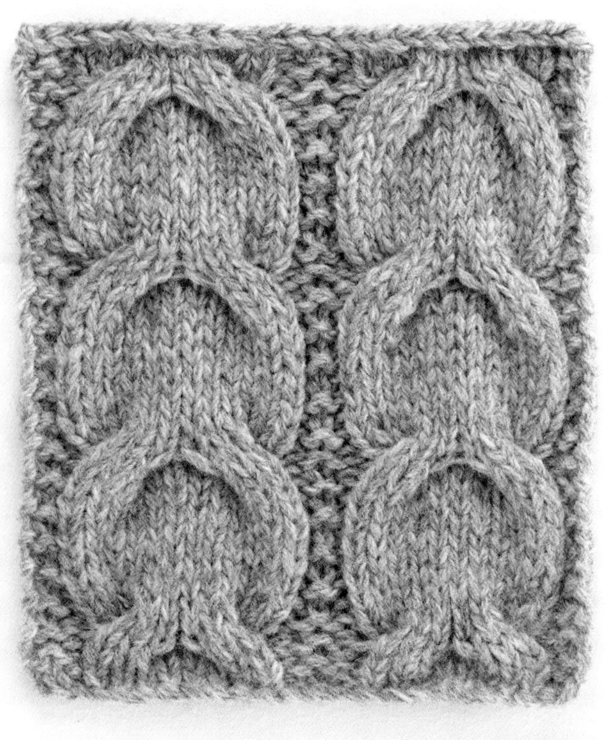

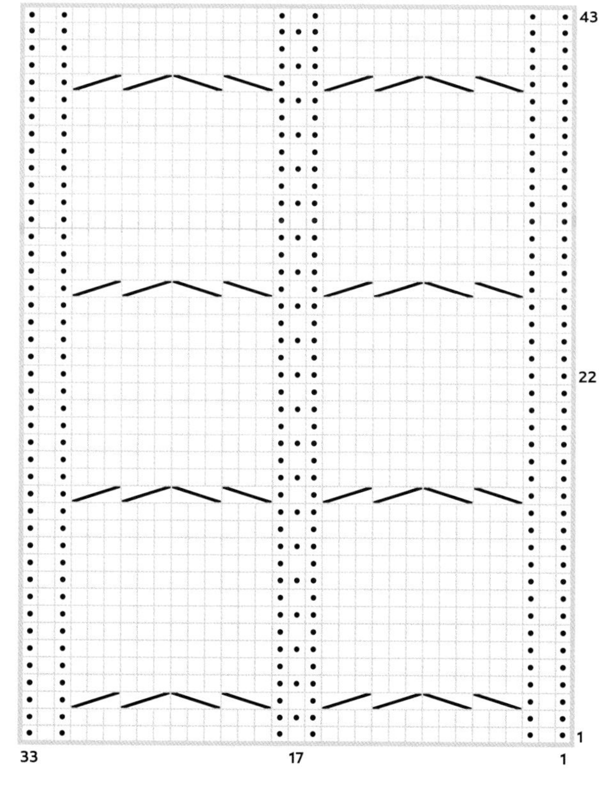

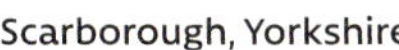

SCHLÜSSEL

- HinR: re RückR: li
- • HinR: li RückR: re
- 6 rechts Zopf
- 6 links Zopf
- 12 rechts Zopf

Scarborough, Yorkshire

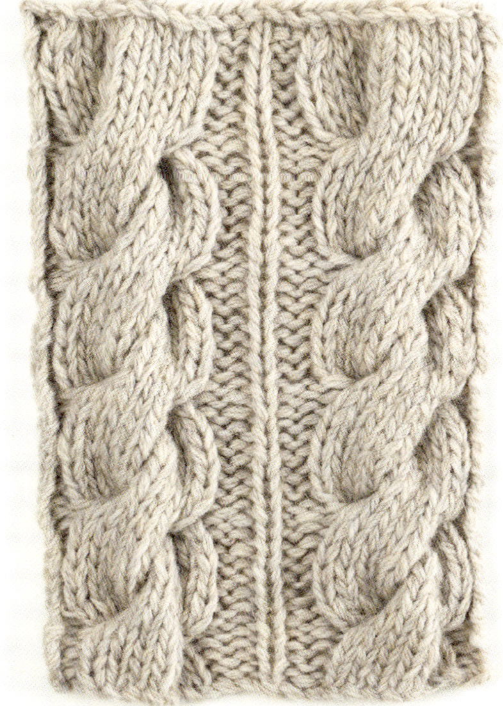

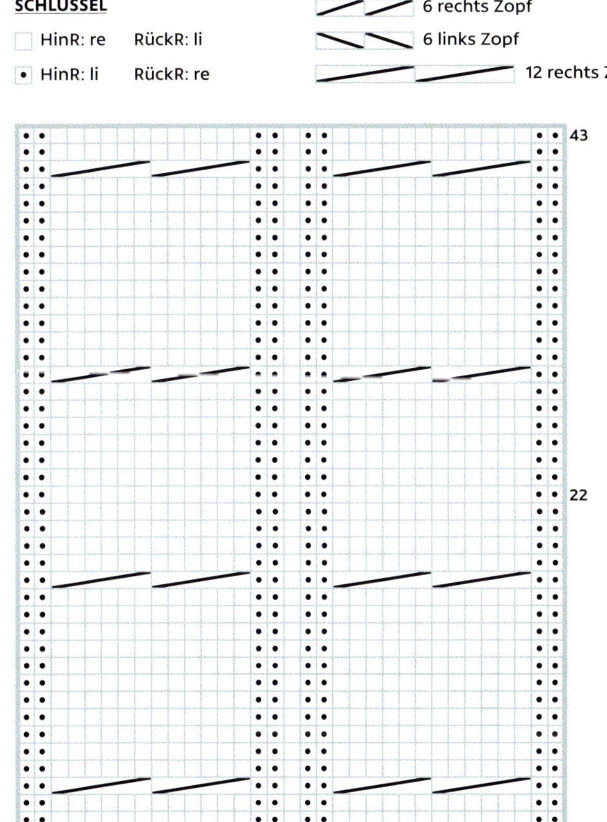

Inverness, Highlands

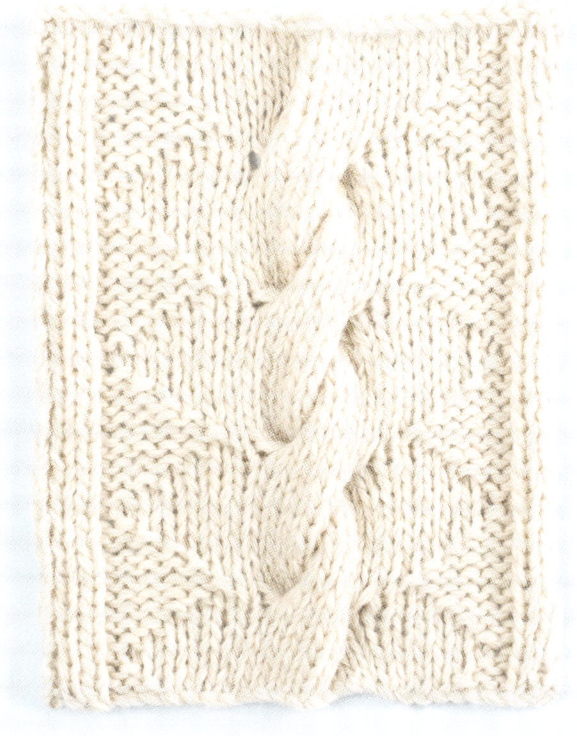

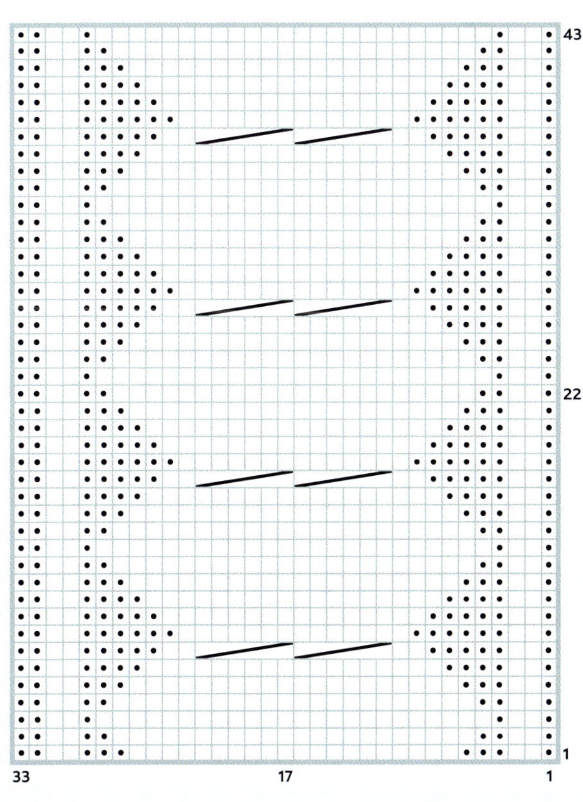

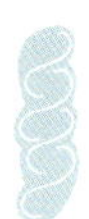

Polperro, Cornwall

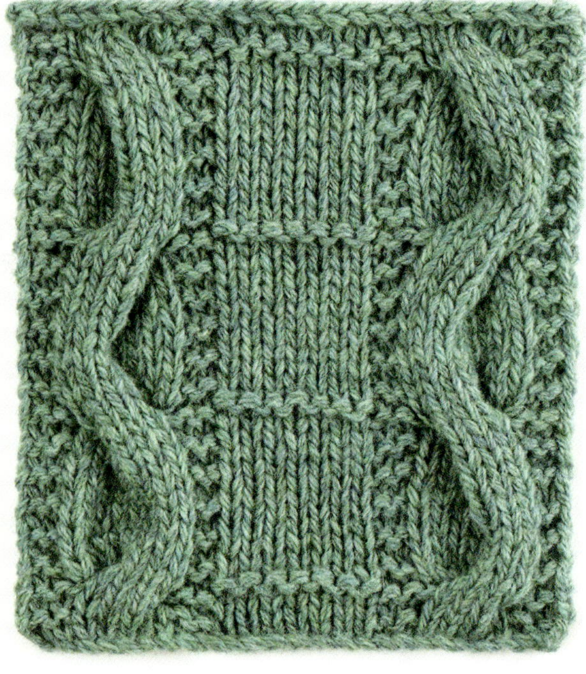

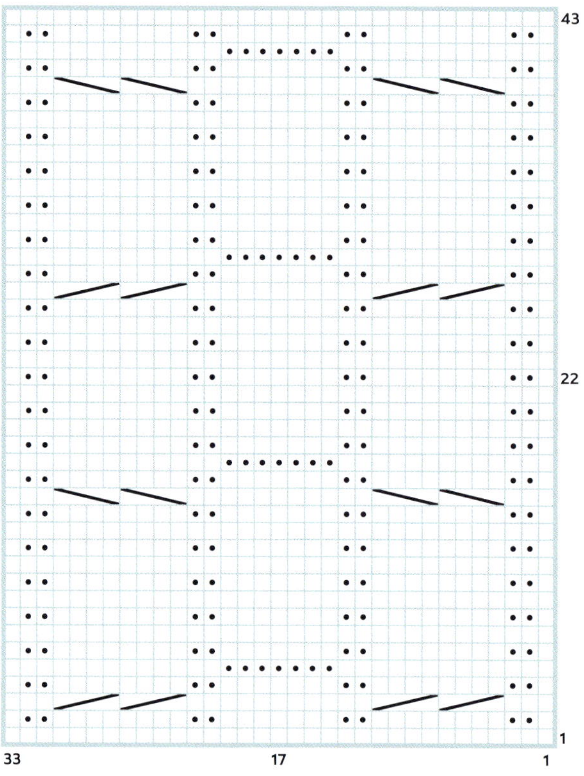

St Ives, Cornwall

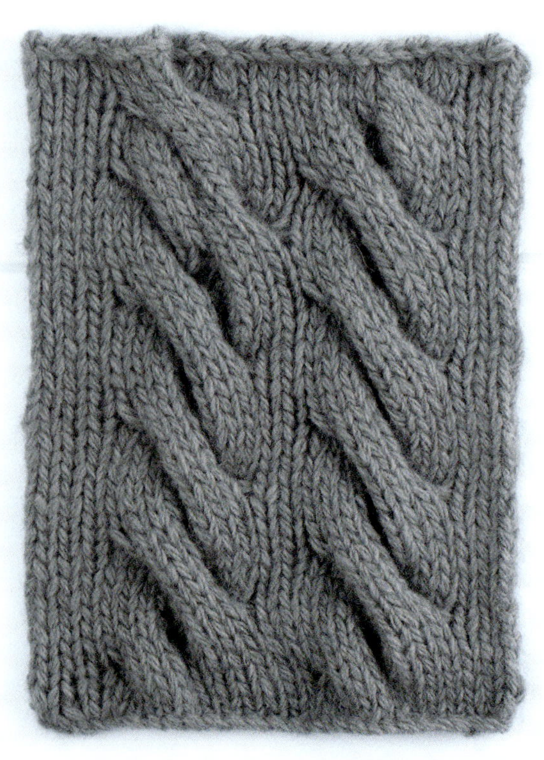

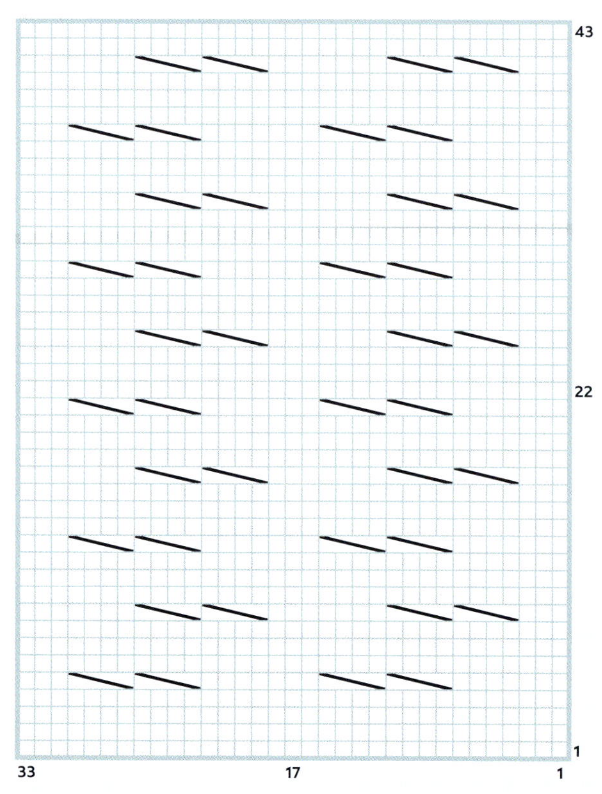

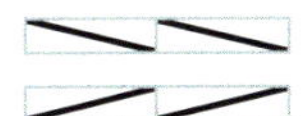

SCHLÜSSEL

- ☐ HinR: re RückR: li
- • HinR: li RückR: re
- 8 links Zopf
- 8 rechts Zopf

Sennen Cove, Cornwall

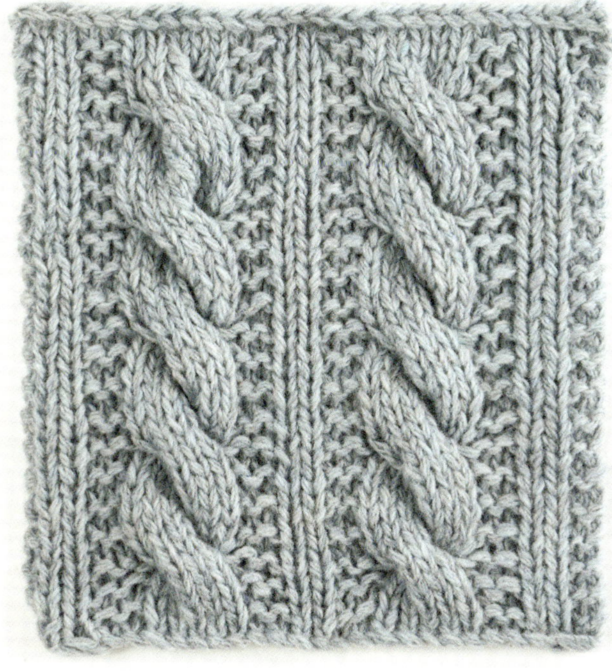

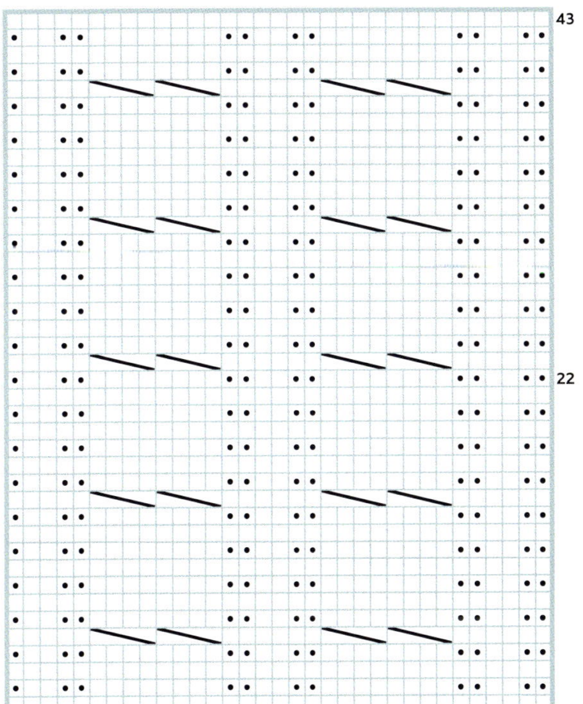

Forres, Aberdeenshire

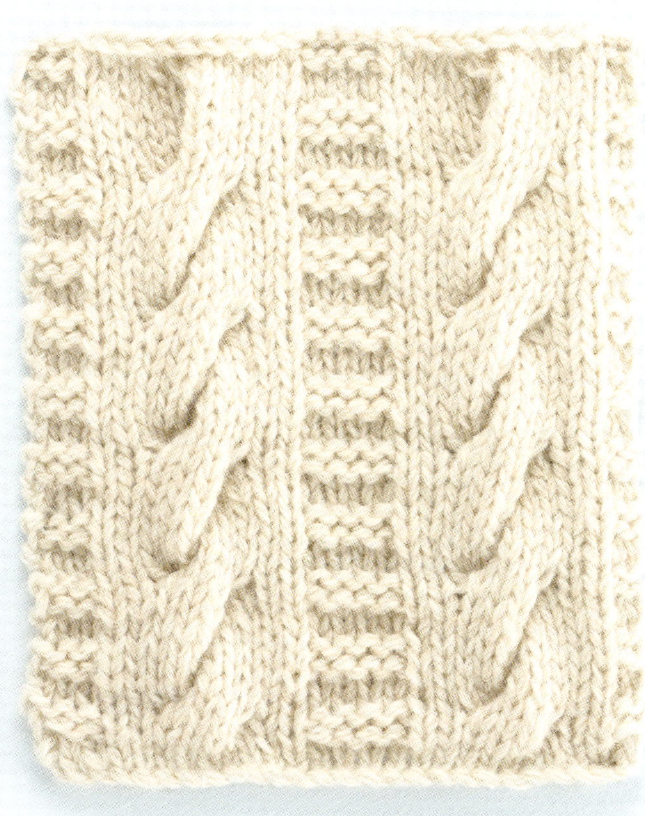

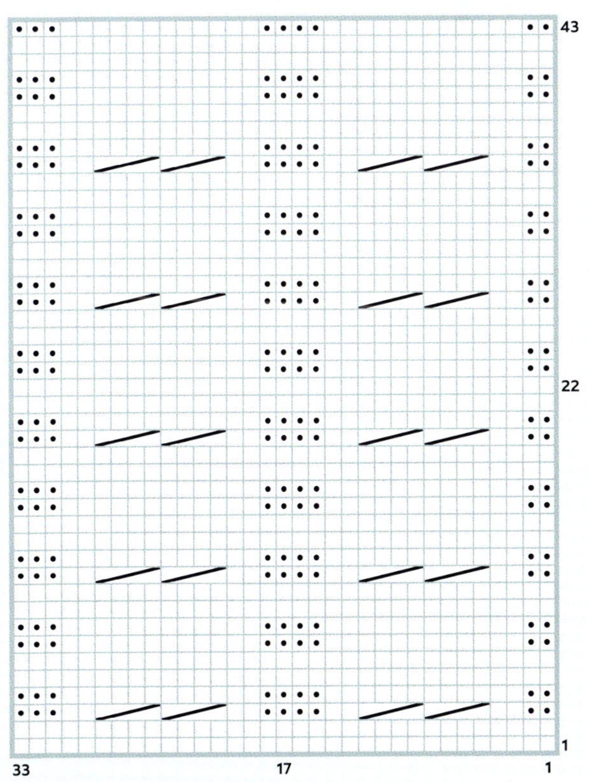

SCHLÜSSEL

HinR: re	RückR: li
• HinR: li	RückR: re

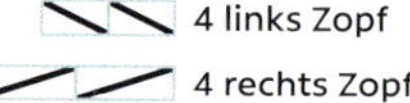
4 links Zopf

4 rechts Zopf

Englische Küste

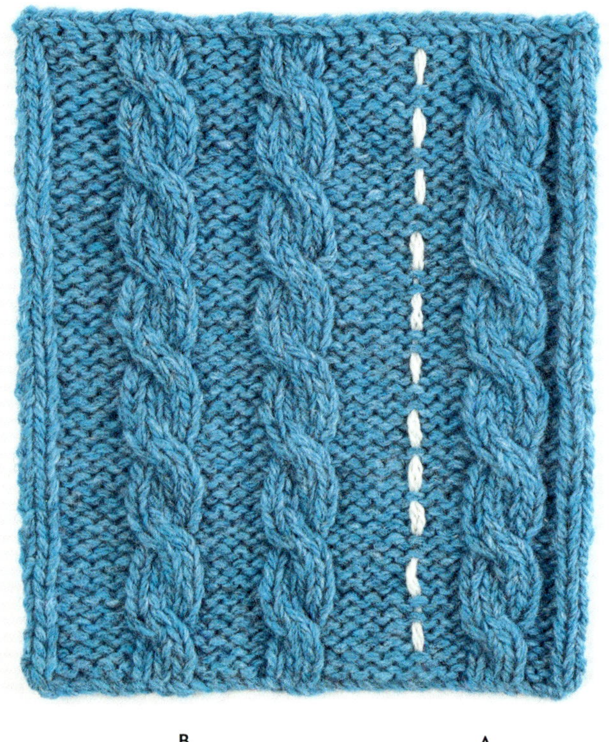
B A

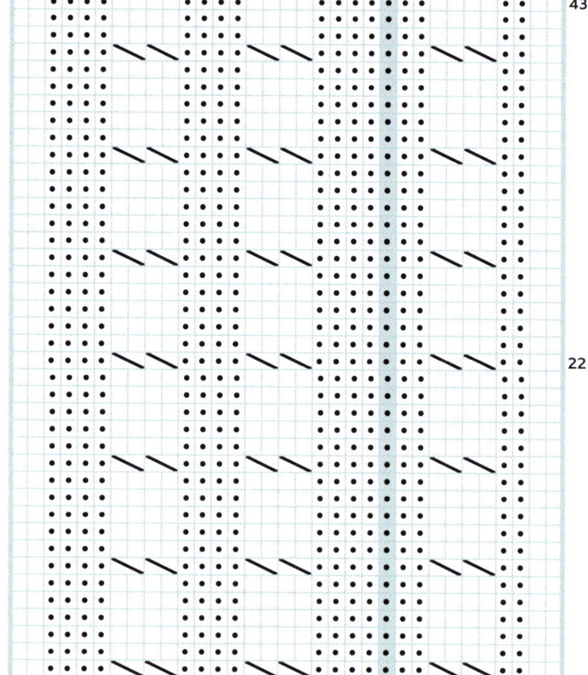

Scottish Fleet

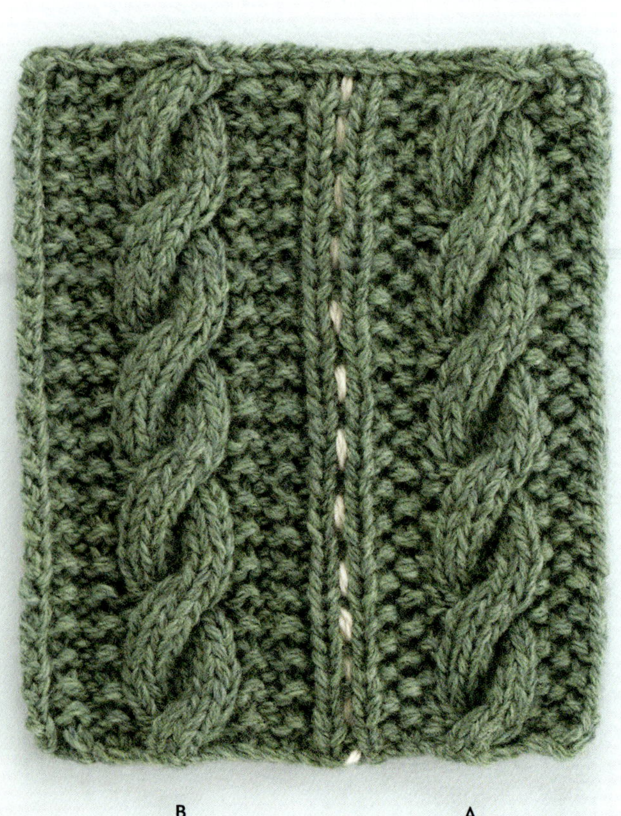
B A

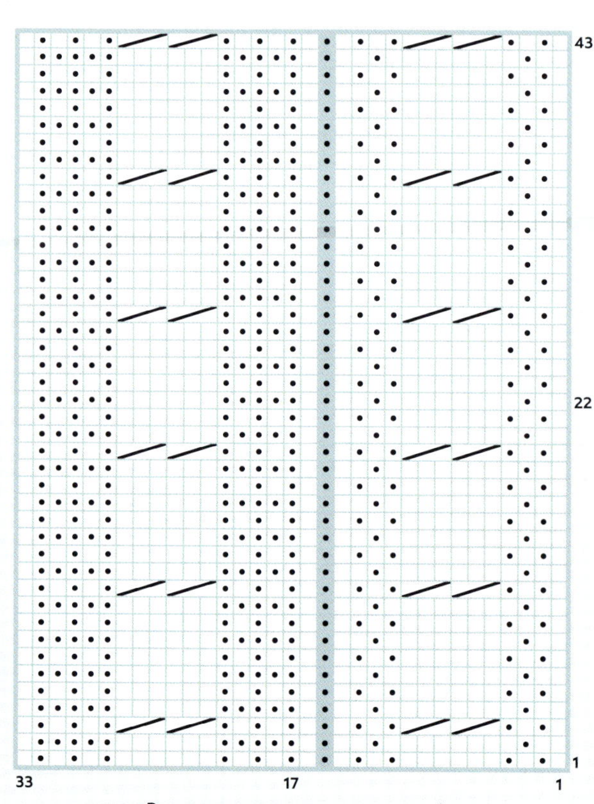

PITTENWEEM KAROMUSTER UND ZOPF

Das ist ein faszinierendes Muster, das wir beide für etwas ganz Besonderes halten. Wir haben den Gansey in der East Neuk Sammlung des Schottischen Fischereimuseums bei unserer Arbeit dort gefunden. Wir schnappten beide nach Luft, was bei dieser Reise nicht oft passiert ist.

Es besteht aus einer verblüffenden Kombination zweier beliebter Ganseymuster. Ein schlichtes 8-Maschen/16-Runden Muster wird durch einen Zopf über zwei Maschen in der Mitte der linken Maschen verändert. Dafür werden in der ersten Runde der linken Maschen zwei Maschen zugenommen, dann werden die zwei Mittelmaschen in jeder Runde gezopft und am Beginn der rechten Maschen wieder abgenommen.

Das Muster beginnt mit acht Maschen, es wird in der ersten Runde auf zehn Maschen zugenommen. Wenn alle Musterrunden gestrickt wurden, wird in der letzten Runde wieder auf acht Maschen abgenommen. Das Muster reicht über 16 Runden, man muss also die erste Zunahme- und die letzte Abnahmerunde mit einrechnen, wenn man dieses Muster nutzen möchte.

Pittenweem Karomuster und Zopf

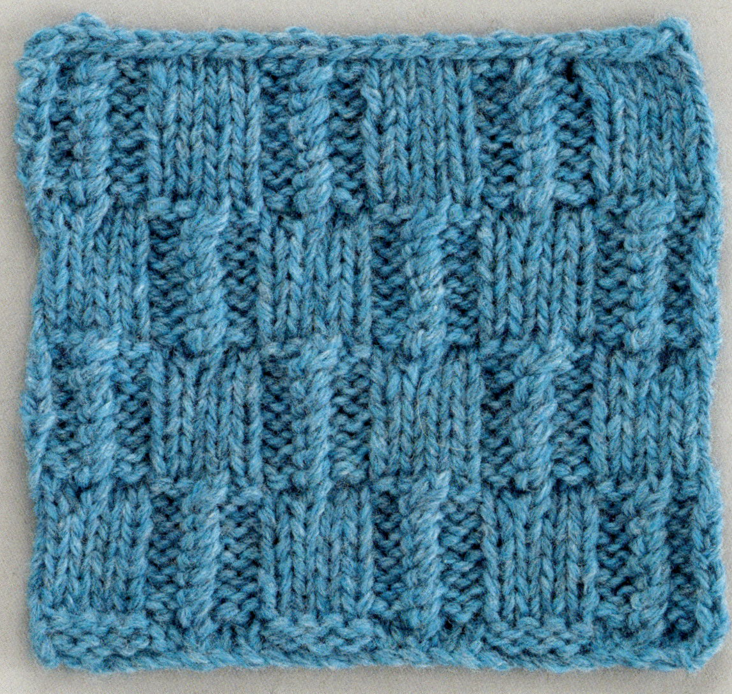

VORTEILE DES RUNDSTRICKENS

Sheila merkt an, dass dieses Muster viel leichter in Runden als in Reihen zu stricken ist (s. ***Projekte: Findhorn Ganseysocken,*** wo wir es im Bund einsetzen).

In Runden strickt man das Muster wie folgt:
(über 8 M and 16 Runden)

Maschenaufteilung: 4 M li, 4 M re.

Rd 2: 4 M re, 1 M li, M1L, 2M li, M1L, 1 M li.

Rd 3-9: 4 M re, 2 M li, Zopf 2 rechts, 2 M li.

Rd 10: 1 M li, M1L, 2 M li, M1L, 1 M li, 1 M re, 2 M re zus, 2 M re zus, 1 M re.

Rd 11-17: 2 M li, Zopf 2 rechts, 2 M li, 4 M re.

Rd 2-17 wdh.

Letzte Rd (Rd 34): 1 M re, 2 M re zus, 2 M re zus, 1 M re, 4 M re.

Die Maschenaufteilung und die letzte Rd werden jeweils nur einmal zu Beginn und Ende des Musters gestrickt

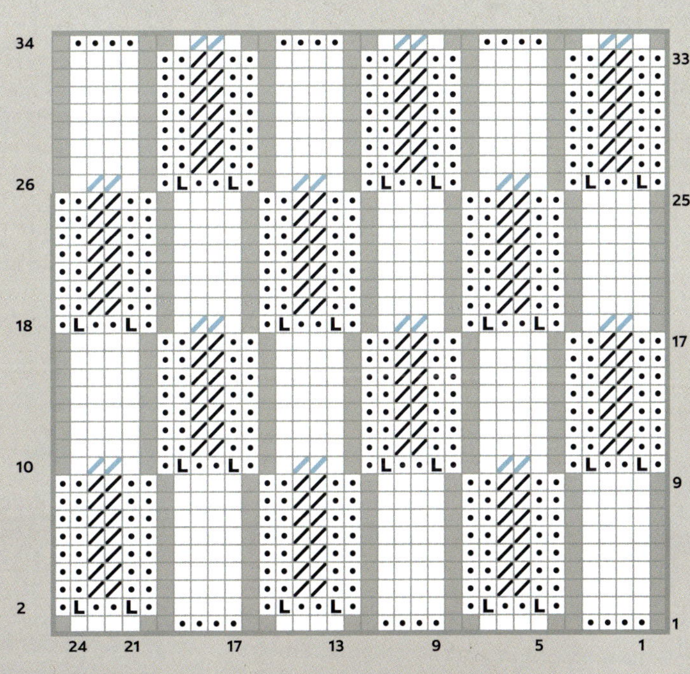

SCHLÜSSEL

- HinR: re RückR: li
- • HinR: li RückR: re
- Keine Masche
- 2 links Zopf
- HinR: 2 M re zus RückR: 2 M li zus
- L M1L

LEBENSBAUM

EIN KULTURÜBERGREIFENDES SYMBOL

Bei unseren Recherchen in Schottland haben wir ein paar wunderschöne Lebensbaummuster entdeckt. Von winzigen Bäumchen bis zu großartigen Versionen mit vielen Ästen, und zwar vor allem in der Sammlung des Anstruther Fischerei Museums. Das Symbol des Lebensbaums findet sich in vielen Religionen und Kulturen und gehört zu einer besonderen Kategorie innerhalb der Ganseymotive. Wir lieben den Anstruther Baum, den man vor allem bei schottischen Ganseys sieht, sehr, außerdem ähnelt er auffallend den Gräten eines Herings! Vielleicht ein Witz der Strickerin? Ich habe ihn so in einer unserer Anleitungen eingesetzt ***Calypso Sommertop*** (s. ***Projekte***).

Einer der großen Bäume in diesem Kapitel ist der erstaunliche Lebensbaum, der Mrs Laidlaw aus Seahouses, Northumberland, zugeschrieben wird, von Gladys Thompson präsentiert und von vertikalen Flaggenreihen flankiert wurde, aber auch ganz für sich allein prächtig wirkt.

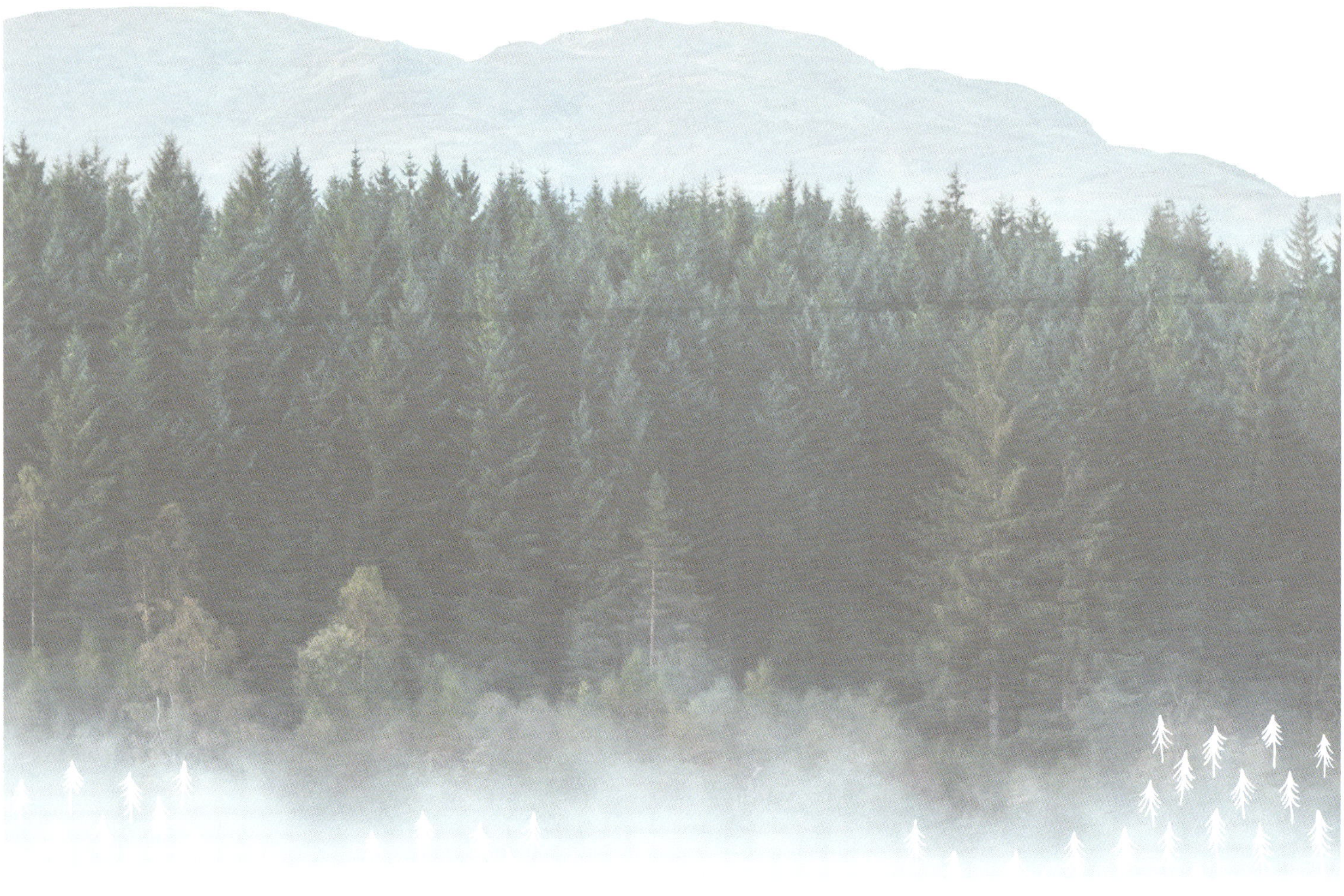

KLEINE BÄUME

SCHLÜSSEL

☐	HinR: re	RückR: li
•	HinR: li	RückR: re

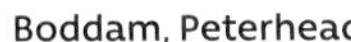

Boddam, Peterhead

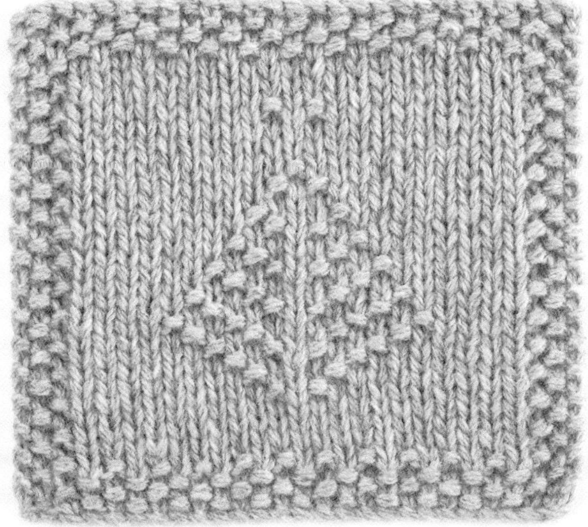

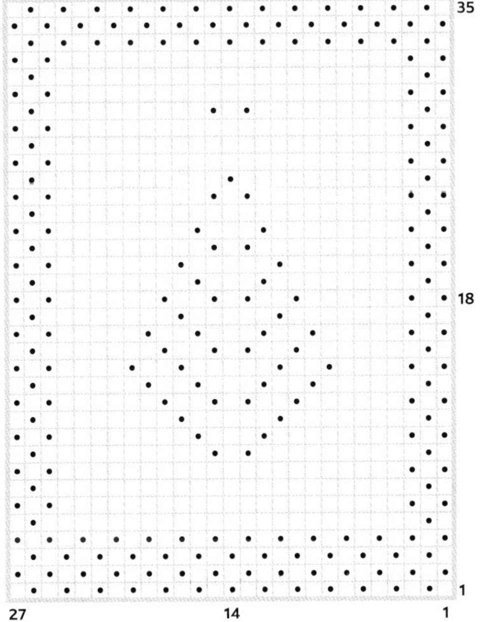

Peterhead, Aberdeenshire

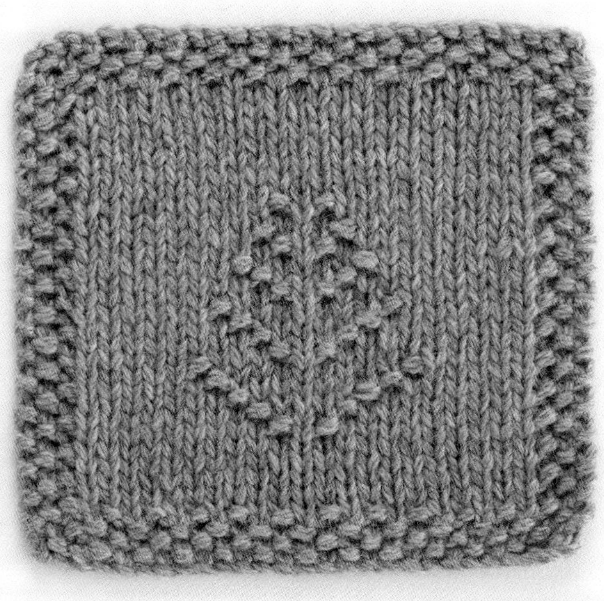

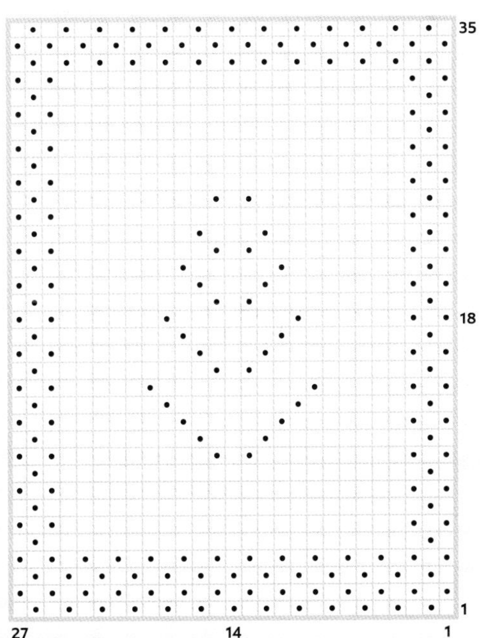

Fraserburgh, Aberdeenshire

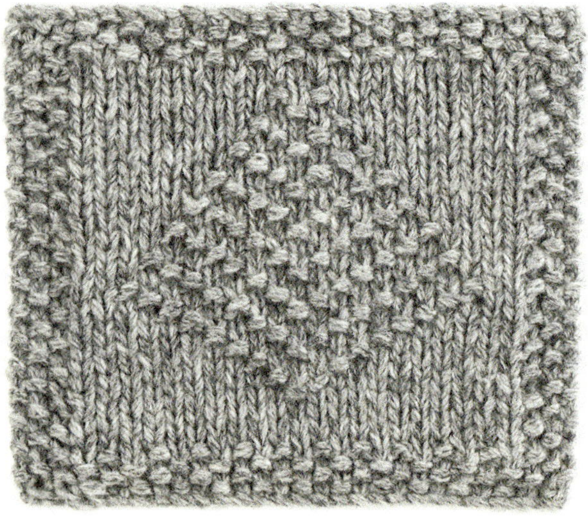

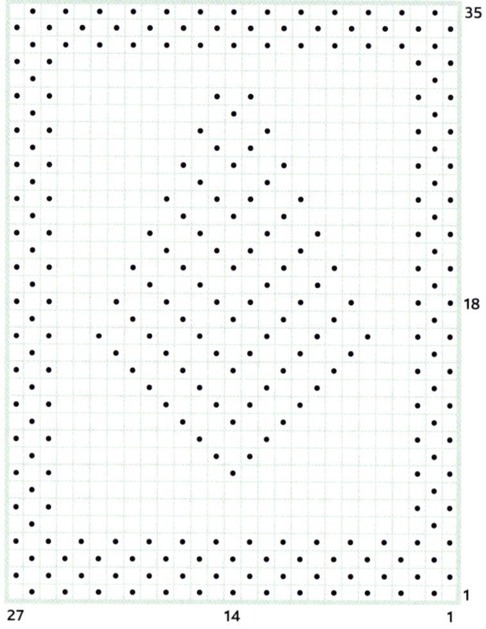

Schottische Küste

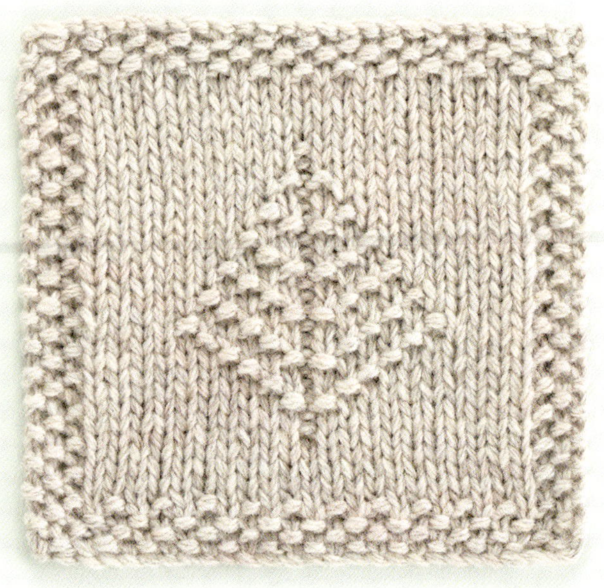

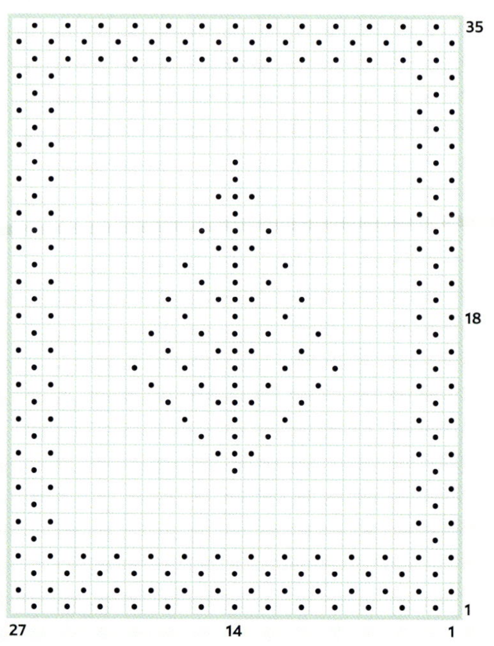

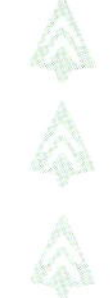

GROSSE BÄUME

SCHLÜSSEL

- ☐ HinR: re RückR: li
- • HinR: li RückR: re

Eriskay, Western Isles

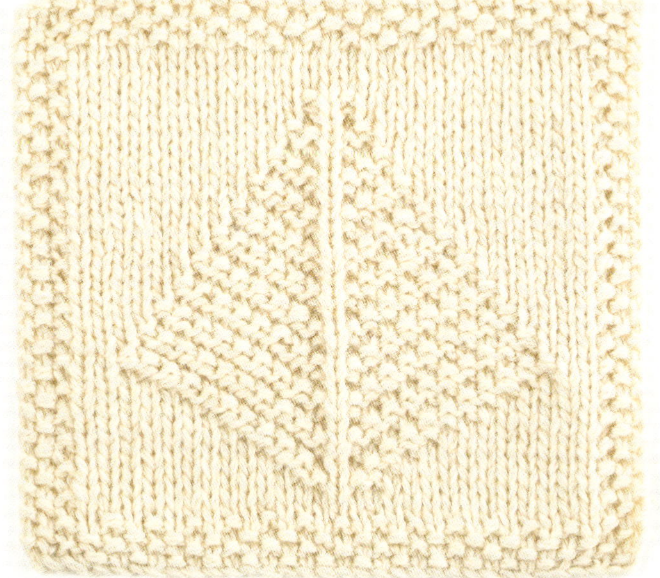

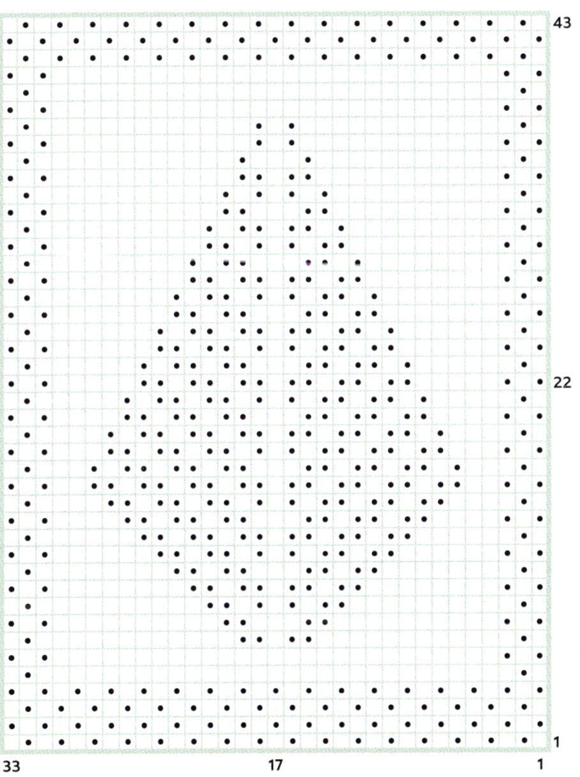

Peterhead, Aberdeenshire

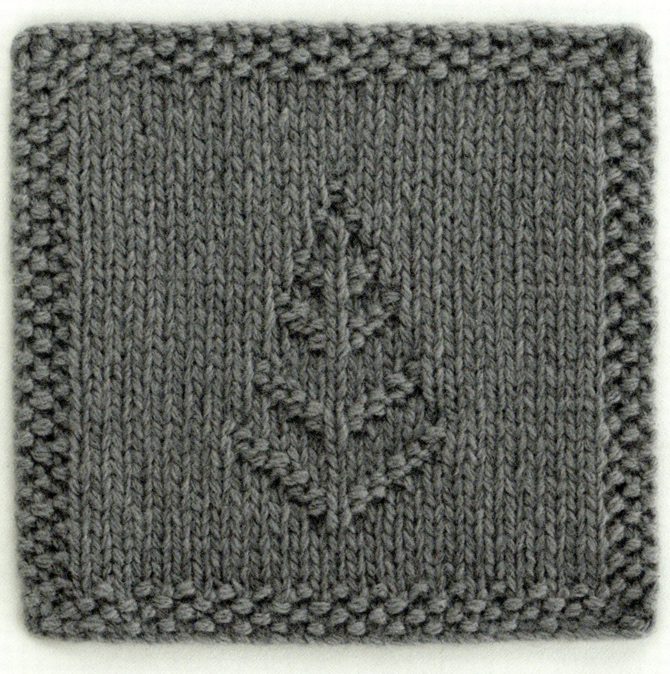

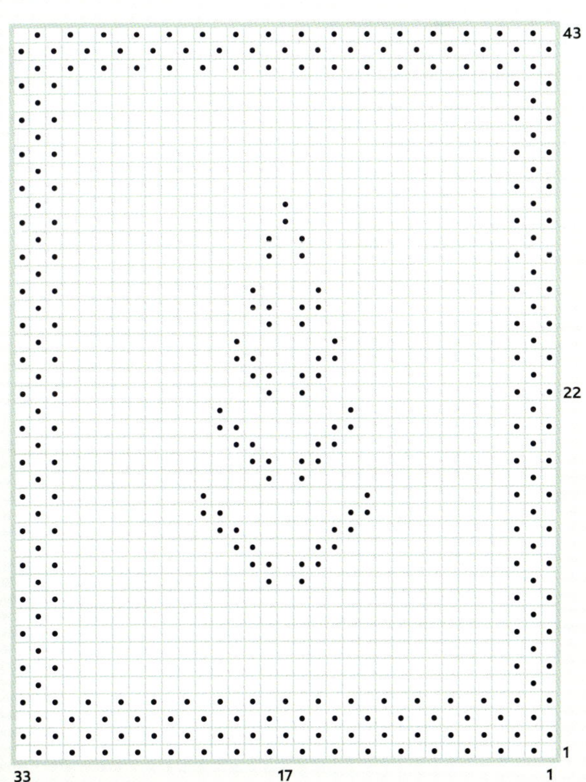

SCHLÜSSEL

- ☐ HinR: re RückR: li
- • HinR: li RückR: re

Seahouses, Northumberland

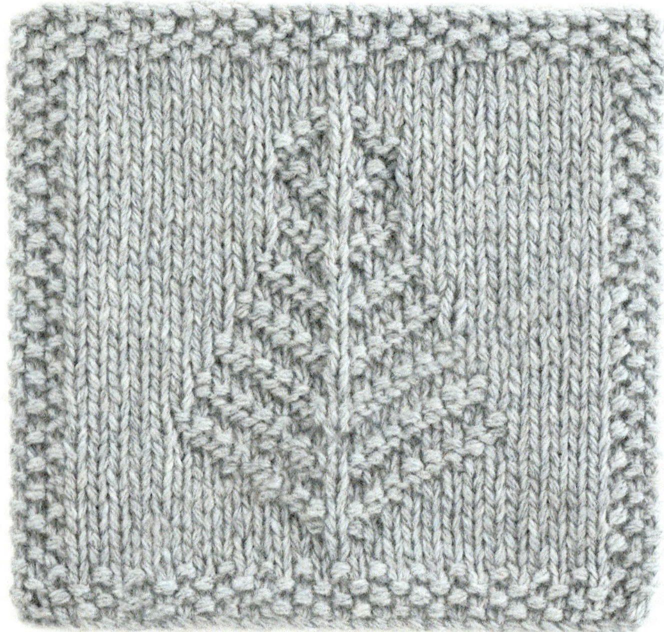

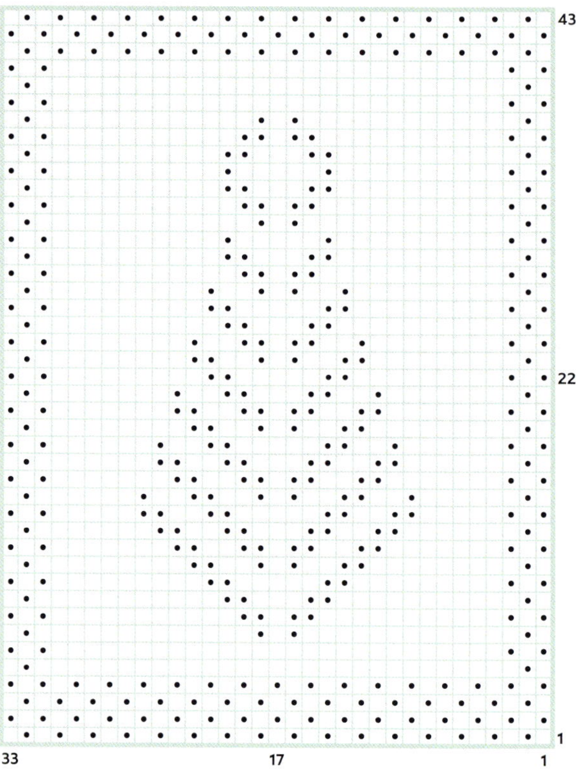

Anstruther, Fife

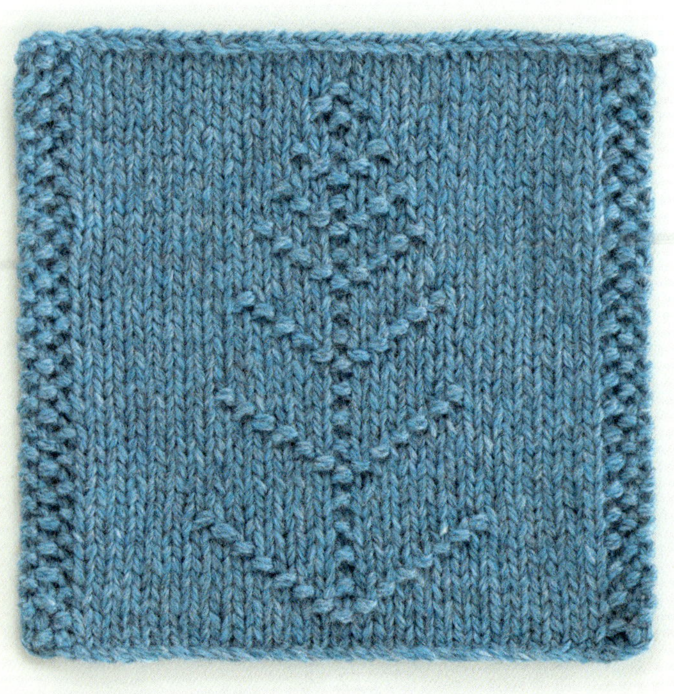

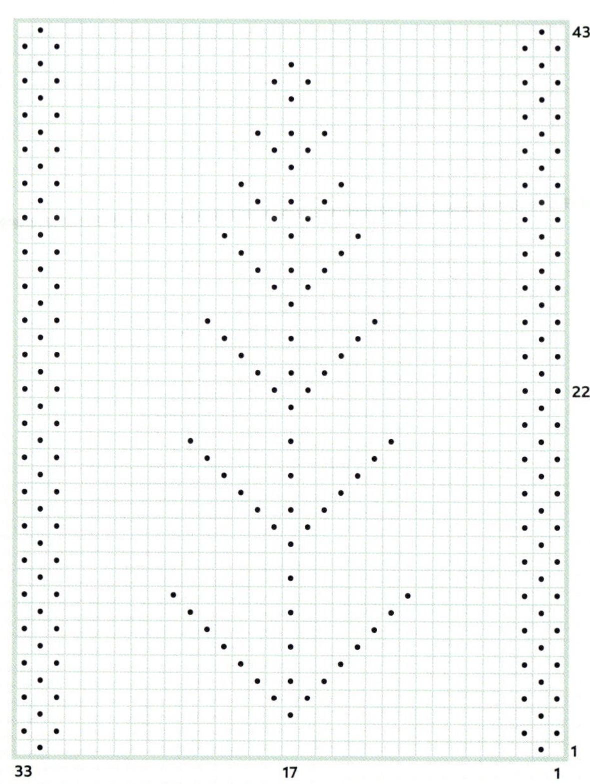

ERISKAY, WESTERN ISLES, LEBENSBAUM

Gladys Thompson erwähnt und zeigt in ihrem Buch ***Patterns for Guernseys, Jerseys & Arans*** (Dover, 2000) einen tollen Gansey von der Isle of Barra, nahe Eriskay. Der könnte die Kooperative inspiriert habe, die in den 1970ern auf der Insel Eriskay von einer Gruppe Handstricker gegründet wurde. Die von der Kooperative gestrickten Ganseys sind umwerfend und fast keine Ganseys mehr, da Spitzenmuster direkt neben klassischen Zöpfen, Rauten und mehr gearbeitet wurden. Ich habe mich so oft gefragt: »Würde ein Fischer, der was auf sich hält, Spitze tragen?« Mir scheint die Antwort klar: Nein! Diese Ganseys wurden für den Sonntag oder sogar die Hochzeit und auch für den Verkauf gemacht.

In dieser Kooperative gibt es unglaubliche und abenteuerlustige Strickerinnen, leider habe ich nach all den Jahren mit keiner sprechen können, obwohl ich von ihnen wusste, als ich direkt übers Meer in Skye lebte. Ich habe so viele Fragen zu den Spitzendesigns. Stammen Sie aus Shetland? Auch die manchmal wandernden Zöpfe tauchen eigentlich nur bei Aranmustern auf. Viele Frauen auf den Äußeren Hebriden haben über hundert Jahre für die irischen Arangeschäfte gestrickt, was mich aufmerken lässt. Diese Stücke zeugen von so vielen Einflüssen und symbolischen Motiven, dass es schwer ist, sie zu entziffern und einen klaren Ursprung zu erkennen. Man kann nur sagen, dass manche legendär sind, wie dieses Beispiel eines Lebensbaums in Spitze, mit tollen Trennmustern und eingerahmt vom Kornmuster oder horizontalen Perlmuster, das eine winzige Spitzenreihe darstellt. Ich musste einfach Spitze aus Eriskay bei einem Hufabdruckmuster auf unserem ***Cardium Ganseytuch*** (s. ***Projekte***) nutzen!

Eriskay, Western Isles

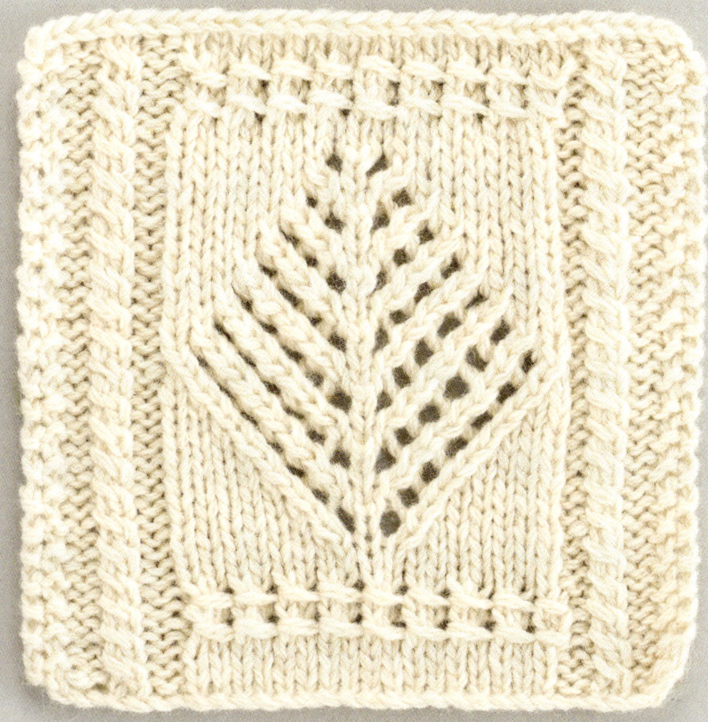

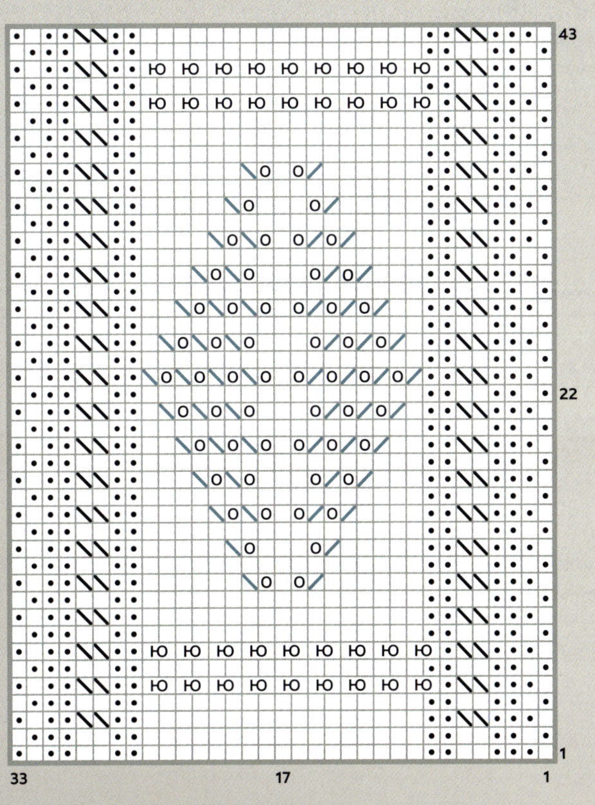

SCHLÜSSEL

- HinR: re RückR: li
- • HinR: li RückR: re
- ю Kornmasche
- 2 links Zopf
- üzus
- 2 M re zus
- O Umschlag

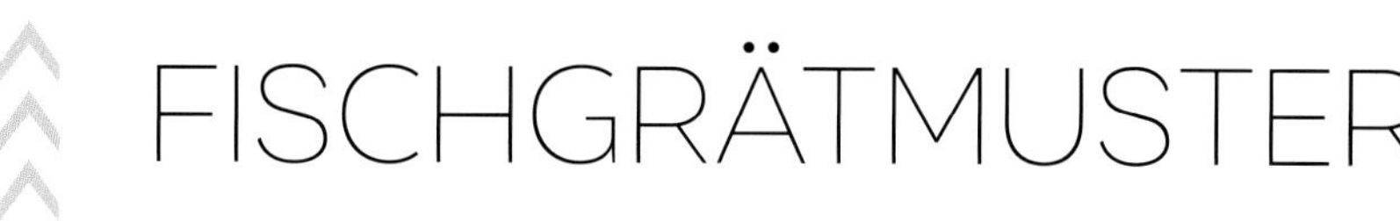

FISCHGRÄTMUSTER

EIN SPIEGEL DES FISCHEREI-ERBES

Der Gansey ist so sehr mit dem Heringsfischen verbunden, dass es keine Überraschung ist, dass manche der schönsten Muster den »silbernen Darling«, wie er in Schottland liebevoll genannt wird, darstellen. Da die Herring Girls tagein, tagaus Fische ausnahmen, wundert es mich nicht, dass auch in ihren Strickstücken Gräten auftauchten! Die aufwendigsten Muster sahen wir im Nordosten Schottlands, darunter manche mit zusätzlichem Schmuck. Sheila merkt an, dass das Inverness Muster eine kleine Raute einbaut, die allem ein ganz anderes Aussehen verleiht.

Diese Zackenmuster, die sowohl in horizontalen wie in vertikalen Bändern gearbeitet wurden, sind sehr wirkungsvoll. Die Formen und Muster beziehen sich auch auf die klassischen Webmuster mehrerer Küstenregionen, darunter auch der wundervolle Harris Tweed® von den Hebriden.

KLEINE FISCHGRÄTMUSTER

SCHLÜSSEL

□ HinR: re RückR: li

• HinR: li RückR: re

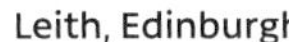

Leith, Edinburgh

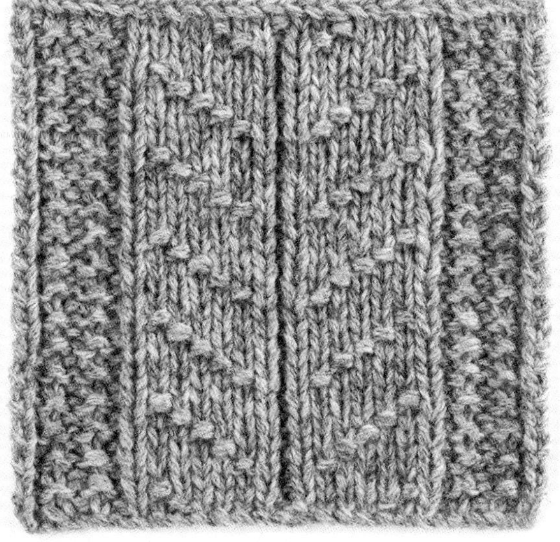

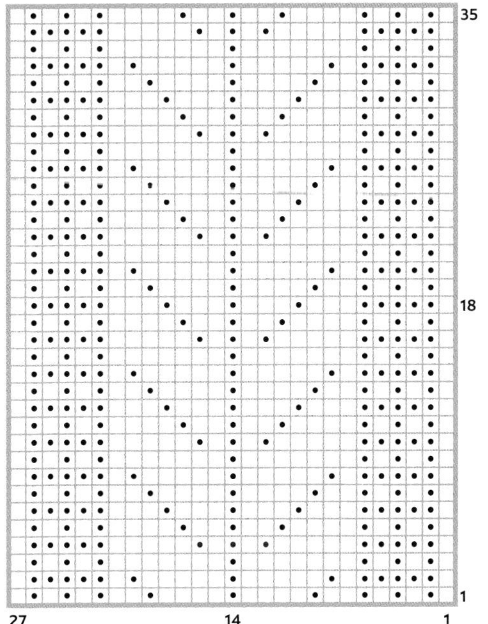

Fife

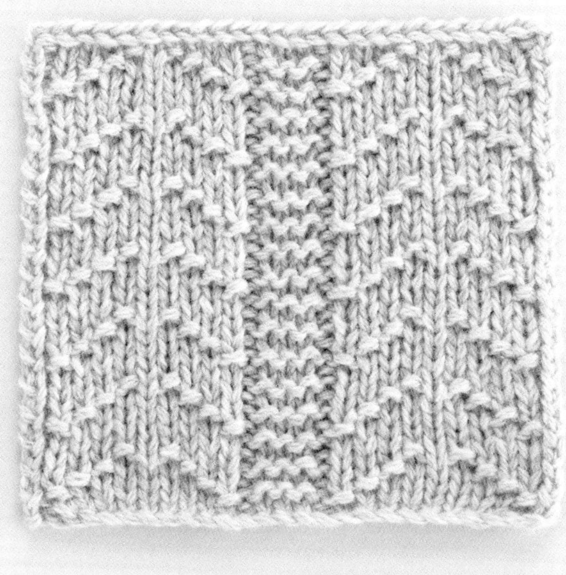

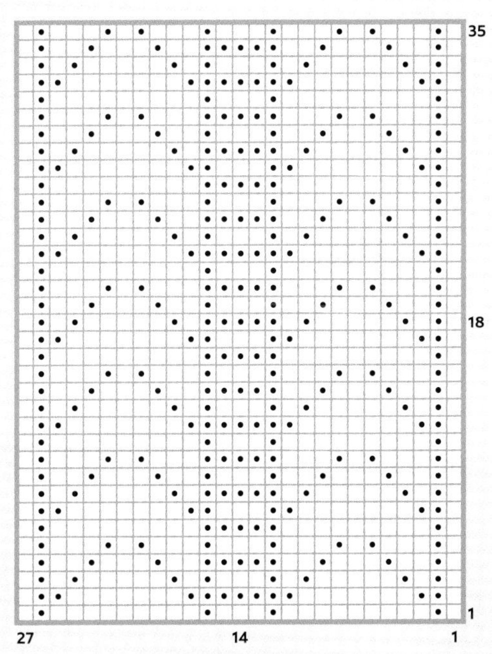

Filey, Yorkshire

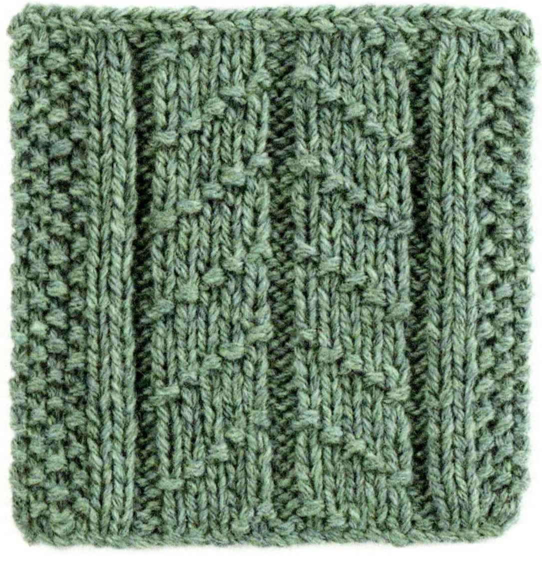

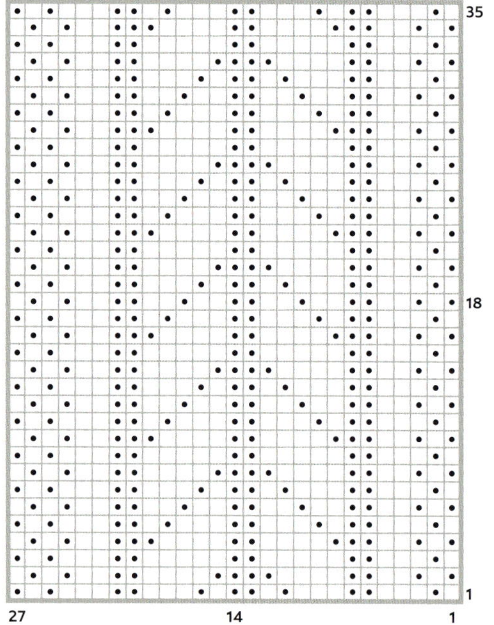

Polperro, Cornwall

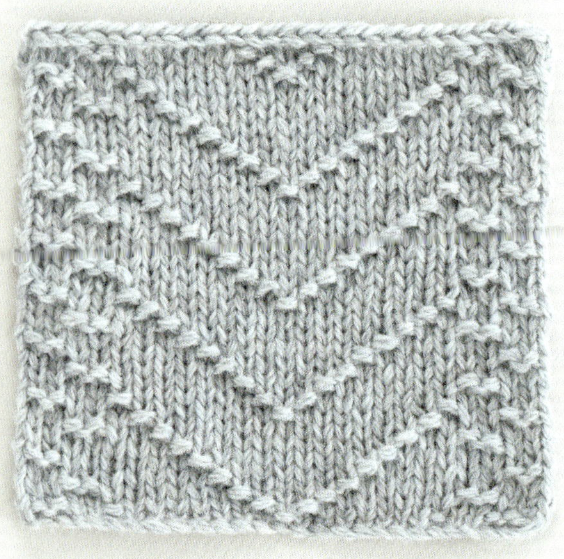

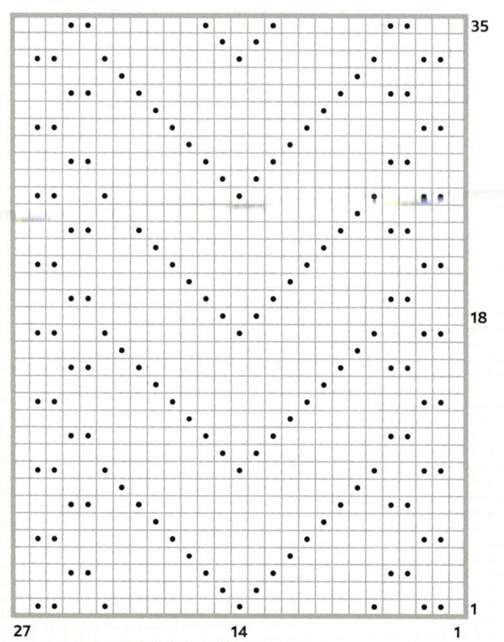

SCHLÜSSEL

- ☐ HinR: re RückR: li
- • HinR: li RückR: re
- ϟ Scheinzopf

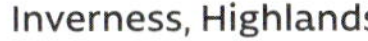
Inverness, Highlands

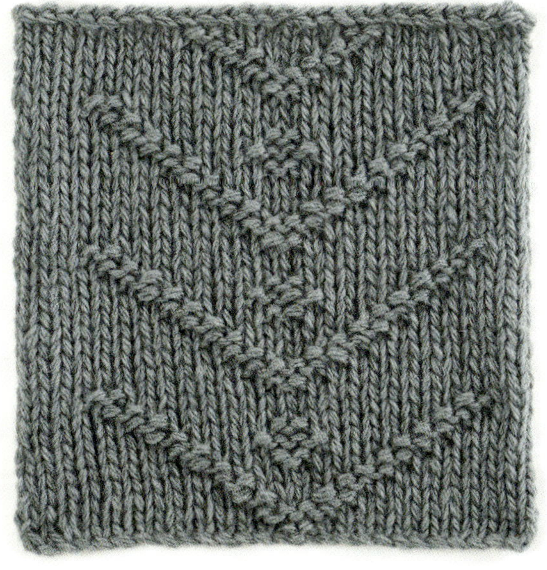

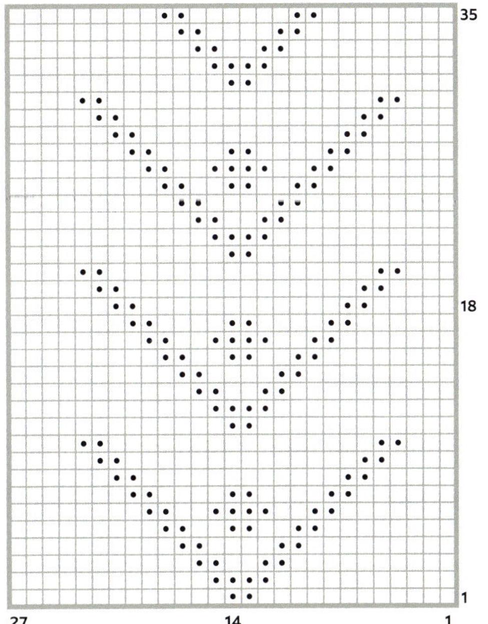

Fraserburgh, Aberdeenshire

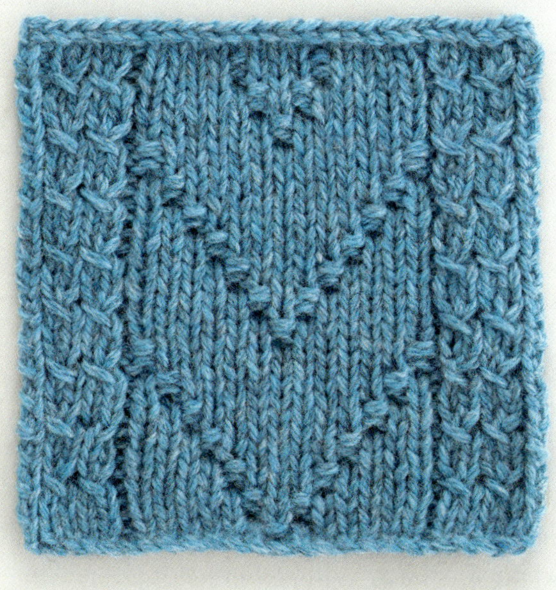

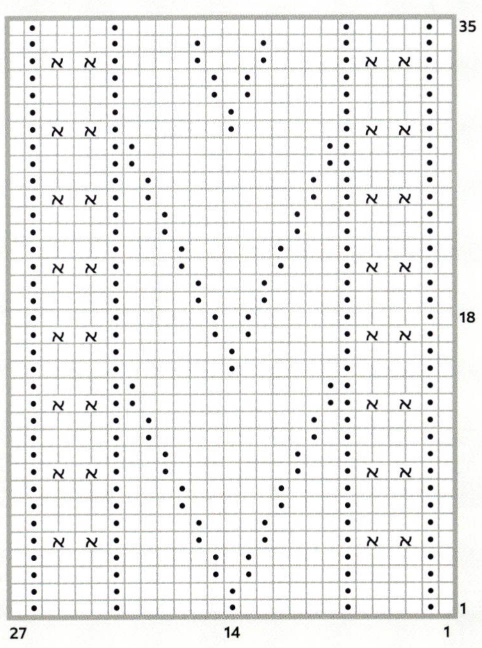

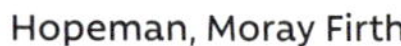

Hopeman, Moray Firth

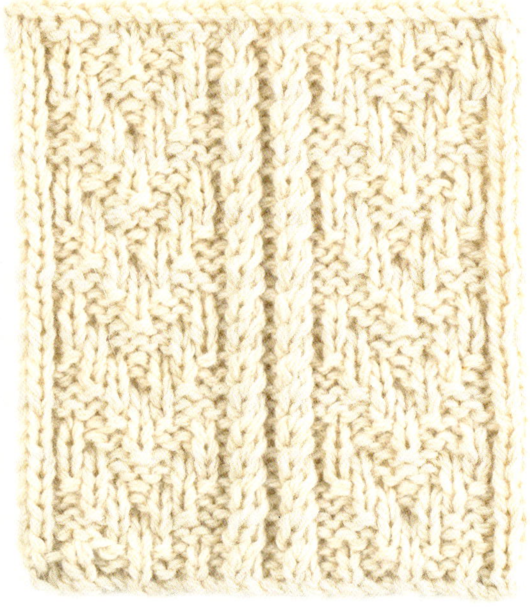

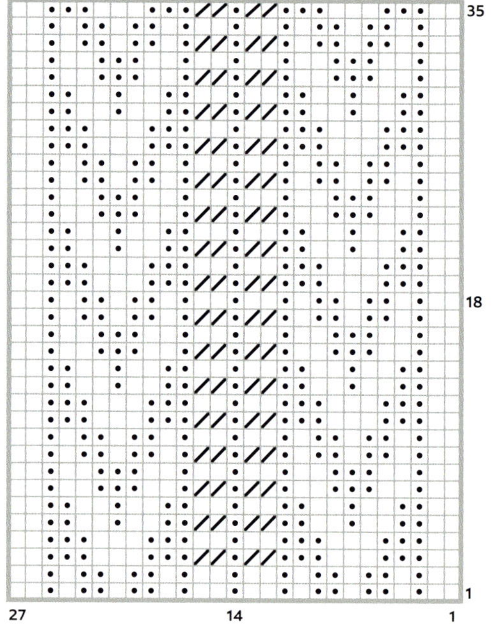

Scottish Fleet

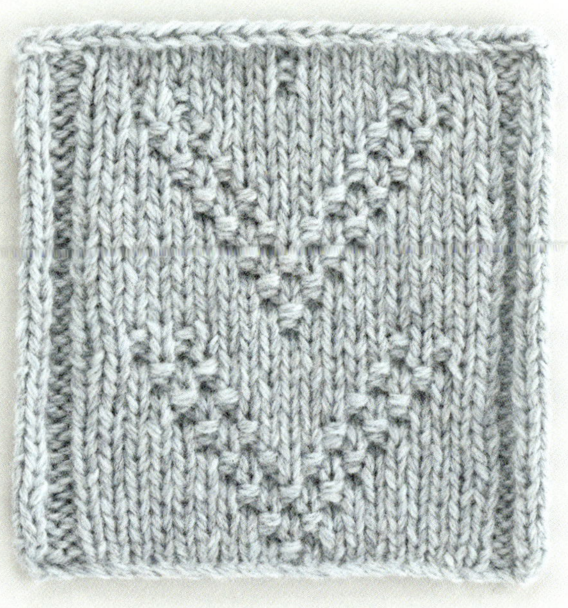

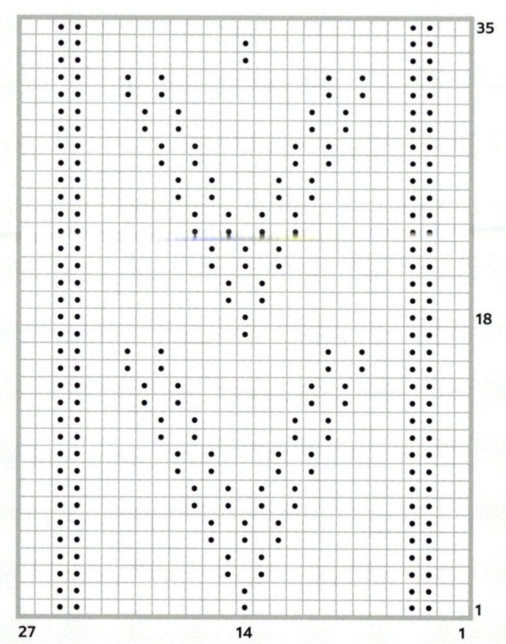

GROSSE FISCHGRÄTMUSTER

SCHLÜSSEL

□ HinR: re RückR: li

• HinR: li RückR: re

2 rechts Zopf

Scottish Fleet 1

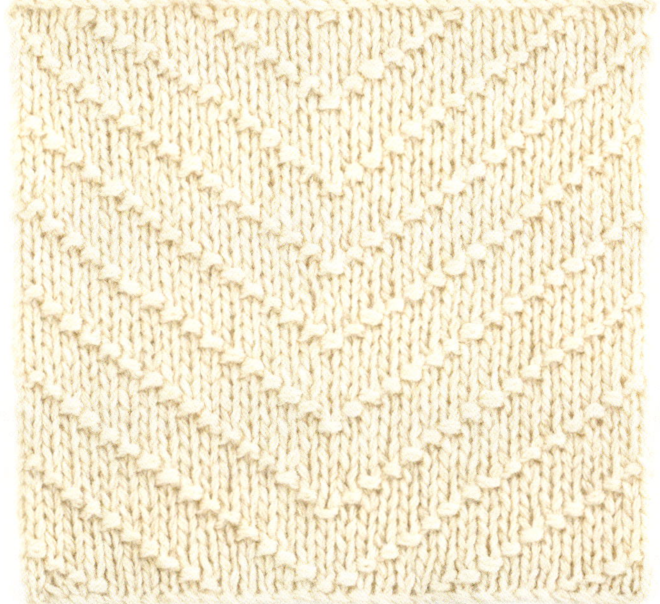

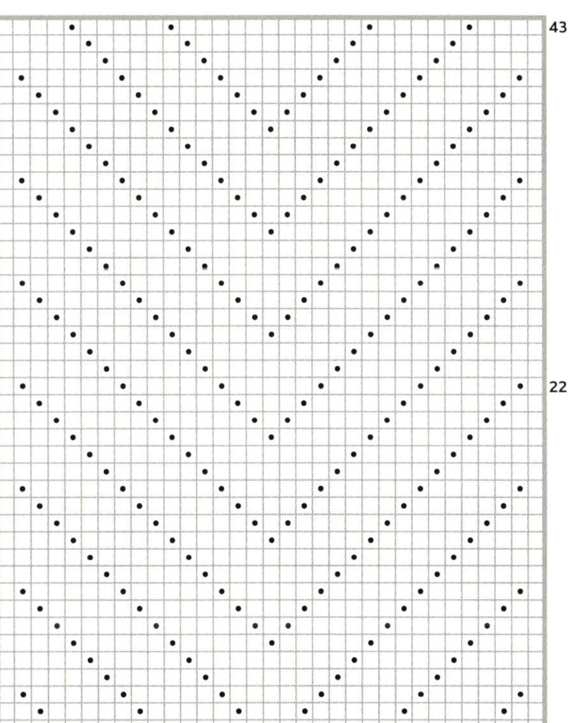

Scottish Fleet 2

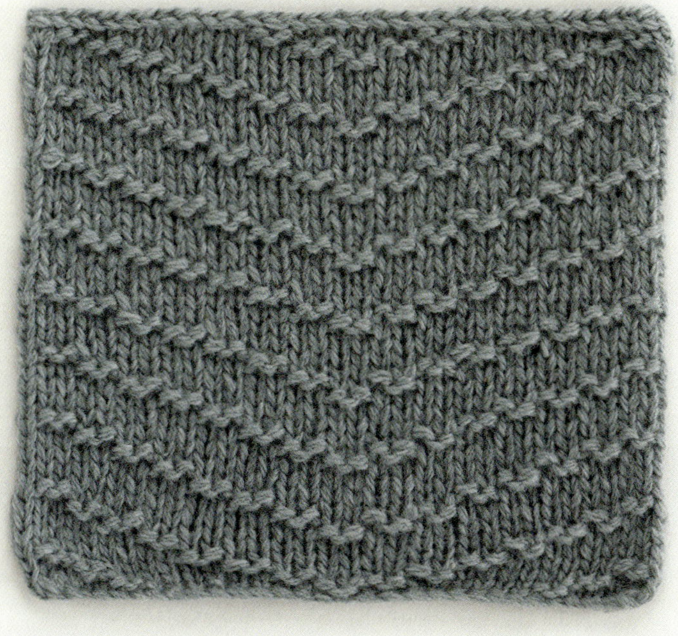

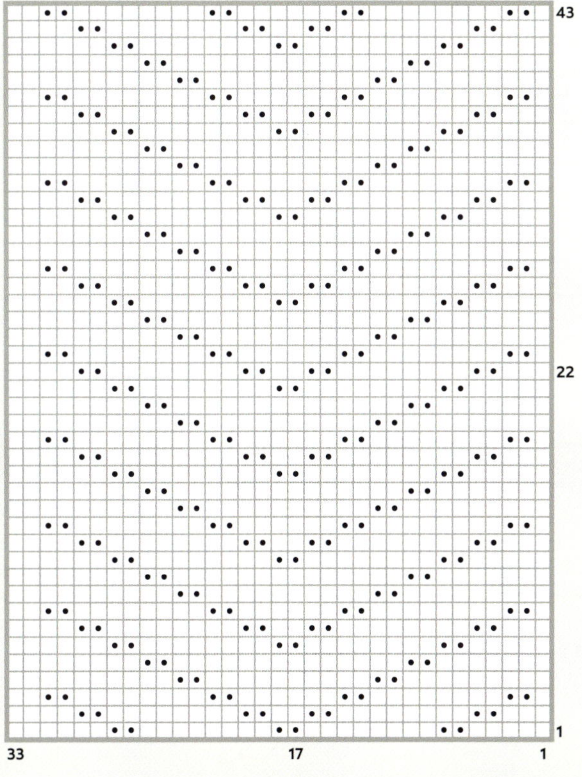

ZICKZACK

RAUF UND RUNTER

Zickzacklinien haben viele Namen. Ehelinien beschreiben das Auf und Ab des Ehelebens. The Road to Duffus bezieht sich dagegen auf die gewundene Straße die Klippen hinab zum Dorf. Sie sind sehr interessant und speziell und ein großartiger Teil der schottischen Tradition.

Oft werden sie von komplexen Mustern in vertikale Bänder getrennt und sind sehr effektvoll. Manche sind recht einfach mit nur einer Masche, bei anderen wandern zwei Maschen. Eines meiner Lieblingsmuster ist ein Band im Perlmuster, das wie ein Stoffband wirkt und eine tolle Struktur ergibt.

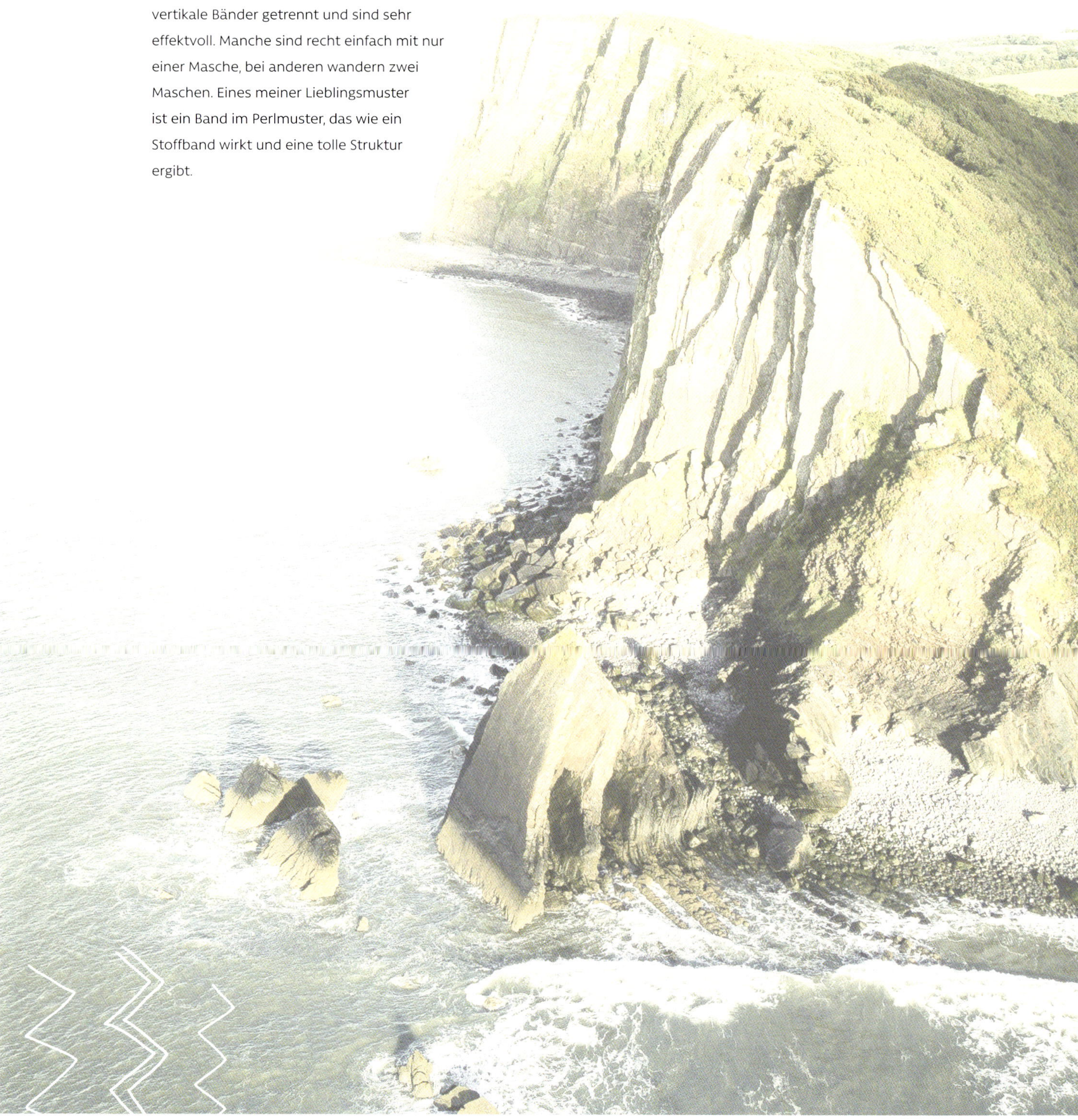

KLEINER ZICKZACK

SCHLÜSSEL

☐ HinR: re RückR: li

⊡ HinR: li RückR: re

Scottish Fleet

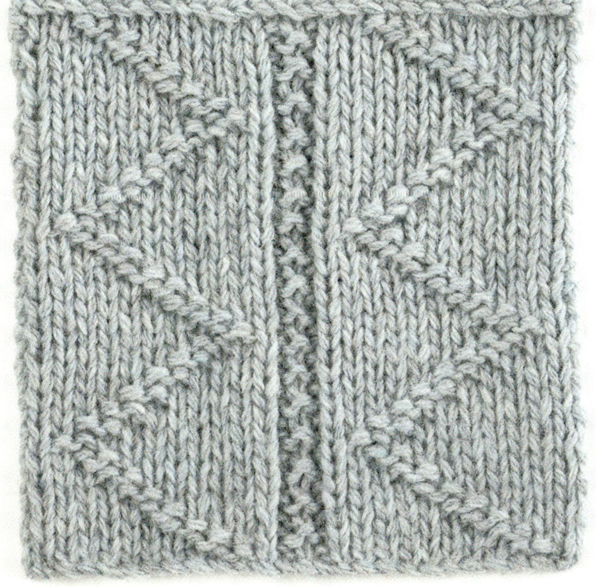

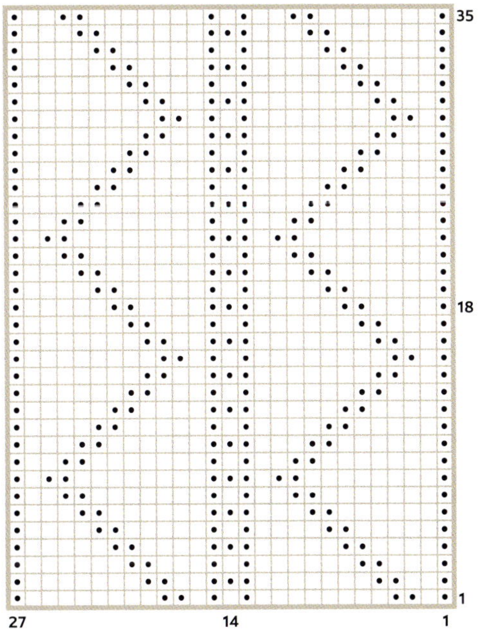

35
18
1
27 14 1

Fife

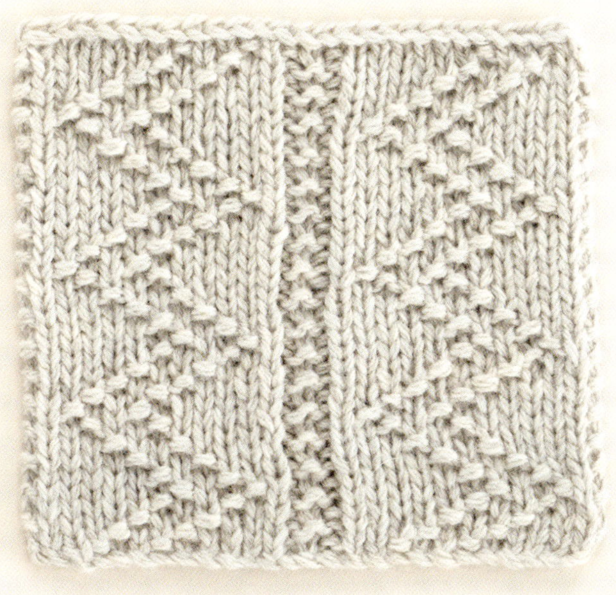

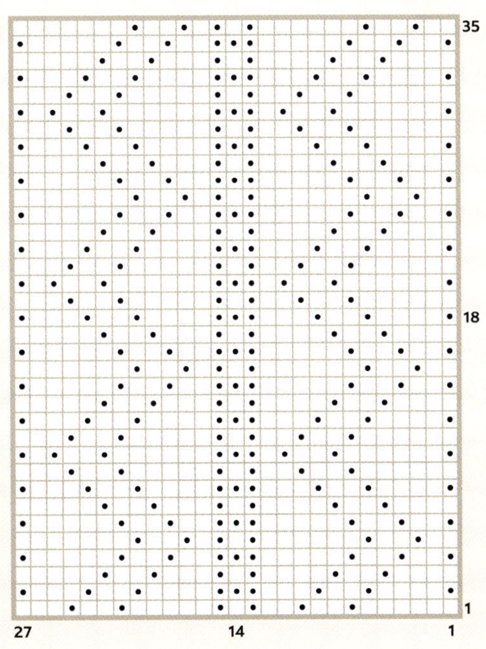

Eriskay, Western Isles

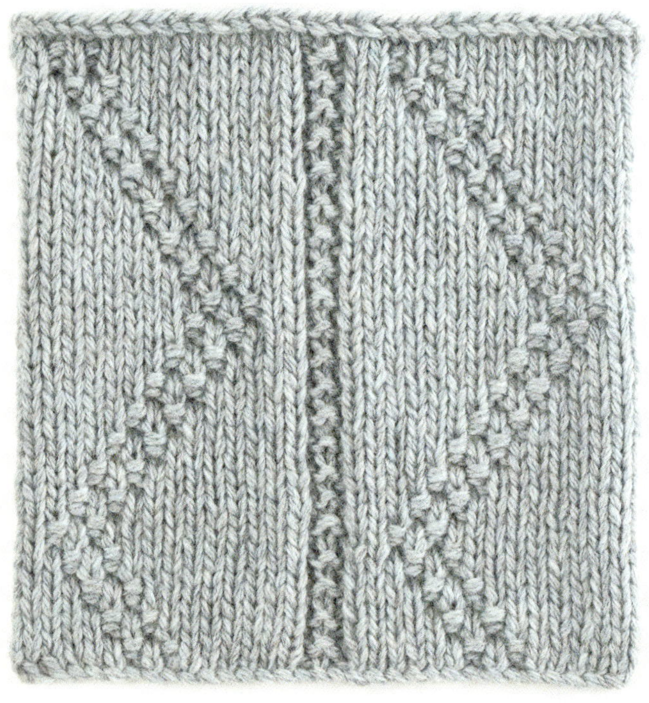

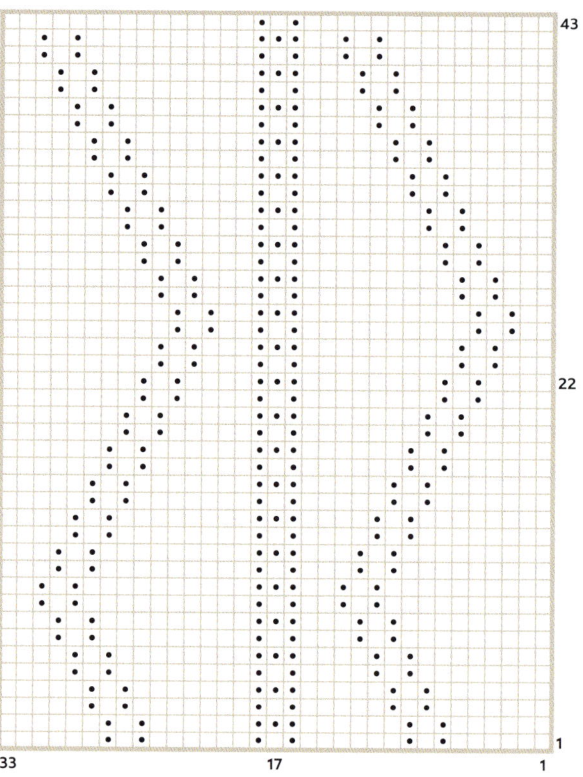

Rosemarkie, Aberdeenshire

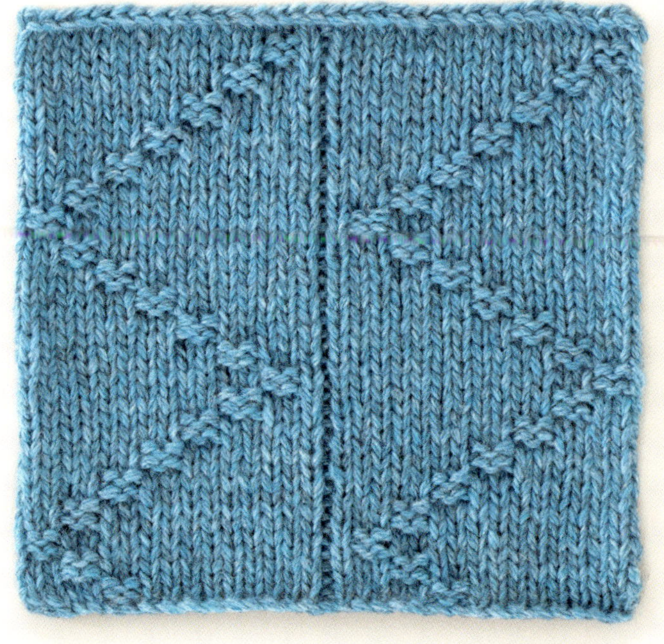

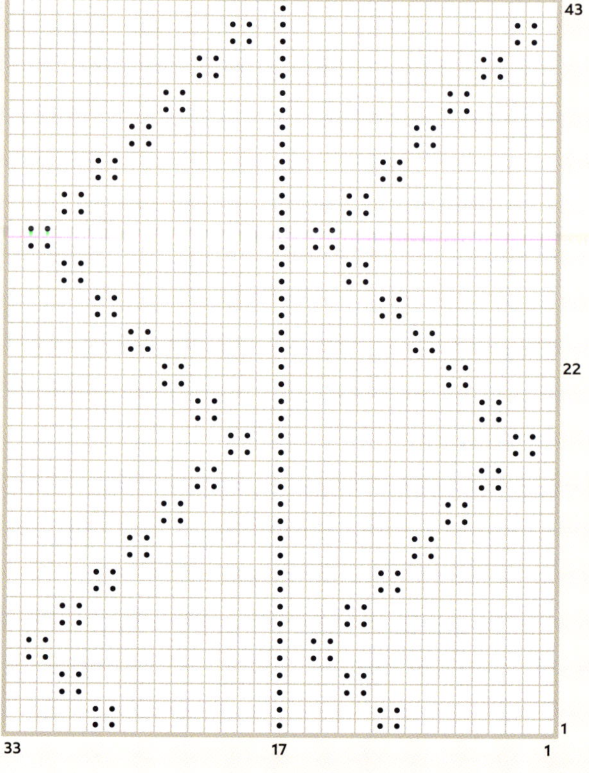

SCHLÜSSEL

- ☐ HinR: re   RückR: li
- • HinR: li   RückR: re

Wick, Caithness

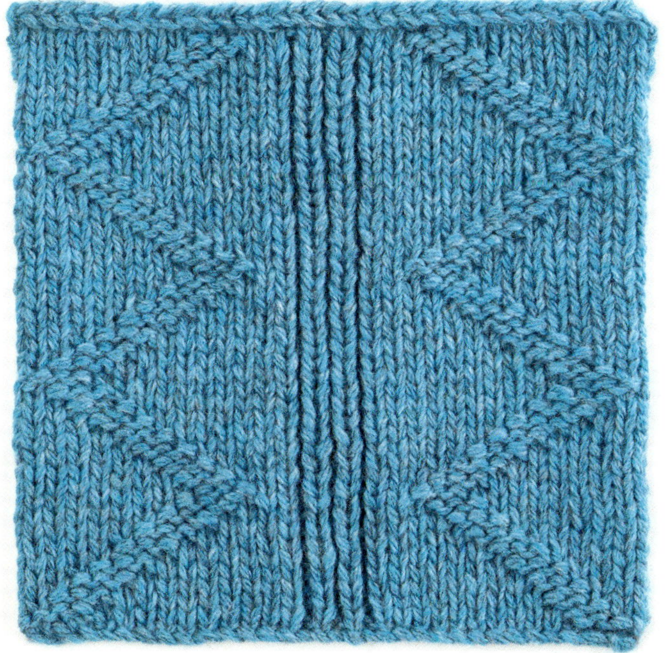

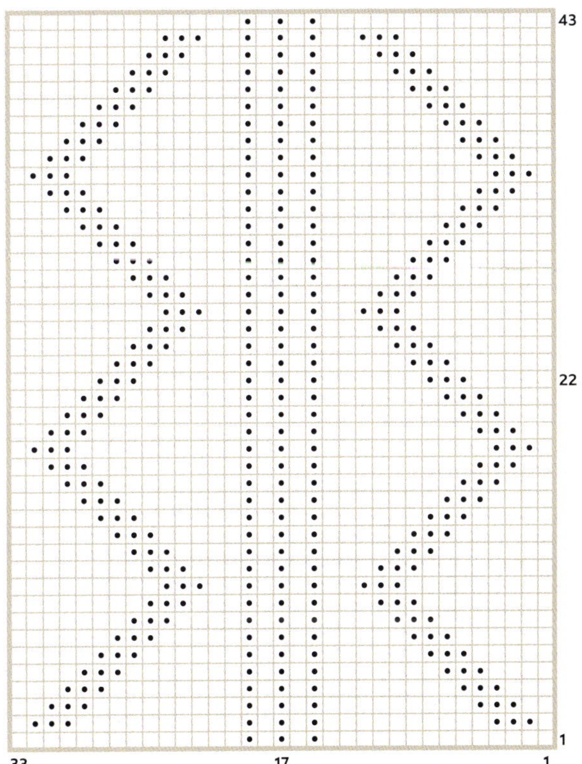

Whitehills, Aberdeenshire

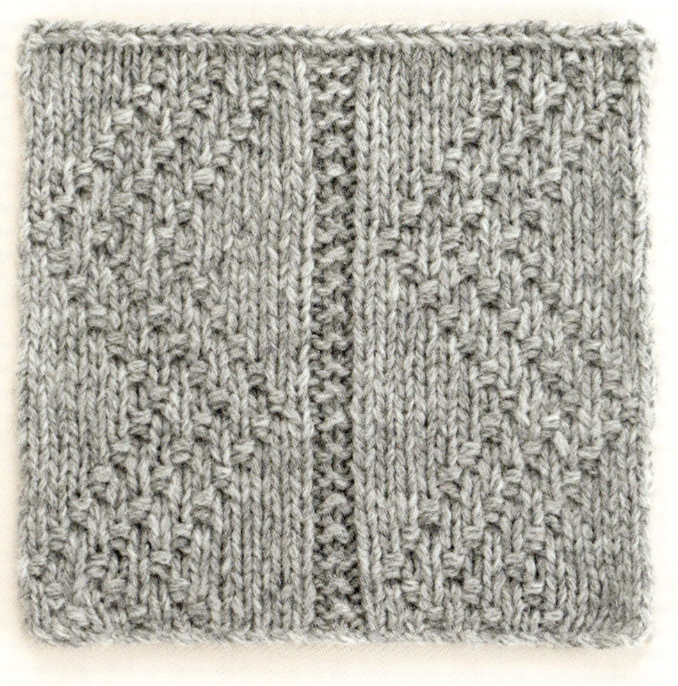

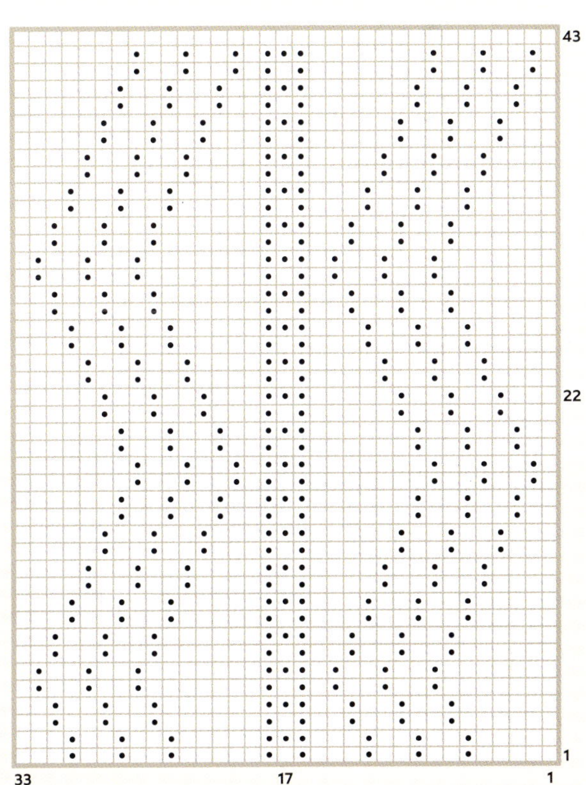

Arbroath Ehelinien, Angus

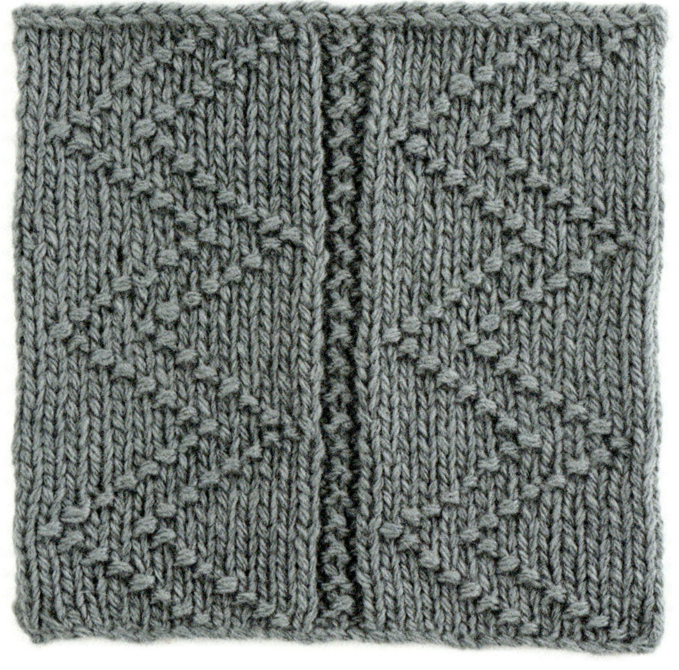

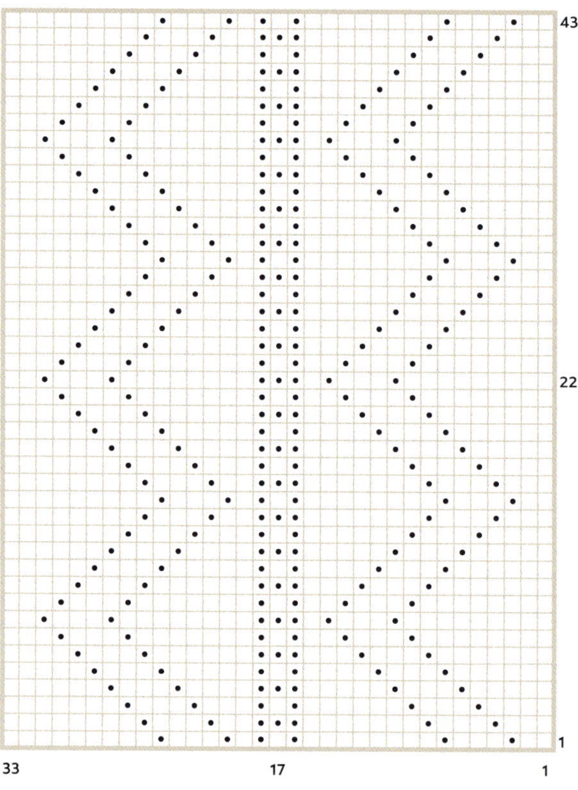

Anstruther, Fife

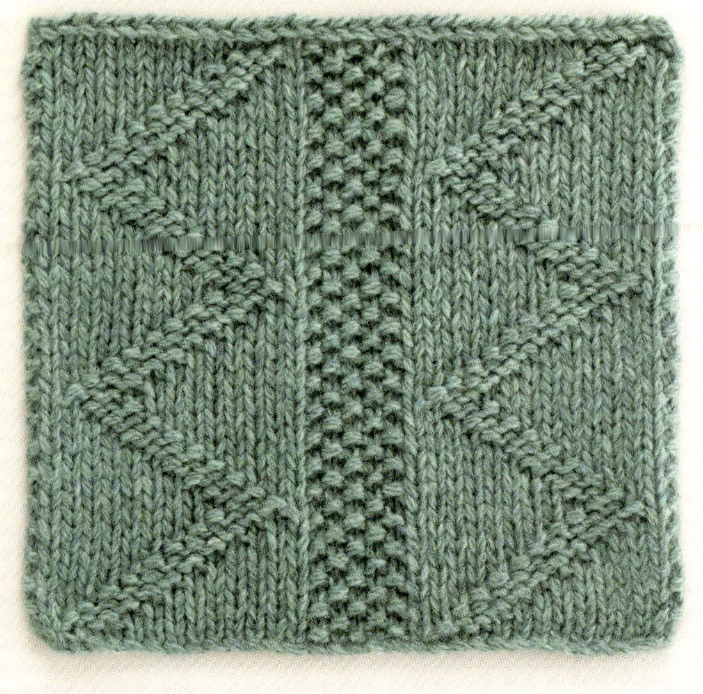

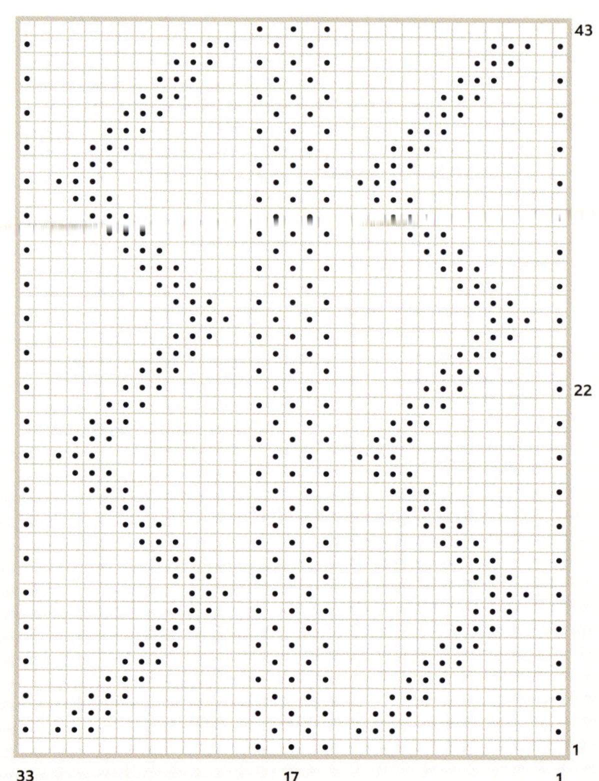

SCHLÜSSEL

☐	HinR: re	RückR: li
•	HinR: li	RückR: re

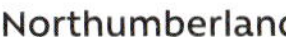
Northumberland

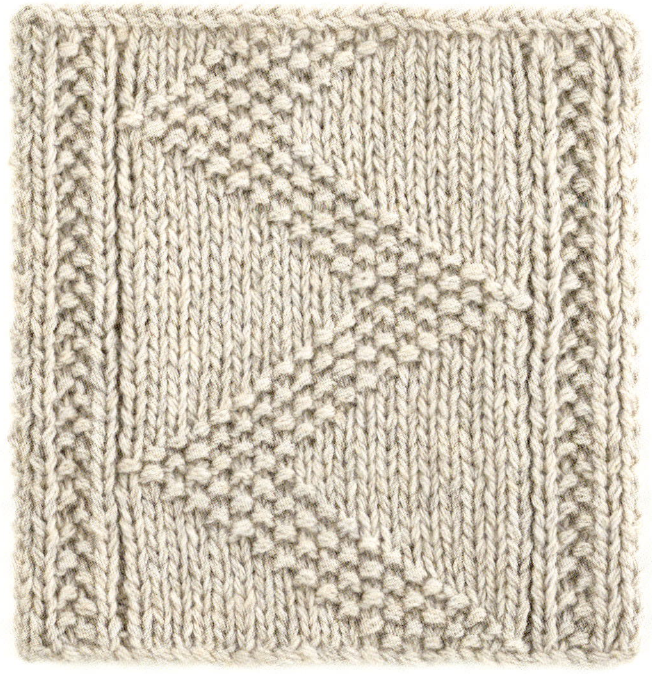

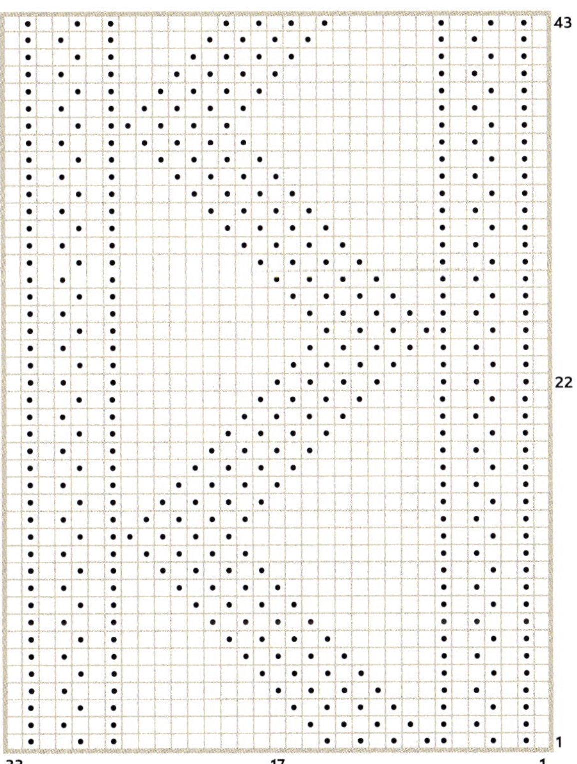

Filey, Yorkshire

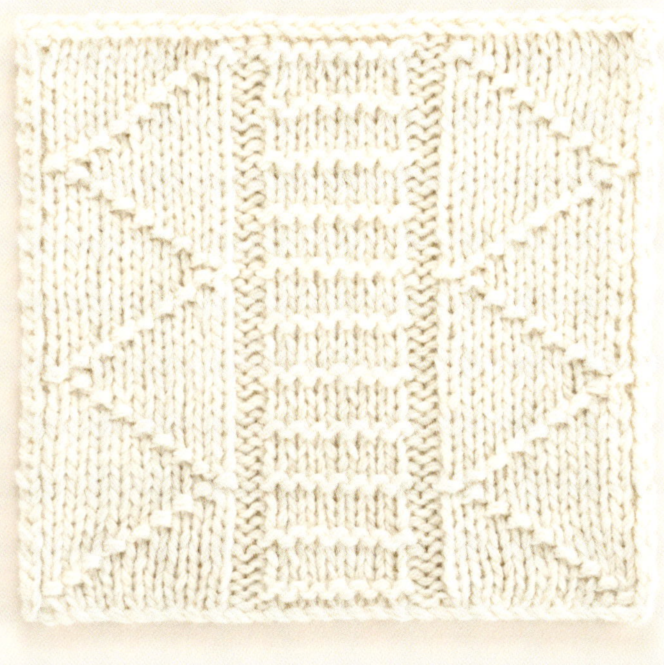

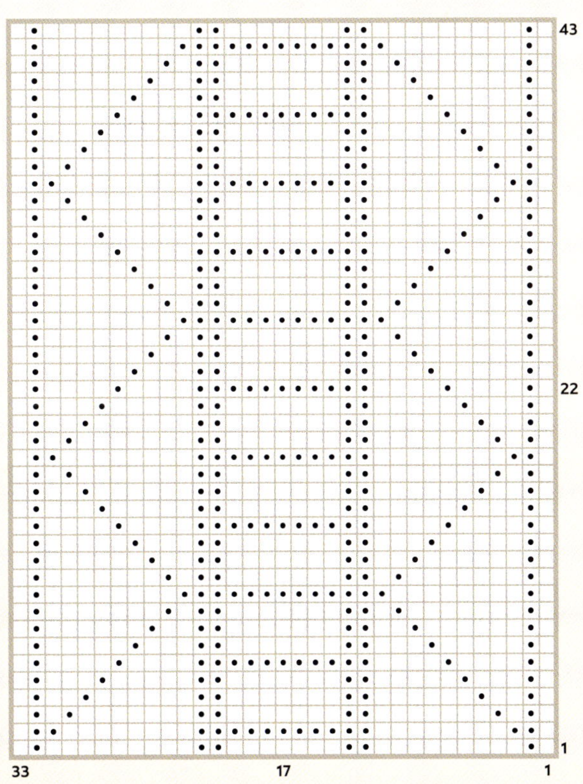

FLAGGEN UND ANKER

WIE DAS KRÄUSELN AUF DEM MEER

Flaggen gehören zu unseren Lieblingsmustern! In Schottland haben wir Flaggen als Allovermuster entdeckt, das fast von allein zu einer Struktur wurde und dabei einen wunderbaren Effekt wie das Kräuseln der Meeresoberfläche ergab. Flaggen werden auch in vertikalen Reihen genutzt, manchmal flankiert von Bäumen (s. ***Mustersammlung: Lebensbaum***) oder mit Zöpfen oder Perlmuster.

Die Fischerflotten hissten Flaggen, wenn sie in die Häfen einliefen auf ihrer Reise entlang der schottischen Ostküste und nach England den Heringsschwärmen nach, mit Shetland aus Ausgangspunkt. Durch die Flaggen erkannte der Hafenmeister die einzelnen Boote.

Eines der tollsten Ankermotive stammt aus Wick, Caithness (s. auch als besonderes Muster in ***Mustersammlung: Heapies***). Wir haben einige unglaubliche Ankermotive aus Nordschottland gefunden, und dieses sticht heraus: komplex und detailliert, mit großer Präzision und Erfahrung gestrickt. Es ist sehr schwierig, nur mit rechten und linken Maschen so komplizierte, klare Linien zu erzielen, und zeugt von einer unheimlich guten Strickerin.

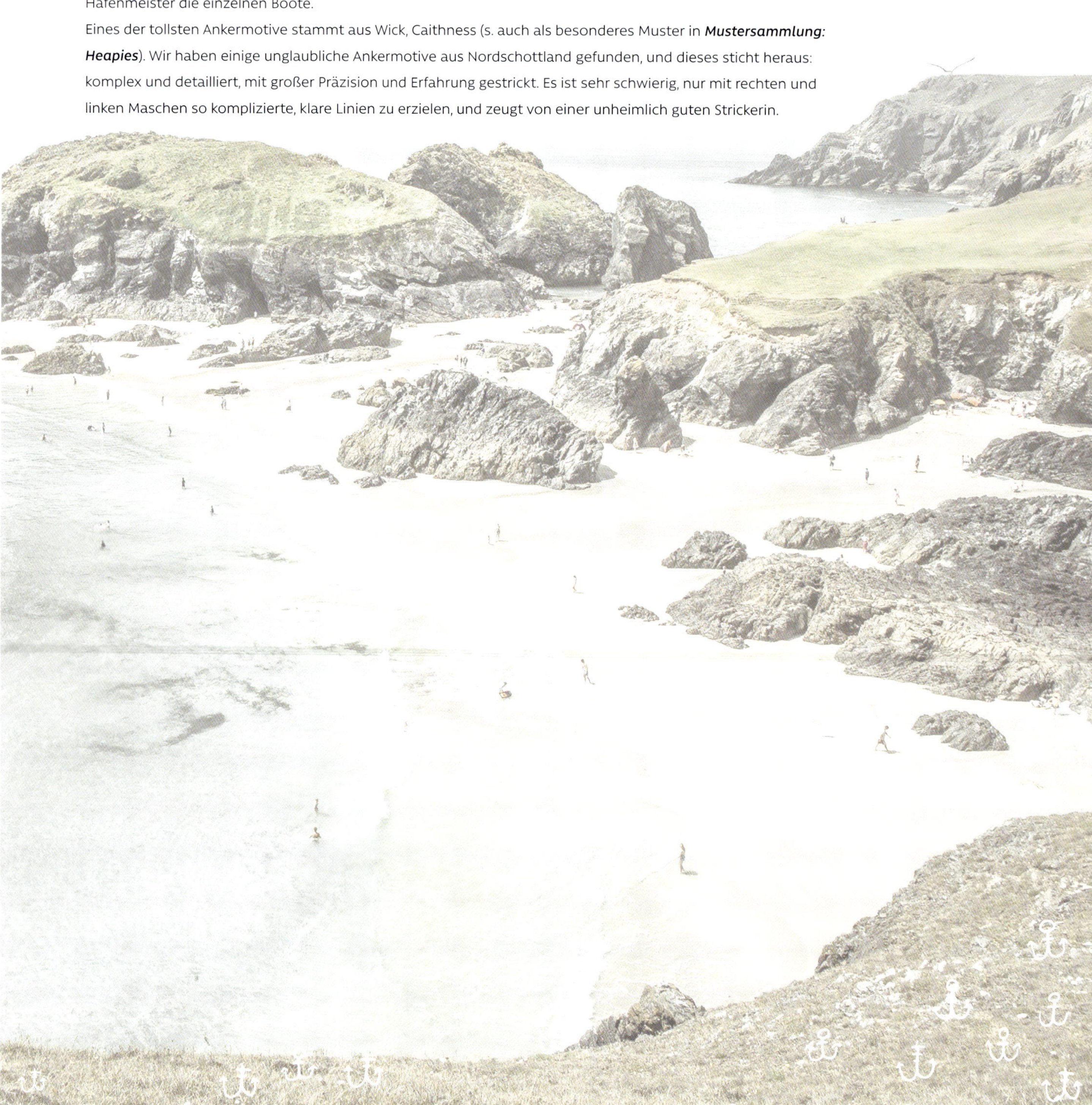

FLAGGEN

SCHLÜSSEL

☐	HinR: re	RückR: li
•	HinR: li	RückR: re

Schottische Küste

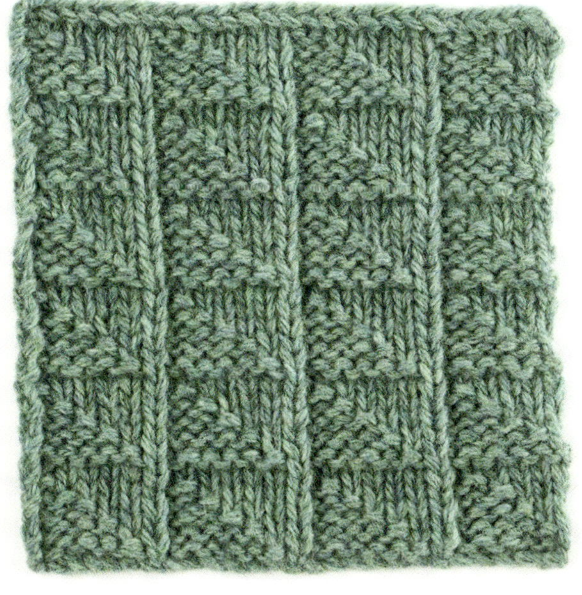

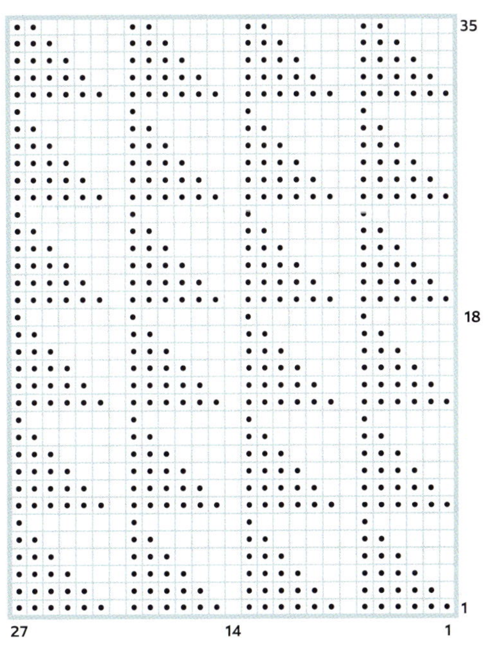

Fife

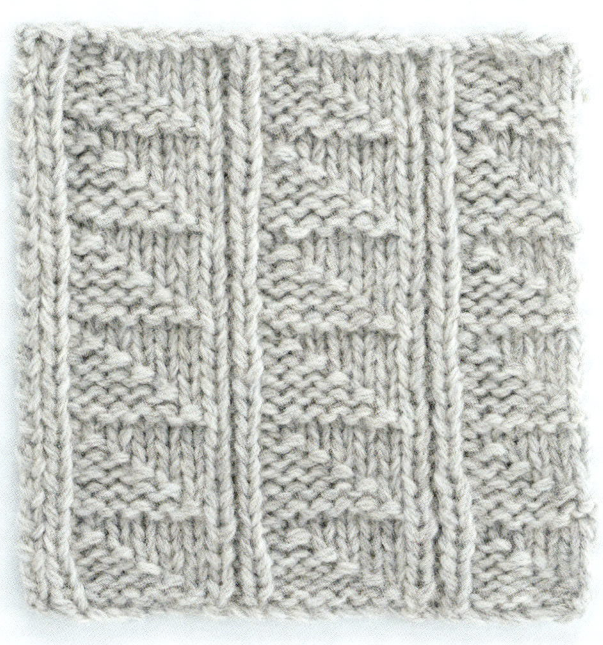

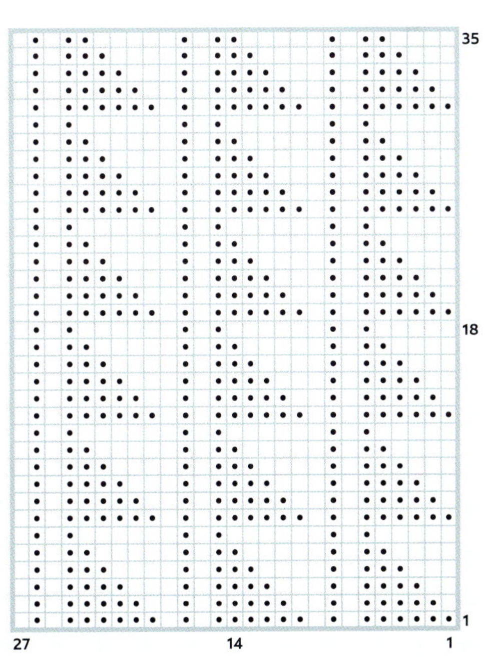

Schottische Küste

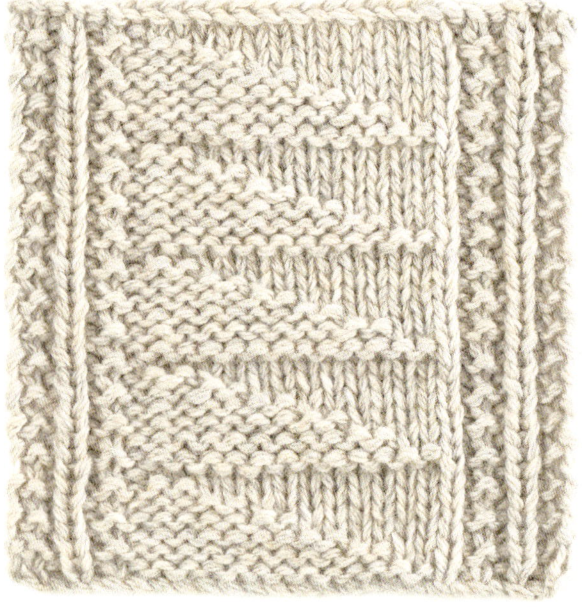

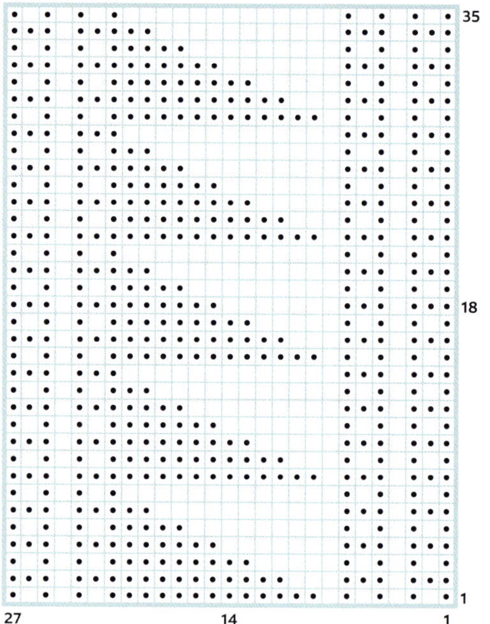

Fraserburgh, Aberdeenshire

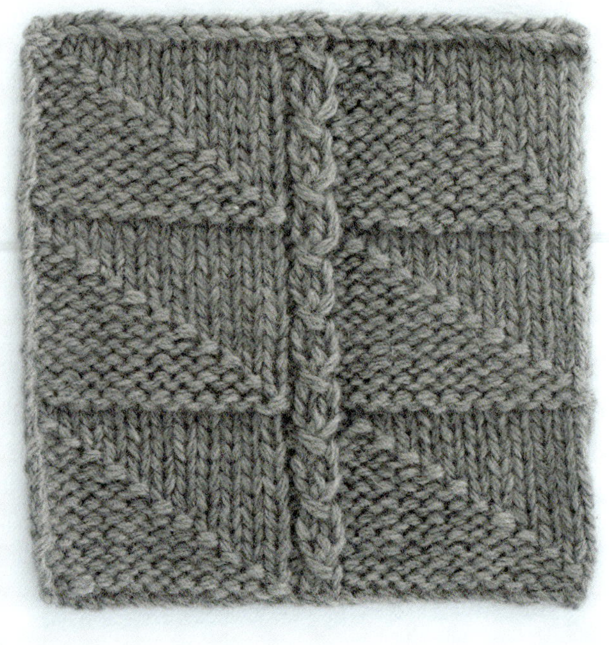

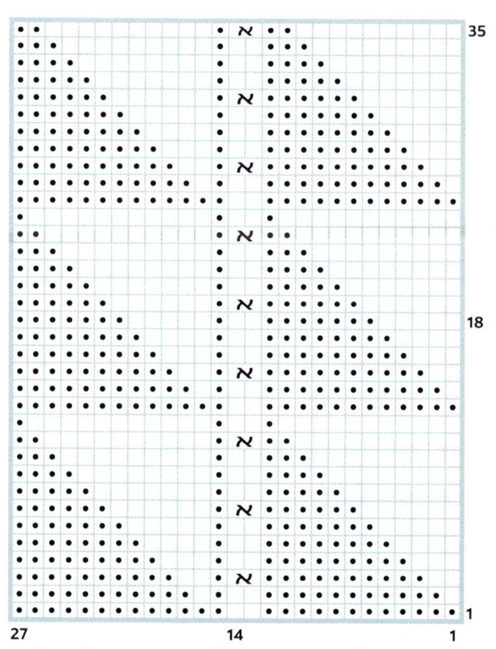

ANKER

SCHLÜSSEL

- HinR: re RückR: li
- • HinR: li RückR: re
- Scheinzopf

Wick, Caithness

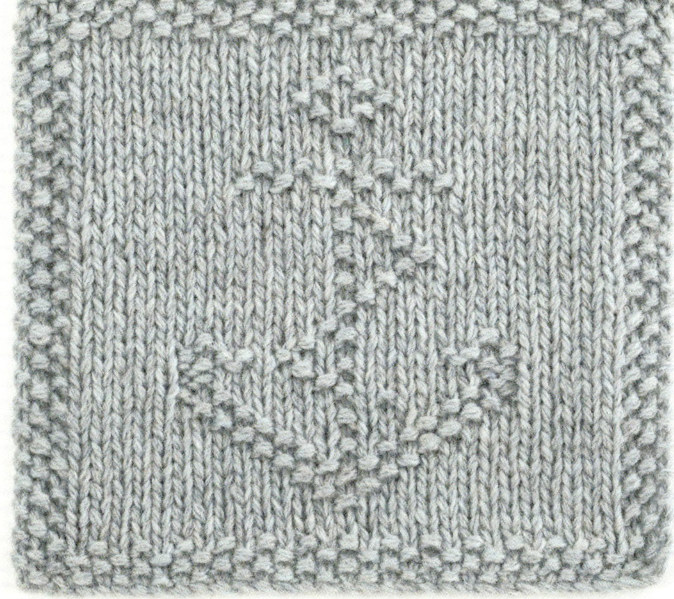

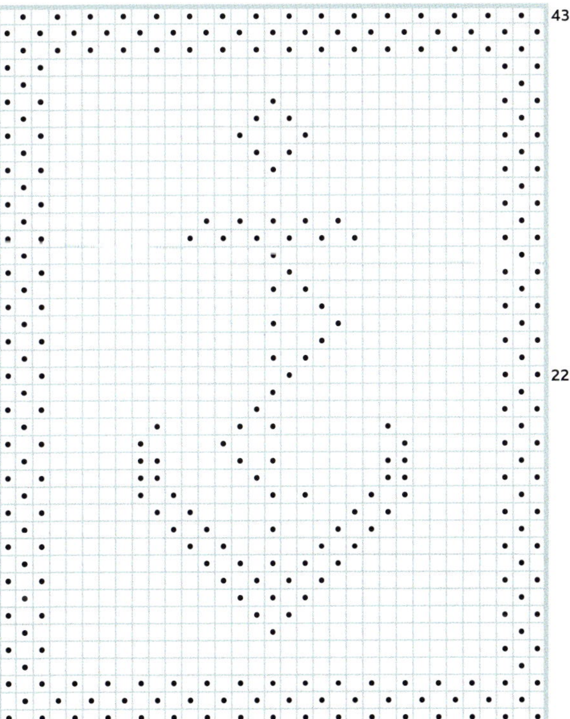

Fraserburgh, Aberdeenshire

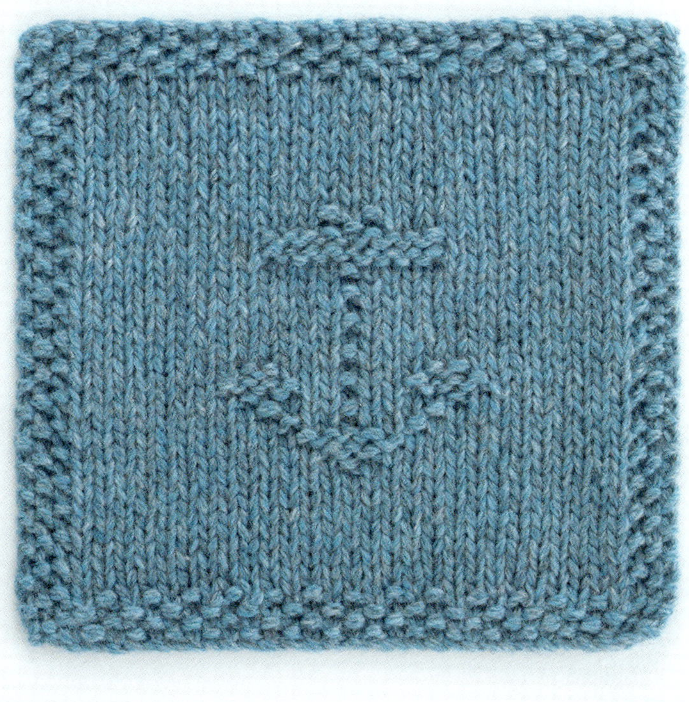

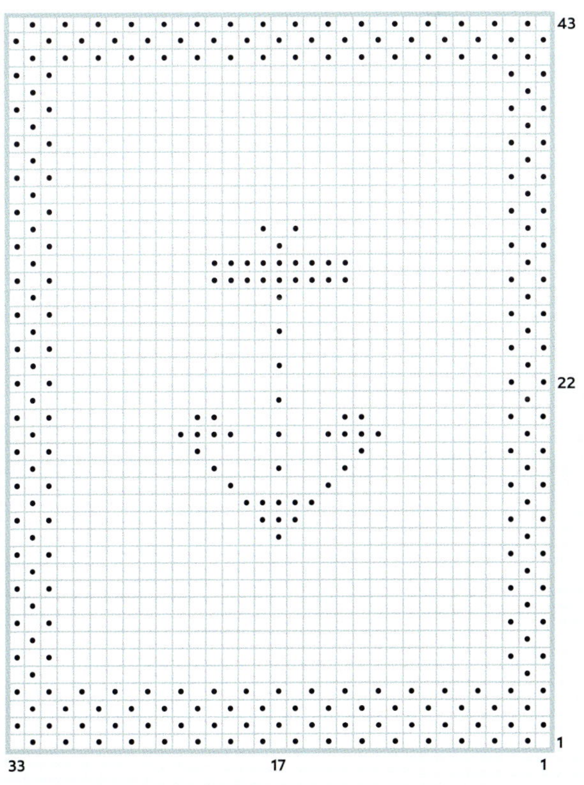

SCHLÜSSEL

- HinR: re RückR: li
- • HinR: li RückR: re

Fife

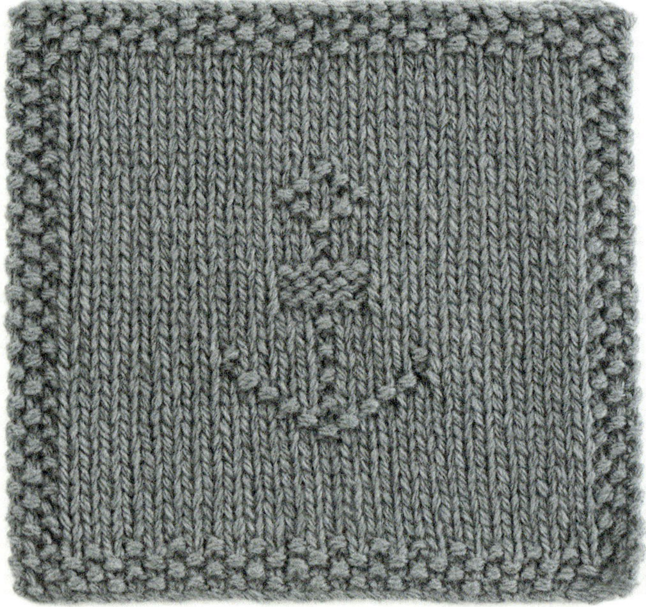

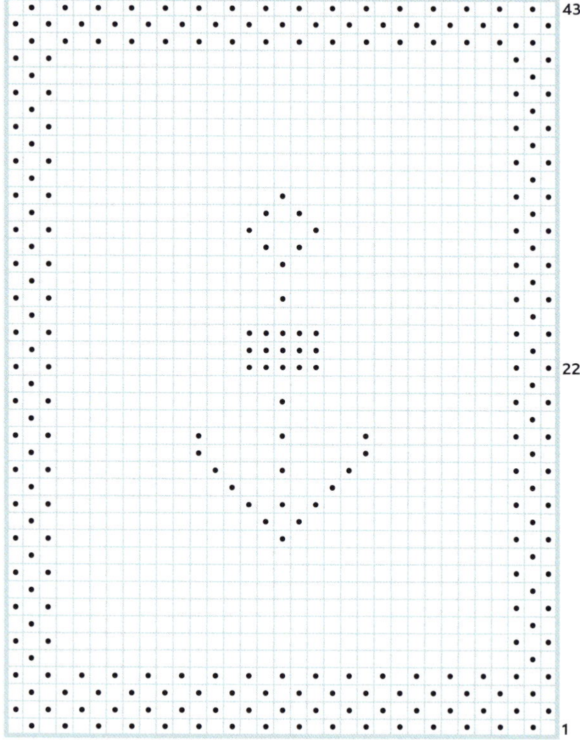

Eriskay, Western Isles

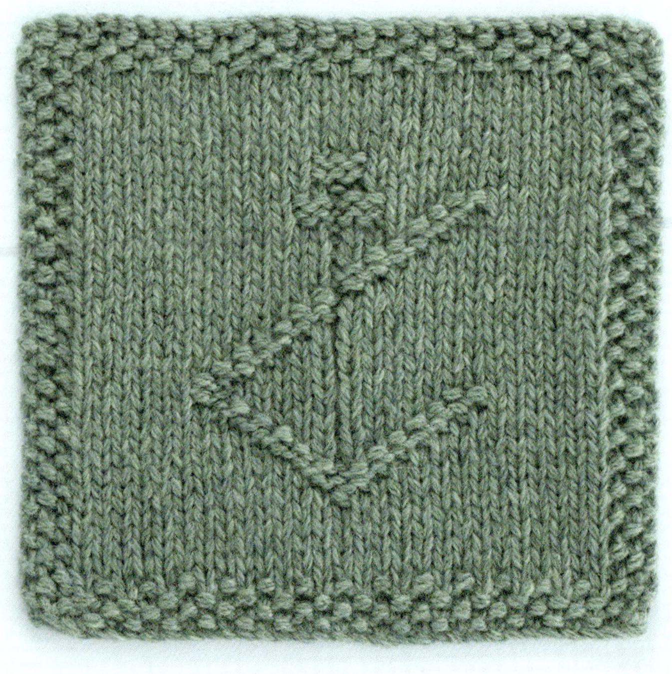

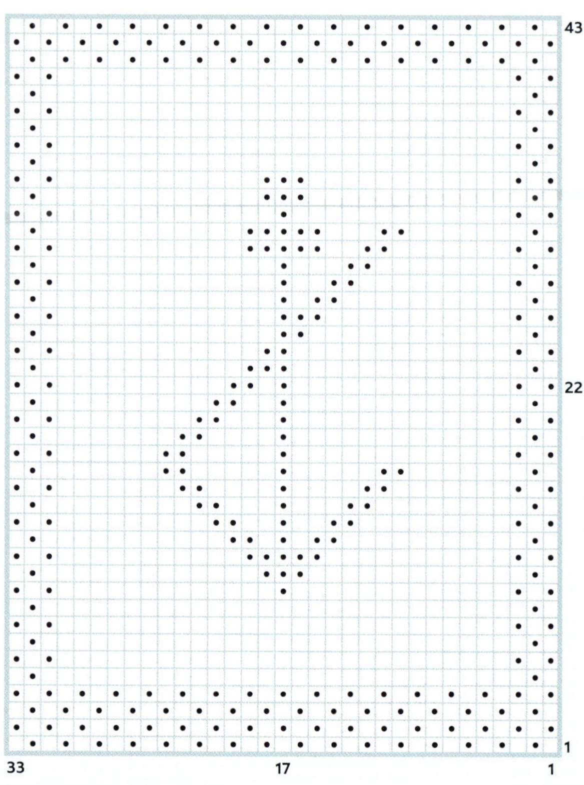

NEWBIGGIN, NORTHUMBERLAND

Das ist so ein geniales Muster, wir mussten es einfach als eines unserer besonderen Muster aufnehmen. Es passt in viele Kategorien: Dreiecke, Flaggen, Zickzack und Ehelinien. Es ist eines dieser Designs, das je nach Lichteinfall ganz anders wirkt. Es wird von normalen Zöpfen und klassischem Perlmuster flankiert, und ich liebe es. Es erinnert mich an Girlanden und Bänder und ist auffällig und festlich.

Newbiggin, Northumberland

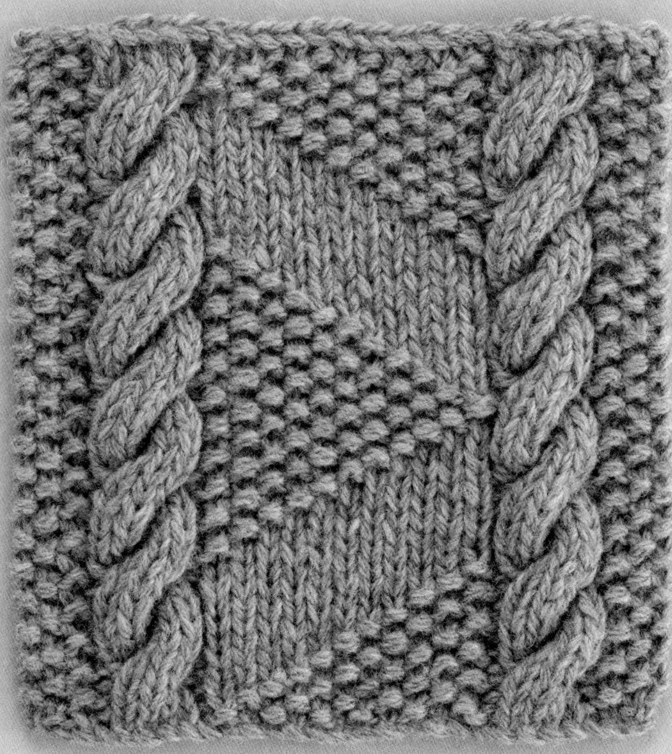

SCHLÜSSEL

- ☐ HinR: re RückR: li
- ⊡ HinR: li RückR: re
- ⟋⟋ 6 rechts Zopf

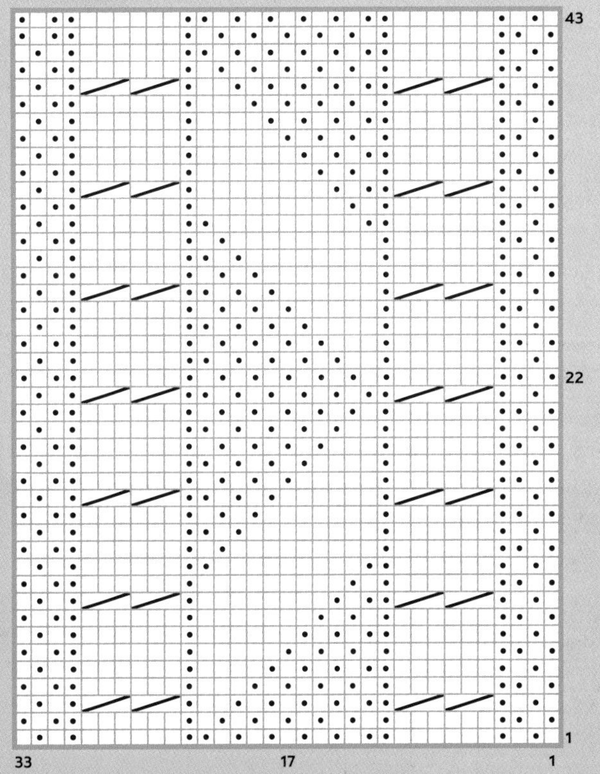

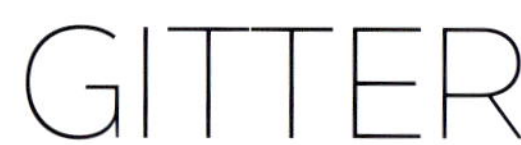

GITTER

SOUVERÄNE BÄNDER

Viele Ganseys haben spektakuläre, breite, horizontale Muster, die sehr geometrisch sind und oft von Abschnitten »Rig and Furrow« unterbrochen werden, um sie noch wirkungsvoller zu machen. Das sind souveräne Designs, die wir in vielen Küstenregionen gefunden haben. Die Scottish Fleet Muster im Fischerei Museum sind alle sehr schön, darunter auch der große Fischgrat und die Rautengitter. Es gibt auch ein Rauten- und »Rig and Furrow«-Muster aus Foula, Shetland, obwohl dort nicht viel auf eine lange Geschichte des Ganseystrickens hindeutet. Wie bereits erwähnt, reisten die Bootsmannschaften und die Herring Girls durch das ganze Land, was zu gemischten Stilen in manchen Pullovern führte.

Die Humber Ganseys haben einige sehr auffallende Eigenschaften, eine davon ist das wundervoll vergrößerte Zickzackmuster. Die Webmuster aus Cornwall sind etwas ganz Eigenes. Diese horizontalen Muster stellen eine besondere Ausweitung ihrer Trennmuster dar und lassen eine komplexe Struktur entstehen anstelle von einzelnen Symbolen. Sie werden oft als recht einfach beschrieben, sind aber tatsächlich sehr clever und schön, und die so gestrickten, breiten, horizontalen Bänder scheinen das Meer selbst und die Gewässer, in denen gefischt wurde, zu reflektieren. Durch die Wiederholung des Flecht- oder Karomusters verzieht sich das Strickstück und die Oberfläche wird bewegt. Sie wirken sehr modern und sind abstrakter als andere Muster, was zu einem sehr rhythmischen und für Cornwall typischen Stil führt.

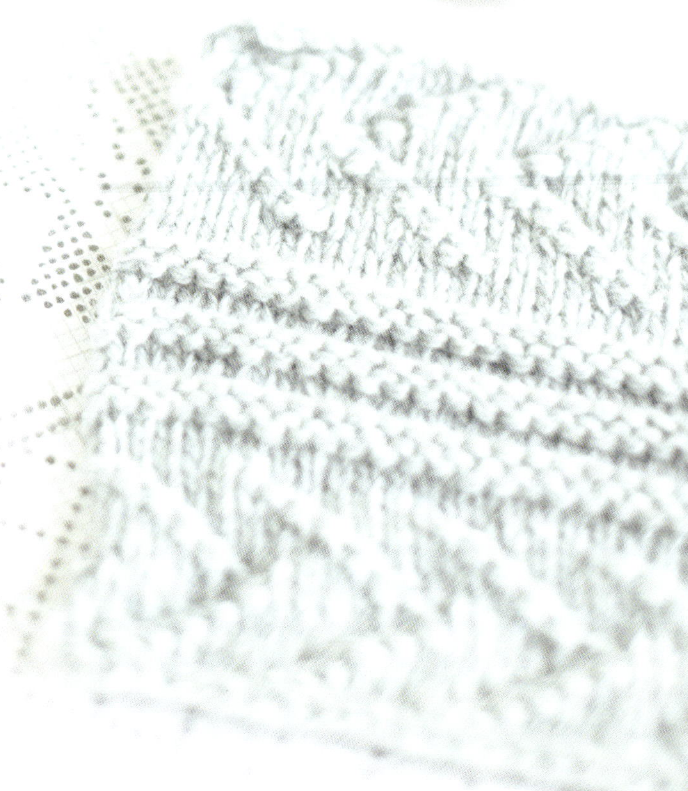

SCHLÜSSEL

☐ HinR: re RückR: li

⊡ HinR: li RückR: re

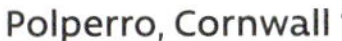
Polperro, Cornwall 1

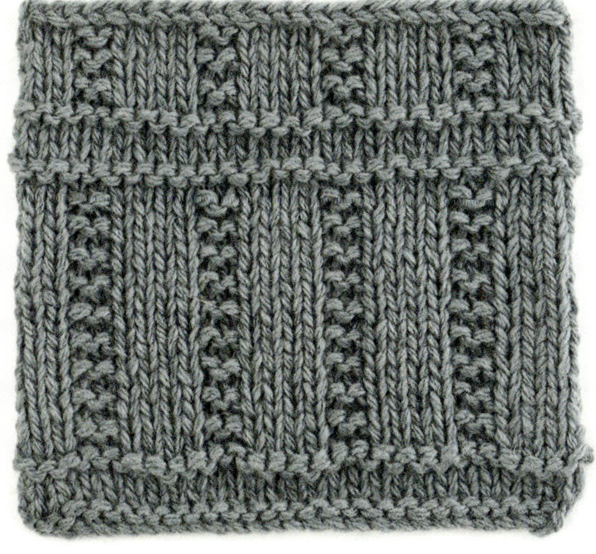

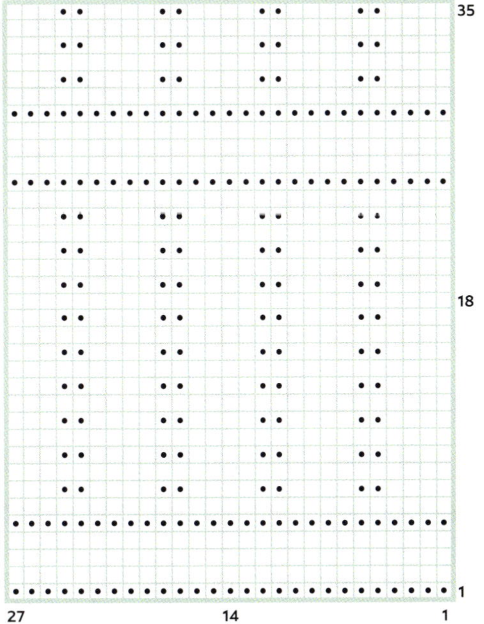

Polperro, Cornwall 2

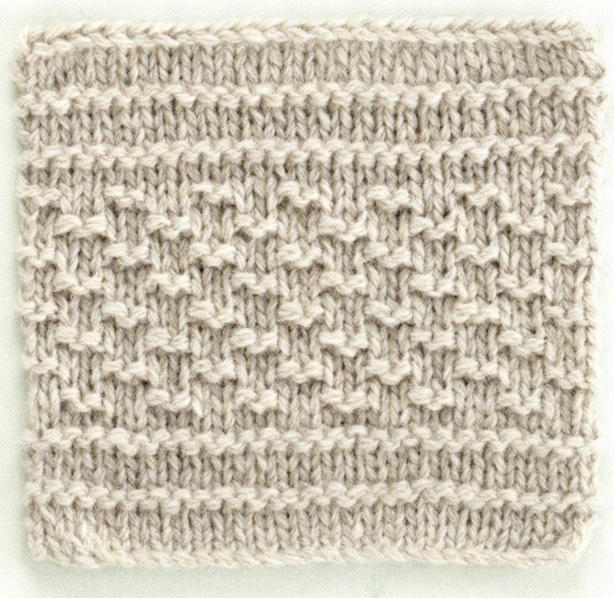

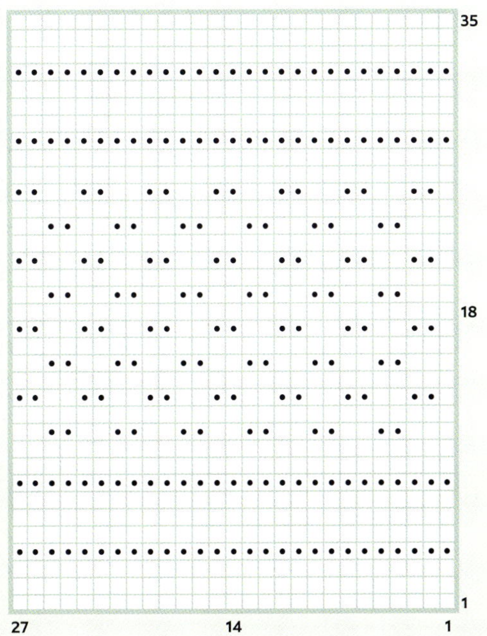

Humber River

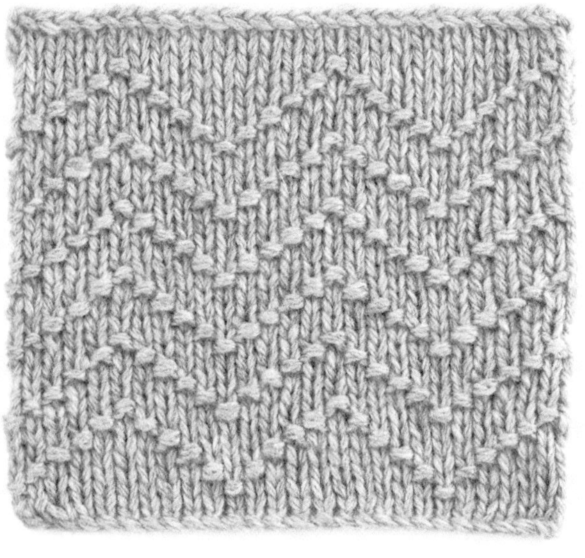

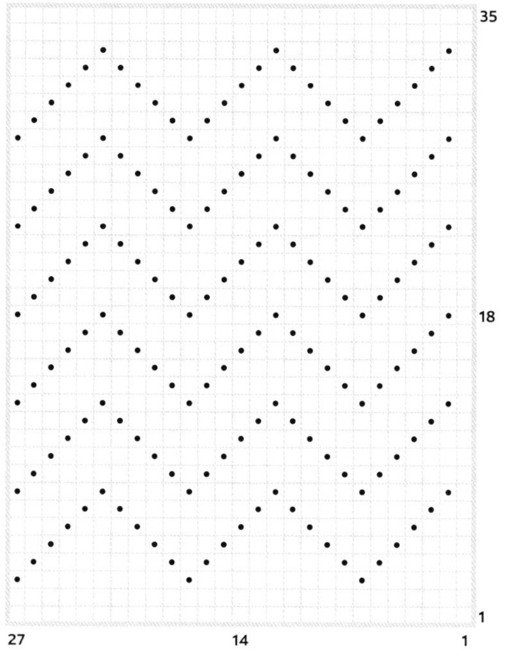

Cullercoats, Tyneside

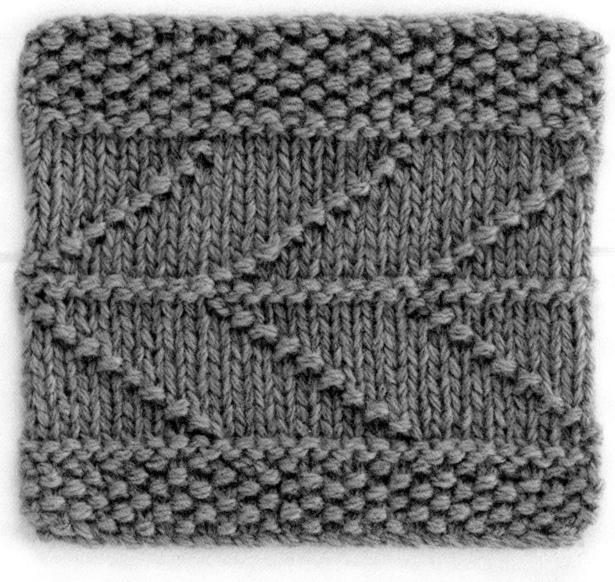

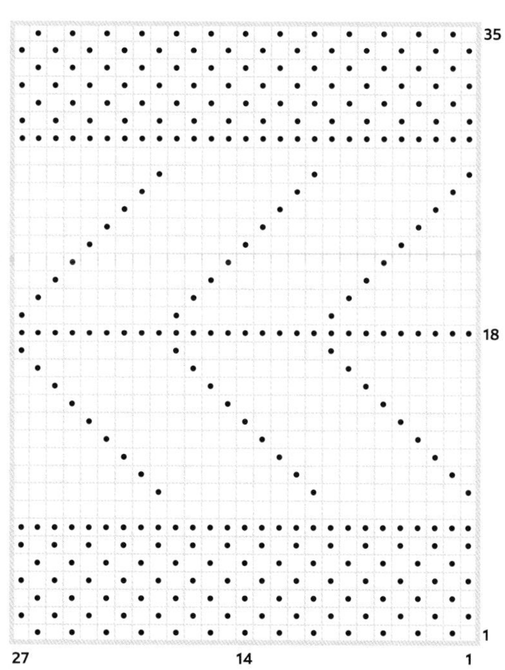

SCHLÜSSEL

Symbol	HinR	RückR
☐	HinR: re	RückR: li
⊡	HinR: li	RückR: re

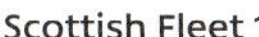
Scottish Fleet 1

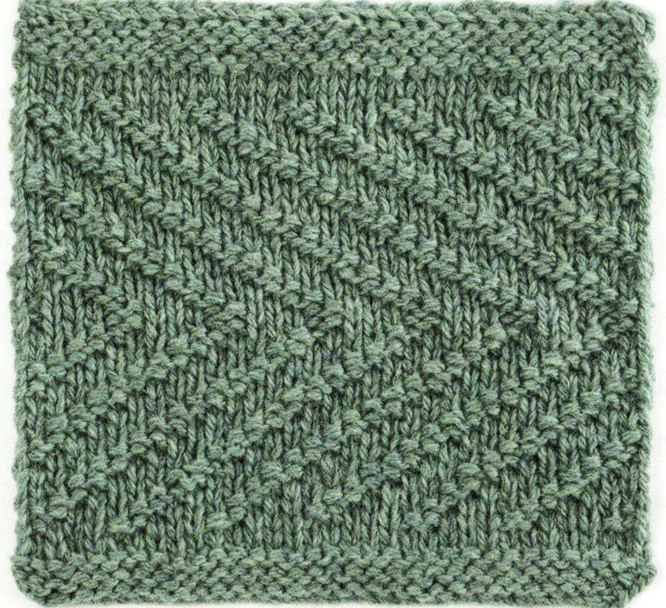

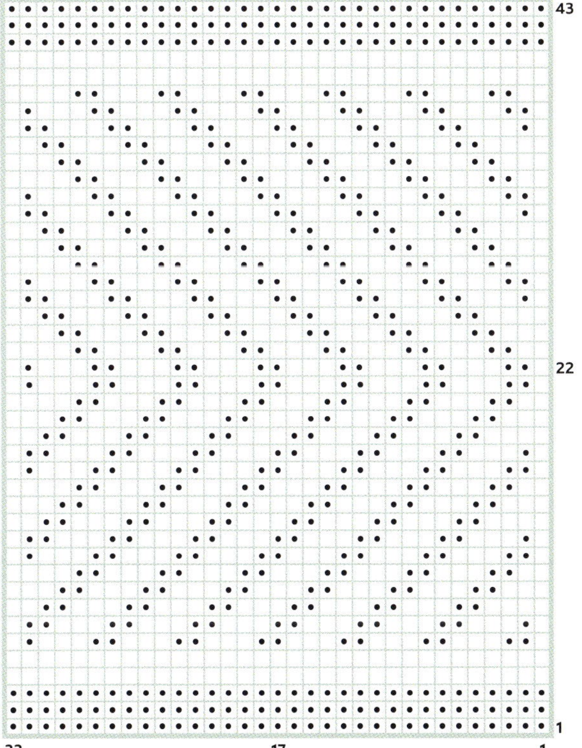

Scottish Fleet 2

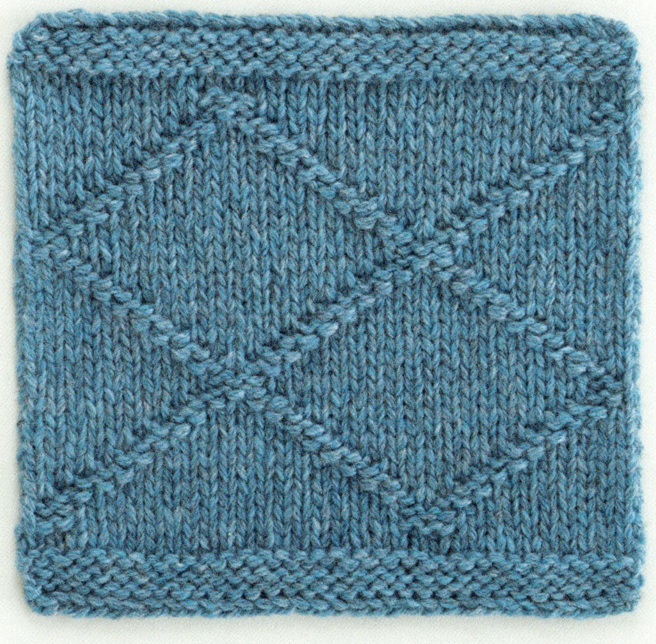

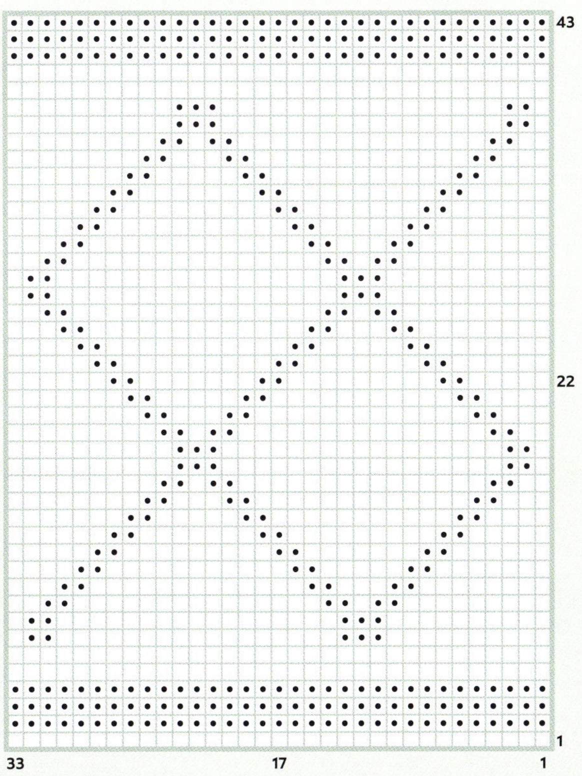

Scottish Fleet 3

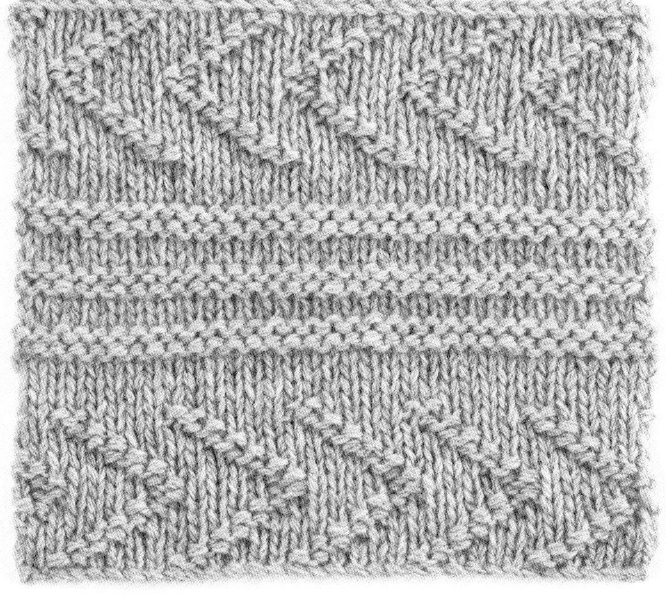

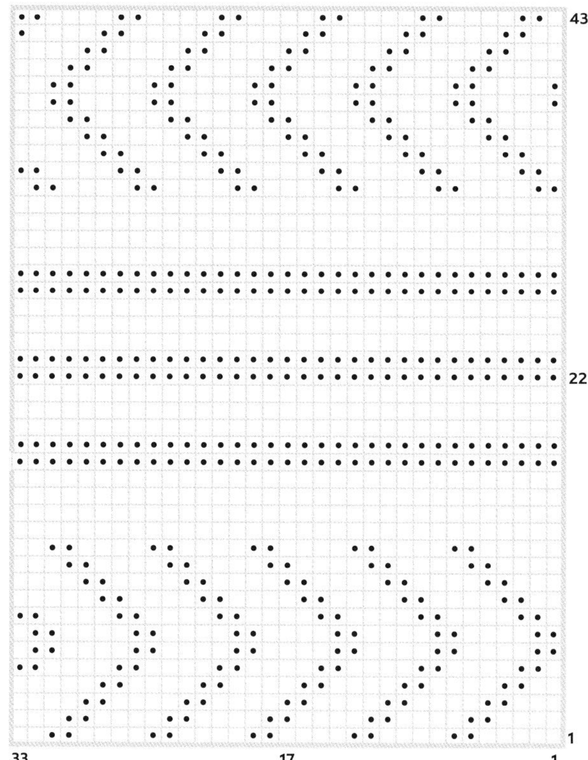

Foula, Shetland

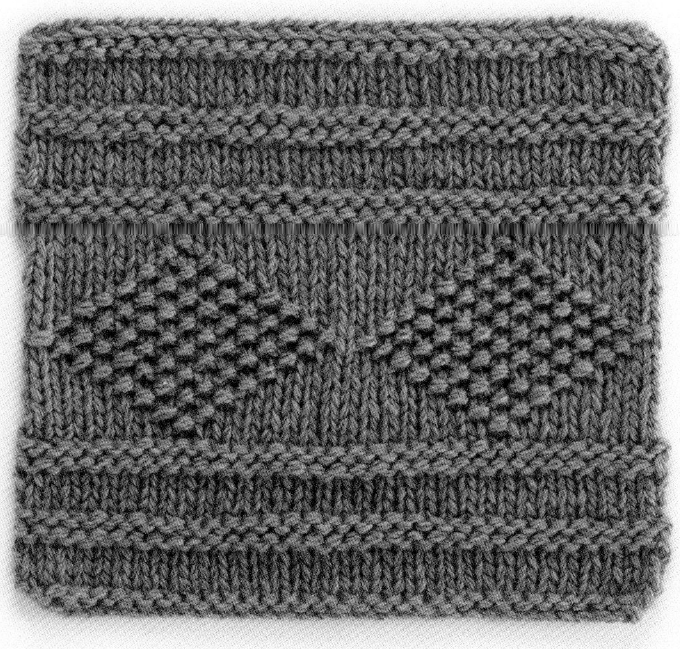

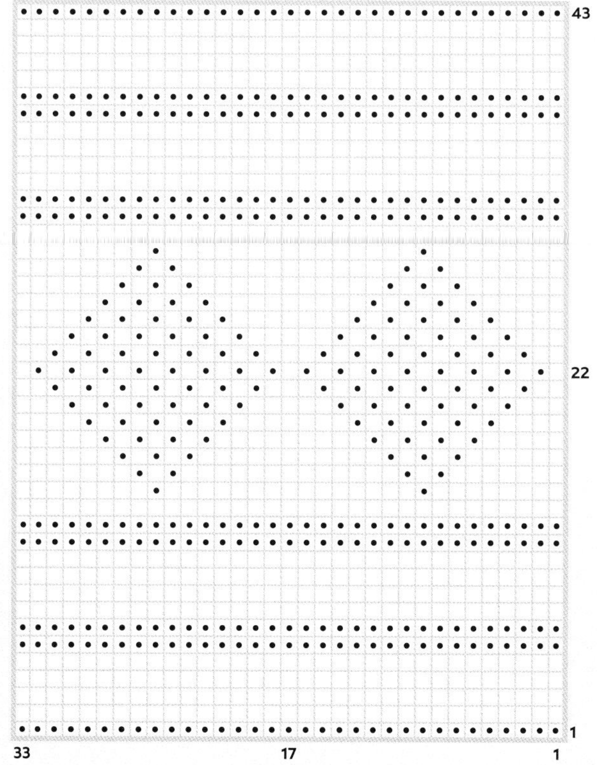

KAROS AUS CORNWALL

SCHLÜSSEL

☐	HinR: re	RückR: li
•	HinR: li	RückR: re

Morwenstow Slate

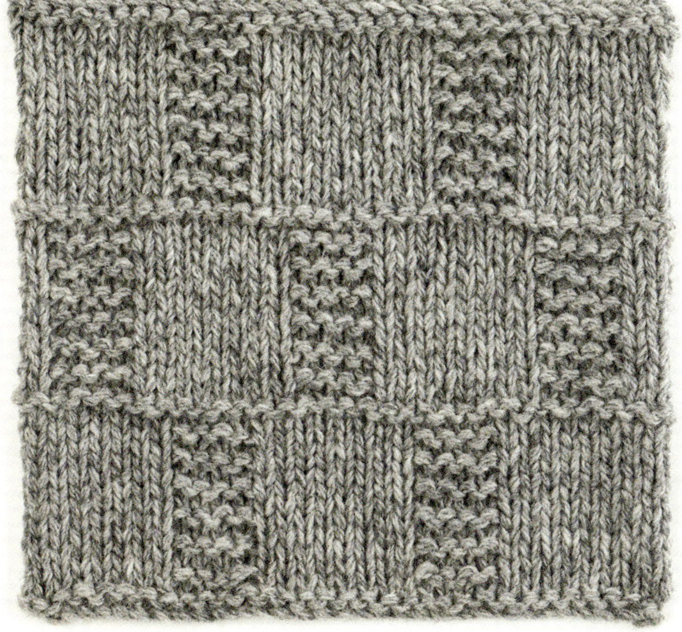

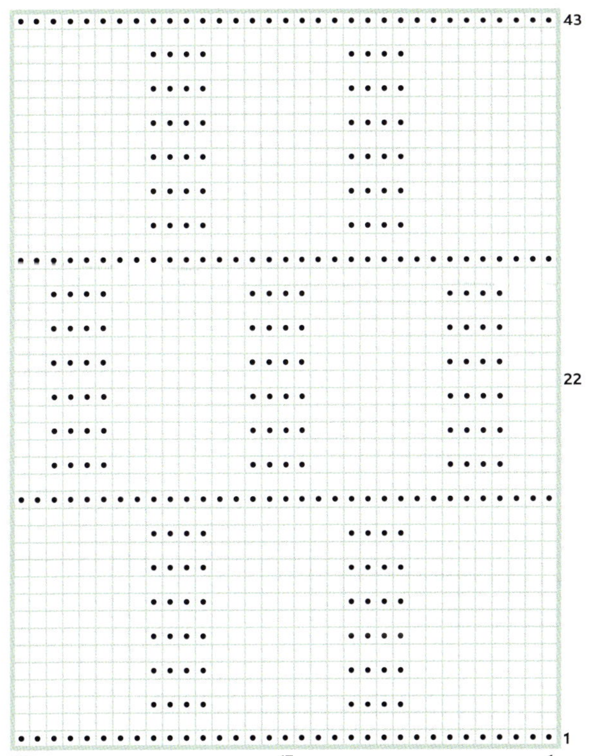

The Lizard Lattice

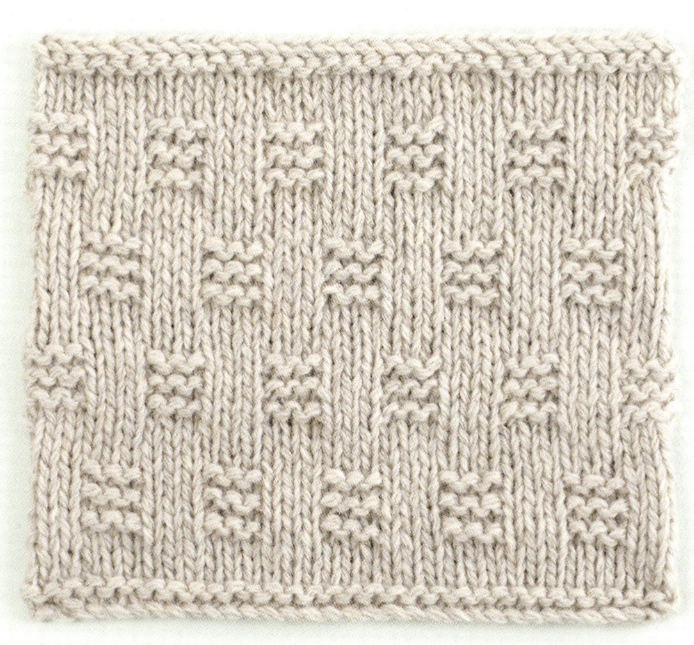

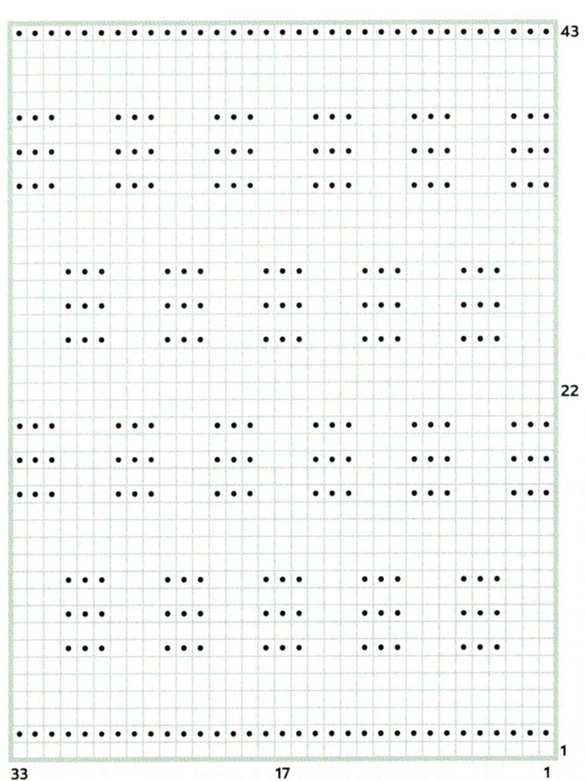

SCHLÜSSEL

□	HinR: re	RückR: li
•	HinR: li	RückR: re

Laughing Boy

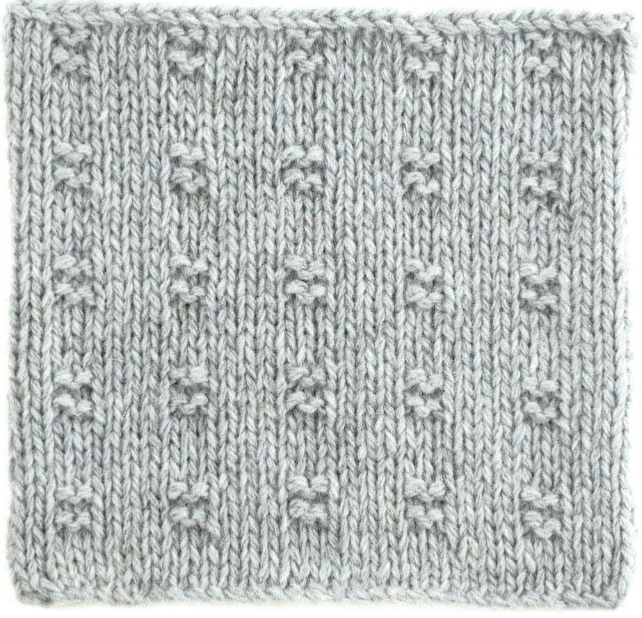

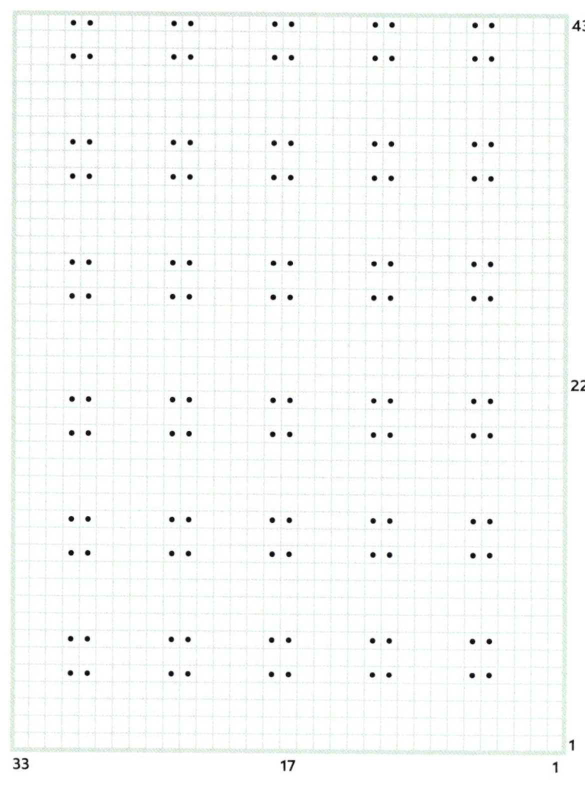

Looe, Eddystone Lighthouse

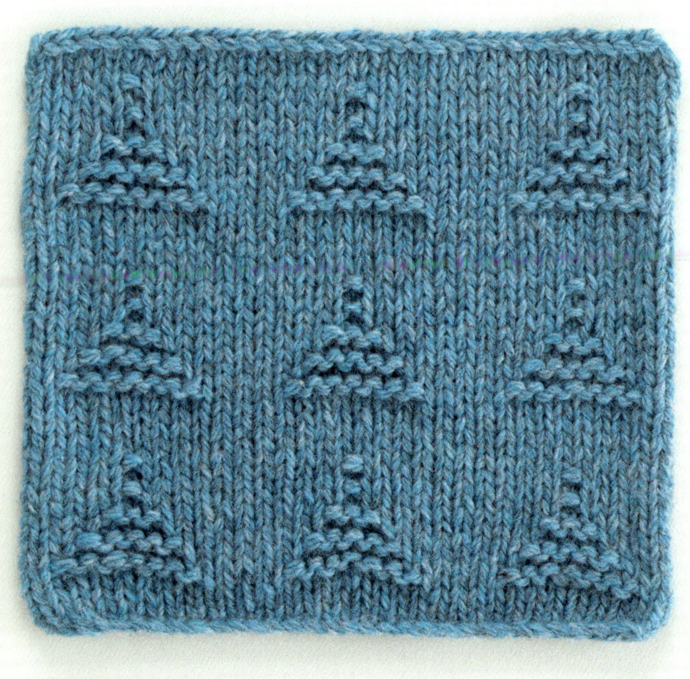

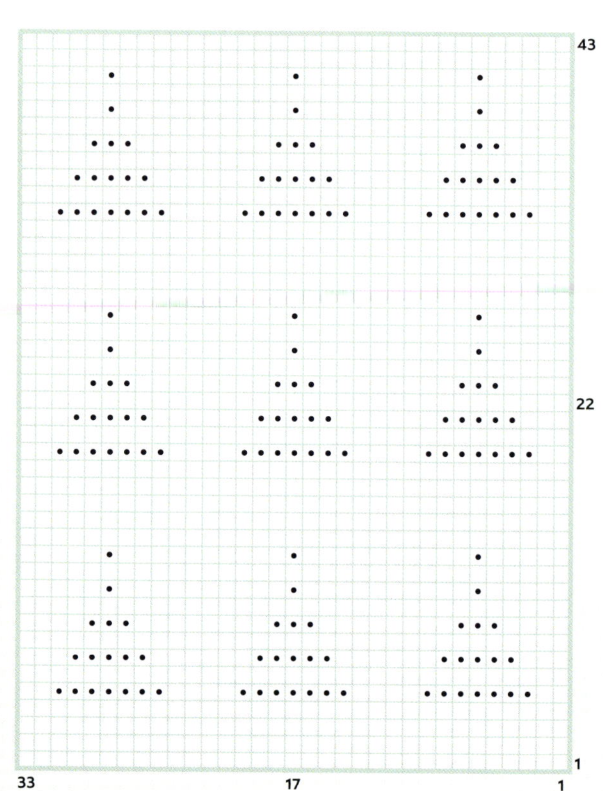

PETERHEAD ZÖPFE UND KAROS

Dieses fantastische Muster haben wir in nur einem Buch gefunden, und es passt wirklich toll zum Pittenweem Muster. Es ist eine einmalige Mischung aus einem Karomuster im doppelten Perlmuster und großen Zöpfen, die eine einzigartige Struktur in einem vertikalen Muster auf glatt rechtem Hintergrund ergibt. Die Karomuster werden oft als eher altmodisch übersehen. Bei unserer Entdeckungsreise, als wir für das »Knitting the Herring«-Projekt und das Moray Firth Partnership Gansey Projekt Pullover katalogisierten, fanden wir diese scheinbar simplen Designs viel interessanter und komplexer, als wir es uns je vorgestellt hatten, sie brachten Struktur, Bewegung, Wellen, horizontal, vertikal und als Trennmuster. Sie zeigten wirklich den Einfallsreichtum all dieser erstaunlichen Strickerinnen von der gesamten Küste!

Peterhead

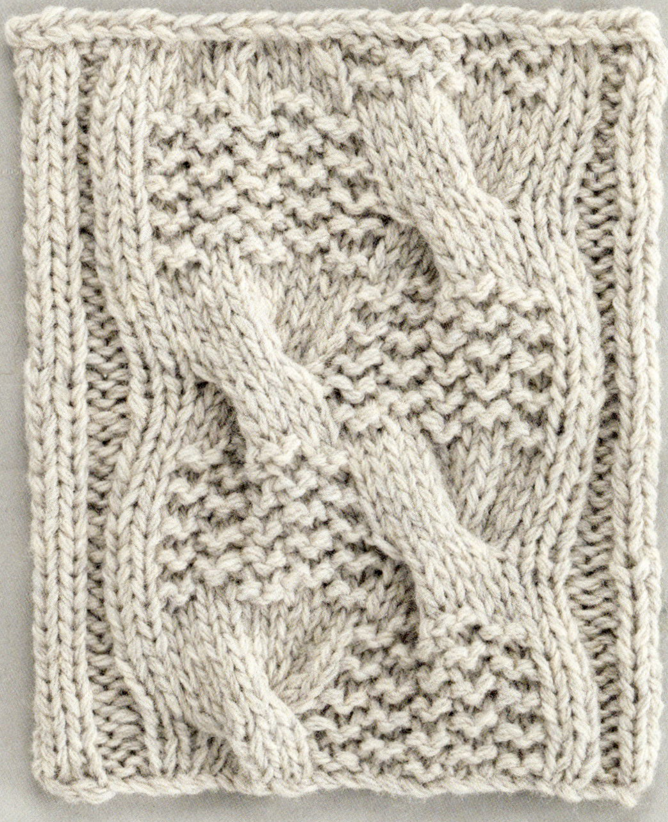

SCHLÜSSEL

- ☐ HinR: re RückR: li
- ⊡ HinR: li RückR: re
- 10 links Zopf

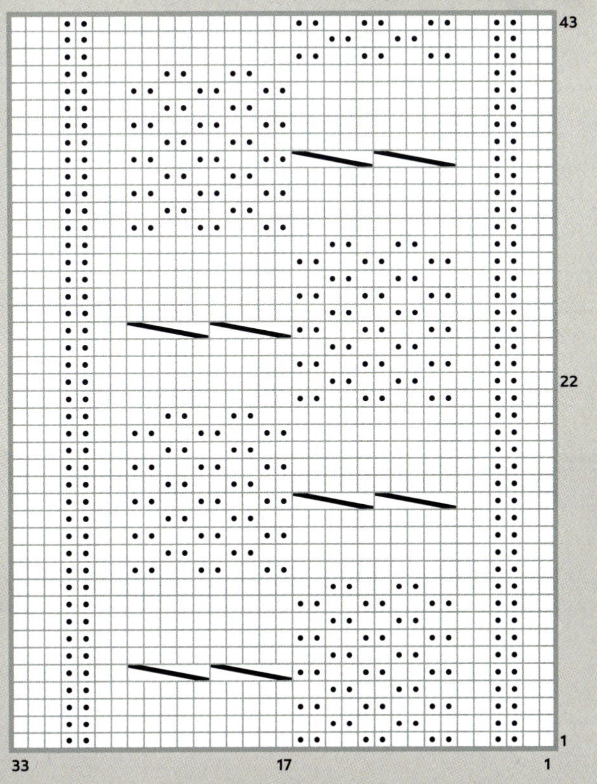

TRENNMUSTER

DIE UNTERSCHRIFT DER STRICKERIN

Man kann die Wichtigkeit dieser »Trenn«- oder »Verbindungsmuster« gar nicht überschätzen. Sie wurden von Strickerinnen überall an der Küste genutzt und zeigen meiner Meinung nach so deutlich wie nichts sonst den persönlichen Stil der Strickerin. Beim Ganseystricken geht es ausschließlich um die einzelne Strickerin und wie sie die Muster, die in jeder Familie von einer Generation an die nächste weitergegeben wurden, einsetzt (s. ***Eine kurze Geschichte der Ganseys***).

Mrs Elsie Buchan, deren wunderschöne Ganseys zur Moray Firth Sammlung gehören, war eine großartige Strickerin. Sie nutzte den Scheinzopf über 2 Maschen so unterschiedlich, dass immer etwas ganz Besonderes und völlig Neues entstand. In den Stücken von Elsie sehen wir den einfachen, doppelten und doppelt-doppelten Scheinzopf als 2-, 4- oder 6-Reihen-Wiederholung. Sie strickte manchmal auch eine linke Masche, um die doppelt-doppelten Scheinzöpfe zu trennen, manchmal auch nicht. Es zeugt von ihrer großen Erfahrung und Kreativität, ein geripptes, zartes Muster zu entwerfen, das die vertikalen Motive aus dem Nordosten perfekt zur Geltung bringt. Zusammen mit Rauten, Zickzack und Flaggen sind sie wirklich einzigartig.

Andere Trennmuster, die oft in Schottland zu finden sind, enthalten Elemente wie Rippen, Perlmuster, krausrechte Bänder und zweimaschige Zöpfe. Wir schauen sie uns in diesem Abschnitt an und auch, wie die Strickerinnen sie erweiterten, um sie der Größe des Pullovers anzupassen.

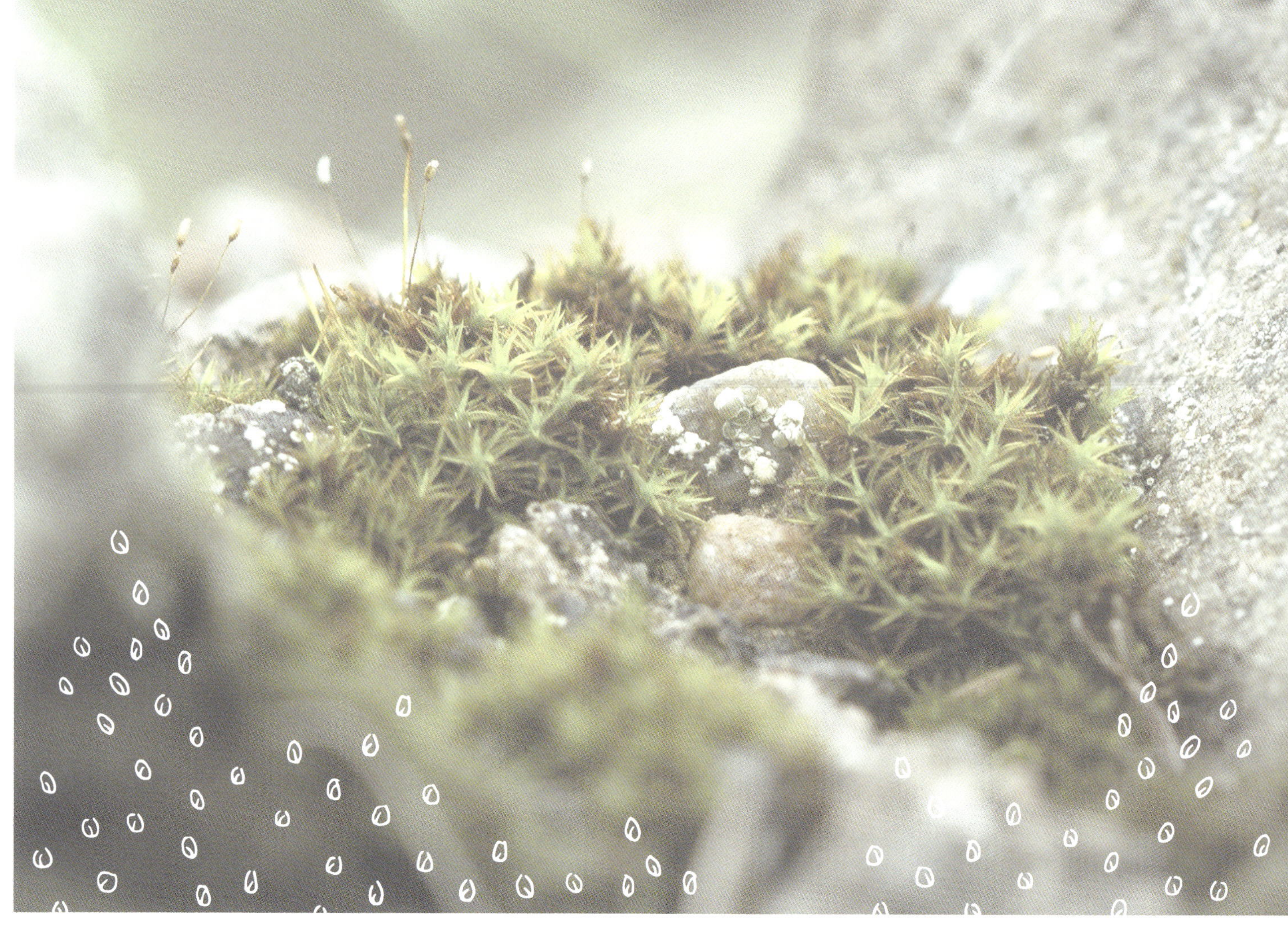

TRENNMUSTER ZOPFREIHEN

SCHLÜSSEL

Symbol	HinR	RückR
□	HinR: re	RückR: li
•	HinR: li	RückR: re
⁄⁄	2 rechts Zopf	
≈	Scheinzopf	

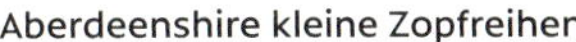

Aberdeenshire kleine Zopfreihen

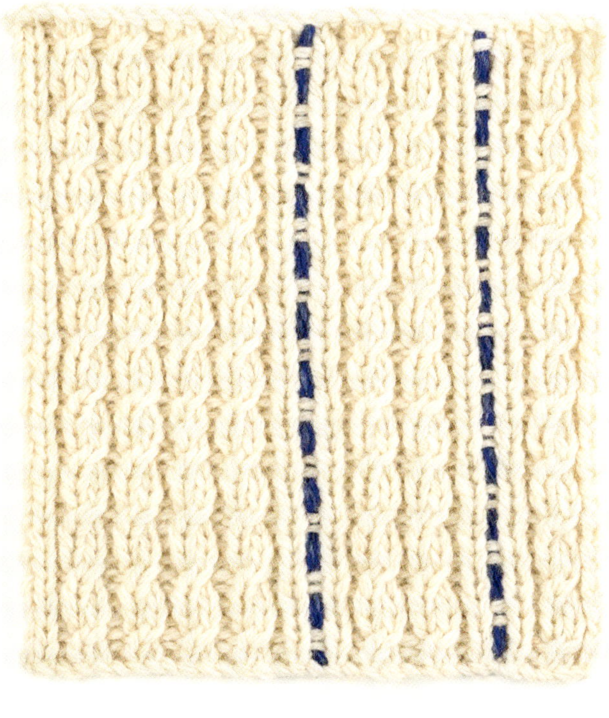

C B A

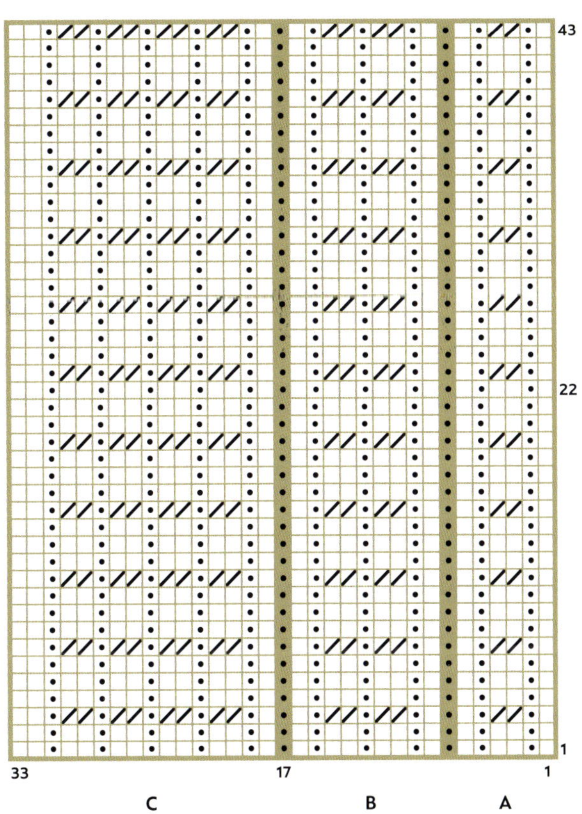

Aberdeenshire Scheinzopfreihen

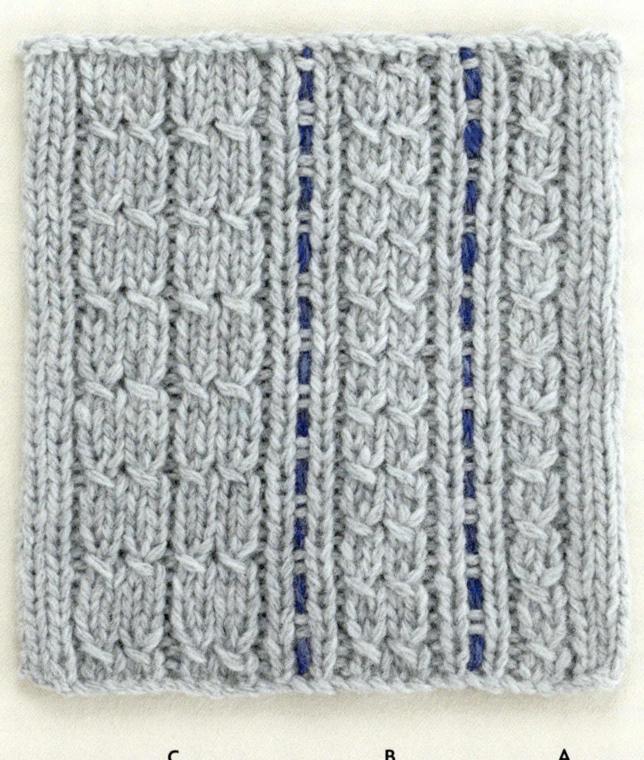

C B A

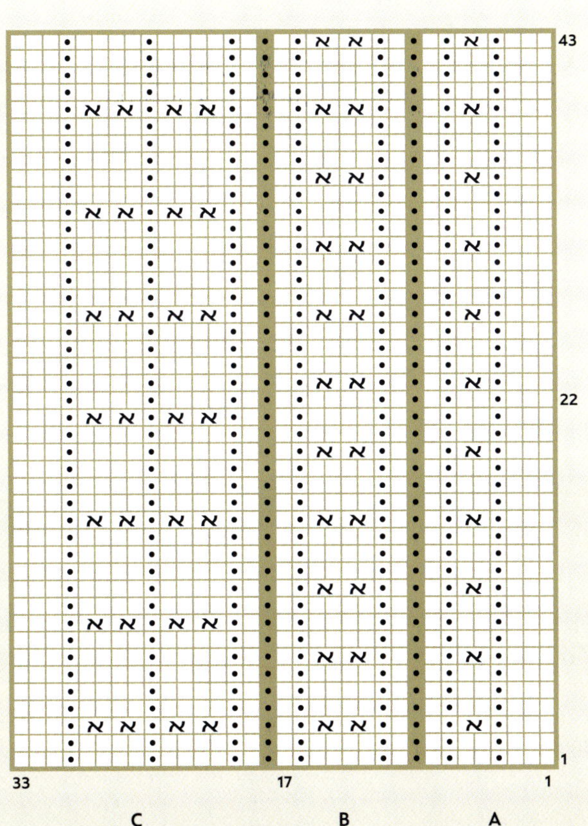

KAROS UND STUFEN

Die kleinen Karos und Stufen, die als Trennmuster genutzt werden, sind wundervoll und zeigen den Stil der Strickerin und was sie dachte, als sie ihren Gansey entwarf. Beim Stricken war Sheila besonders davon beeindruckt, wie viele unterschiedliche Effekte man erzielen kann, indem man Blöcke aus Maschen unterschiedlich miteinander kombiniert. Die Beispiele aus Cornwall wirken wieder anders, wie so oft haben sie eine Zwischenreihe, die die Struktur öffnet. Der Einfallsreichtum der Strickerinnen, indem man einfach die Anzahl Reihen oder Maschen ändert, um eine andere Wirkung zu erzielen und sie dann mit Zöpfen zu kombinieren, ist unglaublich.

Ostküste 1

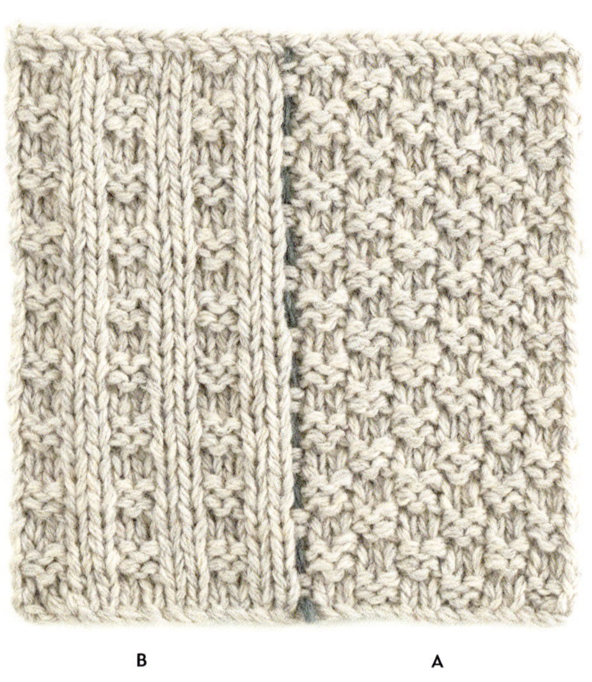

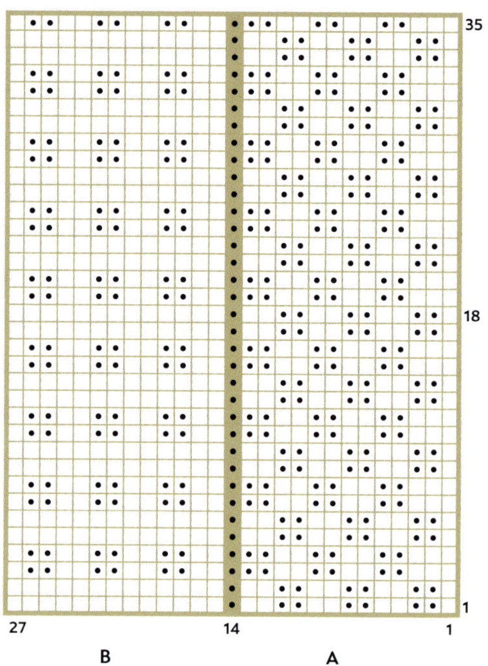

Ostküste 2

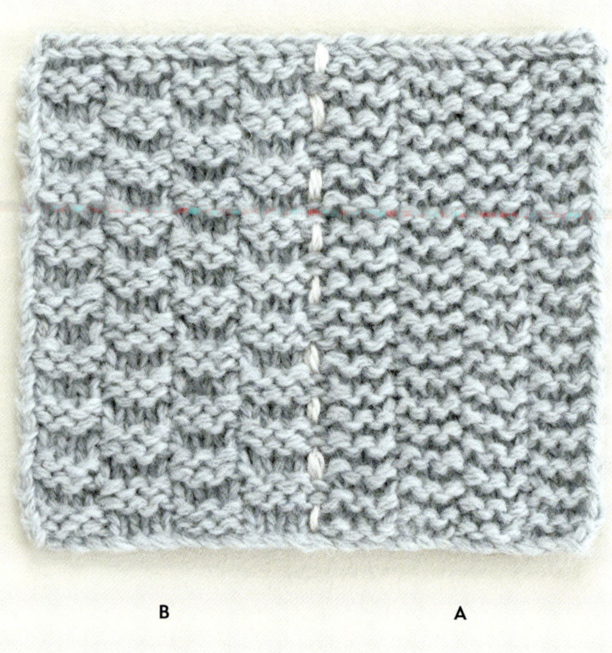

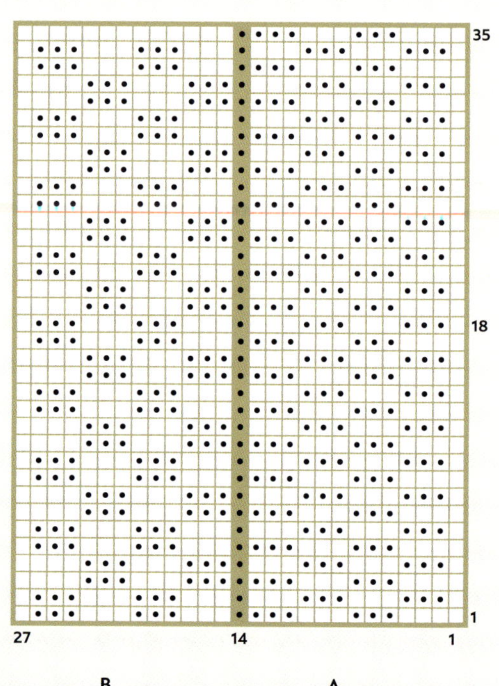

SCHLÜSSEL

□	HinR: re	RückR:li
⊡	HinR: li	RückR: re

Ostküste 3

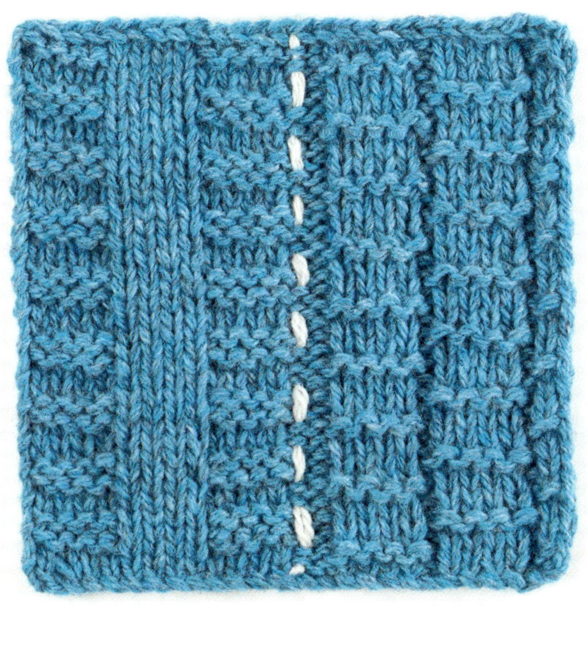

B A

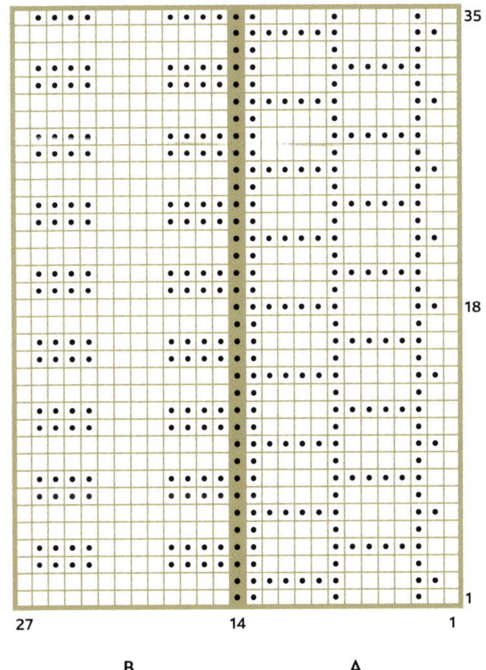

Ostküste 4

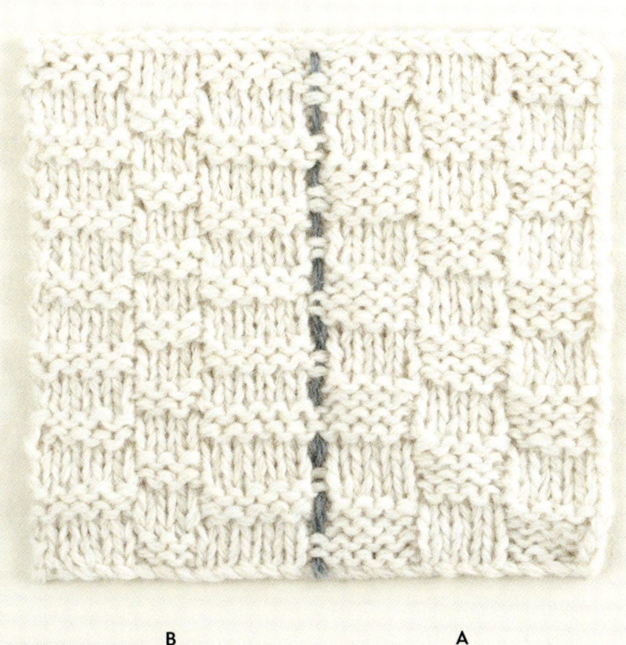

B A

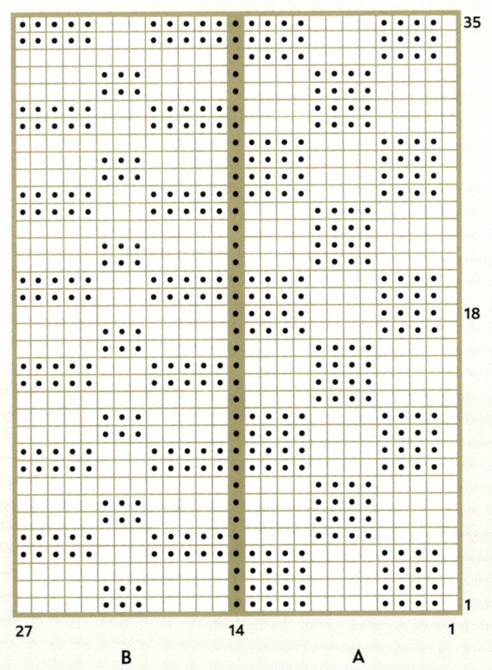

SCHLÜSSEL

- ☐ HinR: re RückR: li
- ⊡ HinR: li RückR: re

Alle Küsten 1

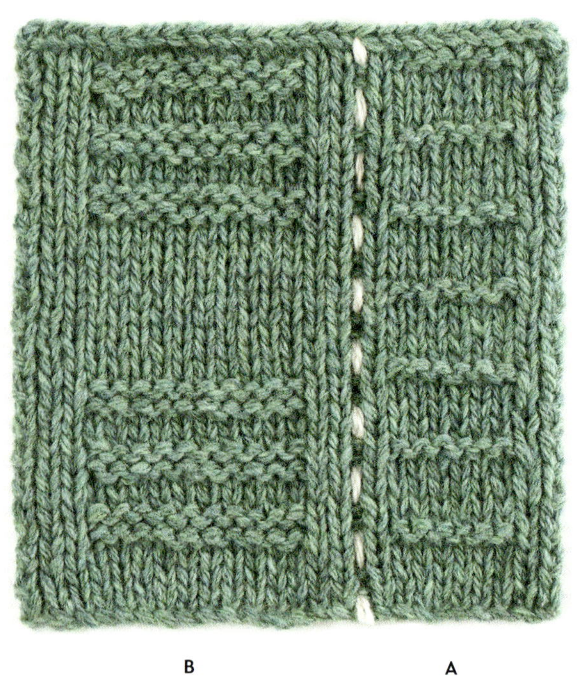

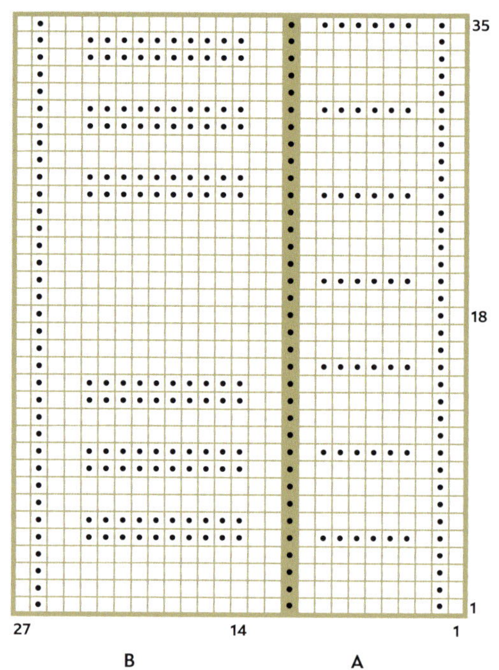

Alle Küsten 2

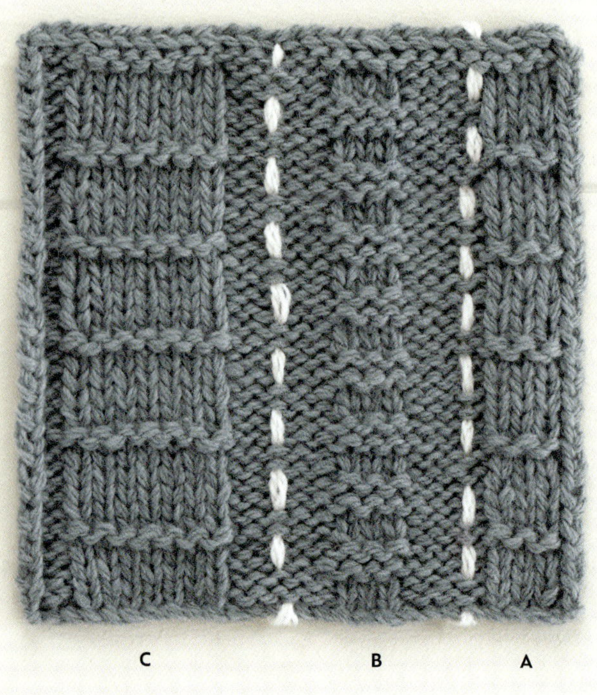

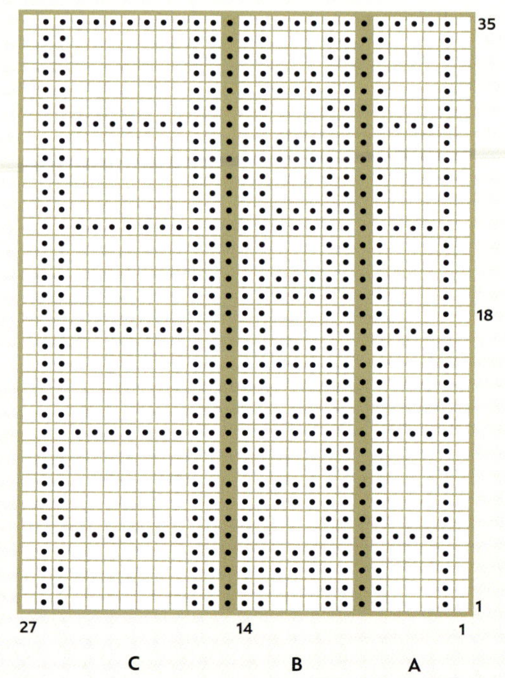

GROSSE STUFEN

Die deutlichsten Stufen als Hauptmuster – nicht in Verbindungsabschnitten – stammen aus Filey in Yorkshire und Bude in Cornwall. Sie sind beide sehr markant, und ich liebe das Stufenmuster aus Bude so sehr, dass es zur Grundlage der ***Sea Biscuit Jacke*** (s. ***Projekte***) wurde.

Filey, Yorkshire

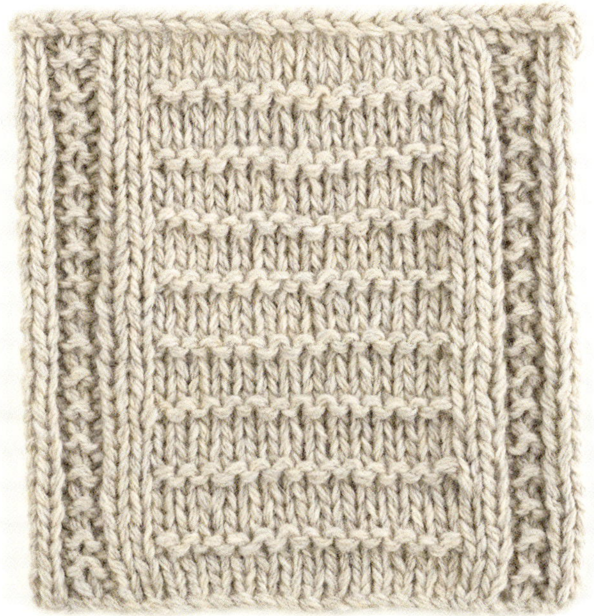

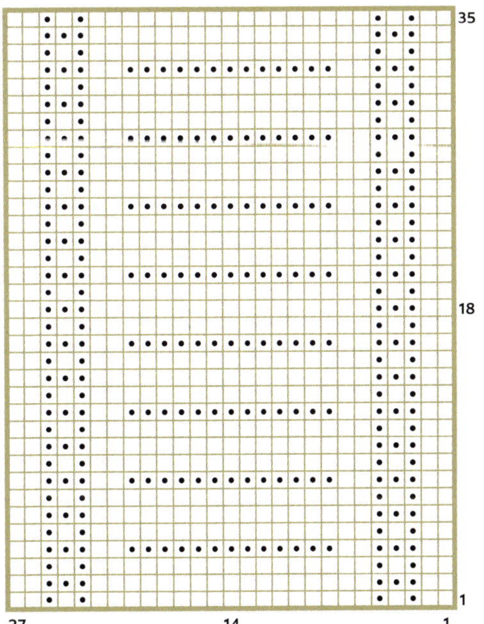

Bude, Cornwall

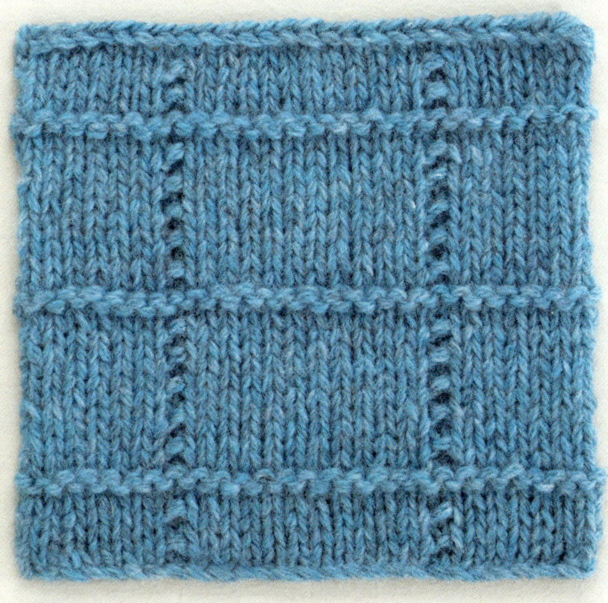

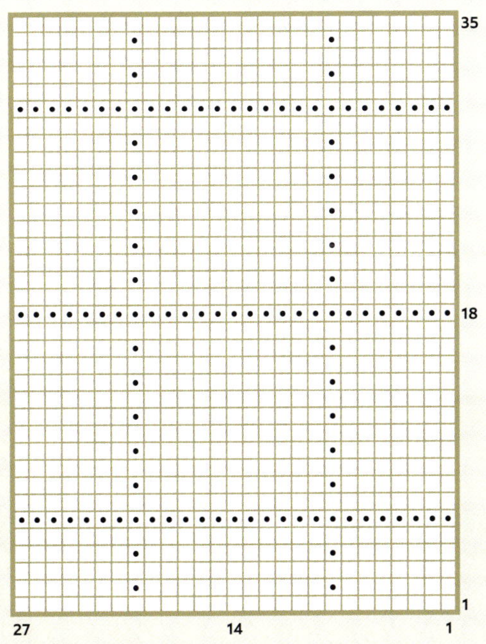

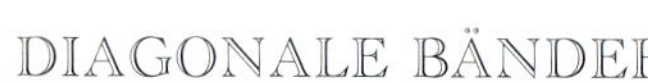

DIAGONALE BÄNDER

Diese Muster stammen alle von der Nordostküste Schottlands und könnten für Sandbänke vor den Hafeneinfahrten stehen. Die Gezeiten der Nordsee kreieren die Sandbänke, die oft schwierig zu navigieren sind. Für die Strickerin stellen sie eine diagonale Alternative zu Stufen und Leitern dar.

Buckie, Aberdeenshire

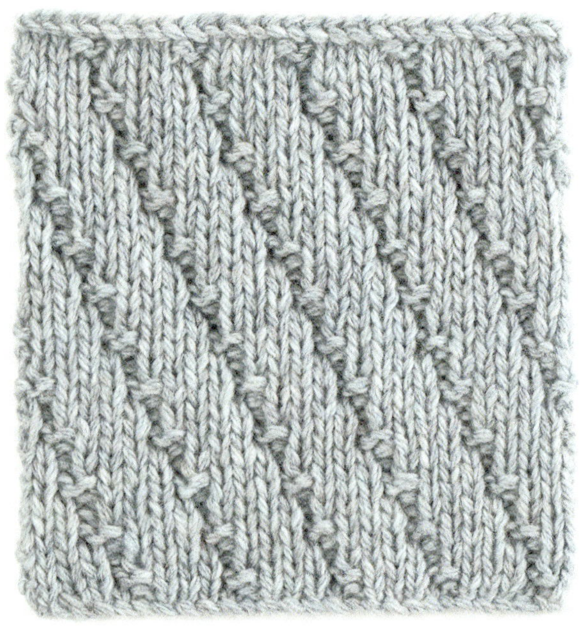

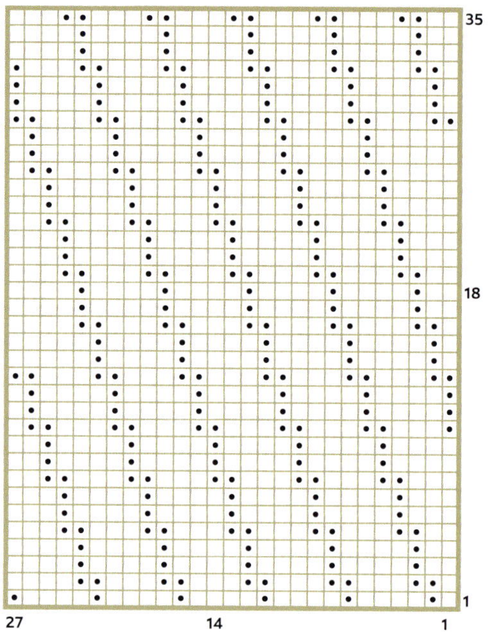

Eriskay, Western Isles

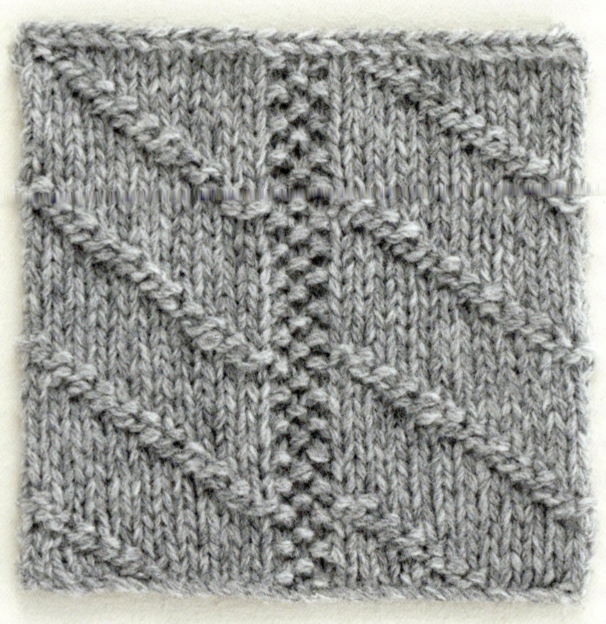

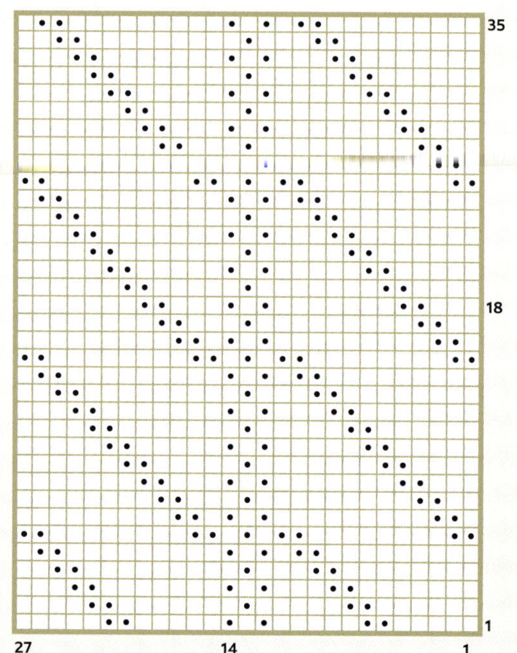

SCHLÜSSEL

□ HinR: re RückR: li

⊡ HinR: li RückR: re

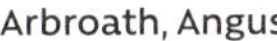
Arbroath, Angus

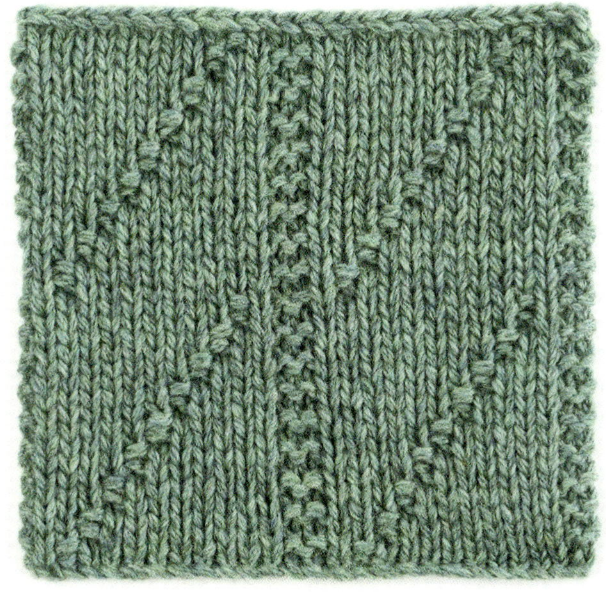

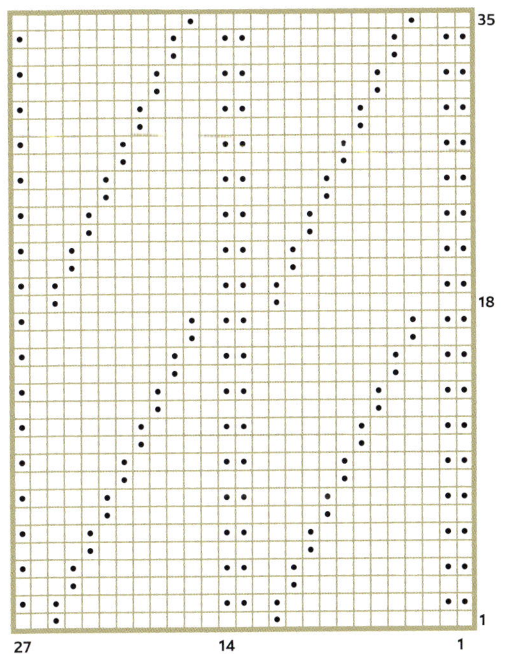

Fife

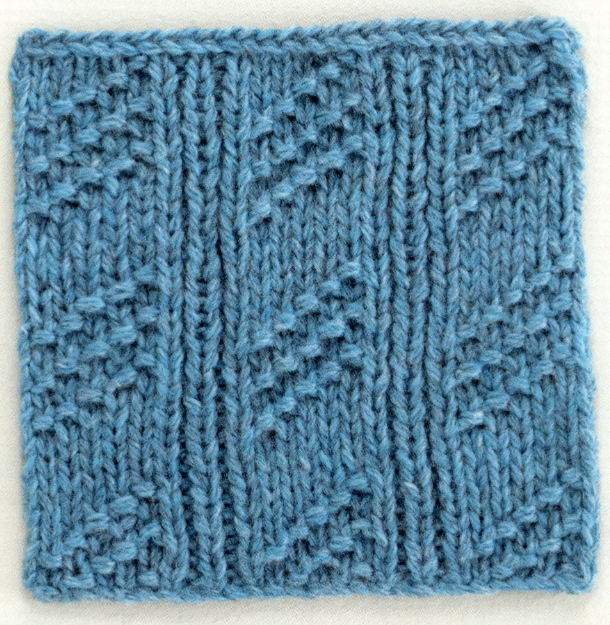

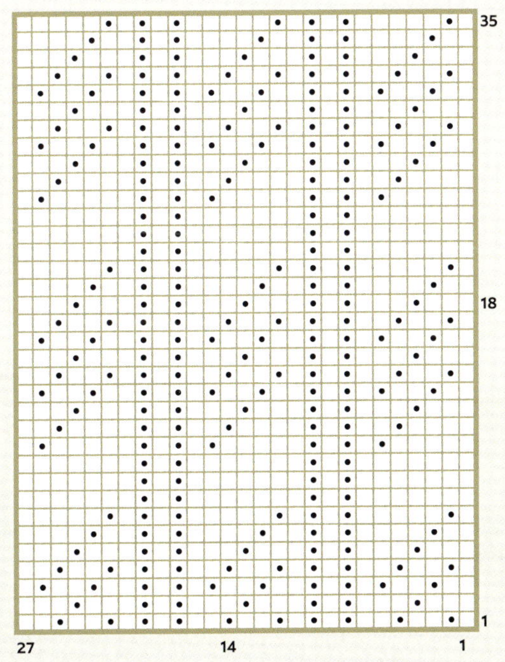

RIPPEN UND PERLEN

Wir haben vier Varianten von erweiterten Verbindungsmustern gesammelt, um zu zeigen, wie Strickerinnen diese nutzten, um einfach Maschen zu ergänzen oder wegzulassen. Manche sind sehr markant und bekannt, andere weniger. Eines der Rippenmuster aus Cornwall enthält eine sehr seltene Hebemasche. Ich liebe auch die gebrochenen Linien der Muster von der Ostküste, die dem Strickstück wieder einen bewegten Effekt verleihen.

Ostküste 1

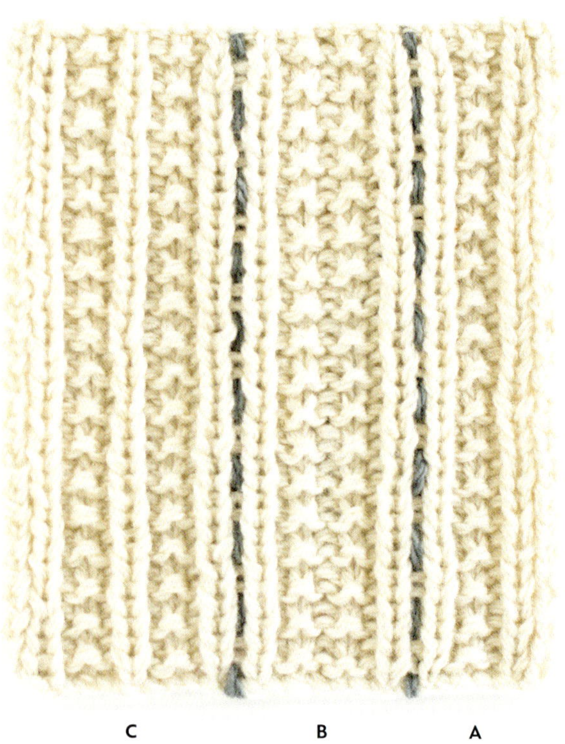

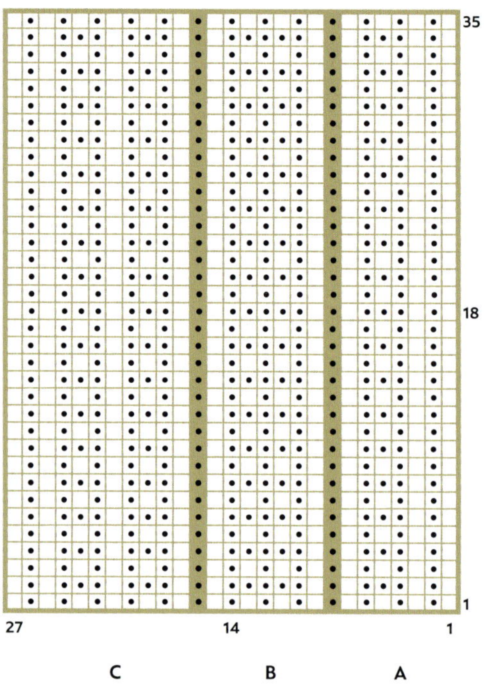

Ostküste 2

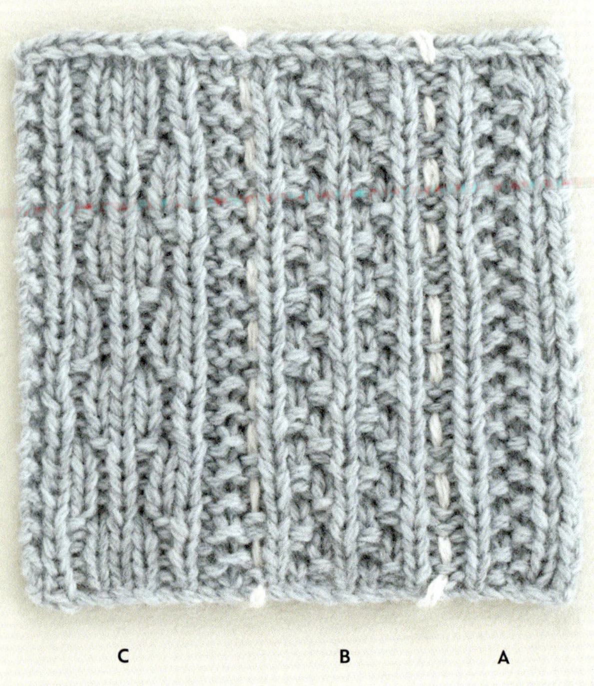

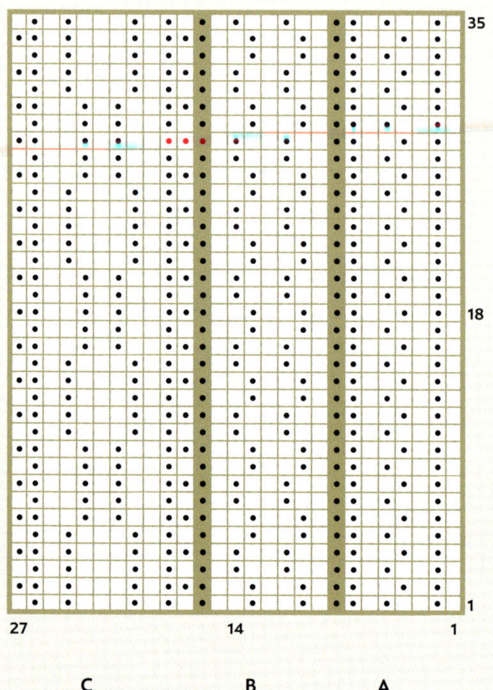

SCHLÜSSEL

□ HinR: re RückR: li

⊡ HinR: li RückR: re

V Hebemasche

Rippen aus Cornwall

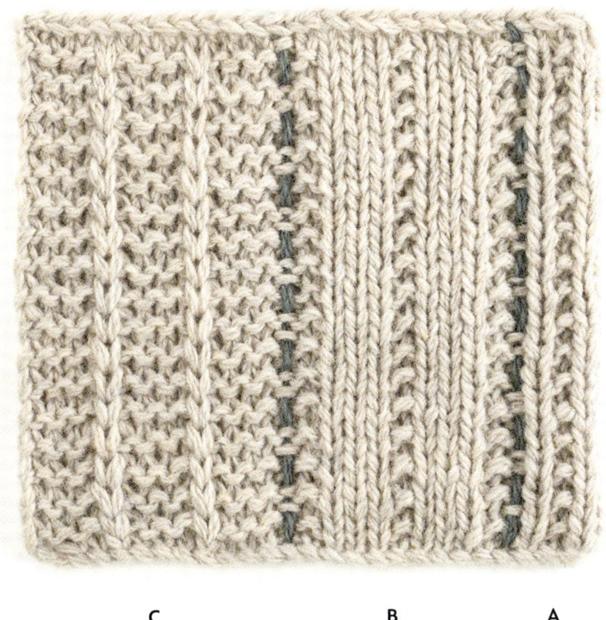

C B A

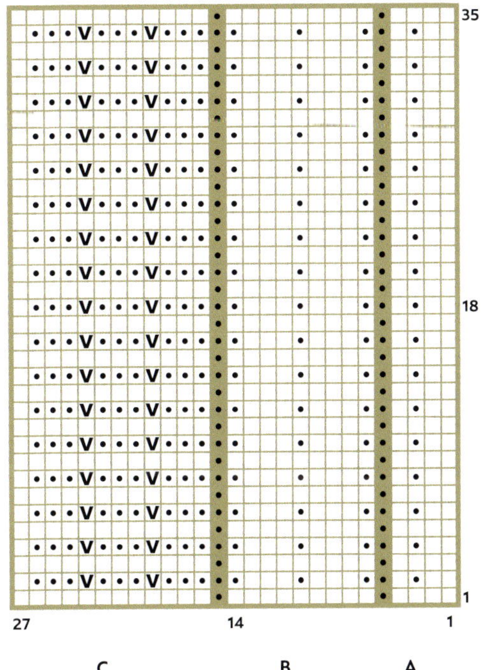

Alle Küsten

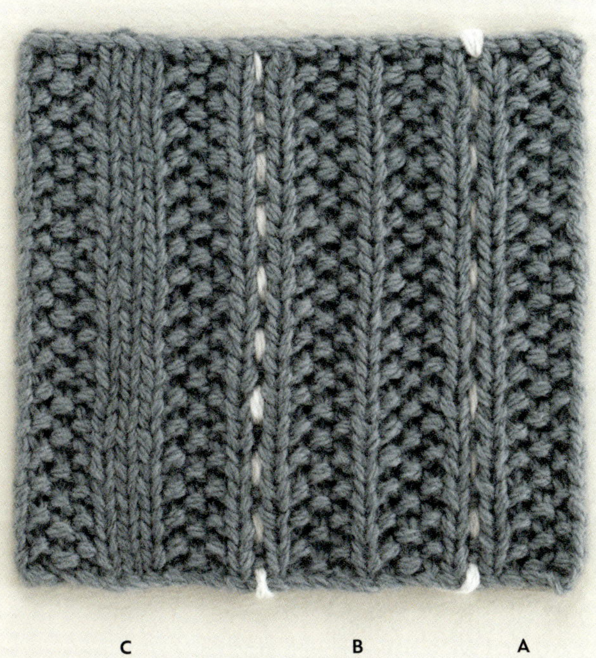

C B A

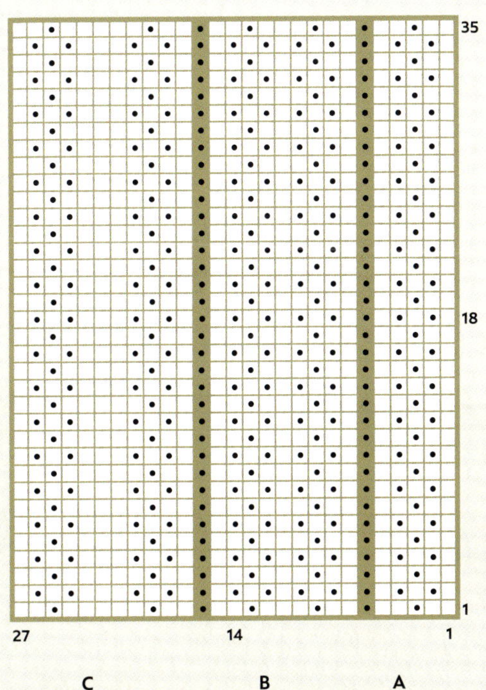

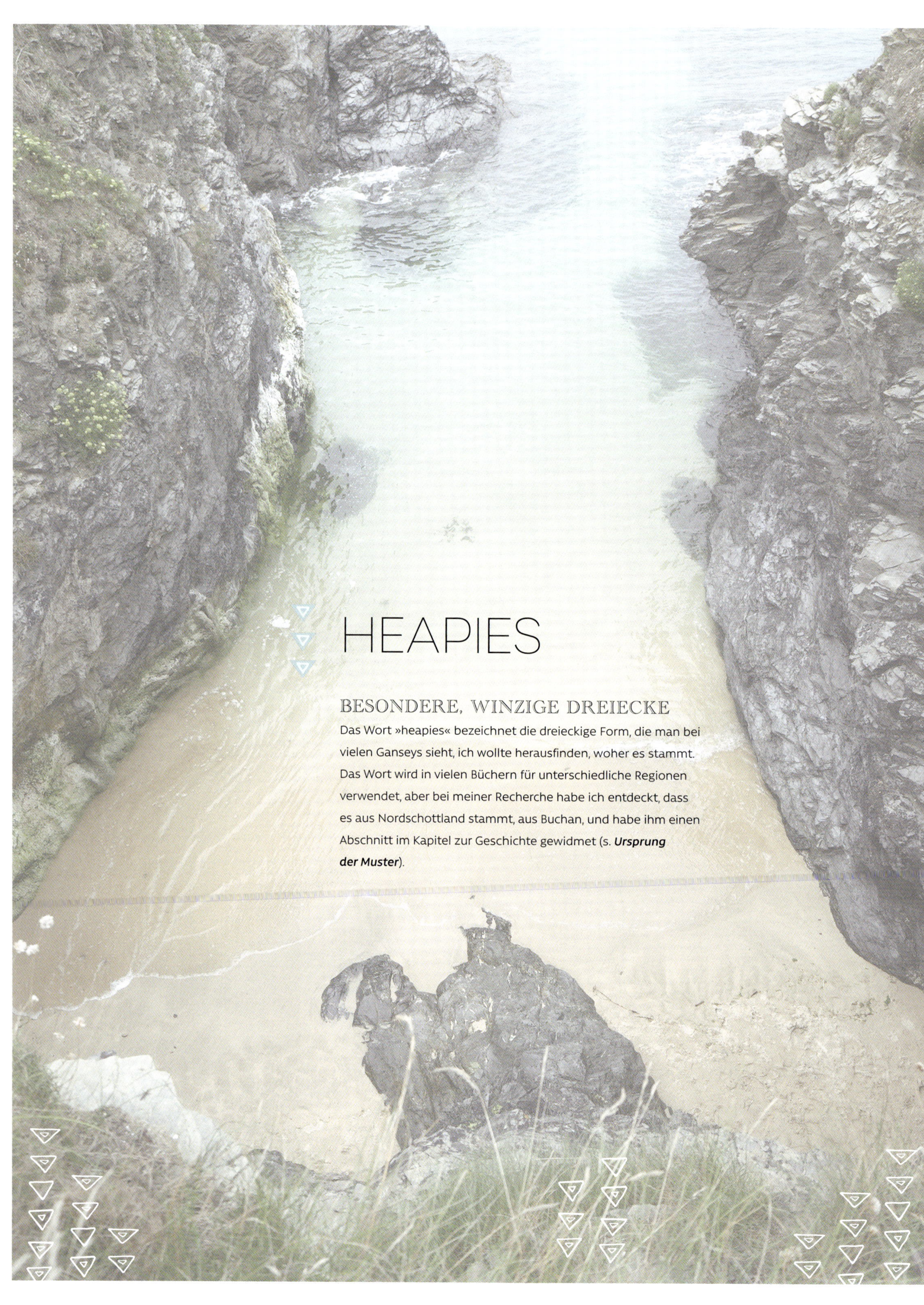

HEAPIES

BESONDERE, WINZIGE DREIECKE

Das Wort »heapies« bezeichnet die dreieckige Form, die man bei vielen Ganseys sieht, ich wollte herausfinden, woher es stammt. Das Wort wird in vielen Büchern für unterschiedliche Regionen verwendet, aber bei meiner Recherche habe ich entdeckt, dass es aus Nordschottland stammt, aus Buchan, und habe ihm einen Abschnitt im Kapitel zur Geschichte gewidmet (s. ***Ursprung der Muster***).

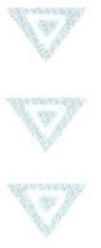

SCHLÜSSEL

Symbol	HinR	RückR
□	HinR: re	RückR: li
•	HinR: li	RückR: re

Wick, Caithness 1

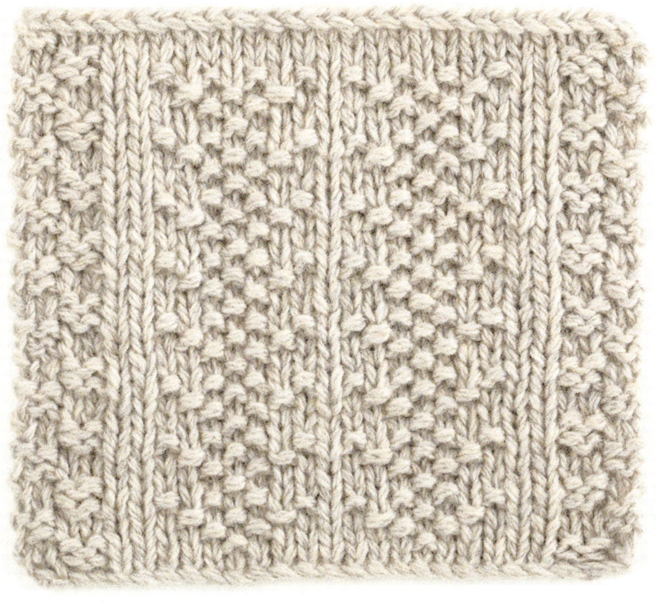

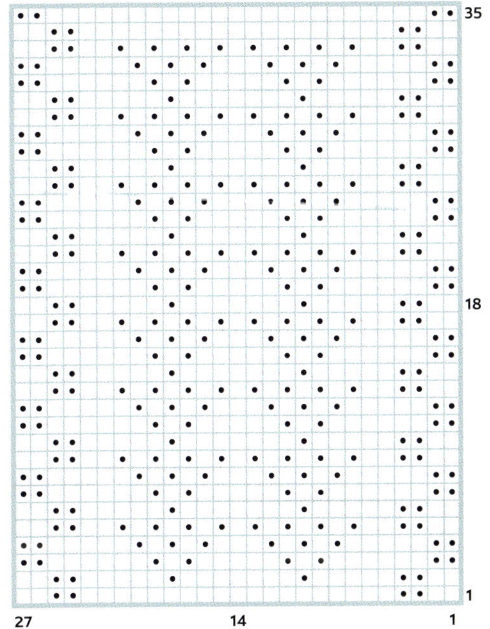

Wick, Caithness 2

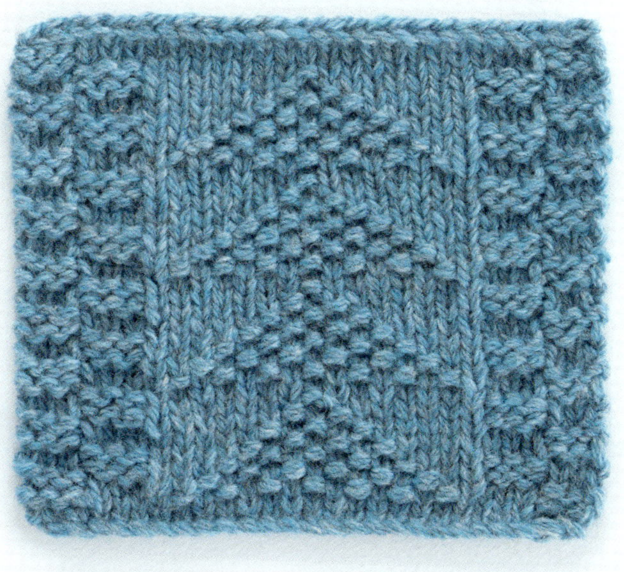

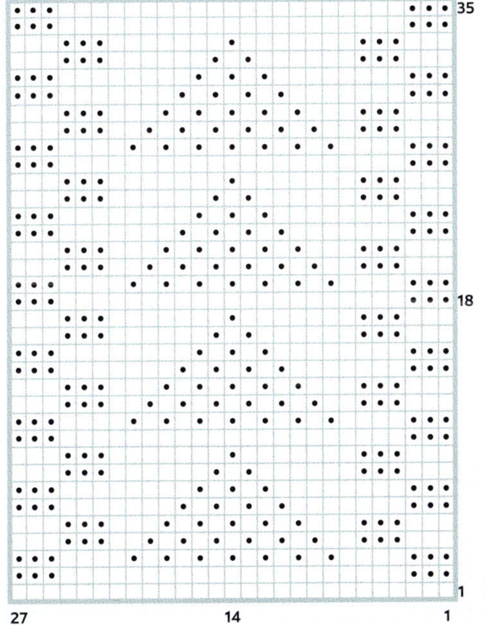

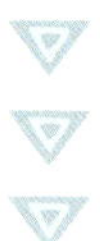

SCHLÜSSEL

□	HinR: re	RückR: li
•	HinR: li	RückR: re

Wick, Caithness 3

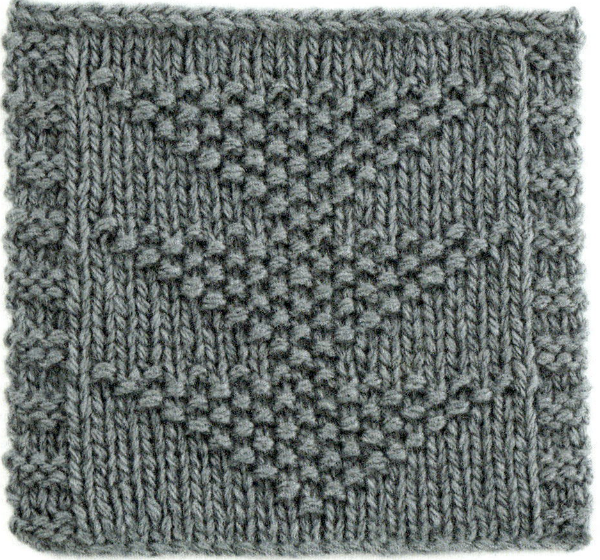

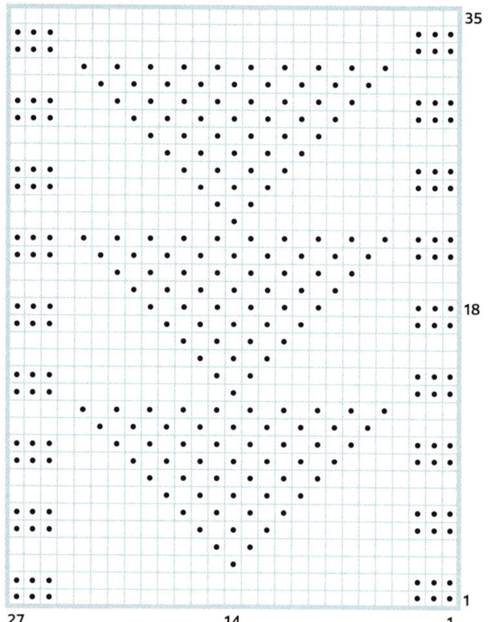

Peterhead, Aberdeenshire

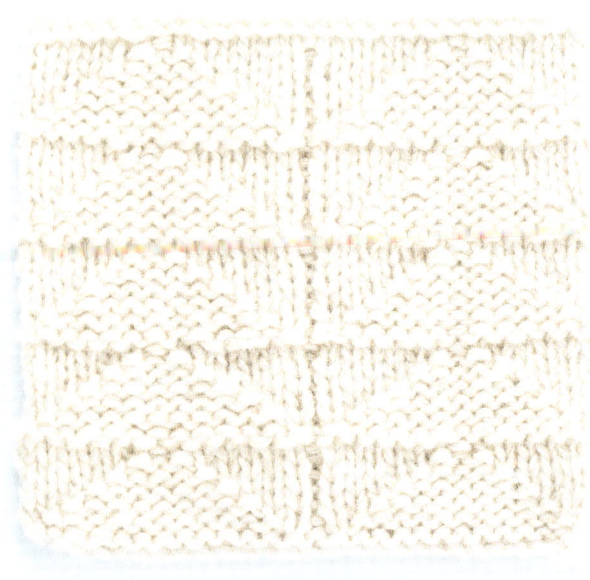

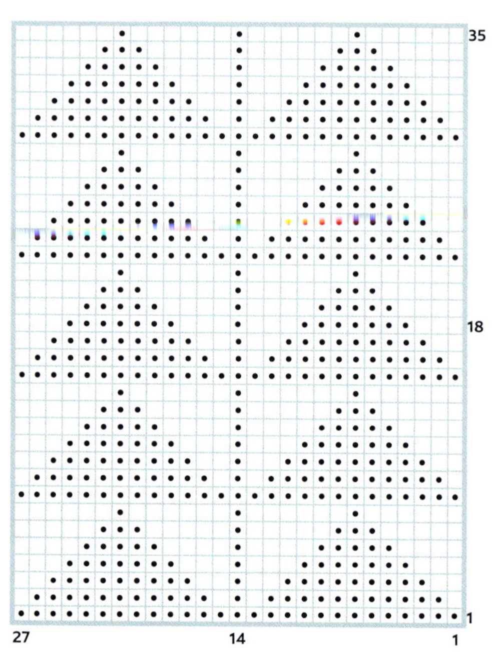

WICK ANKER UND HEAPIES

Ganseys aus Wick gehören zu den komplexesten und interessantesten. Dieses tolle, aufwendige Ankermotiv zusammen mit winzigen »Heapies« und unterbrochenem Perlmuster ist eine umwerfende Kombination. Die Balance zwischen den Trennmustern und dem großen Motiv oder Symbol ist perfekt, und der Anker selbst ist so geschickt entworfen, dass wir alles zusammen einfach als besonderes Muster anführen mussten.

Nach unserer Recherche sind Sheila und ich davon überzeugt, dass viele der komplexen Symbole, Motive und Verbindungsmuster weit im Norden Schottlands entstanden sind. Die Stücke zeugen von einer großen Erfahrung. Die Strickerinnen wissen genau, wie eine linke Masche neben einer rechten reagiert, wo sie verschwindet und wo sie besonders gut hervorsticht. Diese Muster wurden oft mit einer unglaublich dichten Maschenprobe von über 60 Maschen auf 10 cm gestrickt, damit die komplexeren Motive klar hervortreten.

Diese Ganseys sind recht leicht, warm, dicht und sehr robust, ohne steif zu sein.

Wick Anker and Heapies

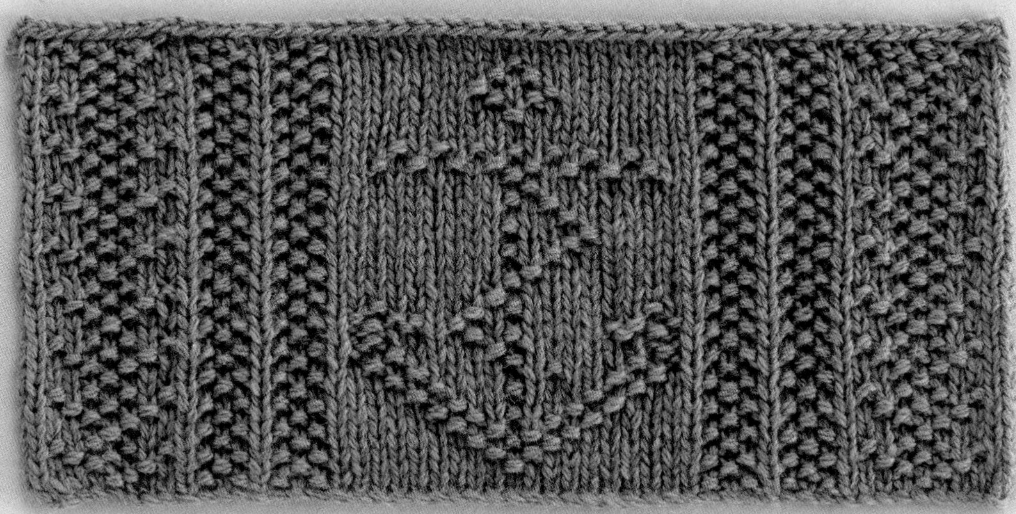

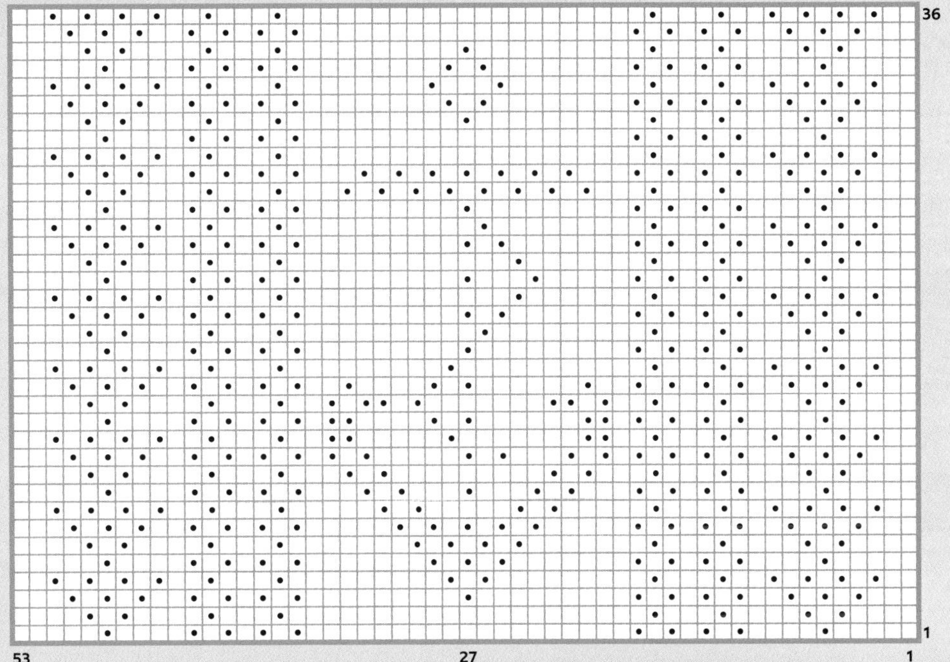

HERZEN UND STERNE

EINE BOTSCHAFT FÜR DEN TRÄGER

Herzen tauchen selten auf Ganseys auf, aber wenn, dann sind sie etwas Besonderes. Es gibt zwei Designs aus dem Norden und Osten Schottlands, die als vertikale Hauptbänder mit Trennmustern genutzt werden.
In anderen Regionen der britischen Inseln werden Herzen oft in den Zwickel integriert oder direkt über dem Trennstreifen, vielleicht als besonderes Zeichen für den Träger von derjenigen, die den Pullover mit Liebe für ihn gestrickt hat. Ein Herz ist das perfekte Symbol für unsere hübsche Ganseyjacke, besonders, wenn Sie diese für jemand anderes stricken!
Das Sternmotiv sticht als einzigartig heraus, da es nur in Ganseys aus Eriskay und Humber zu finden ist. Nach vielen Überlegungen glauben wir, es spiegelt die lange Tradition des Strickens für den Verkauf in Schottland und vor allem auf den Inseln, wo Aran, Fair Isle und Spitzendesigns für den Verkauf in Irland, London und weltweit entstanden. Es braucht nicht viel, um ein ursprünglich buntes Sternmotiv aus Fair Isle/Skandinavien in ein Ganseymotiv zu verwandeln.
Die Seesterne sind ebenfalls sehr markant und typisch. Diese hintergründigen Designs finden sich nur auf Ganseys von Eriskay in den Äußeren Hebriden. Als ich auf Skye in einem Cottage mit Blick über den Hafen lebte, hängte ich einen Hummerfangkorb an den Pooltiel Pier, und oft fand ich darin große Seesterne und meinen Hummer leer, doch merkwürdig intakt. Fischer auf kleinen Krabben- oder Hummerbooten kannten Seesterne sicher sehr gut. Sie gaben mir den guten Rat, den Fangkorb nie länger als eine Tide hängen zu lassen, bevor ich ihn kontrollierte.

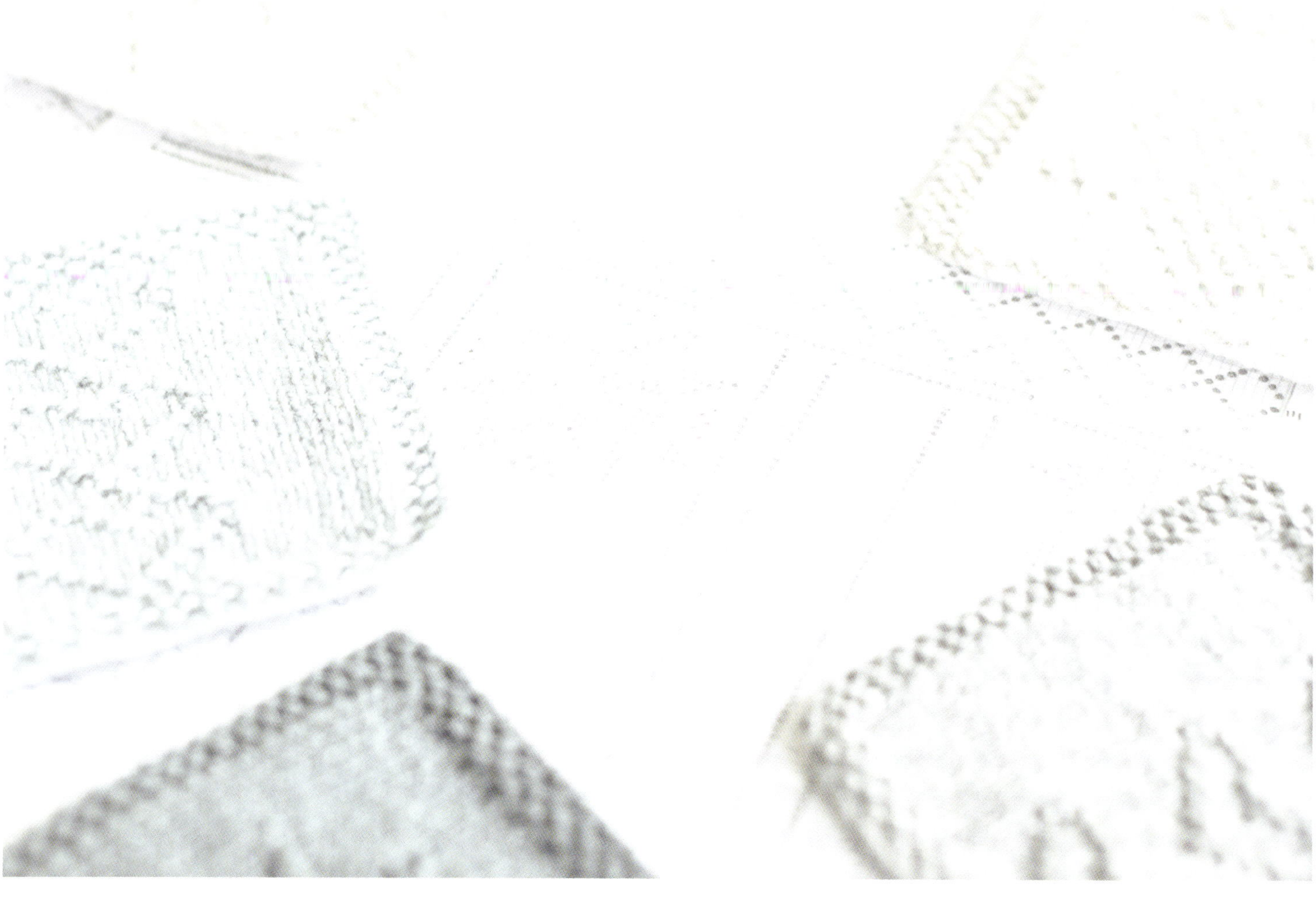

SCHLÜSSEL

	HinR: re	RückR: li
•	HinR: li	RückR: re

Flamborough, Yorkshire

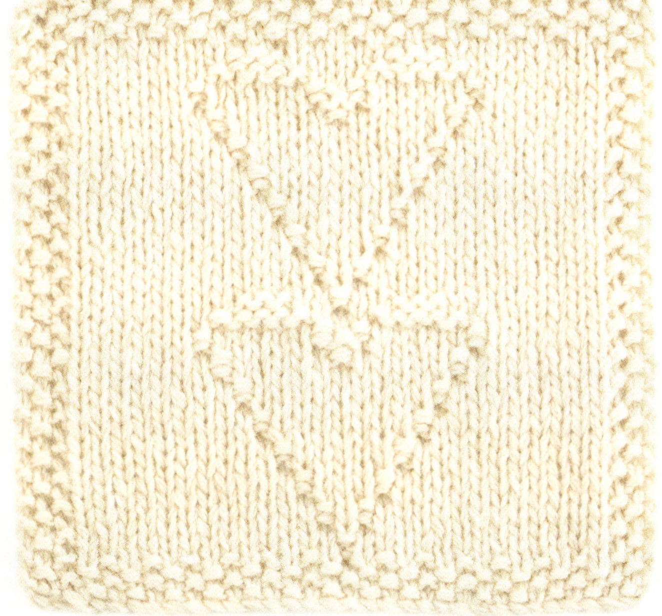

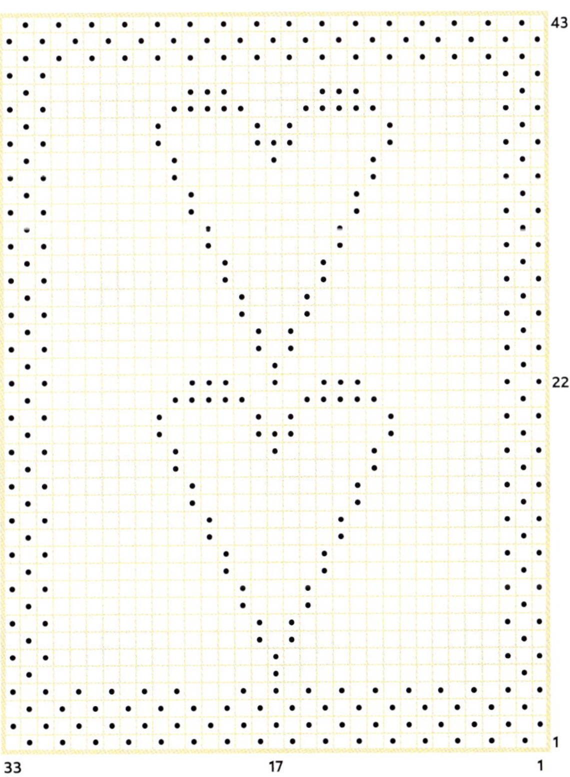

Fraserburgh, Aberdeenshire

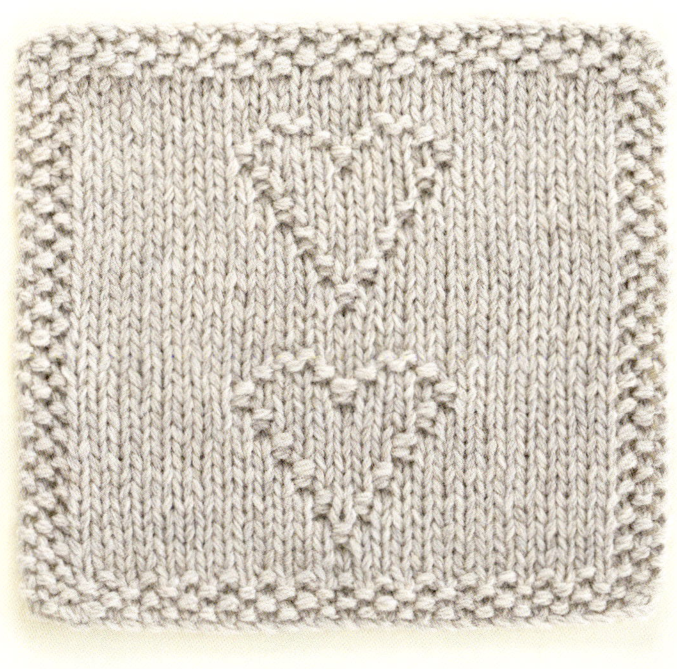

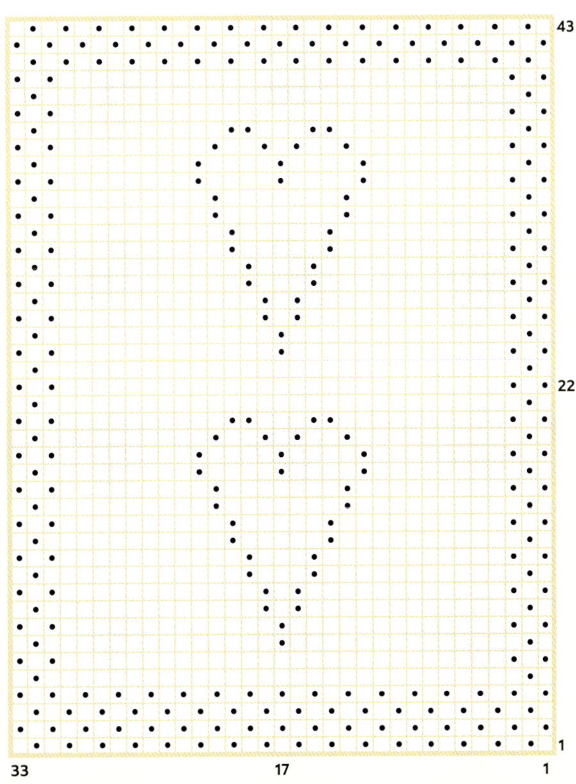

Filey, Yorkshire

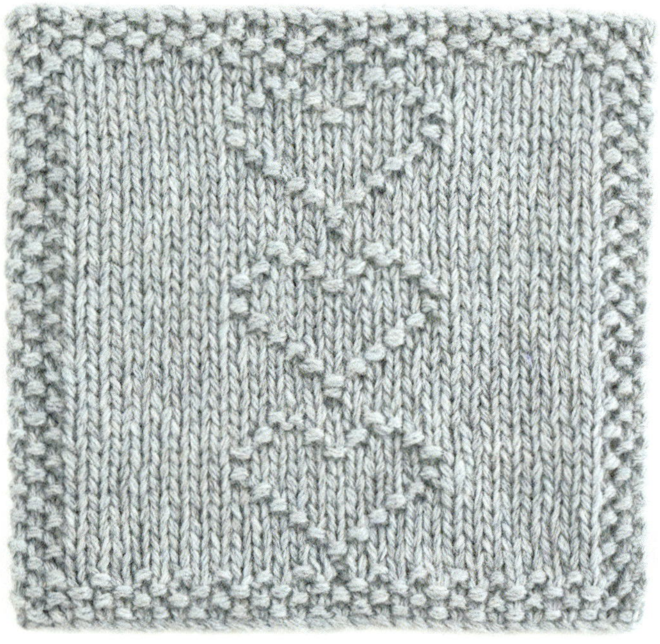

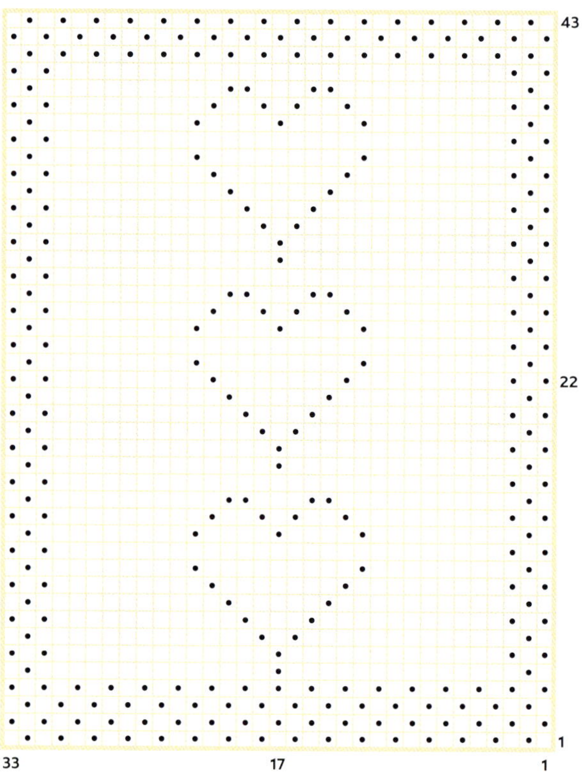

Fife

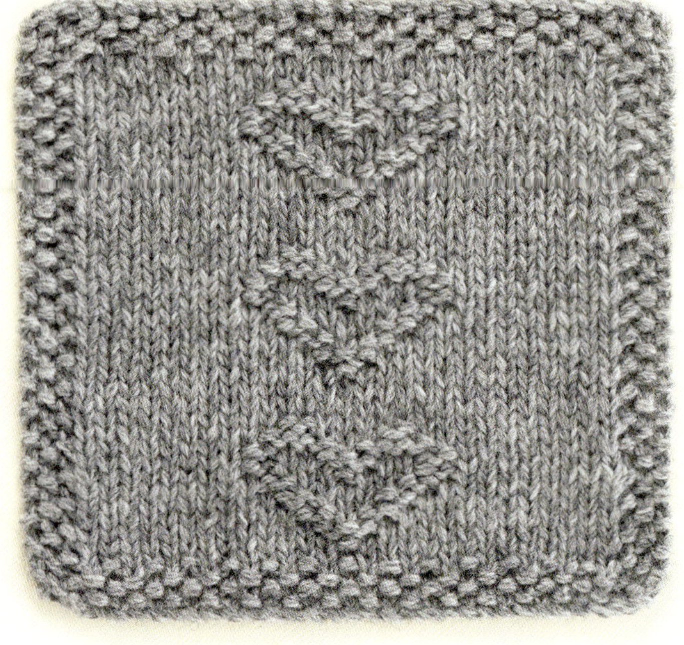

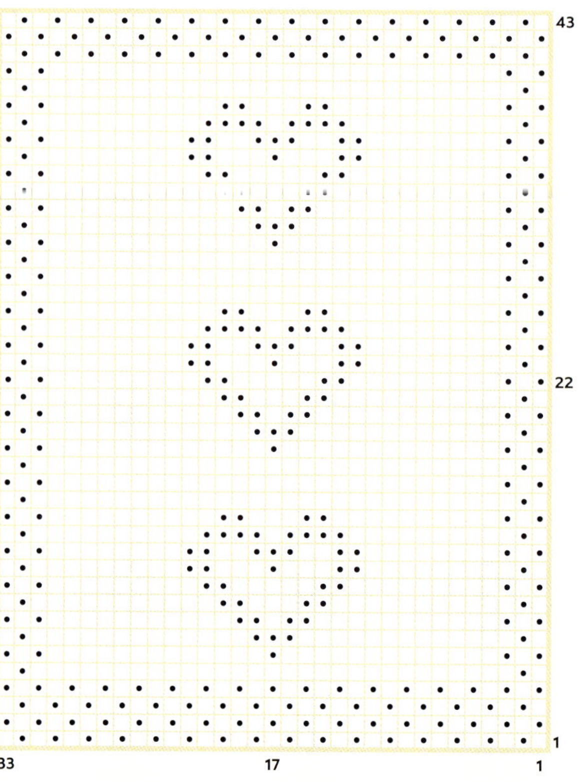

SCHLÜSSEL

□	HinR: re	RückR: li
•	HinR: li	RückR: re

Humber Star

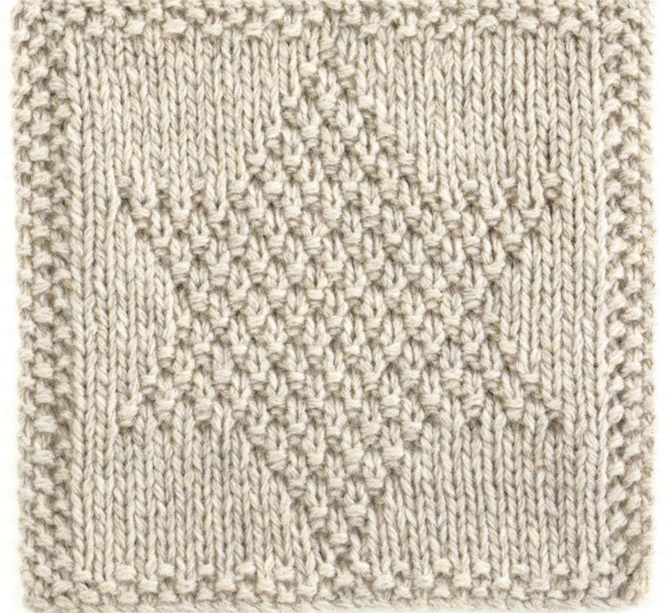

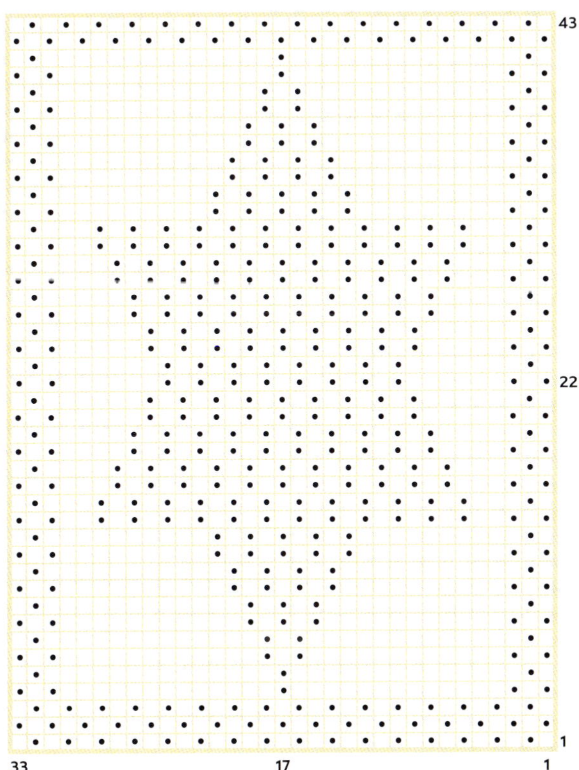

Eriskay, Western Isles

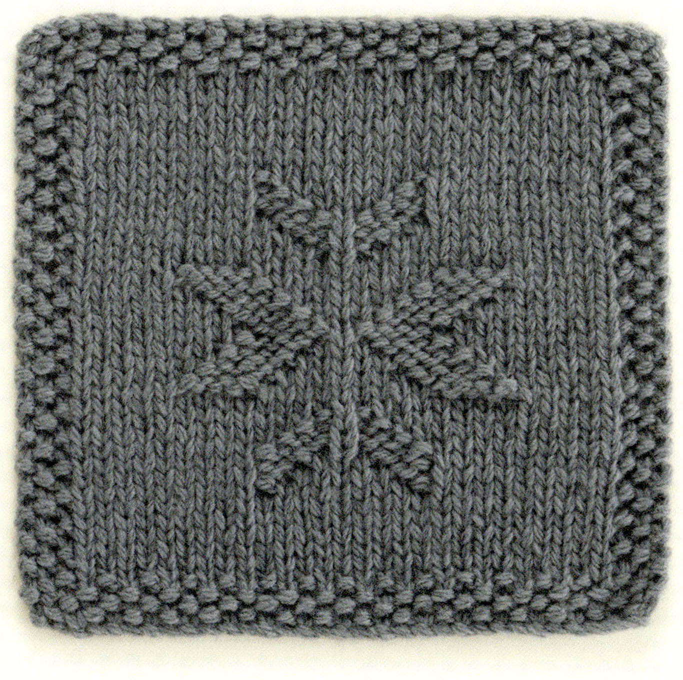

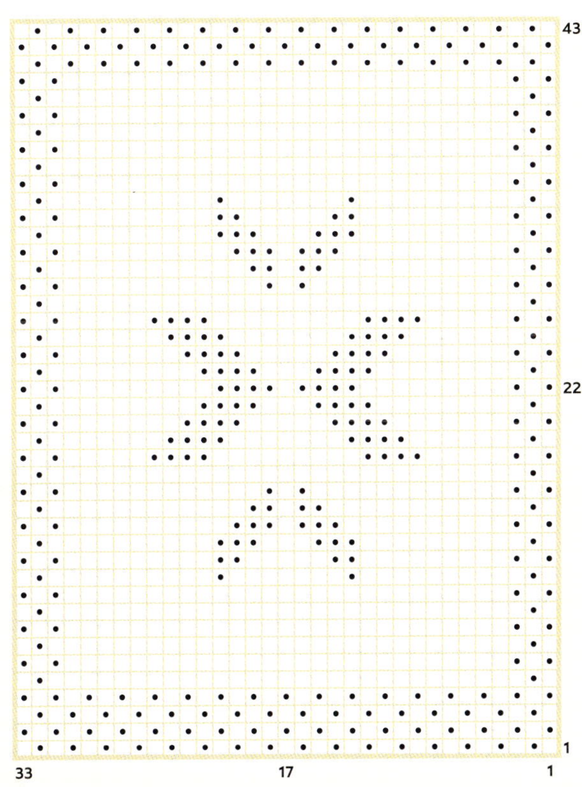

SEESTERNE

SCHLÜSSEL

☐	HinR: re	RückR: li
•	HinR: li	RückR: re

Eriskay, Western Isles 1

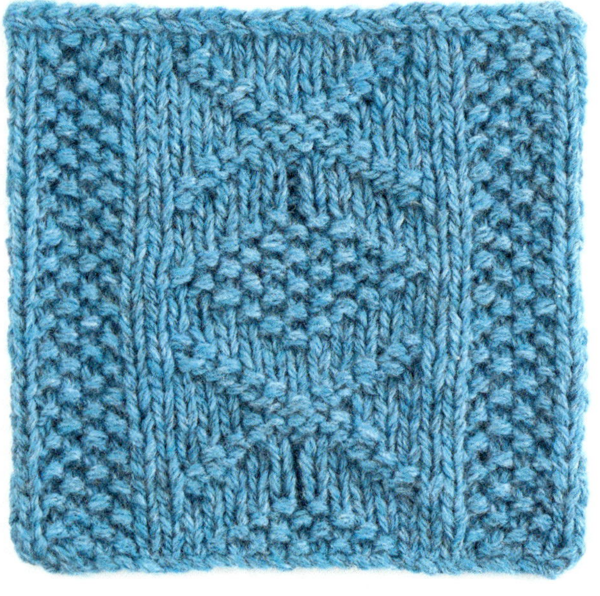

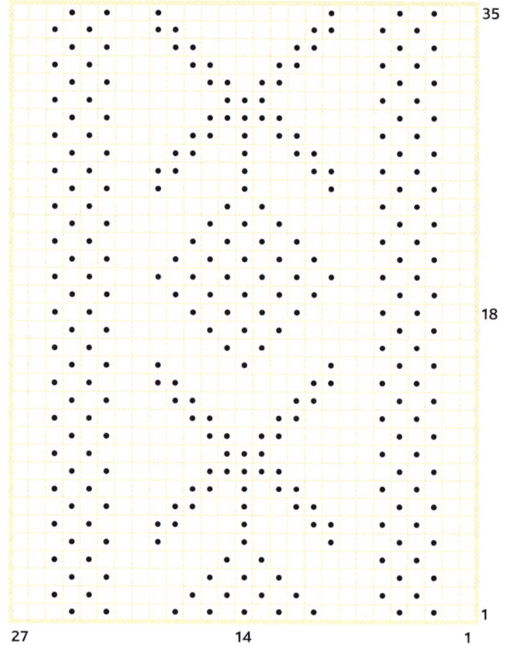

Eriskay, Western Isles 2

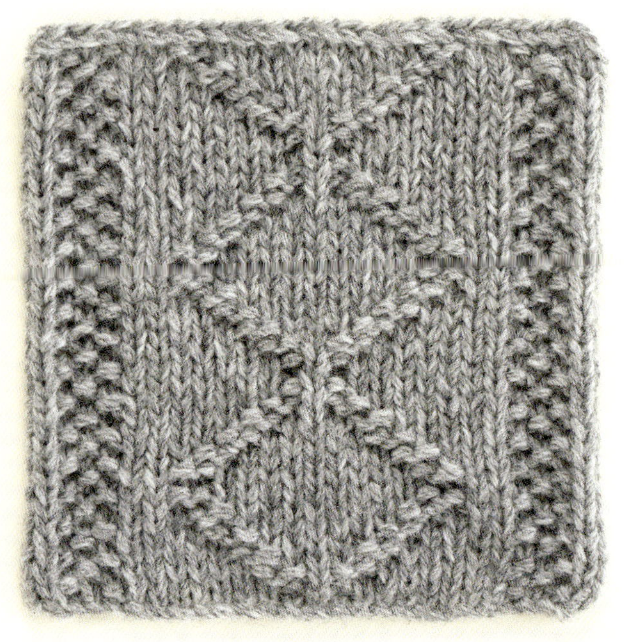

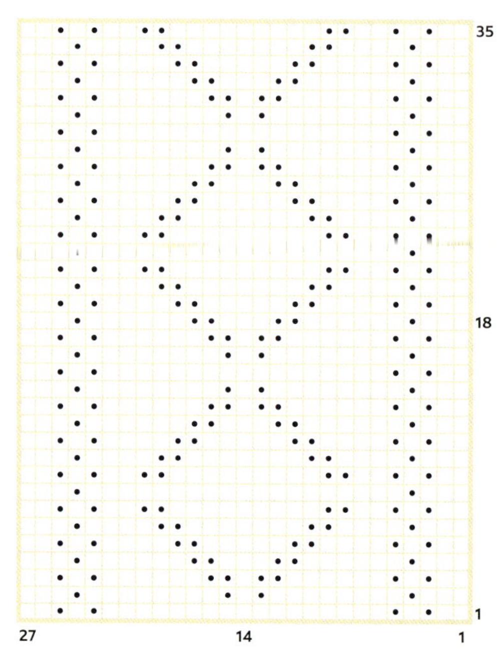

SHERINGHAM KREBSREUSE

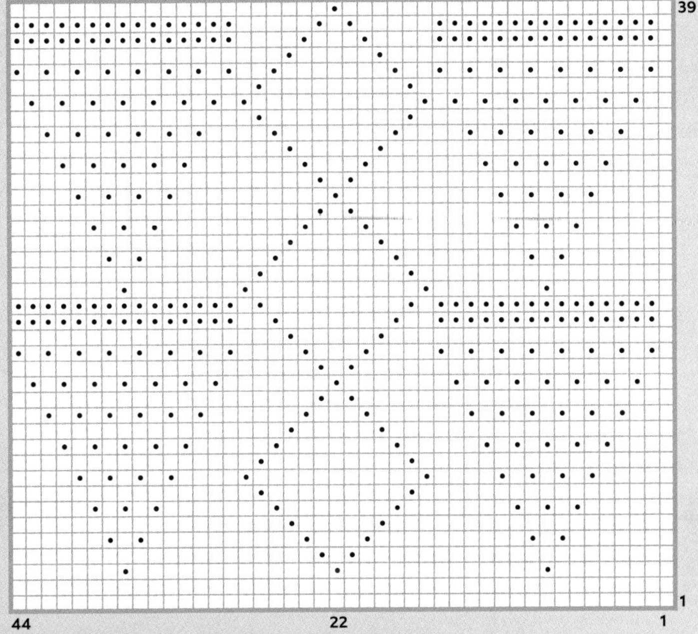

Sheila und mir fiel ungefähr im selben Augenblick auf, dass etwas in meiner Bibel, d.h. Gladys Thompsons Buch über Ganseys, nicht ganz stimmte. Ich erinnerte mich, dass ich Jahre zuvor den ersten Fehler im Hufabdruck-Muster entdeckt hatte, das ich immer wieder strickte, bis ich zugeben musste, dass es falsch war. Ich hatte das Buch als Kind gekauft, und es hat mich mein ganzes Leben lang begleitet, daher war es eine große Sache, einen Fehler darin zu finden. Ich wusste, dass dieses neue Problem eine Herausforderung war, und fand sie faszinierend. Als Historikerin hatte ich gelernt, wie wichtig Originalquellen zum Verständnis der Geschichte sind.

Auf dieser Seite befand sich das perfekte Beispiel dafür, wie eine Originalquellen falsch interpretiert worden war und zu über 50 Jahren der falschen Interpretation geführt hatte! Die Originalquellen war das Foto eines Ganseys, aber die Strickschrift passte nicht zum Strickbild, wie wir feststellten. Das detaillierte Muster war vereinfacht worden. Wir saßen beide an einem Filmset im Regen in einem Zelt und hatten nichts Besseres zu tun, als unsere gestrickten Musterlappen ganz genau anzusehen. Wieder einmal verschlug es uns den Atem, ich zeichnete eine neue Strickschrift, und als Sheila sie nachstrickte, wurde uns bewusst, wie wichtig das war. Das war kein simples Dreieck, sondern ein komplexes und sehr besonderes Muster mit Rauten. Ich fing an nachzuforschen. Die falsche Strickschrift fand sich in jedem Buch nach Thompsons. Ich schlug Sheringham nach und entdeckte die Antwort. Martin Warren, ebenso begeistert wie wir, war dieser Fehler auch aufgefallen. Es handelt sich um eine spezielle Krebsreuse, die in diesem kleinen Teil des Landes genutzt wird. Es ist ein sehr bildliches Motiv, genau wie die »Heapies« aus Buchan, und der Beweis, dass Strickerinnen besondere Muster entwarfen, um ihr Alltagsleben abzubilden. Nirgendwo sonst taucht diese Krebsreuse auf. Wie so oft in der Geschichtswissenschaft ist die Bearbeitung der Originalquelle fehlerhaft und führt in die falsche Richtung und zu Missverständnissen. Danke an Martin für seine Bestätigung, die mich beruhigte!

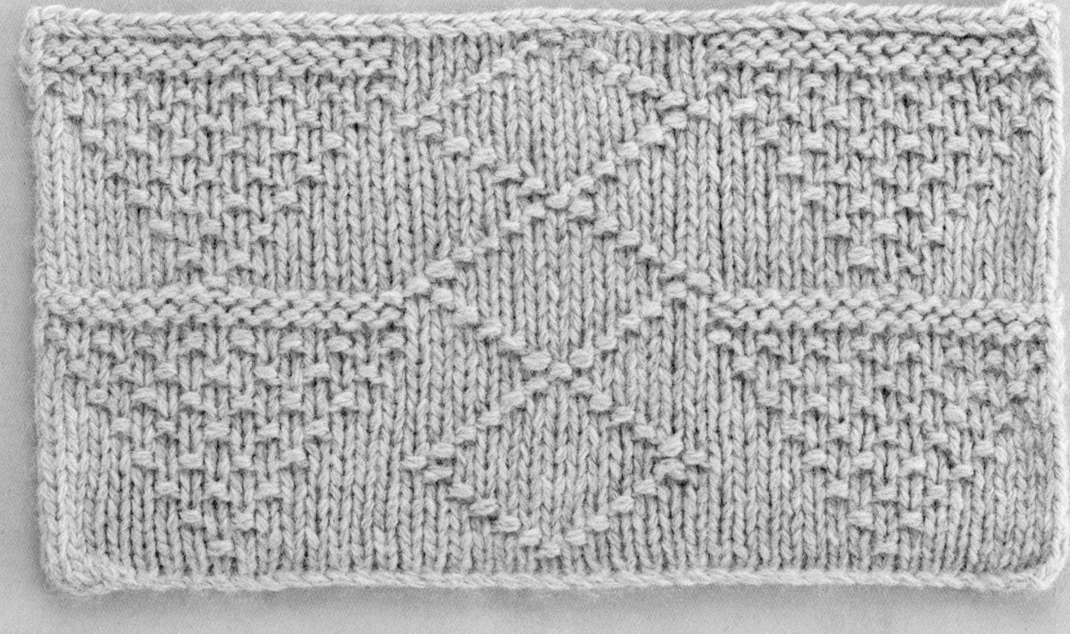

Sheringham Krebsreuse

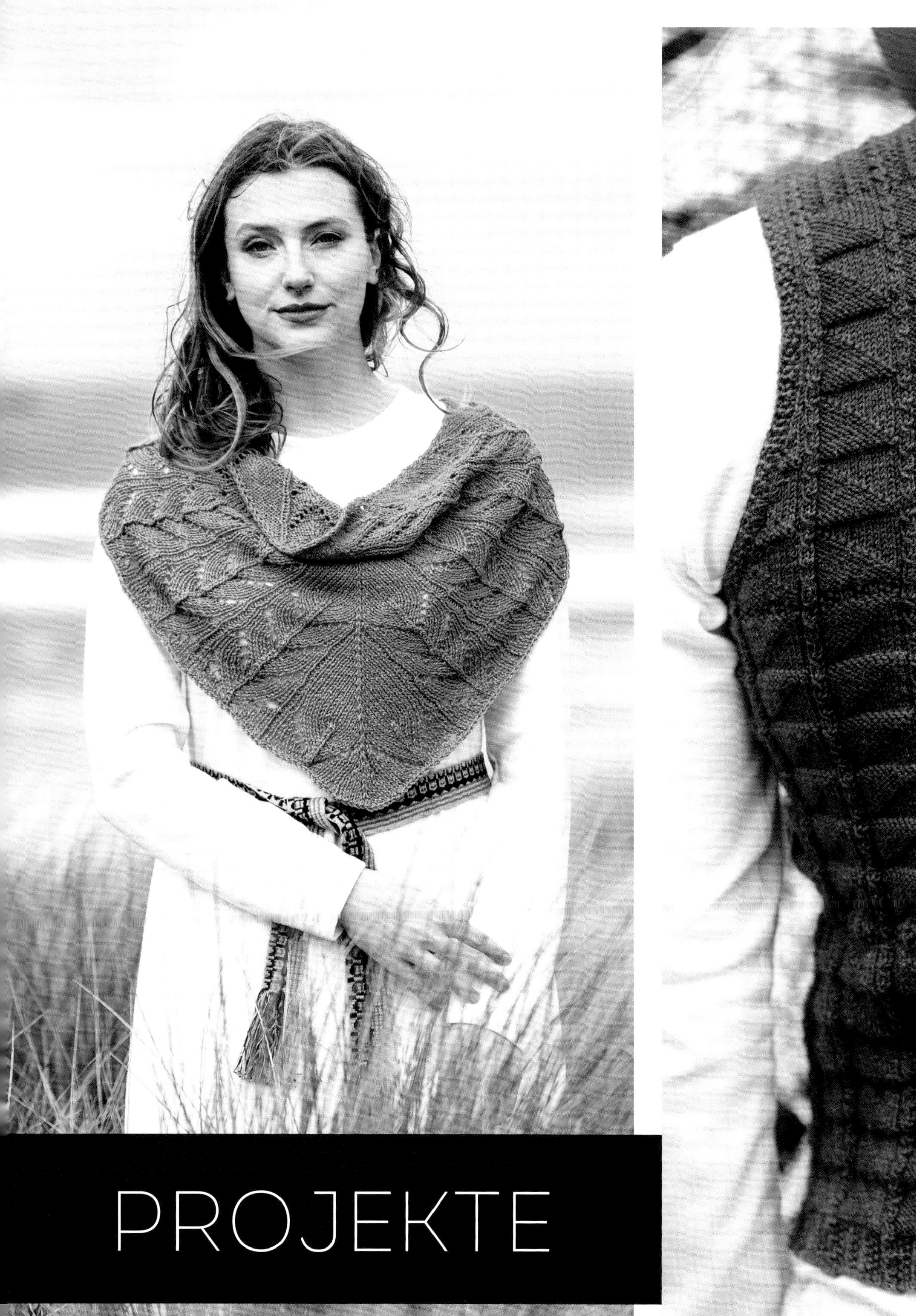

PROJEKTE

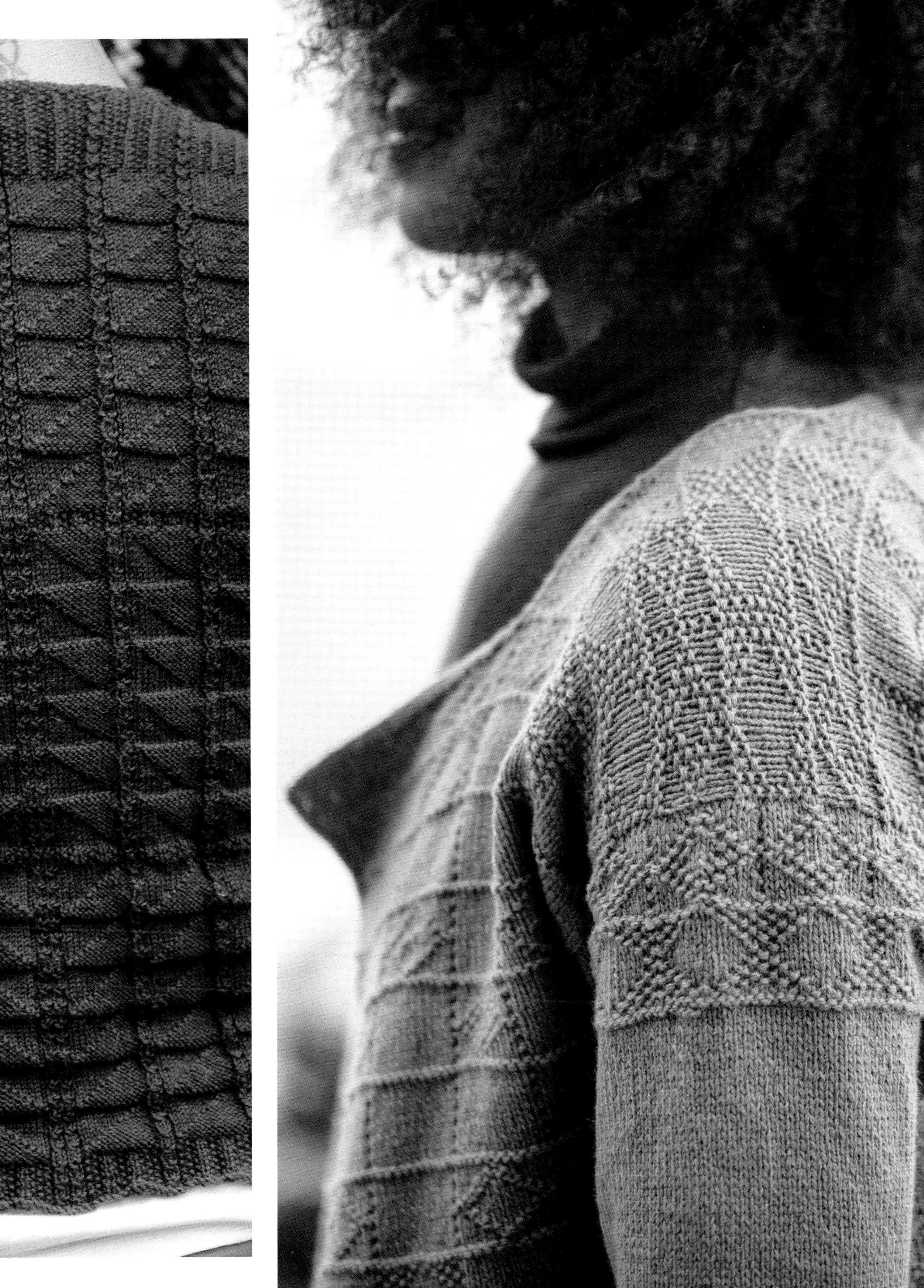

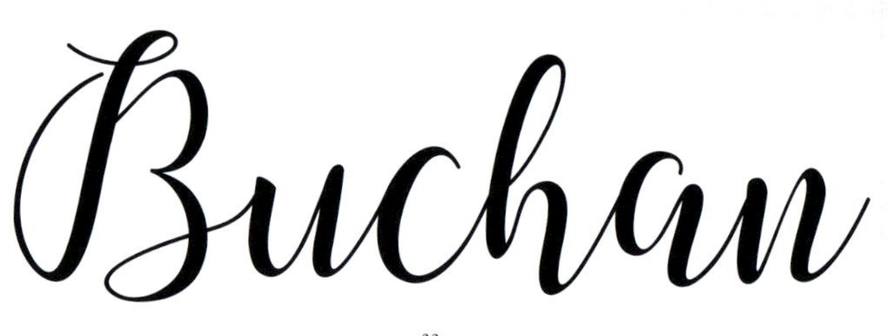

Buchan

GANSEY FÜR KINDER

EIN PERFEKTER, WINZIGER GANSEY FÜR BABYS UND KLEINKINDER, MIT EINEM GEKNÖPFTEN HALSAUSSCHNITT ZUM EINFACHEN AN- UND AUSZIEHEN, AUF GANZ TRADITIONELLE WEISE GESTRICKT. DIE HÜBSCHEN MUSTER STAMMEN HAUPTSÄCHLICH AUS EAST NEUK OF FIFE: ZICKZACK, FISCHGRÄT UND PARALLELE LINIEN ZUSAMMEN MIT EINEM GANZ BESONDEREN TRENNMUSTER. DIE FARBE DIESER GANSEYS LIEBE ICH GANZ BESONDERS, DA SIE EINEM UNSERER LIEBLINGE AUS DER MORAY FIRTH SAMMLUNG NACHEMPFUNDEN IST. ER WURDE VON MRS ELSIE BUCHAN GESTRICKT, DIE EINE GROẞARTIGE STRICKERIN WAR UND FÜR IHRE WUNDERSCHÖNEN GANSEYS UNTERSCHIEDLICHE FARBEN BENUTZT HAT.

WOLLE

Quince & Co. Lark (100 % Wolle), (10 ply/aran/worsted), 50 g (123 m)

3 (4) 5 Knäuel

Gezeigt in Sage (Größe B) und Chanterelle (Größe C)

MASCHENPROBE

24 M und 30 R/Rd = 10 x 10 cm im Muster auf 4 mm Nadeln

NADELN & ZUBEHÖR

1 Nadelspiel 4 mm für Körper und Ärmel

Gerade Nadeln 4 mm für das getrennte Arbeiten von Vorder- und Rückenteil und den Halsausschnitt

1 Knopf

Wollrest oder Maschenhalter
Maschenmarkierer (optional)

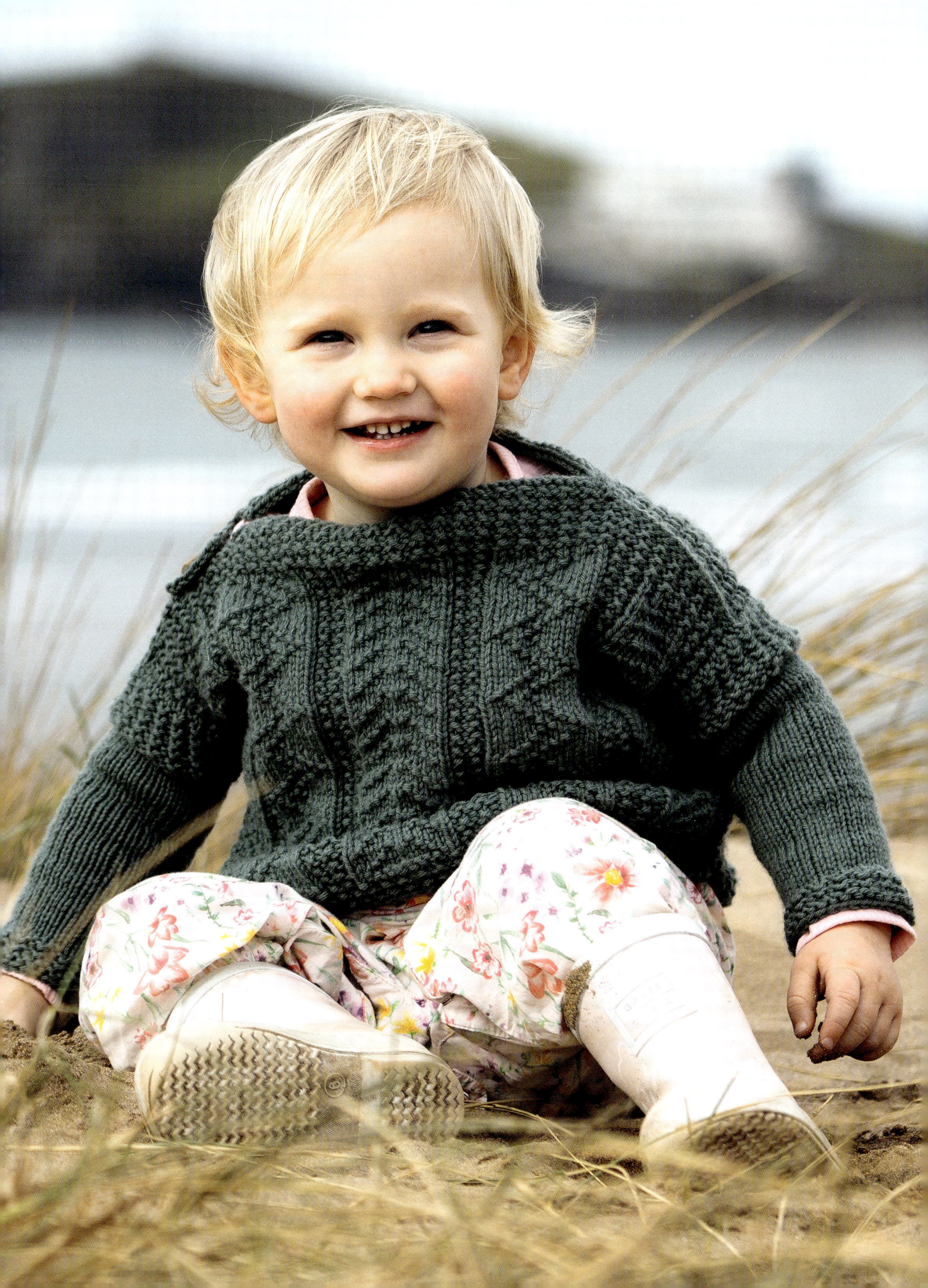

KONSTRUKTION

Der Bund wird in Reihen in zwei Teilen gestrickt und nach den seitlichen Schlitzen zusammengenommen, traditionell in Runden und mit Unterarmzwickeln gestrickt. An den Armlöchern werden Vorder- und Rückenteil aufgeteilt und in Reihen gestrickt. Die Schultern werden durch das äußere Abketten mit 3 Nadeln geschlossen, dann wird der Bund am Hals mit Knopfleiste gestrickt. Die Ärmelmaschen werden aufgenommen und zusammen mit den Zwickelmaschen gestrickt. Das dehnbare Perlmuster hilft, die unterschiedlichen Größen zu erzielen, es wird am Bund, den Schultern und am Hals gearbeitet.

IHRE EIGENE VERSION

Wenn Sie gern Ihre eigenen Muster einstricken möchten, dann wählen Sie aus den wunderschönen Mustern in der Mustersammlung dieses Buchs! Der Gansey für Größe B wird mit den parallelen Linien aus Fife gestrickt (Strickschriften 1A und 5A), während der Gansey in Größe C mit schottischen parallelen Linien (Strickschriften 1B und 5B) gestrickt wird. Bloß um zu zeigen, wie man den Gesamteindruck recht leicht verändern kann. Man kann auch die Größe ändern, indem man Abschnitte mit Trennmuster hinzufügt oder weglässt, diese wurden extra so platziert, um das zu erleichtern.

SCHLÜSSEL

- HinR: re RückR: li
- HinR: li RückR: re
- Wdh
- Beg/Ende für Größe A
- Beg/Ende für Größe B
- Beg/Ende für Größe C
- Beg/Ende für Größe B & C

TRENNMUSTER STRICKSCHRIFT

1 M 2 R-Wdh

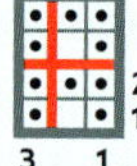

STRICKSCHRIFT 1A

11 (13, 15) M 12 R-Wdh

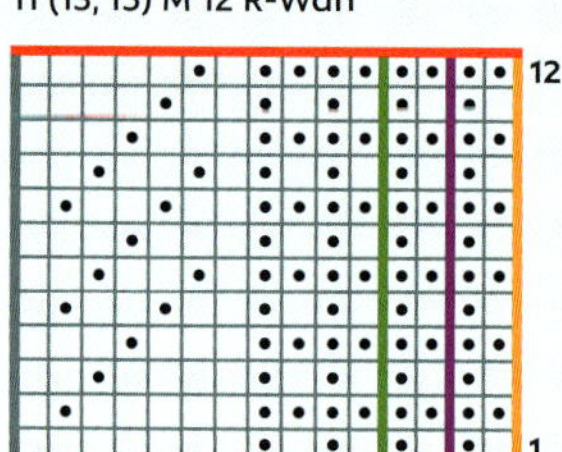

STRICKSCHRIFT 1B

11 (13, 15) M 12 R-Wdh

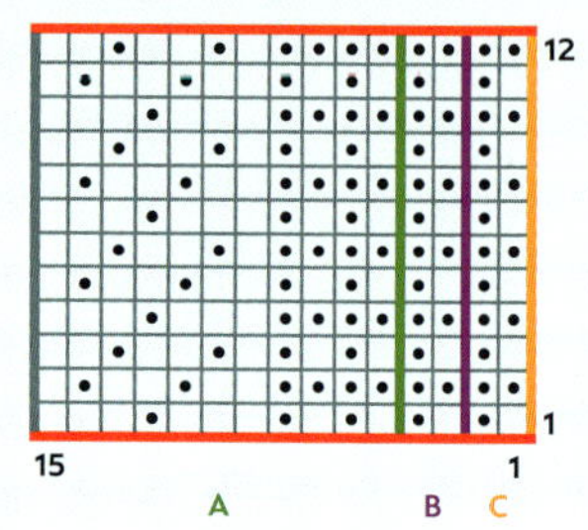

STRICKSCHRIFT 2

14 (16, 16) M 10 R-Wdh

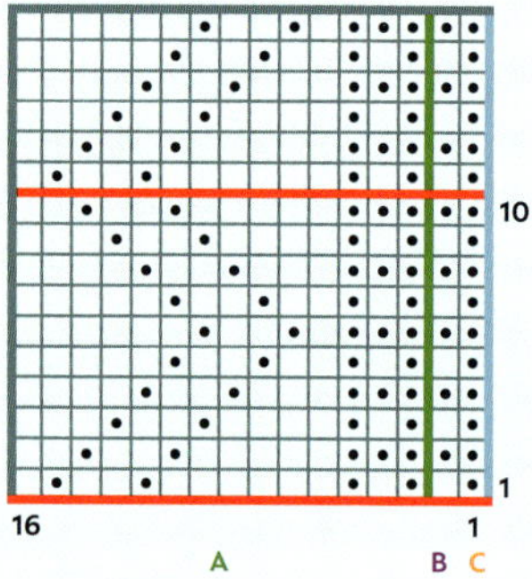

STRICKSCHRIFT 3

17 (21, 25) M 4 R-Wdh

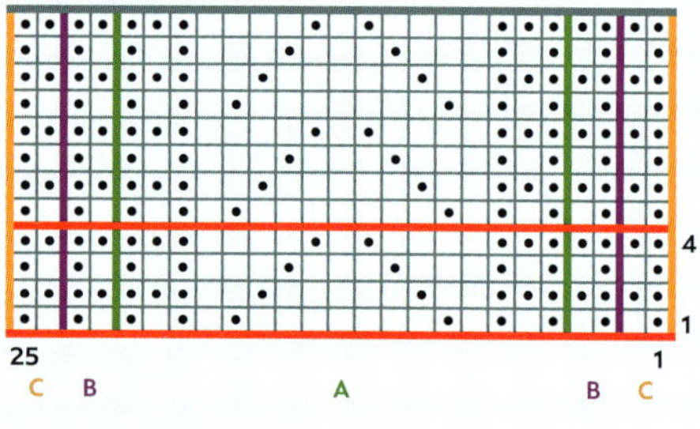

STRICKSCHRIFT 4

14 (16, 16) M 10 R-Wdh

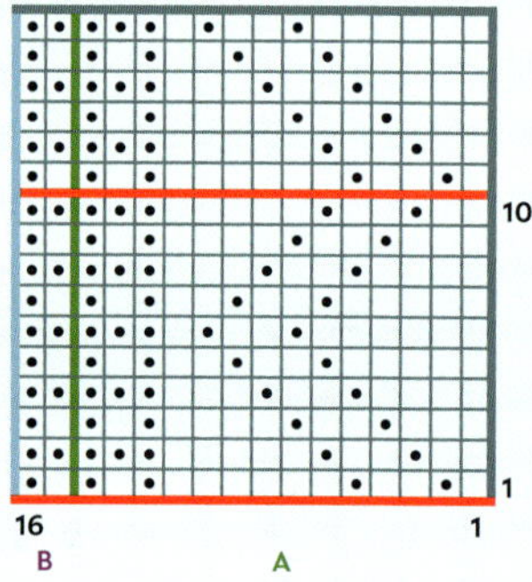

STRICKSCHRIFT 5A

10 (12, 14) M 12 R-Wdh

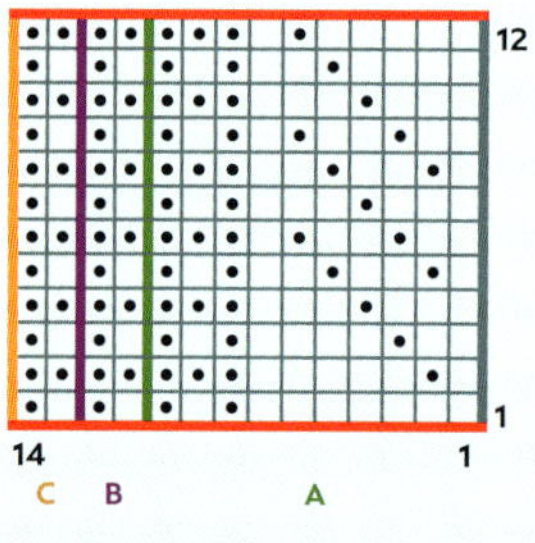

STRICKSCHRIFT 5B

10 (12, 14) M by 12 R-Wdh

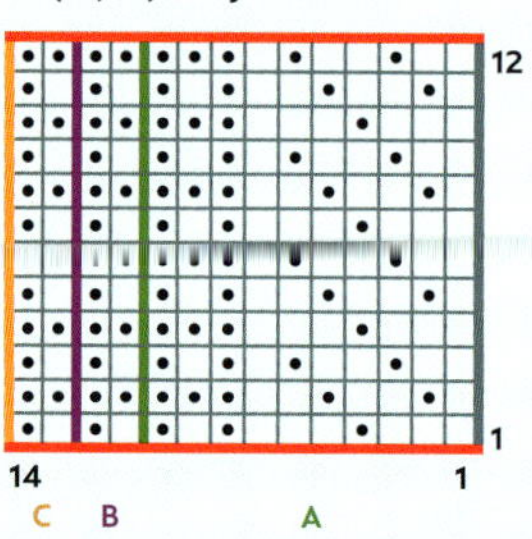

GRÖSSE	BRUST-UMFANG	RÜCKEN-BREITE	LÄNGE BIS SEITL. SCHULTER	LÄNGE BIS ACHSEL	ARMLOCH (INKL. ZWICKEL)	NACKEN-BREITE	ÄRMEL-LÄNGE	BUND-UMFANG
A: 6-12 M	46 cm	27,5 cm	24 cm	12 cm	12 cm	15,5 cm	17,5 cm	12,5 cm
B: 1-2 JAHRE	51 cm	32,5 cm	29 cm	15,5 cm	13,5 cm	18 cm	20,5 cm	15 cm
C: 3-4 JAHRE	58,5 cm	36 cm	35 cm	20 cm	15 cm	18 cm	25 cm	17,5 cm

BUND (ZWEI STRICKEN)

Auf 4 mm Nadeln 67 (79) 87 M im Kreuzanschlag anschlagen.

R 1 (RückR): 1 M re, R 1 der Trennmuster-Strickschrift bis zur letzten M, 1 M re.

R 2 (HinR): 1 M re, R 2 der Trennmuster-Strickschrift bis zur letzten M, 1 M re.

Diese 2 R etablieren das Muster und die RandM.

Noch 4 (6) 8 R im Muster stricken, nicht wenden.

Die M stilllegen und den zweiten Bund stricken.

KÖRPER

ZUR RUNDE SCHLIESSEN

Anmerkung: In der nächsten Rd die M auf ein Nadelspiel 4 mm stricken.

Nächste Rd: Die rechte Seite des ersten Bundes vorn, im Muster bis zur letzten M str, die nächste M mit der 1. M des zweiten Bundes zusammenstricken (darauf achten, dass auch hier die rechte Seite nach vorn zeigt), im Muster str bis zur letzten M, diese M zusammen mit der 1. M des ersten Bundes stricken. 132 (156) 172 M.

Die M so verteilen, dass sich auf jeder der vier Nadelspielnadeln 33 (39) 43 M befinden. Achten Sie ab jetzt beim Stricken der Strickschrift darauf, dass dort angegeben ist, wie viele M für Ihre Größe zu stricken sind.

Maschenaufteilung: *R 1 der Strickschrift 1A oder B, R 1 der Strickschrift 2, R 1 der Strickschrift 3, R 1 der Strickschrift 4, R 1 der Strickschrift 5A oder B; ab * noch einmal wdh.

In dieser Runde wird das Muster der Strickschrift auf die M verteilt und eine krausrechte NahtM an jeder Seite eingeführt.

Weiter im Muster str, bis der Pulli ab dem Anschlag 12 (15,5) 20 cm misst.

ZWICKELZUNAHMEN

Anmerkung: Die neu zugenommenen Zwickelmaschen glatt rechts (jede Rd re) stricken, auch die mittlere NahtM, sobald mit den Zwickelzunahmen begonnen wurde. Wenn Sie möchten, können Sie die beiden seitlichen NahtM markieren.

Die Zwickel werden über 10 (14) 14 MusterRd gestrickt. Wie folgt an jeder NahtM einen Zwickel stricken:

Rd 1 (Zunahme): Das Vorderteil str bis 1 M vor der NahtM, M1R, 1 M re, M1L, das Rückenteil str bis 1 M vor der NahtM, M1R, 1 M re, M1L. 4 M zugen.

Rd 2: Bis Rd-Ende im Muster stricken.

Rd 3: Das Vorderteil bis 1 M vor den 3 ZwickelM str, M1R, 3M re, M1L, das Rückenteil str bis 1 M vor den 3 ZwickelM str, M1R, 3 M re, M1L. 4 M zugen.

Rd 4: Bis Rd-Ende im Muster str.

Wie bisher in jeder 2. Rd zunehmen, bis auf 11 (15) 15 ZwickelM. 152 (184) 200 M insgesamt.

VORDER- UND RÜCKENTEIL TEILEN

11 (15) 15 ZwickelM an jeder Seitennaht stilllegen, um sie später mit den Ärmeln zu stricken.

Wenden und für das Rückenteil über die letzten 65 (77) 85 M stricken.

RÜCKENTEIL

Mit 4 mm Nadeln weiter str, bis das Rückenteil 22 (26) 32 cm ab dem Anschlag misst, nach einer RückR enden.

6 (8) 10 R wie vorher im Trennmuster str, nach einer RückR enden.

Maschen stilllegen. **

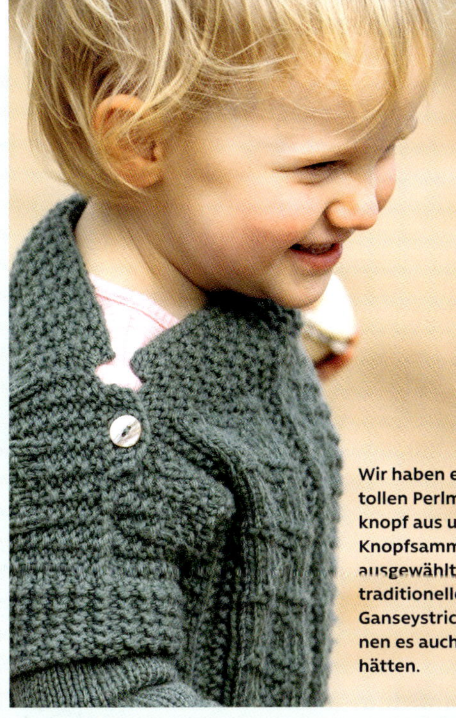

Wir haben einen tollen Perlmuttknopf aus unserer Knopfsammlung ausgewählt, wie traditionelle Ganseystrickerinnen es auch getan hätten.

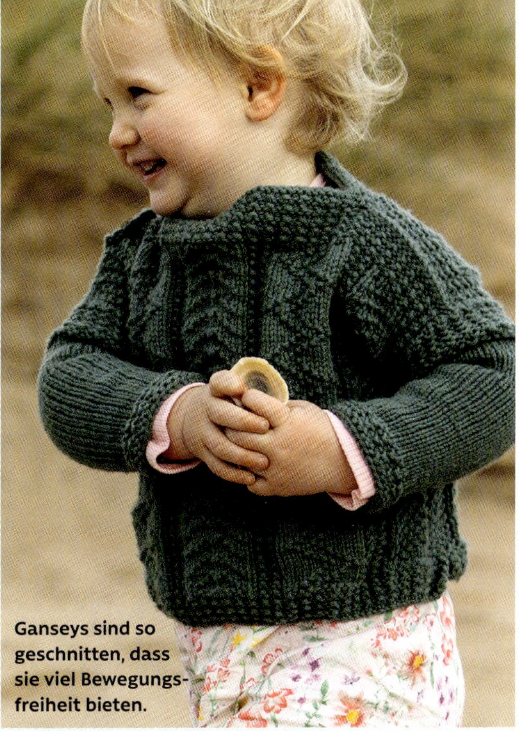

Ganseys sind so geschnitten, dass sie viel Bewegungsfreiheit bieten.

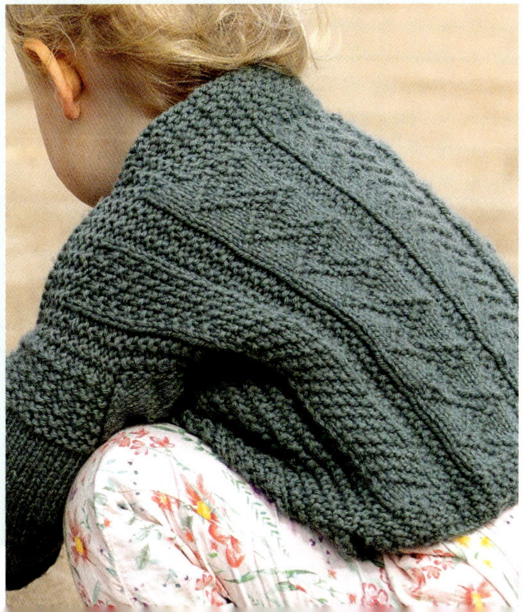

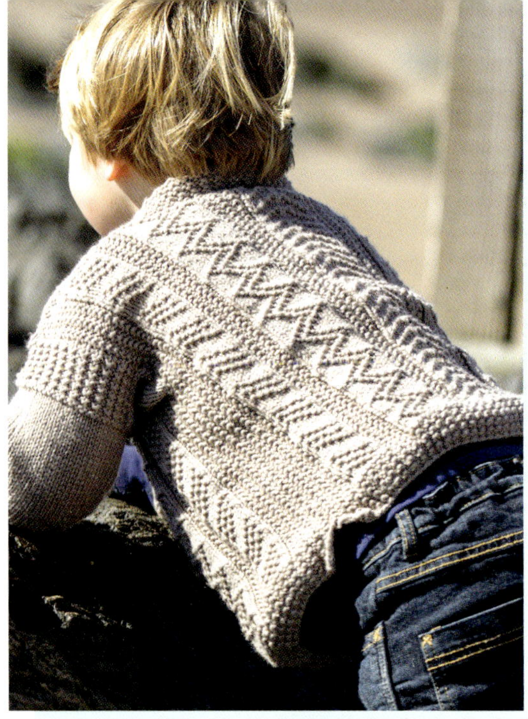

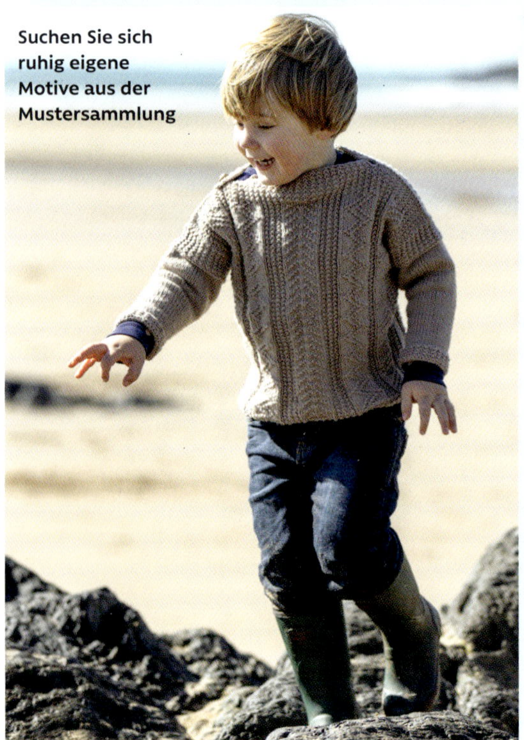

Suchen Sie sich ruhig eigene Motive aus der Mustersammlung

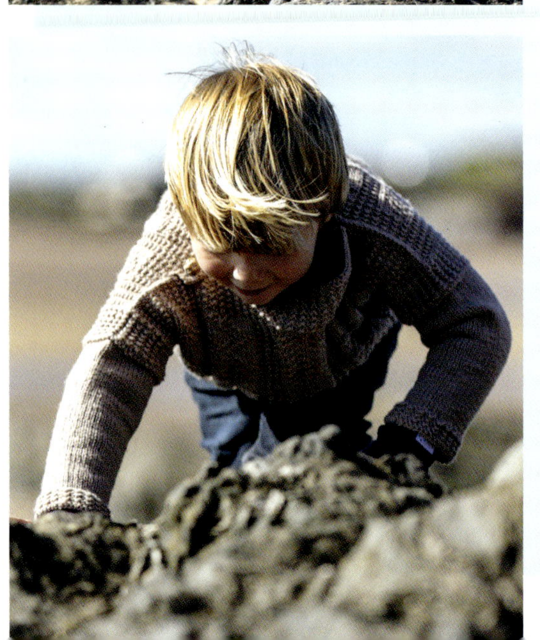

VORDERTEIL

Rechte Seite vorn und über die übrigen 65 (77) 85 M bis ** wie das Rückenteil stricken.

SCHULTERN UND HALSAUSSCHNITT

SCHULTERN SCHLIESSEN

Vorder- und Rückenteil links auf links und das Vorderteil zu Ihnen gerichtet, die ersten 14 (17) 21 M der linken Schulter mit 3 Nadeln zusammen abketten (s. ***Allgemeine Technik***), Faden abschneiden und durch die M ziehen.

Vorder- und Rückenteil links auf links und das Rückenteil zu Ihnen gerichtet, die ersten 5 (8) 10 M der rechten Schulter mit 3 Nadeln zusammen abketten, bis noch 9 (9) 11 RückenM auf der rechten Nadel sind.

Nur über diese M die Knopfleiste str (die restl Vorder- und RückenteilM vorerst stilllegen).

KNOPFLEISTE

Mit einer RückR beginnen, 2 R im Trennmuster stricken.

Nächste R (RückR): 3 (3) 4 M im Muster str, 3 M abketten bis R-Ende im Muster, wenden.

Nächste R (HinR): Bis zu den abgekettenen M im Muster str, 3 M anschlagen, bis 3 (3) 4 M auf der rechten Nadel sind, im Muster str, wenden.

Über diese 9 (9) 11 M noch 2 Rd im Trennmuster stricken.

Nächste R (RückR): 9 (9) 11 M rechts abketten.

NACKEN

Mit der rechten Seite vorn, über die 37 (43) 43 NackenM stricken.

Noch 4 (4) 6 R im Muster stricken.

Rechts abketten.

VORDERER HALSAUSSCHNITT

Mit der linken Seite vorn die ersten 9 (9) 11 M am vorderen Halsausschnitt abketten, bis R-Ende im Muster str. 37 (43) 43 M.

Noch 3 (3) 5 R im Muster stricken.

Rechts abketten.

ÄRMEL

Anmerkung: *Achten Sie beim Stricken des Trennmusters laut der Strickschrift darauf, dass Sie jetzt in Runden stricken und nicht wie beim Bund und den Schultern in Reihen.*

Mit der rechten Seite vorn und einem Nadelspiel 4 mm in der mittleren ZwickelM beginnend, den Rd-Beginn markieren und die ersten 6 (8) 8 ZwickelM re, 34 (40) 54 M aus dem Armloch aufnehmen und die restl 5 (7) 7 ZwickelM re. 45 (55) 69 M.

Nächste Rd (Abnahme): Bis zu den letzten 2 ZwickelM re, 2 M re zus, Trennmuster laut Strickschrift bis Zwickelbeginn str, üzus, bis RdEnde re. 2 M abgen.

Nächste Rd: Bis Zwickelende re, Trennmuster laut Strickschrift bis Zwickelbeginn str, bis Rd-Ende re.

Die letzten 2 Rd wdh bis noch 35 (41) 55 M übrig sind.

8 (14) 16 Rd glatt rechts (jede Rd re) stricken.

ÄRMELABNAHMEN

Nächste Rd (Abnahme): 1 M re, 2 M re zus, bis zu den letzten 3 M re, üzus. 2 M abgen.

So in jeder 6. (6.) 4. Rd abn, bis noch 31 (37) 43 M übrig sind.

Weiter glatt rechts str, bis der Ärmel ab der Aufnahmekante 16 (18,5) 22 cm oder 4 (6) 8 Rd weniger als die gewünschte Ärmellänge misst, am Ende der letzten Rd 2 M re zus, um die NahtM abzunehmen. 30 (36) 42 M.

4 (6) 8 Rd im Trennmuster stricken.

Locker und gleichmäßig abketten.

AUSARBEITEN

Fäden vernähen und den Knopf unter dem Knopfloch an der Schulter annähen.

Leicht dämpfen, das Bügeleisen dabei über dem Strickstück halten, nicht darauf (s. ***Allgemeine Technik***).

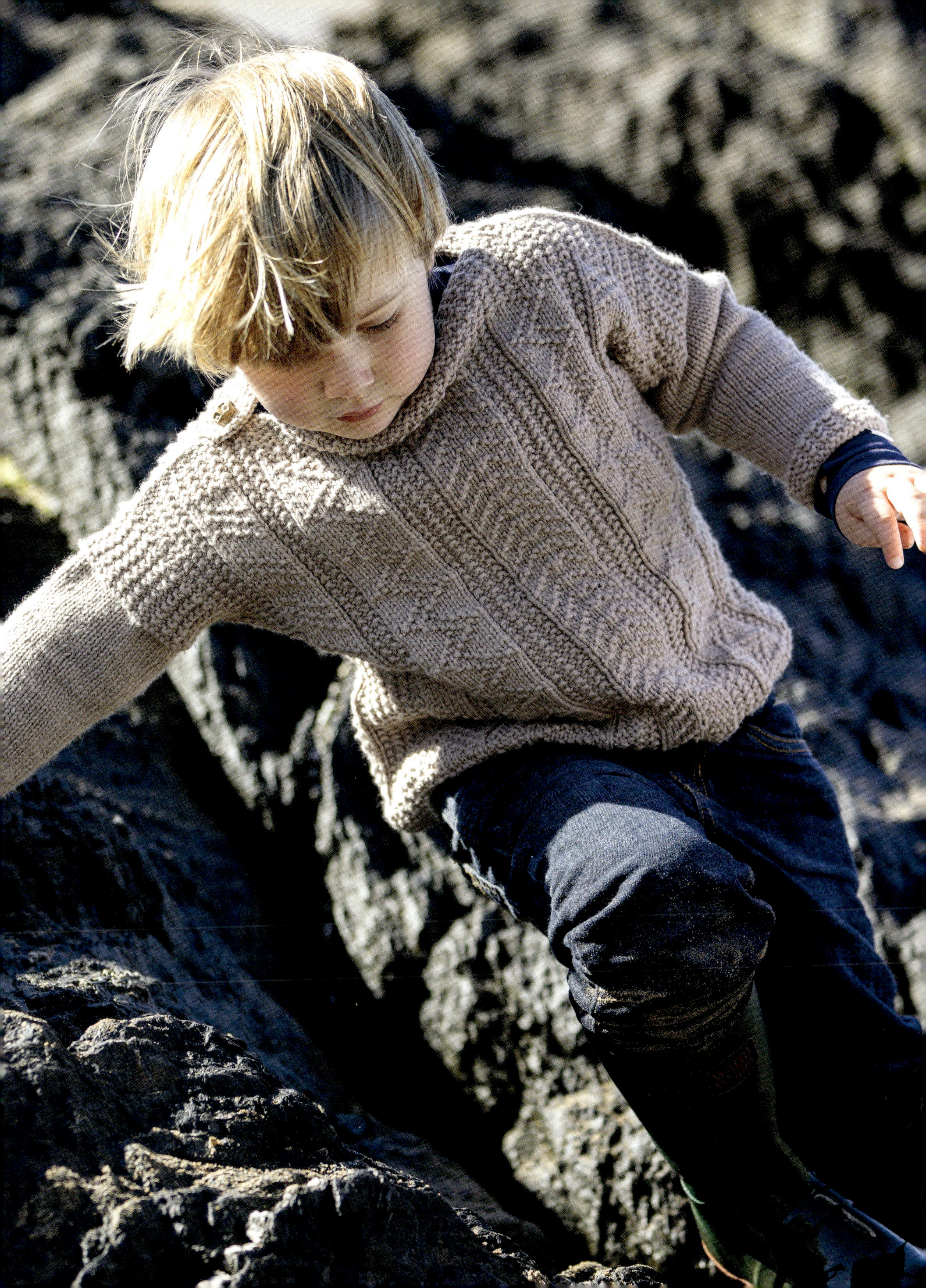

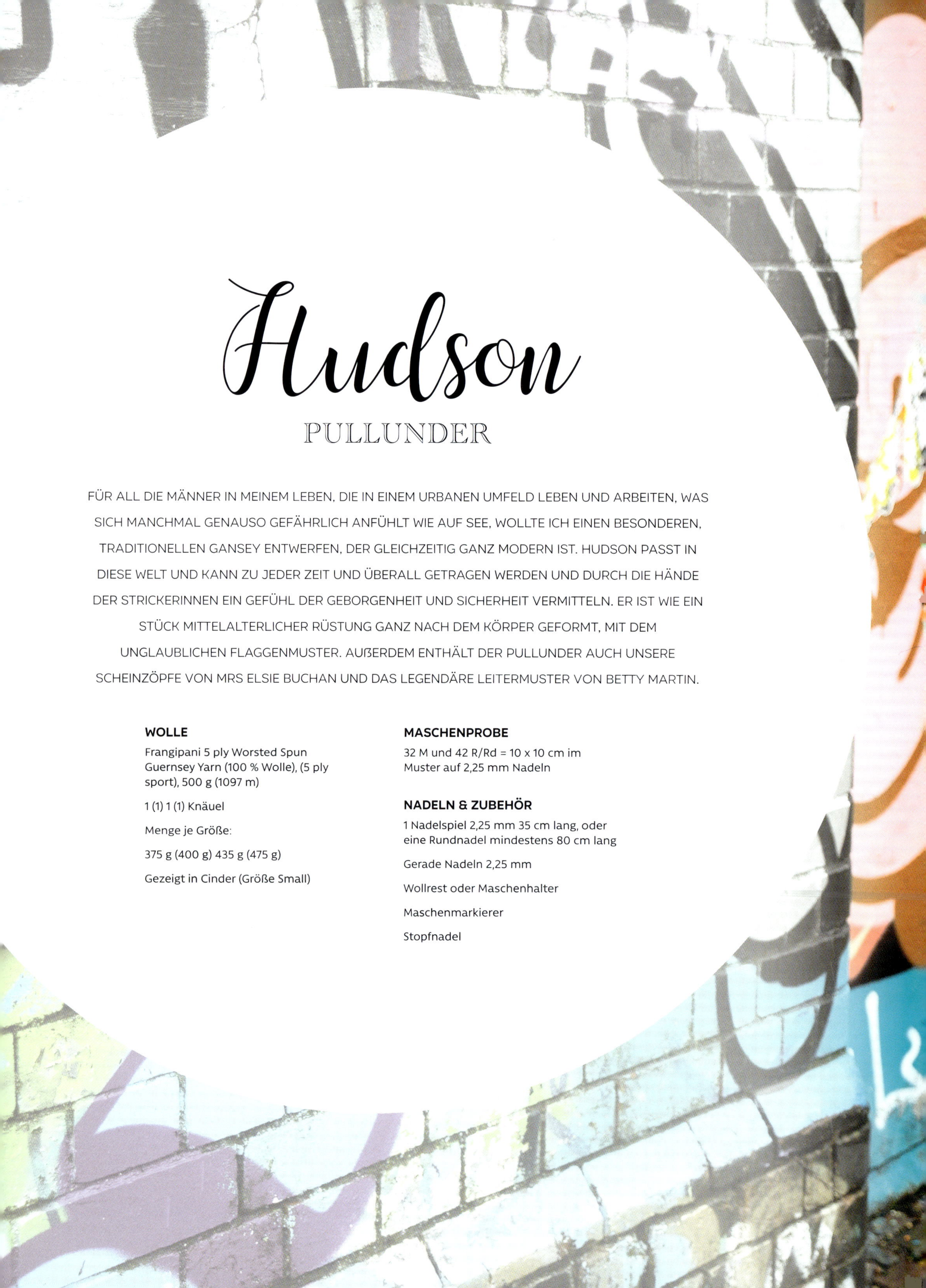

Hudson

PULLUNDER

FÜR ALL DIE MÄNNER IN MEINEM LEBEN, DIE IN EINEM URBANEN UMFELD LEBEN UND ARBEITEN, WAS SICH MANCHMAL GENAUSO GEFÄHRLICH ANFÜHLT WIE AUF SEE, WOLLTE ICH EINEN BESONDEREN, TRADITIONELLEN GANSEY ENTWERFEN, DER GLEICHZEITIG GANZ MODERN IST. HUDSON PASST IN DIESE WELT UND KANN ZU JEDER ZEIT UND ÜBERALL GETRAGEN WERDEN UND DURCH DIE HÄNDE DER STRICKERINNEN EIN GEFÜHL DER GEBORGENHEIT UND SICHERHEIT VERMITTELN. ER IST WIE EIN STÜCK MITTELALTERLICHER RÜSTUNG GANZ NACH DEM KÖRPER GEFORMT, MIT DEM UNGLAUBLICHEN FLAGGENMUSTER. AUßERDEM ENTHÄLT DER PULLUNDER AUCH UNSERE SCHEINZÖPFE VON MRS ELSIE BUCHAN UND DAS LEGENDÄRE LEITERMUSTER VON BETTY MARTIN.

WOLLE

Frangipani 5 ply Worsted Spun Guernsey Yarn (100 % Wolle), (5 ply sport), 500 g (1097 m)

1 (1) 1 (1) Knäuel

Menge je Größe:

375 g (400 g) 435 g (475 g)

Gezeigt in Cinder (Größe Small)

MASCHENPROBE

32 M und 42 R/Rd = 10 x 10 cm im Muster auf 2,25 mm Nadeln

NADELN & ZUBEHÖR

1 Nadelspiel 2,25 mm 35 cm lang, oder eine Rundnadel mindestens 80 cm lang

Gerade Nadeln 2,25 mm

Wollrest oder Maschenhalter

Maschenmarkierer

Stopfnadel

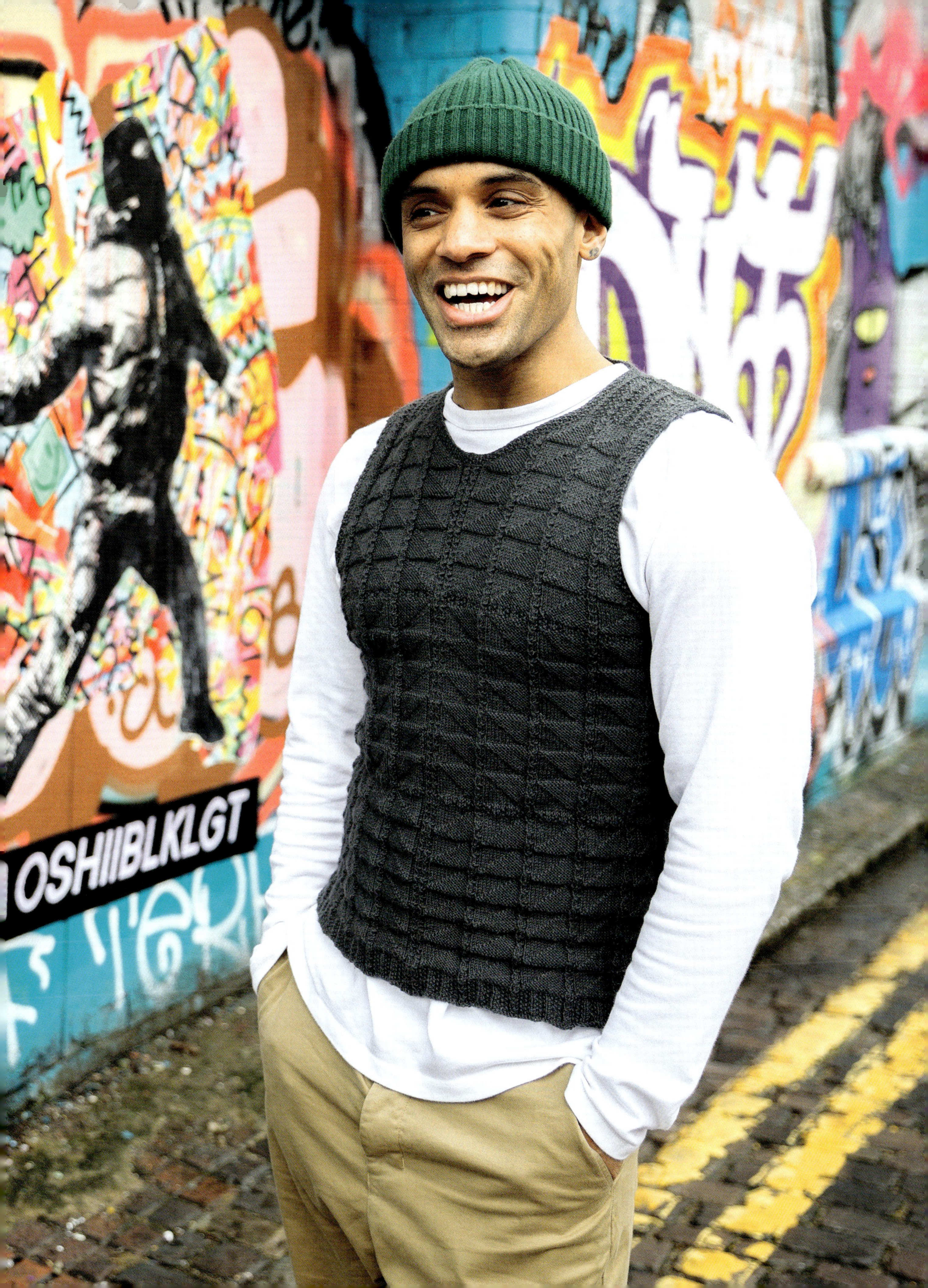
OSHIIBLKLGT

KONSTRUKTION

Der Bund für Hudson wird in Reihen in zwei Teilen gestrickt, nach den seitlichen Schlitzen zusammengenommen und traditionell in Runden gestrickt bis zu den Armlöchern. Dort wird der Pullunder wieder getrennt als Vorder- und Rückenteil in Reihen gestrickt.

ZUM MUSTER

PERLMUSTER (IN RUNDEN)

Rd 1: [1 M re, 1 M li] bis Rd-Ende.

Rd 2: [1 M li, 1 M re] bis Rd-Ende.

Diese zwei Runden für das Perlmuster wiederholen.

PERLMUSTER (IN REIHEN)

R 1 (HinR): [1 M re, 1 M li] bis Rd-Ende.

R 2: Wie R 1.

Diese zwei Reihen für das Perlmuster wiederholen.

ARMLOCHABNAHMEN

Für eine saubere Kante die Abnahmen nach der Randmasche stricken. Für eine links neigende Abnahme üzus stricken und für eine rechts neigende 2 M re zus. An den in der Strickschrift angegebenen Stellen abnehmen.

ABKETTEN AM HALSAUSSCHNITT

Bis zur letzten M der R str, diese abheben und wenden. Die nächste M abheben und die erste abgehobene Masche darüberziehen, die nächste M rechts (in HinR) oder links (in RückR) und die letzte M darüberziehen. Weitere Maschen wie in der Strickschrift für diese Reihe angegeben abketten, bis die Abnahmen vollständig sind.

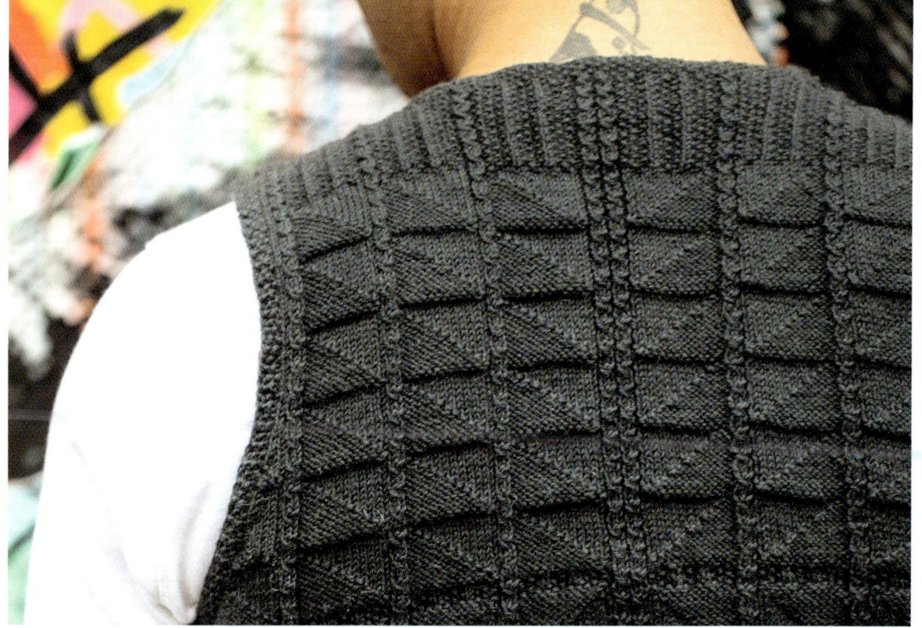

BUND (ZWEI STRICKEN)

Mit 2,25 mm Nadeln 159 (173) 189 (219) M anschlagen.

Wie folgt nach der Strickschrift für Ihre Größe stricken:

R 1 (HinR): 1 (8) 1 (1) M im Muster laut Strickschrift Ihrer Größe str, 15-M-MusterWdh 5 (5) 6 (7)-mal str, die mittleren 7 M der Strickschrift str, 15-M-MusterWdh 5 (5) 6 (7)-mal str, 1 (8) 1 (1) M im Muster laut Strickschrift str.

R 1 teilt die Maschen für alle Muster ein.

So weiterstricken, bis 12 R der Bund-Strickschrift gestrickt sind.

NUR GRÖSSEN M, L UND XL

Die Bund-Strickschrift noch einmal stricken.

ALLE GRÖSSEN

Insgesamt 12 (24) 24 (24) Bundreihen gestrickt.

M stilllegen und den zweiten Bund stricken.

Der Bundabschnitt legt die Maschenaufteilung für das Flaggenmuster fest.

UNTERER KÖRPER

Wenn beide Bundteile beendet sind, die M beider auf ein langes Nadelspiel verteilen oder auf eine Rundnadel schieben und zur Runde schließen.

Den Rd-Beginn und die Seiten markieren und die MittelM vorn und hinten. Das erleichtert das Musterstricken.

Rd 1: 1 (8) 1 (1) M im Muster laut der unteren Körper-Strickschrift Ihrer Größe str, 15-M-MusterWdh 5 (5) 6 (7)-mal str, die 7 vorderen MittelM str, 15-M-MusterWdh 5 (5) 6 (7)-mal str, 0 (7) 0 (0) M im Muster str, 2 M re zus, 0 (7) 0 (0) M im Muster str, 15-M-MusterWdh 5 (5) 6 (7)-mal str, die 7 hinteren MittelM str, 15-M-MusterWdh 5 (5) 6 (7)-mal str, 0 (7) 0 (0) M im Muster str, 2 M re zus (die erste M der 1. Rd und die letzte M der 2. Rd). 316 (344) 376 (436) M insgesamt; je 158 (172) 188 (218) M für Vorder- und Rückenteil.

GRÖSSE	BRUSTUMFANG	TATSÄCHLICHER UMFANG	LÄNGE BIS SEITL. SCHULTER	LÄNGE BIS ACHSEL	ARMLOCH	NACKENBREITE
S	91-97 cm	99 cm	61 cm	38 cm	24 cm	15 cm
M	99-104 cm	108 cm	65 cm	41 cm	24 cm	15 cm
L	107-117 cm	118 cm	68 cm	41 cm	27 cm	21 cm
XL	119-132 cm	137 cm	68 cm	41 cm	27 cm	21 cm

Rd 2: 0 (7) 0 (0) M im Muster str, 15-M-MusterWdh 5 (5) 6 (7)-mal str, 7 vordere MittelM str, 15-M-MusterWdh 5 (5) 6 (7)-mal str, 1 (15) 1 (1) M im Muster str, 15-M-MusterWdh 5 (5) 6 (7)-mal str, 7 hinteren MittelM str, 15-M-MusterWdh 5 (5) 6 (7)-mal str, 0 (7) 0 (0) M im Muster str.

Rd 3: 1 (8) 1 (1) M im Muster str, 15-M-MusterWdh 5 (5) 6 (7)-mal str, 7 vordere MittelM str, 15-M-MusterWdh 5 (5) 6 (7)-mal str, 1 (15) 1 (1) M im Muster str, 15-M-MusterWdh 5 (5) 6 (7)-mal str, 7 hintere MittelM str, 15-M-MusterWdh 5 (5) 6 (7)-mal str, 0 (7) 0 (0) M im Muster str.

In Rd 3 erfolgt die Maschenaufteilung für das Muster.

So weiterstricken, bis das 12-Rd-Muster insgesamt 6-mal wiederholt wurde (72 Rd).

Rd 73 bis 76 vor dem nächsten Abschnitt einmal als Trennmuster stricken.

OBERER KÖRPER

Rd 1: 1 (8) 1 (1) M im Muster laut oberer Körper-Strickschrift Ihrer Größe str, 15-M-MusterWdh 5 (5) 6 (7)-mal str, 7 vordere MittelM str, 15-M-MusterWdh 5 (5) 6 (7)-mal str, 1 (15) 1 (1) M im Muster str, 15-M-MusterWdh 5 (5) 6 (7)-mal str, 7 hintere MittelM str, 15-M-MusterWdh 5 (5) 6 (7)-mal str, 0 (7) 0 (0) M im Muster str.

In Rd 1 erfolgt die Maschenaufteilung für das Muster.

So weiterstricken, bis das 12-Rd-Muster insgesamt 6-mal wiederholt wurde (72 Rd).

VORDER- UND RÜCKENTEIL TEILEN

Ab jetzt werden Vorder- und Rückenteil getrennt in Reihen gestrickt.

Die letzten 158 (172) 188 (218) M für das Rückenteil stilllegen und das Vorderteil über die nächsten 158 (172) 188 (218) M stricken.

VORDERTEIL

Jetzt in Reihen und nach der Strickschrift Ihrer Größe stricken.

ARMLOCHABNAHMEN

Zu Beginn der ersten 6 R wie in der Strickschrift angegeben abketten.

Für das Armloch abnehmen (s. ***Zum Muster***) wie in der Strickschrift Ihrer Größe angegeben.

Nur Größen S und L: Achten Sie darauf, dass Sie 2 glatt rechte RandM an jeder Kante haben, und ignorieren Sie linke M in der Strickschrift für ein teilweises Flaggenmuster.

Nach allen Armlochabnahmen sollten noch 101 (117) 133 (161) M übrig sein.

Weiter nach der Strickschrift arbeiten, bis Rd 200 (200) 201 (201) beendet wurde.

HALSAUSSCHNITT

Nächste R: Bis zu den 7 (7) 31 (31) MittelM im Muster str, die nächsten 7 (7) 31 (31) M abketten, bis R-Ende im Muster str. Je 47 (55) 50 (65) M für jede Schulter.

Jede Seite des Halsausschnitts getrennt laut der Strickschrift stricken. 21 (21) 18 (18) M an jeder Seite abgenommen.

Nach den Abnahmen sollten es je 26 (34) 33 (47) SchulterM sein.

Weiter im Muster stricken, bis Rd 248 (248) 260 (260) der Strickschrift beendet ist.

Die Maschen stilllegen.

RÜCKENTEIL

Wie das Vorderteil str, aber ohne Abnahmen für den Halsausschnitt, bis Rd 248 (248) 260 (260) der Strickschrift beendet ist. 101 (117) 133 (161) RückenM übrig.

Die M für das Abketten mit 3 Nadeln auf der Nadel lassen.

SCHULTERNÄHTE

Mit 3 Nadeln (s. ***Allgemeine Technik***) die 26 (34) 33 (47) M der vorderen und hinteren rechten Schulter zusammen abketten. Faden abschneiden.

49 (49) 67 (67) M für den Nacken stilllegen.

Mit 3 Nadeln die 26 (34) 33 (47) M der vorderen und hinteren linken Schulter zusammen abketten. Faden abschneiden.

HALSAUSSCHNITT

Mit einem Nadelspiel oder einer Rundnadel 2,25 mm und der rechten Seite vorn, im Nacken beginnend, 49 (49) 67 (67) M für den Nackenausschnitt re, dann 91 (91) 95 (95) M für den vorderen Halsausschnitt aufnehmen. 140 (140) 162 (162) M für den Bund am Hals.

4 Runden im Perlmuster (s. ***Zum Muster***) stricken.

Locker und gleichmäßig im Perlmuster abketten.

ARMLOCH

Mit einem Nadelspiel oder einer Rundnadel 2,25 mm aus dem Armloch 164 (164) 184 (184) M aufnehmen.

4 Runden im Perlmuster stricken, dann locker im Perlmuster abketten.

AUSARBEITEN

Fäden vernähen.

Leicht dämpfen, das Bügeleisen dabei über dem Strickstück halten, nicht darauf (s. ***Allgemeine Technik***).

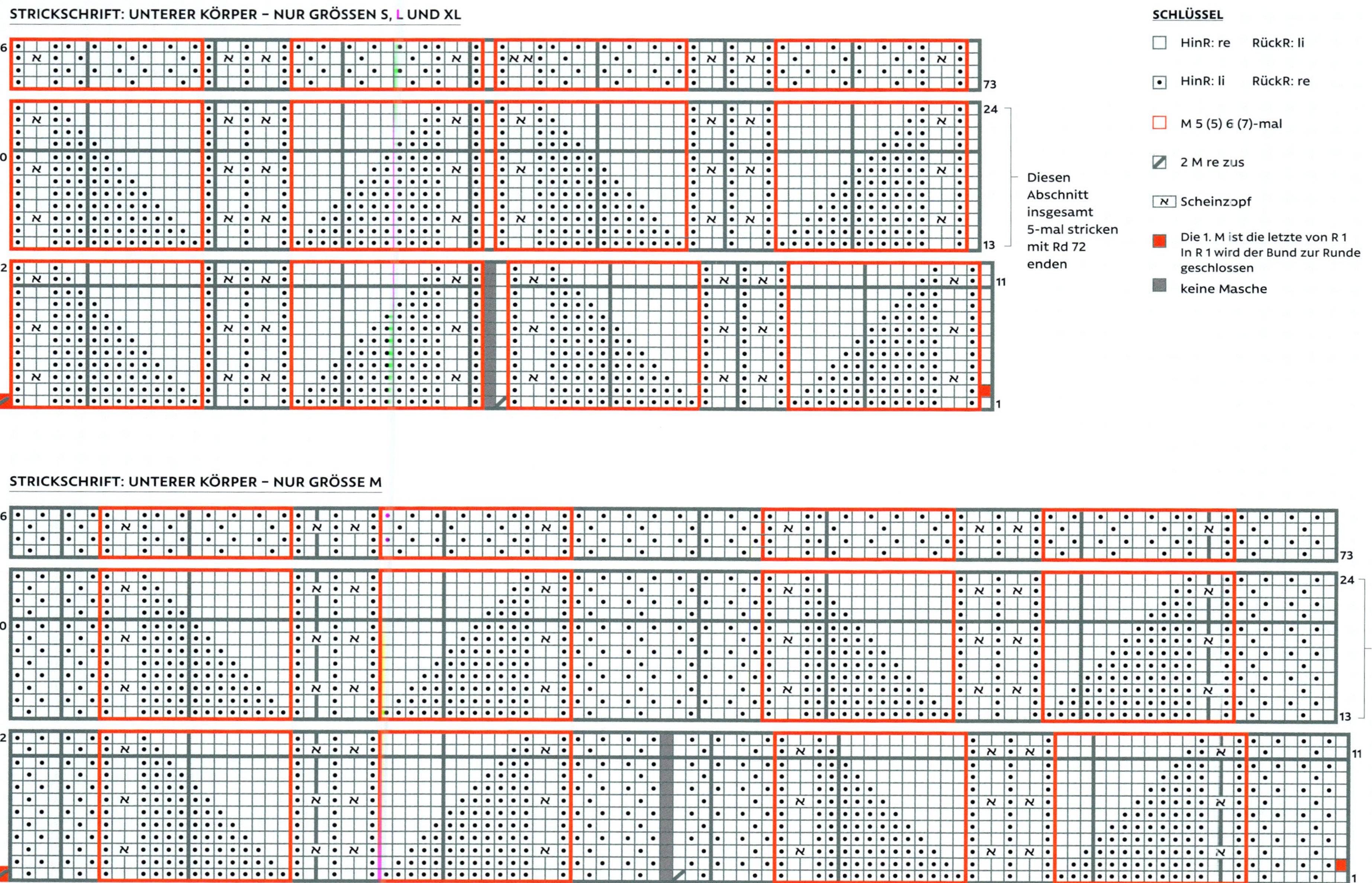
STRICKSCHRIFT: UNTERER KÖRPER – NUR GRÖSSEN S, L UND XL
76
73
24
20
13
12
11
1
Diesen Abschnitt insgesamt 5-mal stricken mit Rd 72 enden
SCHLÜSSEL
HinR: re RückR: li
HinR: li RückR: re
M 5 (5) 6 (7)-mal
2 M re zus
Scheinzopf
Die 1. M ist die letzte von R 1
In R 1 wird der Bund zur Runde geschlossen
keine Masche
STRICKSCHRIFT: UNTERER KÖRPER – NUR GRÖSSE M
76
73
24
20
13
12
11
1
Diesen Abschnitt insgesamt 5-mal stricken mit Rd 72 enden

STRICKSCHRIFT: BUND – NUR GRÖSSEN S, L UND XL

STRICKSCHRIFT: BUND – NUR GRÖSSE M

STRICKSCHRIFT: OBERER KÖRPER – NUR GRÖSSEN S, L UND XL

STRICKSCHRIFT: OBERER KÖRPER – NUR GRÖSSE M

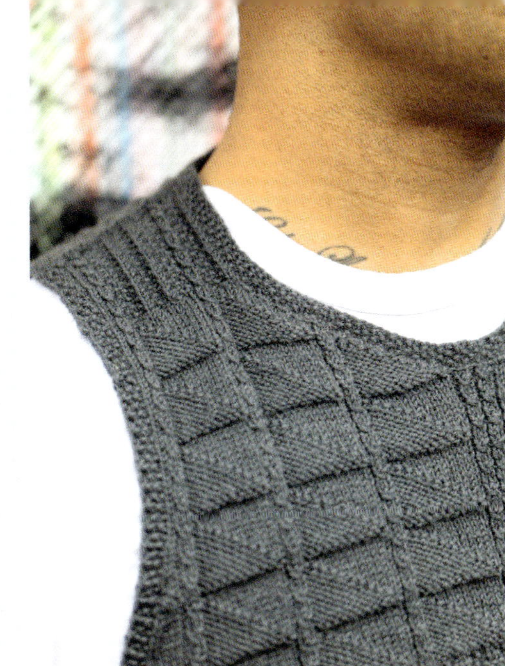

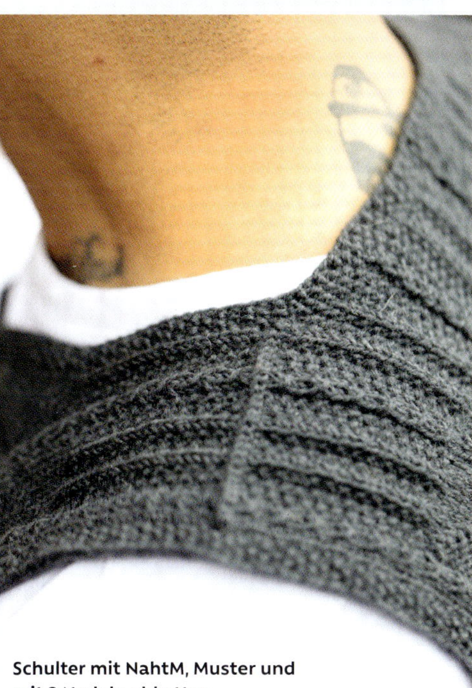

Schulter mit NahtM, Muster und mit 3 Nadeln abketten

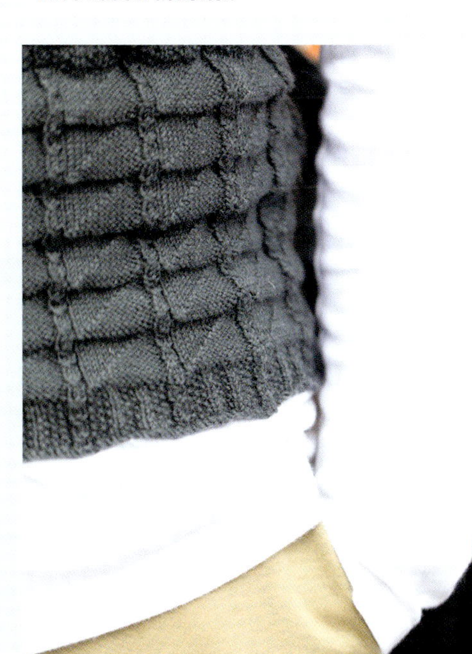

ARMLOCH UND HALSAUSSCHNITT (LINKE SEITE)

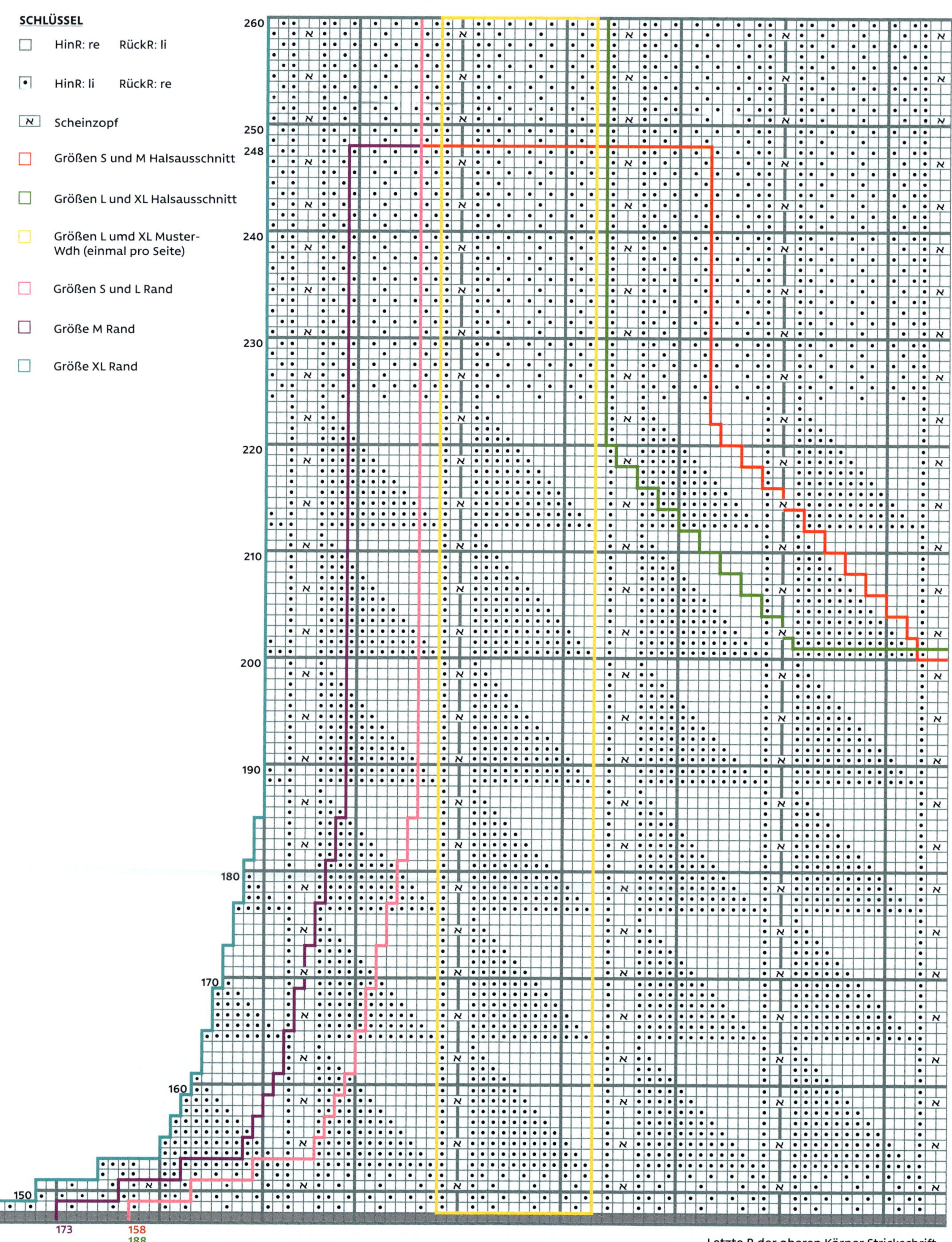

ARMLOCH UND HALSAUSSCHNITT (RECHTE SEITE)

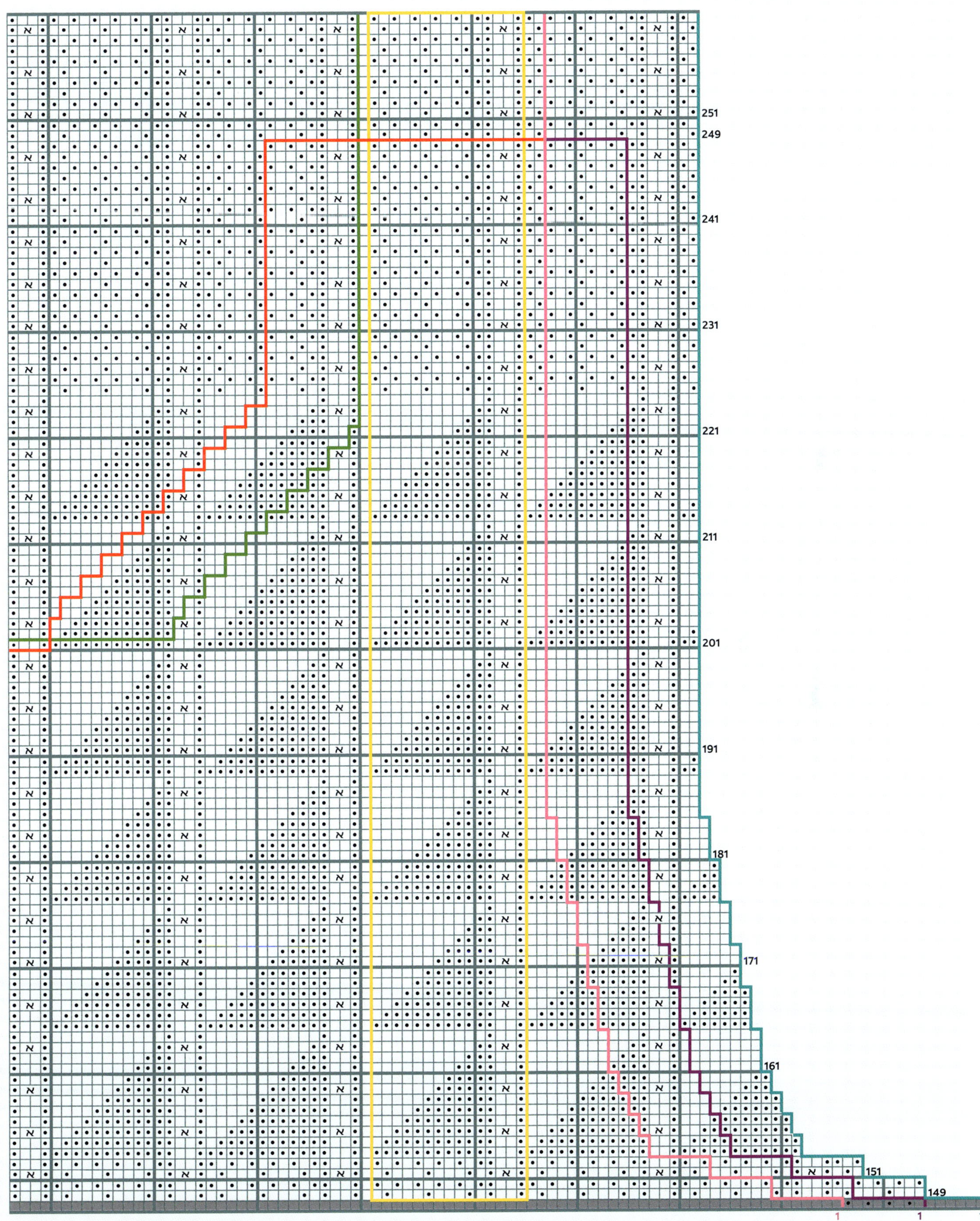

Letzte R der oberen Körper Strickschrift

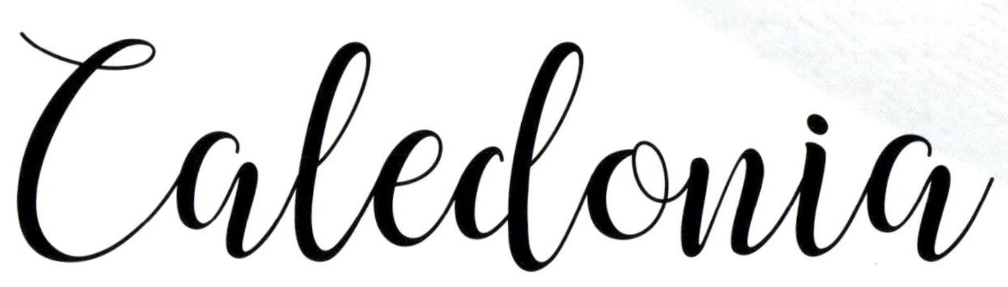

Caledonia

FINGERLOSE HANDSCHUHE

CALEDONIA VEREINT AUF KLEINEM RAUM SO VIEL DESIGN. SIE SIND RUND GESTRICKT, MIT EINEM HÜBSCHEN DAUMENZWICKEL (S. *GANSEY TECHNIK: ZWICKEL*), MEHRERE TECHNIKEN UND MUSTER LASSEN SIE STRAHLEN. DAS TAKELAGEN-MUSTER IN DER HANDINNENFLÄCHE MACHT SIE BESONDERS DICHT UND WARM, AUßERDEM SITZEN SIE DADURCH BESSER UND BIETEN MEHR GRIFF. DAS HAUPTMOTIV IST DER LEBENSBAUM AUS EAST NEUK OF FIFE, EINGERAHMT VON RAUTEN UND PERLMUSTER AM BUND UND DER OBERKANTE.

WOLLE

Di Gilpin Lalland Aran (100 % Wolle), (10 ply/Aran/worsted), 100 g (150 m)

1 (1) Knäuel

Gezeigt in Firebird und in Kingfisher (Größe S und M)

MASCHENPROBE

20 M und 26 R/Rd = 10 x 10 cm im Muster auf 4,5 mm Nadeln (Größe S/M)

18 M und 23 R/Rd = 10 x 10 cm im Muster auf 5 mm Nadeln (Größe L/XL)

NADELN & ZUBEHÖR

1 Nadelspiel 4,5 mm, 20 cm lang oder 1 kurze Rundnadel (Größe S/M)

1 Nadelspiel 5 mm, 20 cm lang oder 1 kurze Rundnadel (Größe L/XL)

Zopfnadel Maschenmarkier

Stopfnadel

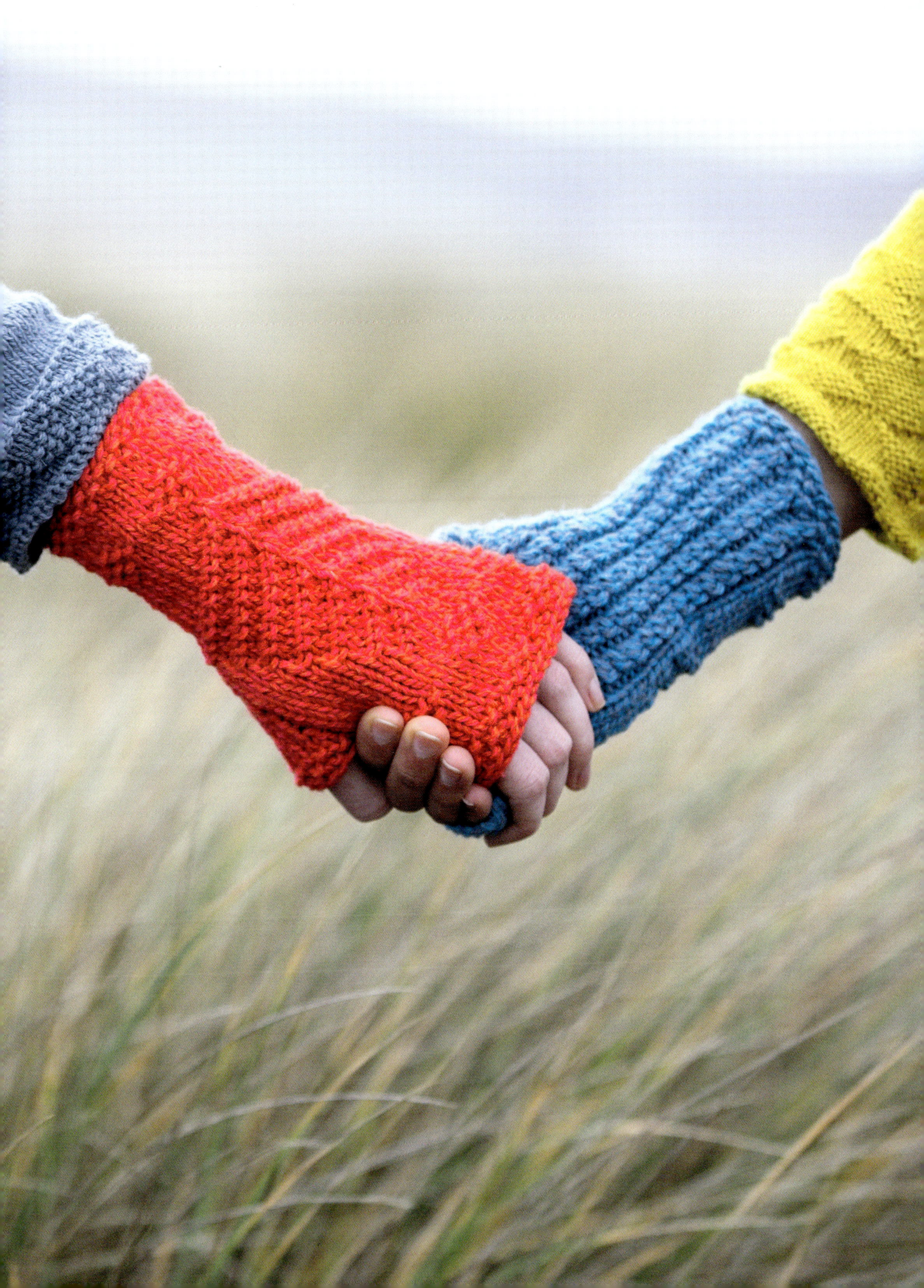

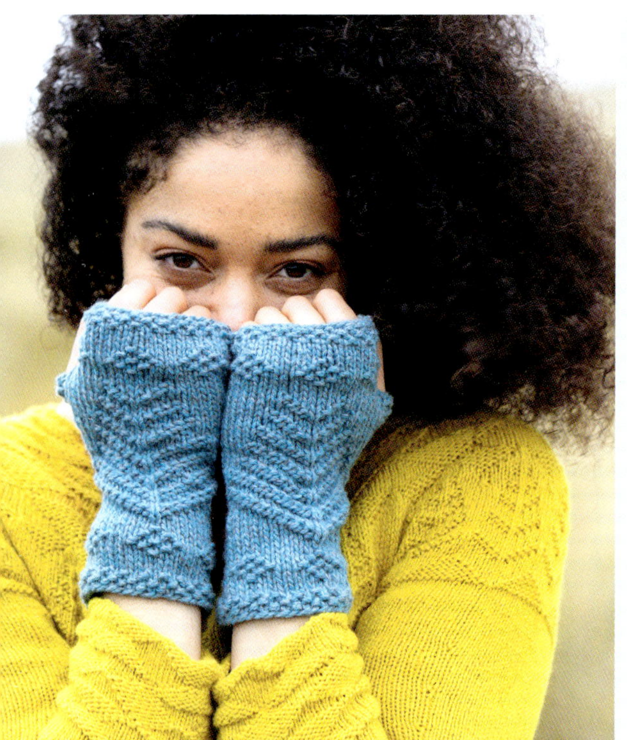

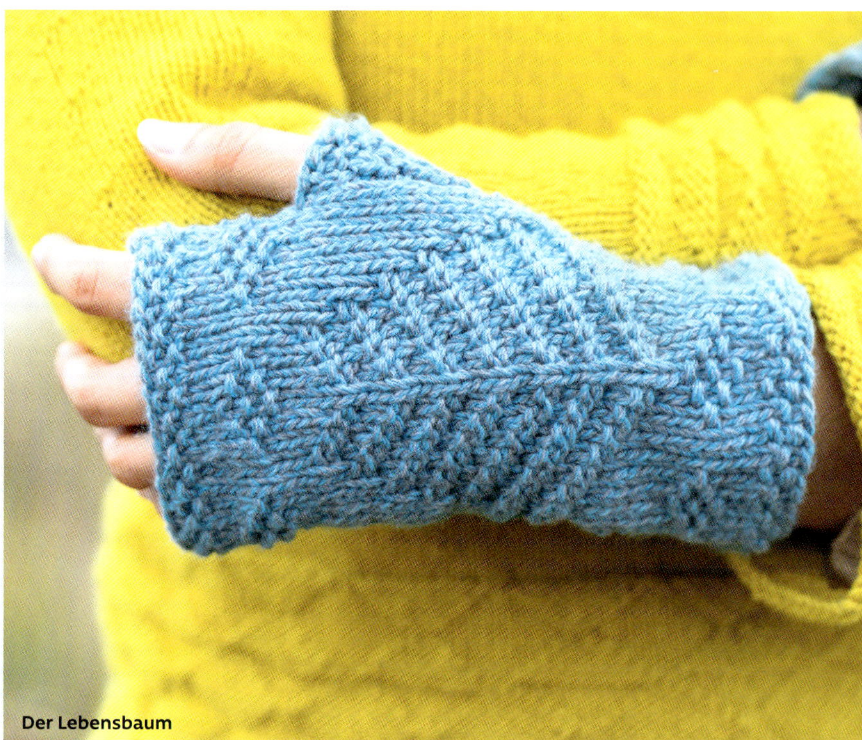

Der Lebensbaum

KONSTRUKTION

Dieses Projekt wird nach Strickschriften gearbeitet und hat oben und unten einen Rand im unten beschriebenen Perlmuster. Der Daumenzwickel wird zusammen mit der Hand gestrickt und in Runde 38 der Strickschrift abgekettet.

ZUM MUSTER

NACH DEN STRICKSCHRIFTEN STRICKEN

Die Abschnitte zwischen roten Linien in den Strickschriften sollen so oft wie angegeben wiederholt werden, bevor die restlichen Maschen dieser Runde laut der Strickschrift gestrickt werden.

PERLMUSTER (IN DER RUNDE)

Runde 1: Rd 1: [1 M re, 1 M li] bis **Rd-Ende. Rd 2:** [1 M li, 1 M re] bis **Rd-Ende. Rd 3:** Wie Rd 1.

Diese drei Rd ergeben das Perlmuster.

FINGERLOSE HANDSCHUHE (JE EINEN RECHTEN UND LINKEN HANDSCHUH STRICKEN)

Mit 4,5 mm (5 mm) Nadeln 40 M im Kreuzanschlag anschlagen.

Zur Runde schließen und den Rd-Beginn markieren.

BUND

Rd 1 bis 2 des Perlmusters str (s. ***Zum Muster***).

Rd 3 (Abnahme): [1 M re, 1 M li] bis zu den letzten 2 M, 2 M re zus. 39 M.

DIE STRICKSCHRIFT BEGINNEN

Achten Sie auf die richtige Strickschrift für den jeweiligen Handschuh.

Rd 1 bis 37 der Strickschrift für die rechte oder linke Hand str, dabei in den Rd 21, 25 und 29 für den Daumen zunehmen.

Wenn alle DaumenM zugenommen wurden, sollten es insgesamt 47 M sein.

NUR RECHTER HANDSCHUH

Rd 38: Strickschrift str, die nächsten 10 M für den Daumen abketten. 37 M für den rechten Handschuh.

NUR LINKER HANDSCHUH

Rd 38: 10 M für den Daumen abketten, bis Rd-Ende im Muster der Strickschrift str.

37 M für den linken Handschuh.

BEIDE HANDSCHUHE

Rd 39: Bis Rd-Ende im Muster, den Faden fest über die Lücke der abgeketteten M ziehen.

Weiter in Runden str, bis Rd 47 der Strickschrift beendet ist.

Rd 48: Bis Rd-Ende re, 1 M am Ende zunehmen. 38 M.

OBERKANTE

Rd 1 bis 3 des Perlmusters str, nicht zu fest abketten.

AUSARBEITEN

Fäden vernähen.

Leicht dämpfen, das Bügeleisen dabei über dem Strickstück halten, nicht darauf (s. ***Allgemeine Technik***).

GRÖSSE	NADEL-STÄRKE	FÜR HANDUMFANG	TATSÄCHLICHER UMFANG	LÄNGE
S/M	4,5 mm	18-20 cm	20 cm	21 cm
L/XL	5 mm	20-22 cm	22 cm	23 cm

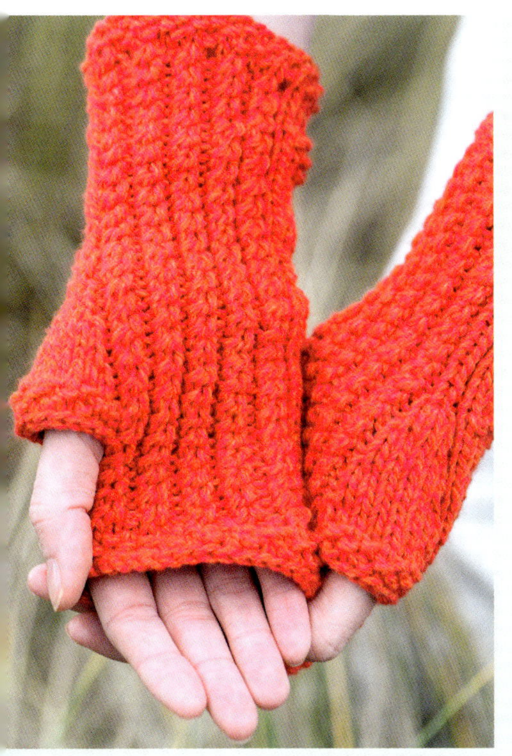

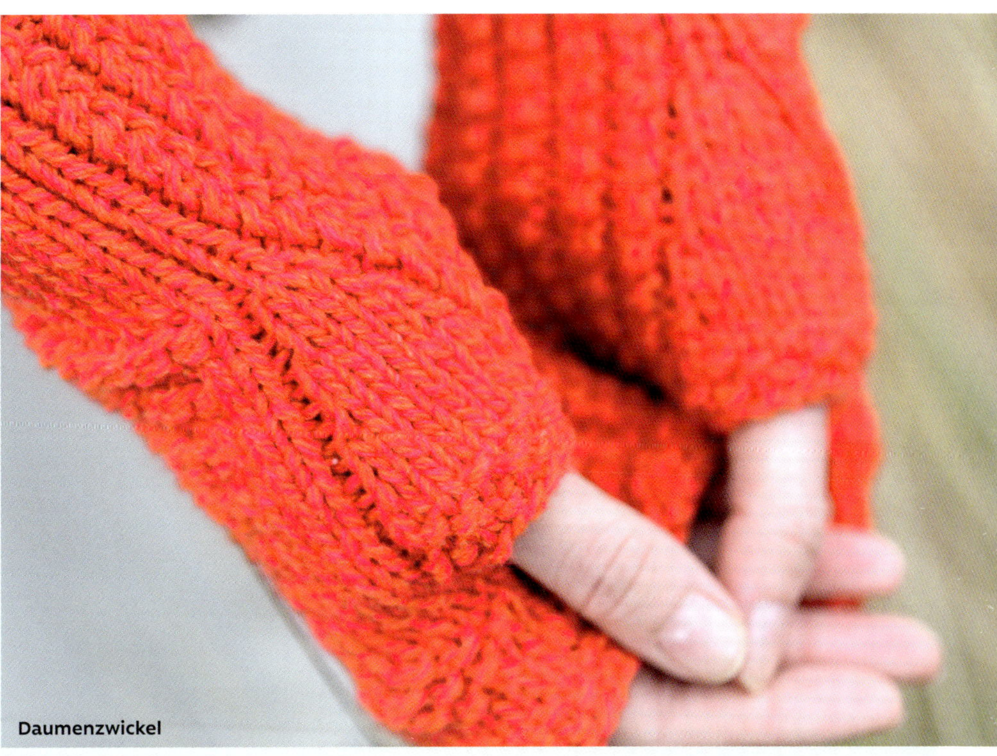

Daumenzwickel

STRICKSCHRIFTEN LINKER UND RECHTER HANDSCHUH

Linke Hand

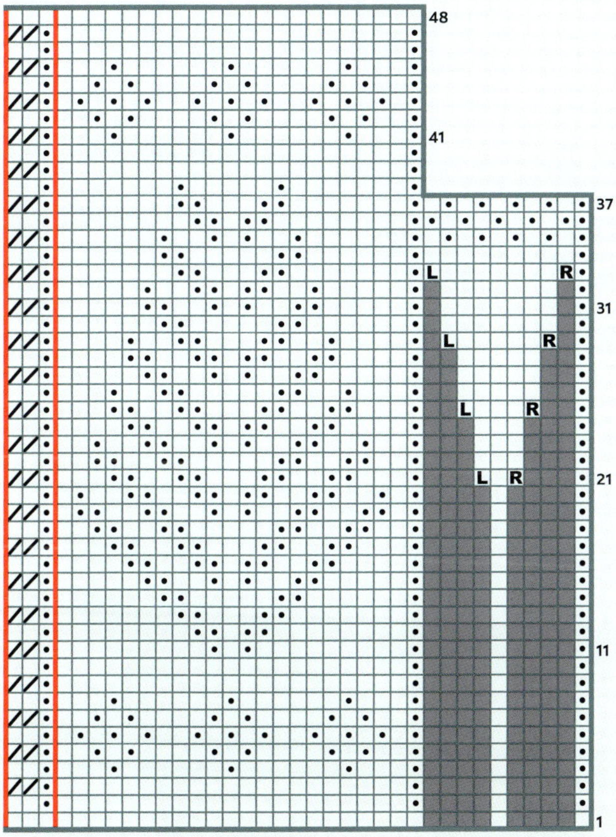

Rechte Hand

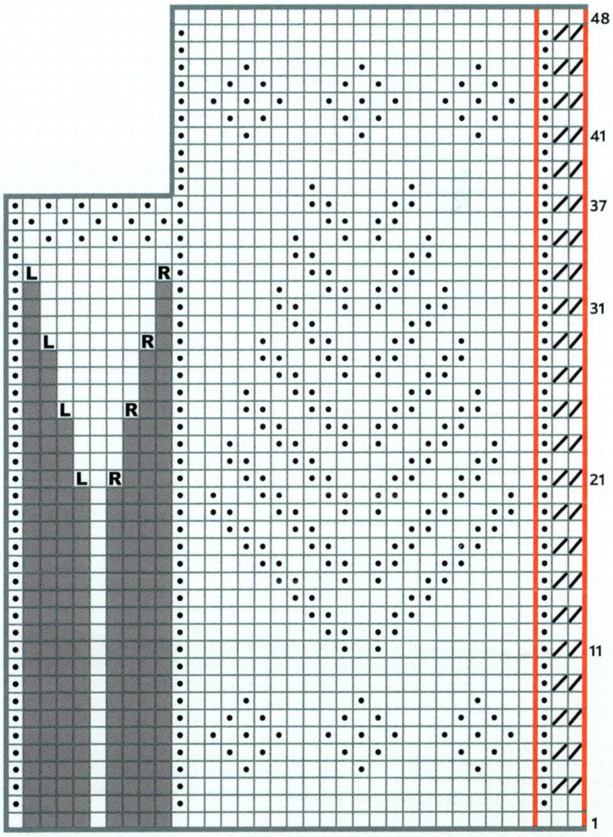

SCHLÜSSEL

- ☐ HinR: re RückR: li
- ⊡ HinR: li RückR: re
- L M1L
- R M1R
- // 2 rechts Zopf
- ■ Keine Masche
- | 5-mal wdh

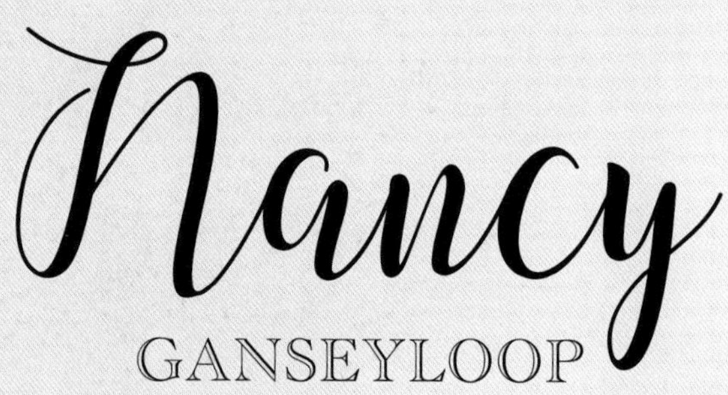

GANSEYLOOP

NANCY STAMMT AUS EINEM MEINER LIEBLINGSLIEBESGEDICHTE DES SCHOTTISCHEN DICHTERS ROBERT BURNS. »AE FOND KISS AND THEN WE SEVER« (EIN LIEBER KUSS ZUM ABSCHIED), DAS BURNS AN AGNES CRAIG SCHICKTE, DIE AUCH ALS NANCY, SEINE UNERWIDERTE LIEBE, BEKANNT IST. ICH DACHTE BEI DIESEM LOOP AN SIE!

DAS HERZ IST IN SCHOTTLAND EIN VERTIKALES MUSTER, ABER WURDE IN ANDEREN REGIONEN AUCH IN DEN ZWICKEL ODER NEBEN DEM TRENNSTREIFEN DES GANSEYS GESTRICKT. OB DAHER DIE ENGLISCHE REDEWENDUNG, »SEIN HERZ AUF DEM ÄRMEL TRAGEN«, STAMMT?

WOLLE

Rowan Pure Cashmere (100 % Kaschmir), (8 ply/DK light worsted), 50 g (137 m)

2 Knäuel

Gezeigt in Lipstick

Anmerkung: Eine andere Wolle gleicher Stärke funktioniert genauso gut wie Kaschmir. Wir haben allerdings mit einer etwas kleineren Nadelstärke als empfohlen gestrickt, damit das Ganseymuster richtig hervorsticht.

MASCHENPROBE

24 M und 32 Rd = 10 x 10 cm im Muster auf 3,25 mm Nadeln

NADELN & ZUBEHÖR

1 Nadelspiel 3,25 mm 20 cm lang oder 3,25 mm Rundnadel 40 cm lang

3 Maschenmarkierer

Stopfnadel

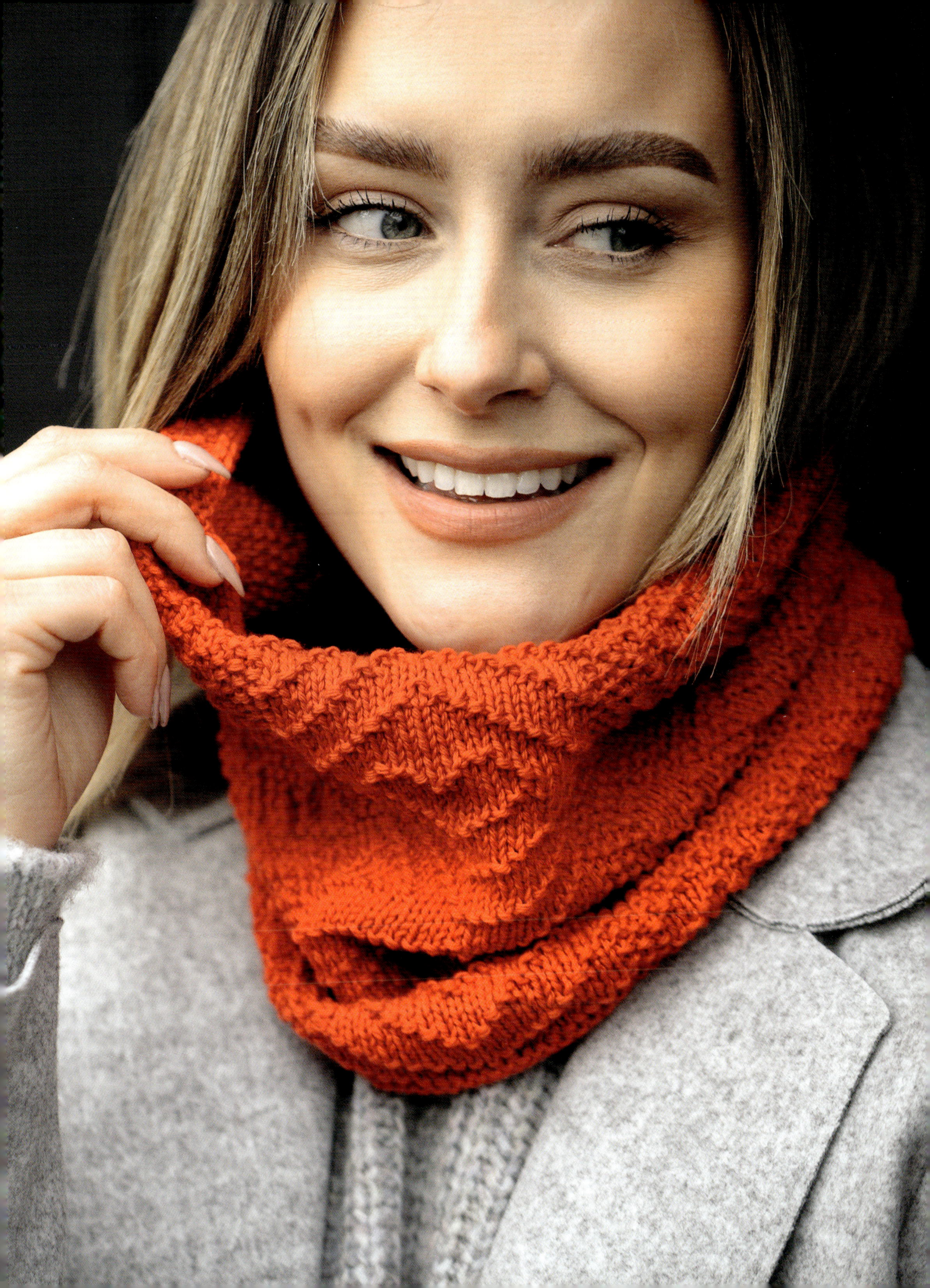

MUSTEREIGENSCHAFTEN

Dieser Ganseyloop entstand aus den wunderschönen Mustern der Fischer aus Wick, im Norden Schottlands. Sie ergeben sich aus einer Reihe Zickzackmuster und haben einen tollen Rhythmus, den man auch in manchen Mustern aus Sheringham finden und sogar im Musikermuster aus Cornwall (s. ***Mustersammlung: Fischgrätmuster, Polperro, Cornwall***). Ich habe die Zickzackmuster in unterschiedliche Richtungen gestrickt und um das hübsche Herzmuster aus Filey, wo ich die ersten Jahre meines Lebens verbracht habe, ergänzt.

GRÖSSE	Einheitsgröße
UMFANG	52,5 cm
LÄNGE	35 cm

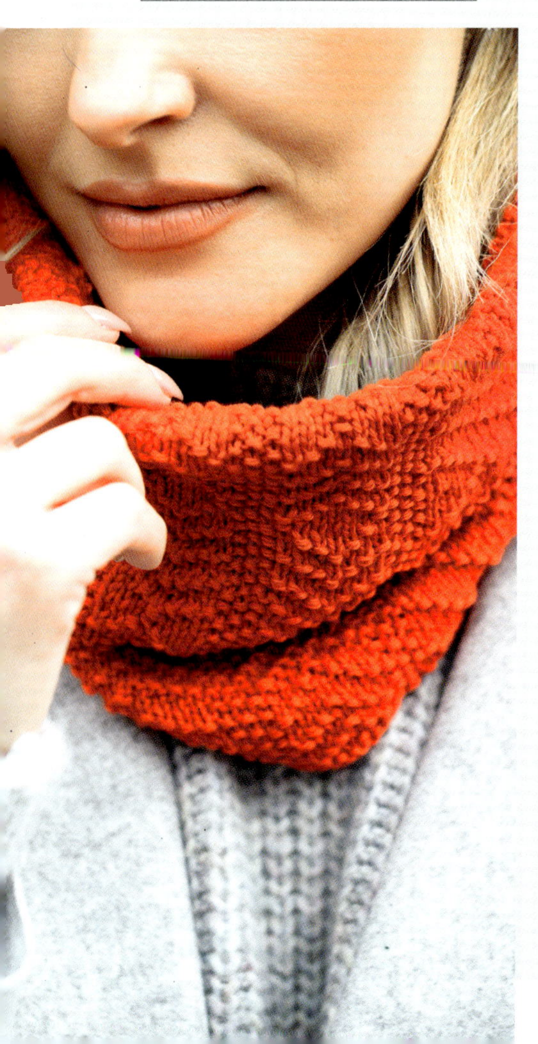

LOOP

Mit 3,25 mm Nadeln 126 M im Kreuzanschlag anschlagen.

Zur Runde schließen und den Rd-Beginn markieren.

Mascheneinteilung: Bis Rd-Ende li.

Ab jetzt wie folgt laut der zwei Strickschriften arbeiten:

Rd 1: *M1-10 der 1 Rd der Strickschrift 1 zweimal str, M 21-42 der Rd 1 der Strickschrift 2 einmal, MM setzen; ab * noch zweimal wdh, der letzte MM markiert den Rd-Beginn.

Rd 2-111: M 1-10 der nächsten R der Strickschrift 2 zweimal str, M 21-42 der nächsten R der Strickschrift 1 einmal MM; ab* noch zweimal wdh.

Rd 112 (nicht in der Strickschrift): Links.

Rechts abketten.

AUSARBEITEN

Fäden vernähen.

Leicht dämpfen, das Bügeleisen dabei über dem Strickstück halten, nicht darauf (s. ***Allgemeine Technik***). Nicht spannen, sonst verschwindet die hübsche Maschendefinition

SCHLÜSSEL

☐ HinR: re RückR: li

⊡ HinR: li RückR: re

STRICKSCHRIFT 2

STRICKSCHRIFT 1

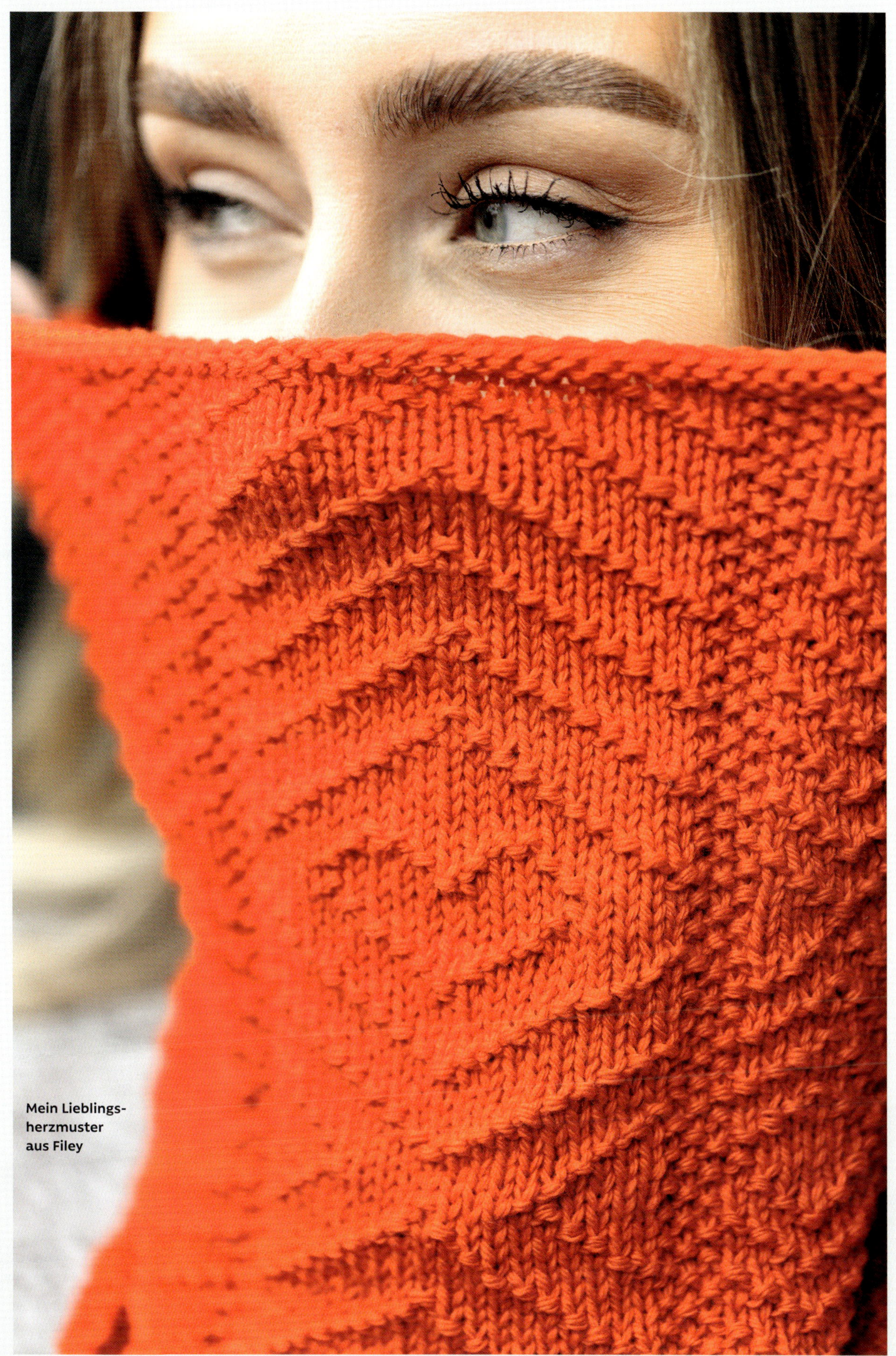

Mein Lieblings-
herzmuster
aus Filey

North Sea

RUNDPASSENPULLOVER

BEI DIESEM RECHT AUßERGEWÖHNLICHEN DESIGN WOLLTE ICH EINE ANDERE METHODE FÜR EINEN NAHTLOSEN PULLOVER NUTZEN, UM EINEN GANZ SPEZIELLEN GANSEY ZU STRICKEN! DIE MUSTER SIND BESONDERS INTERESSANT, DARUNTER UMGEKEHRTE RAUTEN UND »HEAPIES« UND EIN SCHOTTISCHES BAUMMOTIV. MANCHMAL SIND DIE »HEAPIES« AUCH DREIECKE, OFT VERLÄNGERT UND ÄHNLICH DEN FLAGGEN. ICH HABE MIT GLATT LINKEN RAUTEN UND »HEAPIES« GESPIELT, BIS ICH DEN EINDRUCK HATTE, DASS SIE WIE UNRUHIGES MEER AUSSEHEN UND AN DIE NORDSEE AN EINEM WINDIGEN TAG ERINNERN.

WOLLE

Di Gilpin Lalland DK (100% Wolle),

(8 ply/ DK light worsted), 50 g (175 m)

8 (9) 10 (11) Knäuel Gezeigt in Furze (Größe S)

MASCHENPROBE

24 M und 38 R/Rd = 10 x 10 cm glatt rechts und im Ganseymuster auf 3,75 mm Nadeln

NADELN & ZUBEHÖR

1 kurzes und 1 langes Nadelspiel 3,25 mm oder Rundnadeln

1 kurzes und 1 langes Nadelspiel 3,75 mm oder Rundnadeln

Gerade Nadeln 4,5 mm

Wollrest oder Maschenhalter

Maschenmarkierer

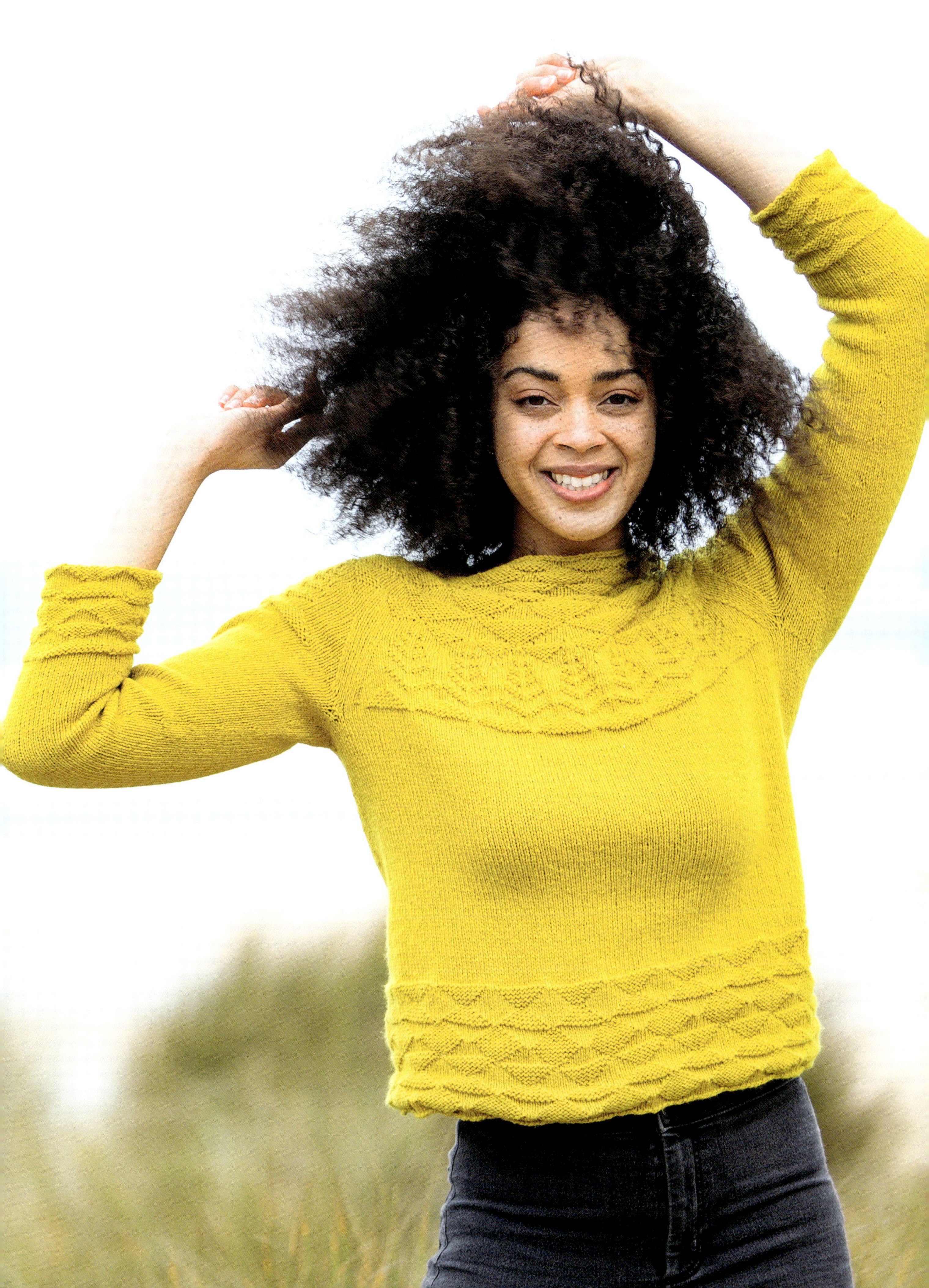

KONSTRUKTION

Ich habe hier den typischen Schnitt für einen Fair Isle Rundpassenpullover genutzt, bei dem die Unterarme im Maschenstich geschlossen werden und der von unten hoch gestrickt wird.

ZUM MUSTER

DIE ÄRMEL ZUERST

Ich empfehle, zuerst die Ärmel zu stricken, dabei können Sie dann auch noch mal Ihre Maschenprobe auf einer kleineren Fläche überprüfen, bevor Sie sich an den Körper machen. Das ist ein guter Tipp für alle Projekte, besonders, wenn Sie zu den Leuten gehören, die ungern Maschenproben stricken!

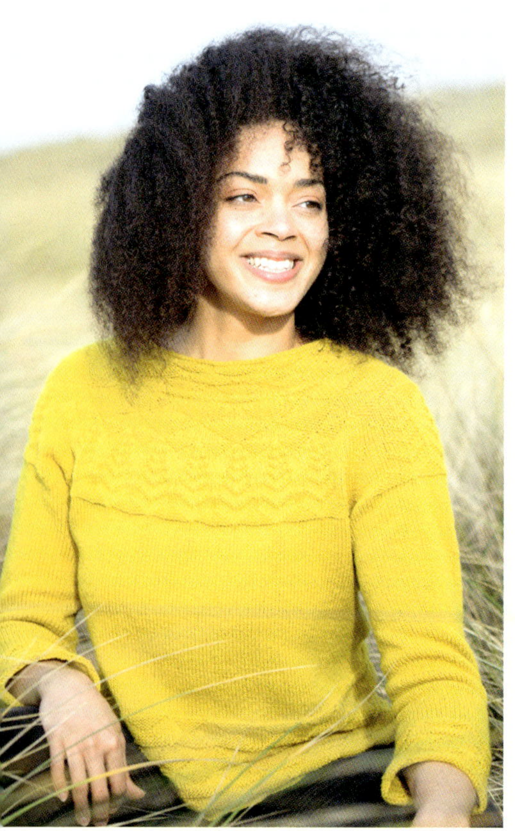

ÄRMEL

Mit kurzen 3,25 mm Nadeln 60 (60) 72 (72) M im Kreuzschlag anschlagen.

Zur Runde schließen und den Rd-Beginn markieren.

1 Rd links.

Rd 1 bis 33 der Strickschrift A für den Ärmel str, das Muster 5 (5) 6 (6)-mal pro Rd wdh.

Auf 3,75 mm Nadeln wechseln und nach den ersten 30 (30) 36 (36) M noch einen MM setzen.

10 Rd glatt rechts (jede Rd rechts) str.

Nächste Rd (Zunahmen): M1R, bis MM re, MM, M1L, bis Rd-Ende re. 2 M zugen.

9 (9) 7 (7) Rd glatt rechts.

Die Zunahmerunde wdh. 2 M zugen.

Die letzten 10 (10) 8 (8) Rd noch 8 (10) 6 (8)-mal wdh. 80 (84) 88 (92) M.

Weiter glatt rechts str, bis der Ärmel 44 (46) 48 (50) cm oder die gewünschte Länge ab dem Anschlag misst.

Die letzten und die ersten 6 M der letzten Rd stilllegen.

Die restl 68 (72) 76 (80) ÄrmelM getrennt stilllegen, dann den zweiten Ärmel str. Wenn beide Ärmel fertig sind, wird der Körper gestrickt.

KÖRPER

Mit den langen 3,75 mm Nadeln 240 (252) 264 (276) M im Kreuzschlag anschlagen.

Zur Runde schließen und den Rd-Beginn markieren. Wenn Sie ein Nadelspiel nutzen, heben Sie je 60 (63) 66 (69) M auf die vier Nadeln und stricken Sie mit einer fünften ab, falls Sie mit einer Rundnadel stricken, setzen Sie jeweils zwischen 60 (63) 66 (69) M einen Maschenmarkierer.

1 Rd re.

Rd 1 bis 44 der Strickschrift B für den Bund am Körper str, das Muster 20 (21) 22 (23)-mal pro Rd stricken.

Weiter glatt rechts str, bis der Körper 19 (21) 23 (25) cm ab dem Anschlag misst.

Auf ein langes Nadelspiel 3,25 mm wechseln.

Noch 5 (6) 7 (8) cm glatt rechts str.

Auf ein langes Nadelspiel oder eine Rundnadel 3,75 mm wechseln.

Weiter glatt rechts str, bis der Körper 35 (40) 42 (46) cm oder die gewünschte Länge ab dem Anschlag misst.

ÄRMEL UND KÖRPER FÜR DIE PASSE ZUSAMMENNEHMEN

Anmerkung: *Bevor Sie mit diesem Abschnitt beginnen, achten Sie darauf, dass die ersten und die letzten 6 M jedes Ärmels stillgelegt sind. Diese werden später im Maschenstich geschlossen und nicht mehr gestrickt.*

Wenn Sie mit einer Rundnadel stricken, brauchen Sie in diesem Abschnitt Markierer in zwei unterschiedlichen Farben oder Formen: 4 von einer Sorte, um die Raglanabnahmen zu markieren (Raglan-MM) und 4 einer anderen Sorte, um die Muster der Strickschrift zu markieren (Muster-MM). Bei einem Nadelspiel brauchen Sie nur 4 Maschenmarkierer für die Raglanabnahmen.

Maschenverteilung: Die rechte Seite vorn, 54 (57) 60 (63) KörperM re, die nächsten 12 KörperM für den Unterarm stilllegen, Raglan-MM setzen, 34 (36) 38 (40) ÄrmelM re (von der Rückenteilmitte bis zur Mitte des linken Ärmels). Wenn Sie ein Nadelspiel nutzen, sollten Sie jetzt 88 (93) 98 (103) M auf der Nadel haben. Nehmen Sie jetzt eine neue Nadel oder, falls Sie mit einer Rundnadel stricken, setzen Sie einen Muster-MM, 34 (36) 38 (40) ÄrmelM re,

Raglan-MM setzen, 54 (57) 60 (63) KörperM re (von der Mitte des linken Ärmels bis zur Vorderteilmitte), eine neue Nadel nehmen oder einen Muster-MM setzen wie vorher, 54 (57) 60 (63) KörperM re, die nächsten 12 KörperM für den Unterarm stilllegen, Raglan-MM setzen, 34 (36) 38 (40) ÄrmelM re (von der Vorderteilmitte bis zur Mitte des rechten Ärmels), eine neue Nadel nutzen oder wie vorher einen Muster-MM setzen, 34 (36) 38 (40) ÄrmelM re, Raglan-MM setzen, 54 (57) 60 (63) KörperM re (mittleren M des rechten Ärmels bis zur Rückenteilmitte).

GRÖSSE	BRUSTUMFANG	BUNDUMFANG	KOMPLETTE LÄNGE	LÄNGE BIS ACHSEL	ARMLOCH	ÄRMELLÄNGE	HALSAUSSCHNITT
S	91 cm	100 cm	54,5 cm	35 cm	19,5 cm	44 cm	50 cm
M	99 cm	105 cm	59,5 cm	40 cm	19,5 cm	46 cm	52,5 cm
L	107 cm	110 cm	63 cm	42 cm	21 cm	48 cm	54 cm
XL	112 cm	115 cm	67 cm	46 cm	21 cm	50 cm	56 cm

Die Rd beginnt in der hinteren Mitte. Wenn Sie ein Nadelspiel benutzen, sollten auf jeder Nadel 88 (93) 98 (103) M sein und 4 Raglan-MM. Stricken Sie mit einer Rundnadel, sollten Sie 4 Raglan-MM und 4 Muster-MM mit je 88 (93) 98 (103)

M zwischen den Muster-MM haben. 352 (372) 392 (412) M insgesamt.

PASSE

Anmerkung: In den Rundpassen Strickschriften C1 und C2 stehen keine Symbole für die Raglanabnahmen. Die Anleitung dafür folgt hier.

Die Strickschriften immer in dieser Reihenfolge stricken: C1, C2, C1, C2.

2 (2) 0 (0) Rd im Muster stricken,

Nächste Rd (Abnahme): * bis 4 M vor Raglan-MM im Muster str, 2 M re zus, 2 M re, MM, 2 M re, üzus; ab * noch 3-mal wdh.

8 M abgen. 1 Rd str.

Die letzten 2 Rd noch 8 (8) 9 (9)-mal wdh. 280 (300) 312 (332) M.

NUR GRÖSSEN M UND XL

Nächste Rd (Abnahme): *bis 4 M vor Raglan-MM im Muster str, 2 M re zus, 2 M re, MM, bis zum nächsten Raglan-MM im Muster str, MM, 2 M re, üzus; ab * noch einmal wdh. 4 M abgen.

ALLE GRÖSSEN

280 (296) 312 (328) M.

Weiter im Muster stricken, bis Rd 23 der Strickschriften C1 und C2 beendet ist.

Rd 24 (Abnahme): Bis zum Rd-Ende im Muster str, 3 M überzogen zus str, wo in der Strickschrift angegeben (s. ***Allgemeine Technik***). 240 (256) 272 (288) M.

Weiter im Muster stricken, bis Rd 30 der Strickschriften C1 und C2 beendet ist.

Rd 31 (Abnahme): Bis zum Rd-Ende im Muster str und die Abn wie vorher, wie in der Strickschrift angegeben. 192 (208) 224 (240) M.

Rd 32: Bis Rd-Ende im Muster str. Die Strickschriften C1 und C2 sind jetzt beendet.

Mit Strickschrift D beginnen.

Rd 33-40: Im Muster str, das 16-M-Muster 12 (13) 14 (15)-mal pro Rd wdh.

Rd 41 (Abnahme): Bis Rd-Ende im Muster, die Abnahmen entweder als 2 M li zus oder 2 M li zus versch str, wie in der Strickschrift angegeben. 168 (182) 196 (210) M.

So weiterstricken, bis Strickschrift D beendet ist, wie vorher in den Rd 47 und 52 abnehmen. 120 (130) 140 (150) M.

Rd 57 bis 74 der Strickschrift E str, das 10-M-Muster 12 (13) 14 (15)-mal pro Rd wdh.

NUR GRÖSSEN L UND XL

Rd 75 bis 79 der Strickschrift E str, in Rd 76 wie in der in Strickschrift angegeben Abnahmen stricken.

ALLE GRÖSSEN

120 (130) 126 (135) M.

Gleichmäßig und locker mit einer dickeren Nadel rechts abketten.

AUSARBEITEN

Fäden vernähen. Die Naht unterm Arm im Maschenstich schließen (s. ***Allgemeine Technik***).

Wenn nötig, leicht dämpfen, das Bügeleisen dabei über dem Strickstück halten, nicht darauf (s. ***Allgemeine Technik***).

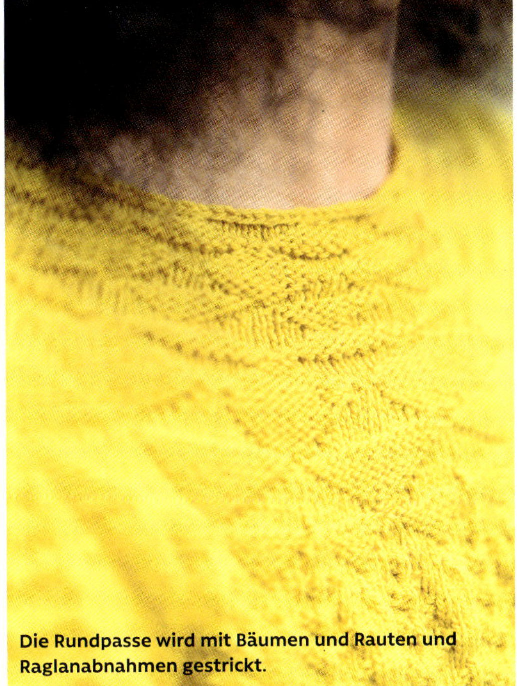

Die Rundpasse wird mit Bäumen und Rauten und Raglanabnahmen gestrickt.

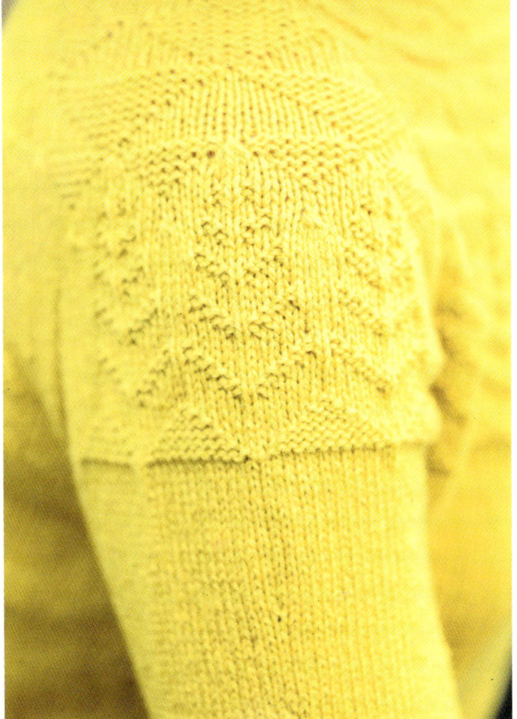

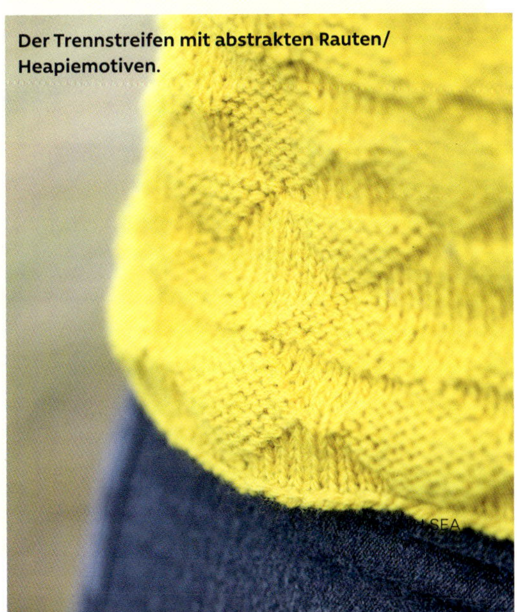

Der Trennstreifen mit abstrakten Rauten/ Heapiemotiven.

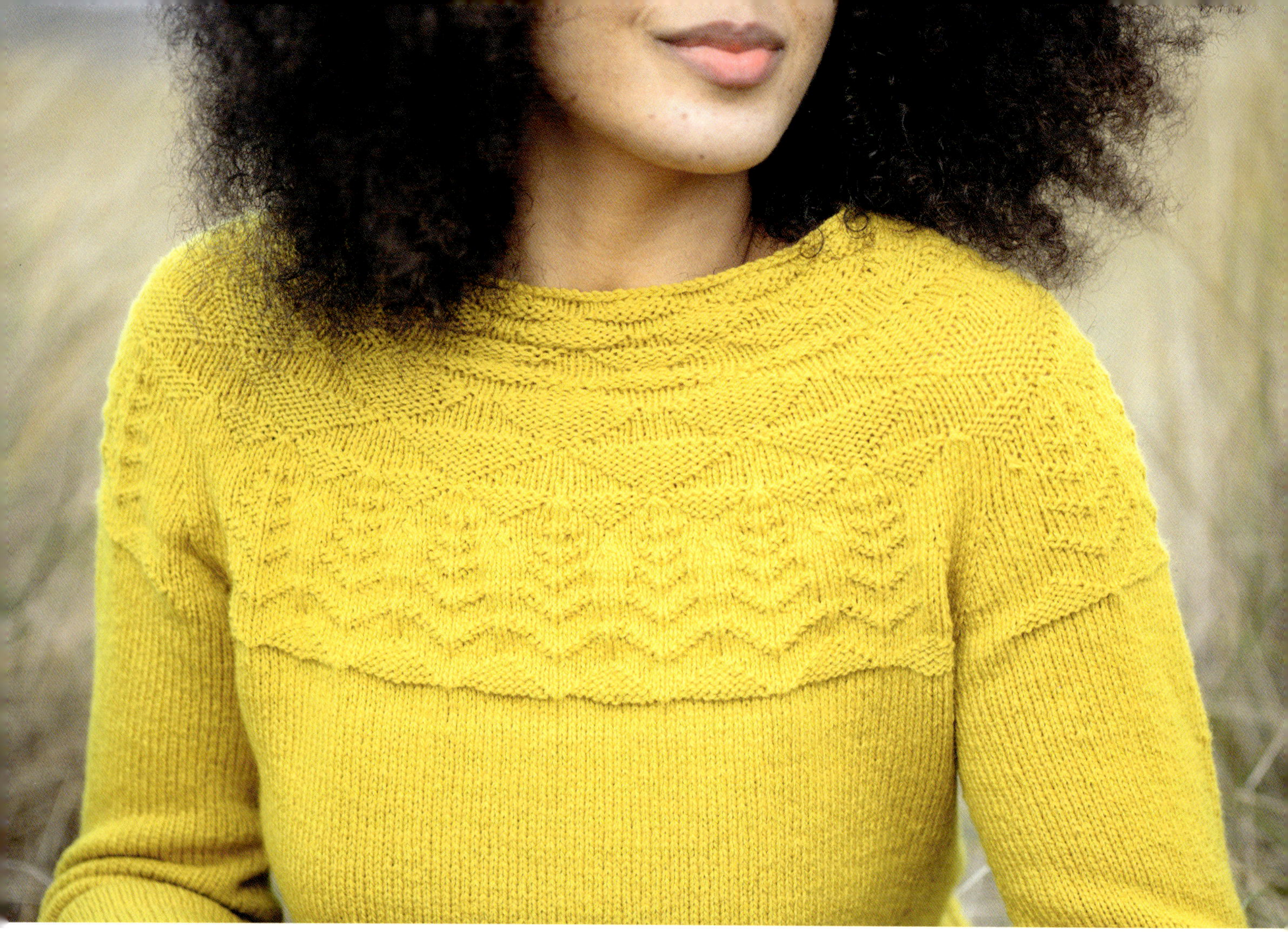

STRICKSCHRIFT A – ÄRMEL

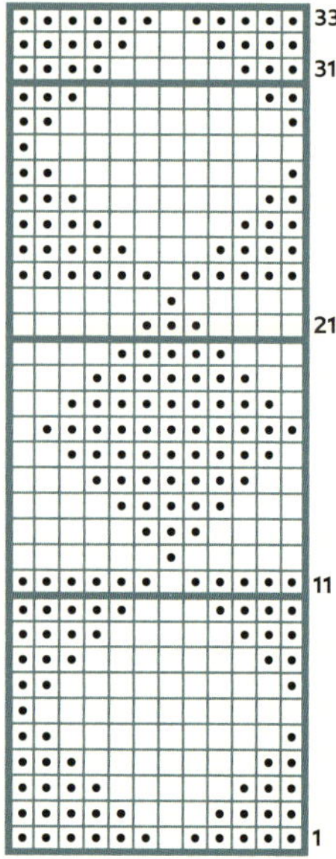

STRICKSCHRIFT B – BUND

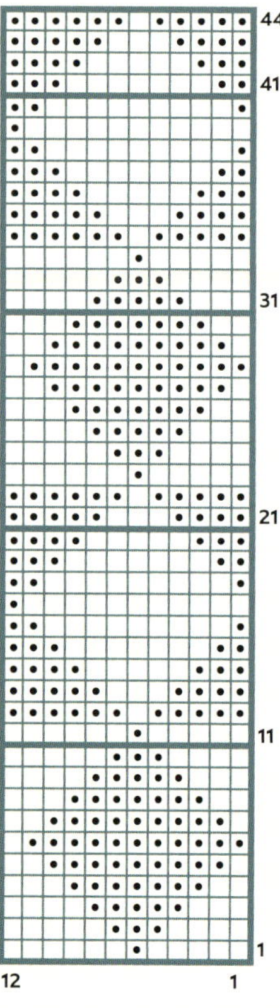

STRICKSCHRIFT D – RUNDPASSE

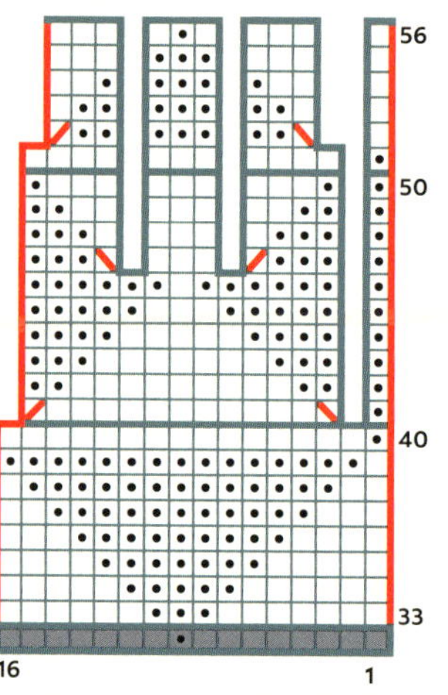

STRICKSCHRIFT F - PASSE

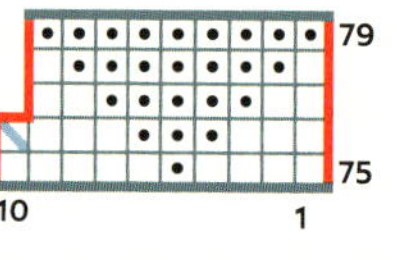

STRICKSCHRIFT E – RUNDPASSE

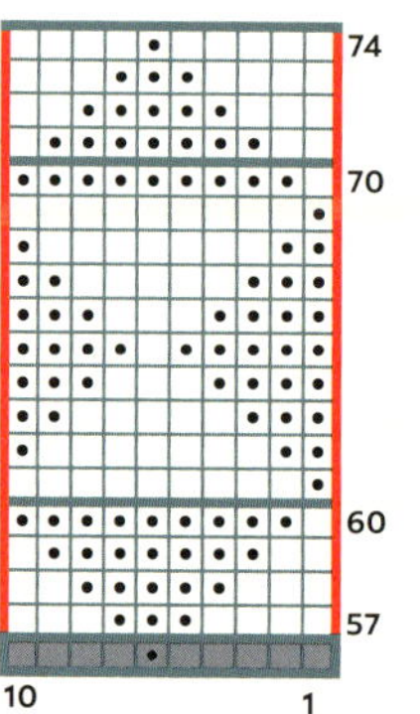

SCHLÜSSEL

- RS: knit WS: purl
- RS: purl WS: knit
- üzus
- 2 M li zus
- 2 M li zus versch
- Maschen 12 (13) 14 (15) x stricken
- Letzte R der vorherigen Strickschrift

STRICKSCHRIFT C - PASSE STRICKSCHRIFT 1

STRICKSCHRIFT C - PASSE STRICKSCHRIFT 2

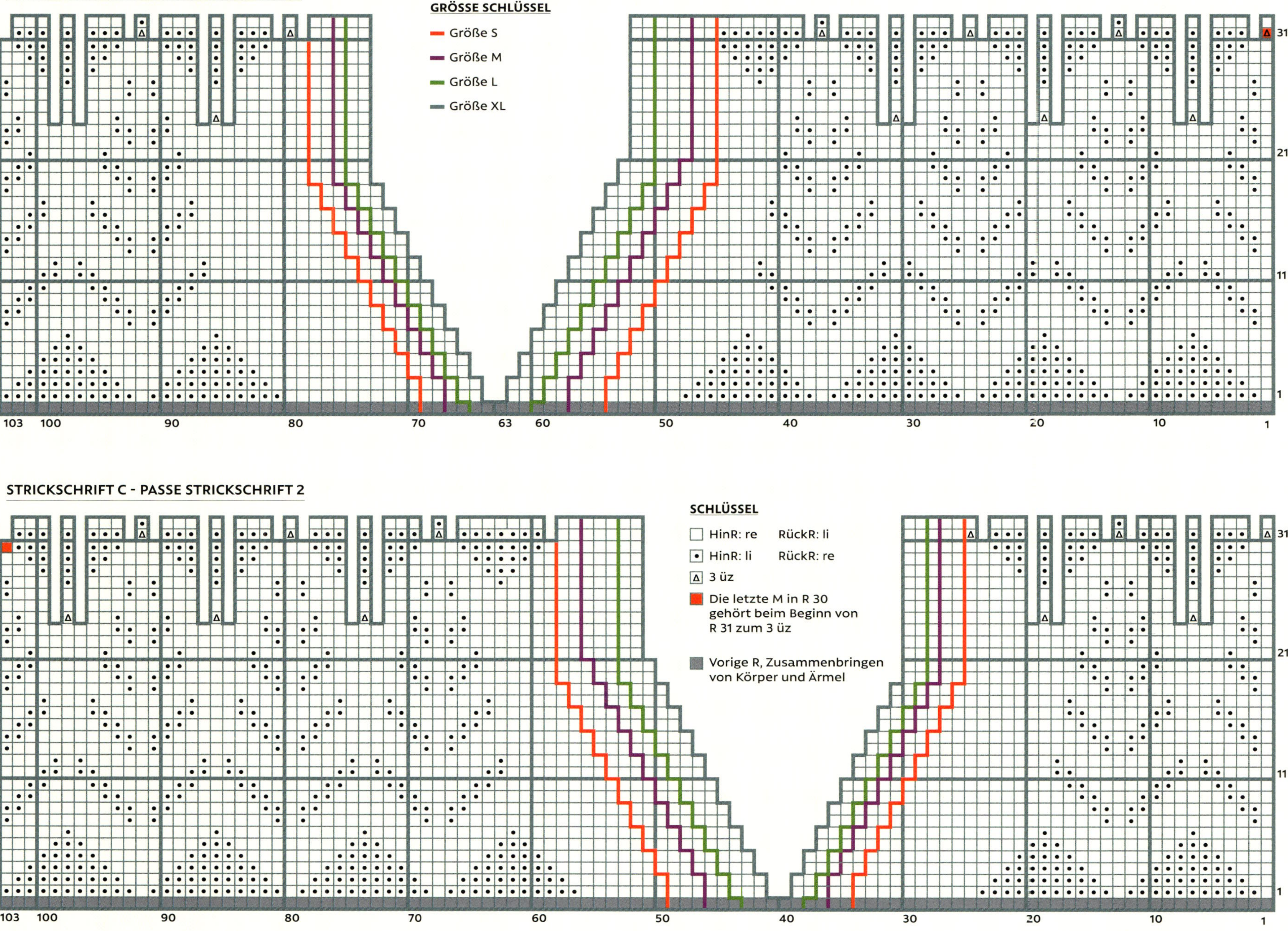

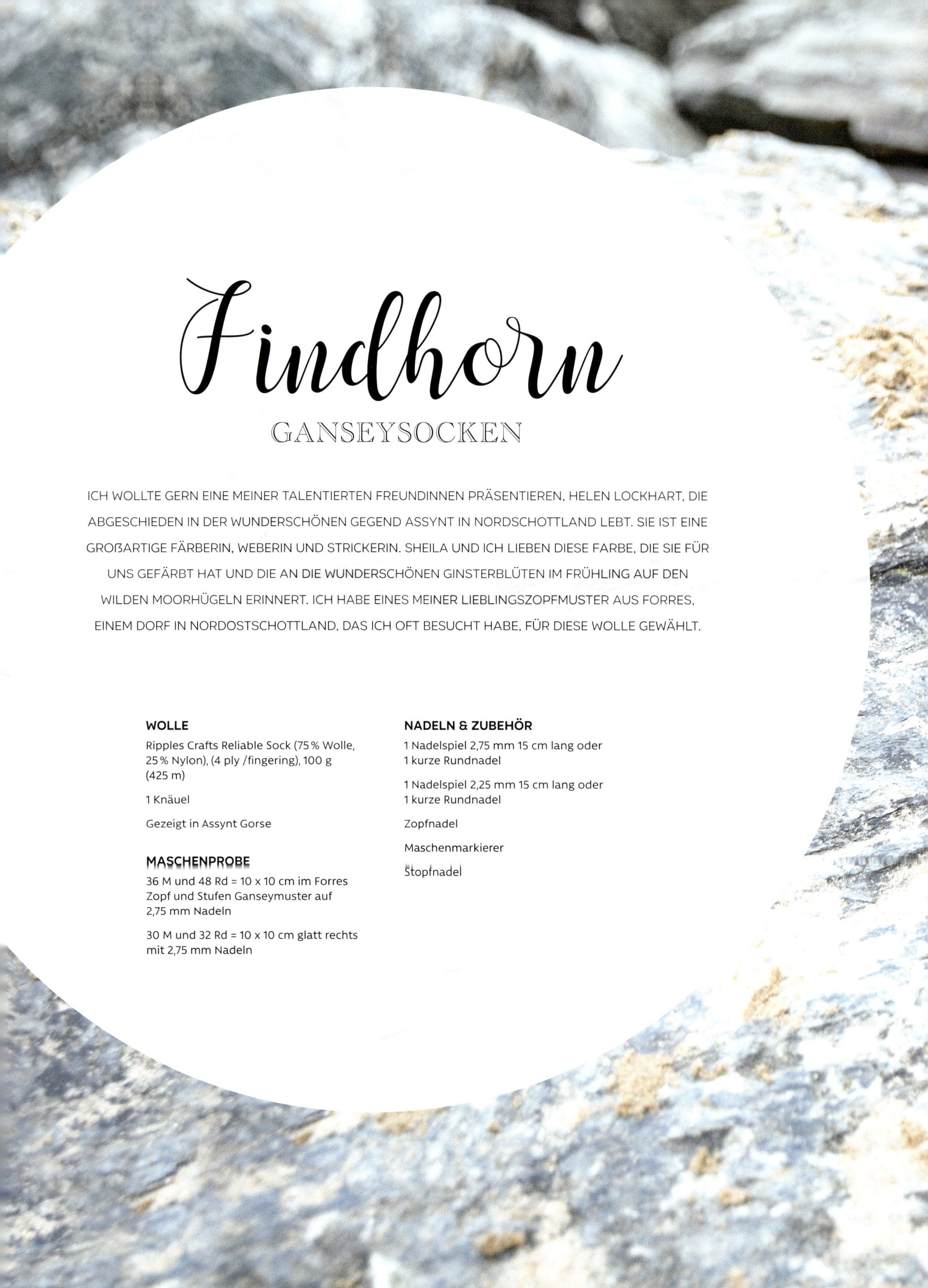

Findhorn

GANSEYSOCKEN

ICH WOLLTE GERN EINE MEINER TALENTIERTEN FREUNDINNEN PRÄSENTIEREN, HELEN LOCKHART, DIE ABGESCHIEDEN IN DER WUNDERSCHÖNEN GEGEND ASSYNT IN NORDSCHOTTLAND LEBT. SIE IST EINE GROßARTIGE FÄRBERIN, WEBERIN UND STRICKERIN. SHEILA UND ICH LIEBEN DIESE FARBE, DIE SIE FÜR UNS GEFÄRBT HAT UND DIE AN DIE WUNDERSCHÖNEN GINSTERBLÜTEN IM FRÜHLING AUF DEN WILDEN MOORHÜGELN ERINNERT. ICH HABE EINES MEINER LIEBLINGSZOPFMUSTER AUS FORRES, EINEM DORF IN NORDOSTSCHOTTLAND, DAS ICH OFT BESUCHT HABE, FÜR DIESE WOLLE GEWÄHLT.

WOLLE

Ripples Crafts Reliable Sock (75 % Wolle, 25 % Nylon), (4 ply /fingering), 100 g (425 m)

1 Knäuel

Gezeigt in Assynt Gorse

MASCHENPROBE

36 M und 48 Rd = 10 x 10 cm im Forres Zopf und Stufen Ganseymuster auf 2,75 mm Nadeln

30 M und 32 Rd = 10 x 10 cm glatt rechts mit 2,75 mm Nadeln

NADELN & ZUBEHÖR

1 Nadelspiel 2,75 mm 15 cm lang oder 1 kurze Rundnadel

1 Nadelspiel 2,25 mm 15 cm lang oder 1 kurze Rundnadel

Zopfnadel

Maschenmarkierer

Stopfnadel

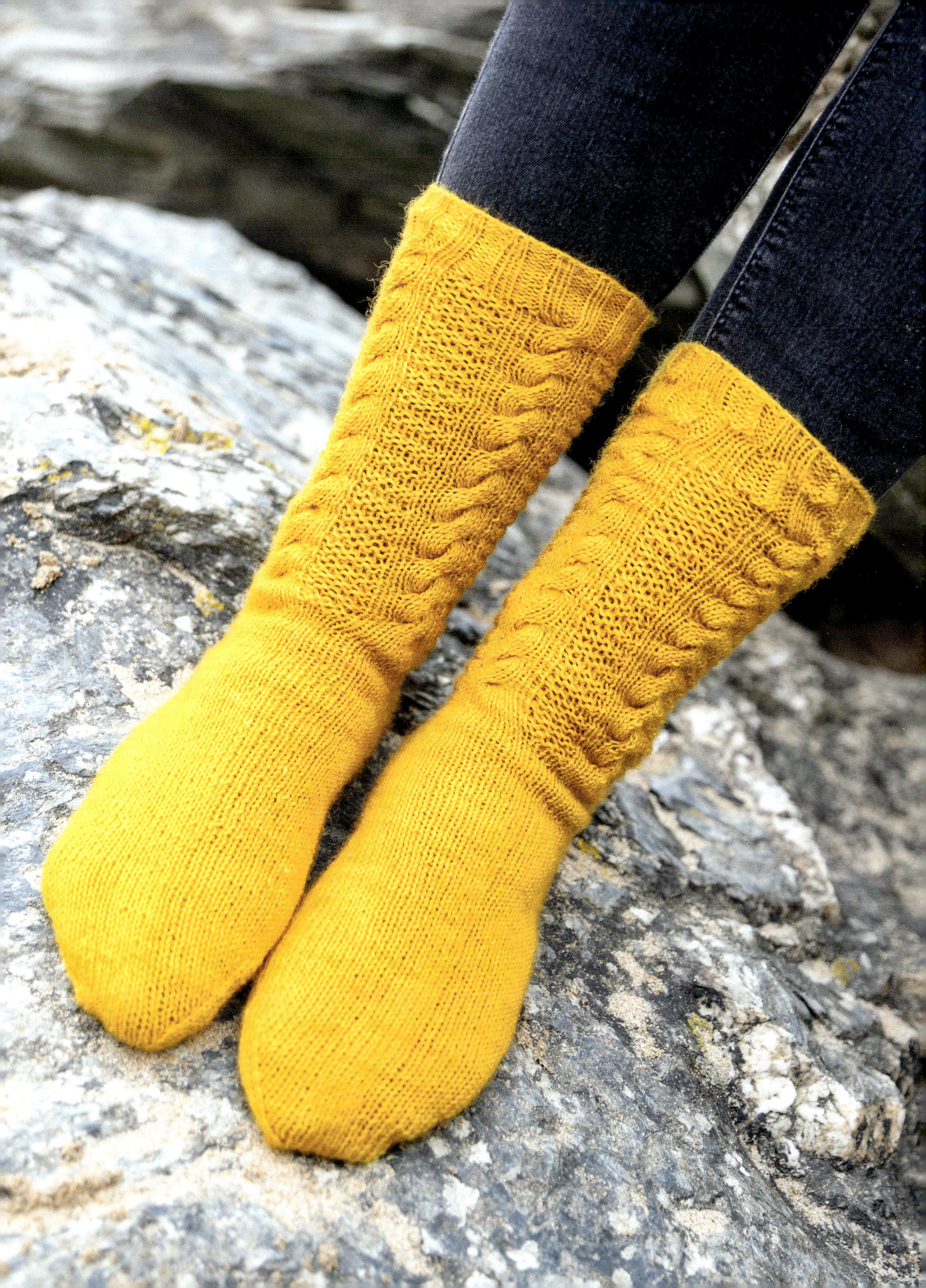

MUSTEREIGENSCHAFTEN

Bei diesen Socken gibt es zwei Bundmuster zur Wahl. In unseren Socken haben wir je eines gestrickt! Die wunderschönen »freien« Zöpfe ergeben einen tollen Welleneffekt mit den Streifen daneben. Ich habe das Muster nicht auf den Fuß ausgedehnt, weil ich dachte, dass die Strümpfe in Stiefeln auf Spaziergängen in den Sanddünen bei Findhorn getragen werden!

ZUM MUSTER

BUNDMUSTER 1: 2 M RE, 2 M LI RIPPEN

(eine 4 M-Wdh über 16 Rd)

Rd 1-16: 2 M re, 2 M li

BUNDMUSTER 2: PITTENWEEM FLECHTMUSTER UND ZÖPFE

(eine 8 M-Wdh über 18 Rd)

Vorbereitungsrd: 4 M re, 4 M li.

Rd 2 (Zunahme): 4 M re, 1 M li, M1R, 2 M li, M1L, 1 M li. 10 M pro Wdh.

Rd 3-9: 4 M re, 2 M li, 2 rechts Zopf, 2 M li.

Rd 10: 1 M li, M1R, 2 M li, M1L, 1 M li, 1 M re, 2 M re zus, 2 M re zus, 1 M re.

Rd 11-17: 2 M li, 2 rechts Zopf, 2 M li, 4 M re.

Rd 18 (Abnahme): 1 M re, 2 M re zus, 2 M re zus, 1 M re, 4 M re. 8 M pro Wdh.

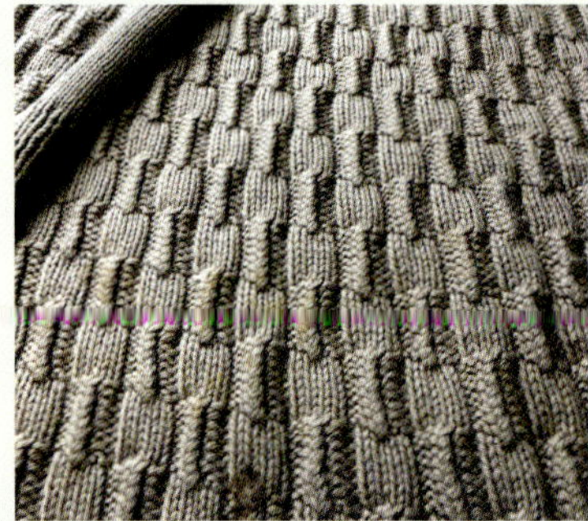

Der besondere Ganseypullover, von dem Sheila das Muster für das zweite Bundmuster hat. Schottisches Fischereimuseum Collection, ANSFM:2019.90. Foto: Di Gilpin

GRÖSSE	Einheitsgröße, die Fußlänge ist variabel
FUSSLÄNGE	25 cm anpassbar
VOM BUND BIS ZUR FERSE	27 cm

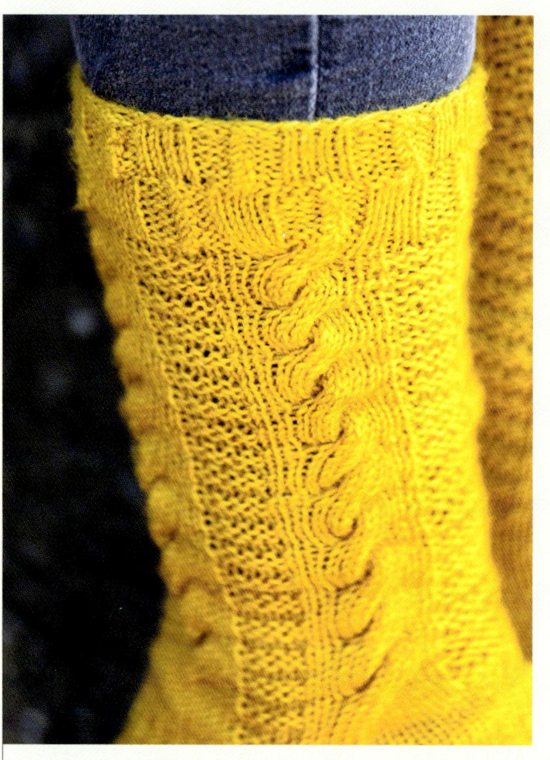

Bundmuster 2 – Stricken Sie beide Socken gleich oder probieren Sie zwei Muster aus!

FORRES ZOPF UND STUFE STRICKSCHRIFT

(16 M-Wdh über 8 Rd)

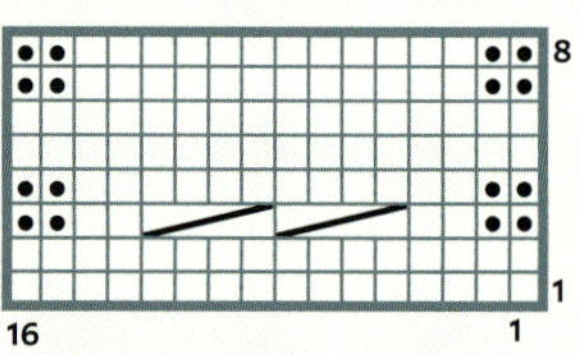

SCHLÜSSEL

- ☐ HinR: re RückR: li
- ⊡ HinR: li RückR: re
- 8 rechts Zopf

BUND

Mit 2,25 mm 64 M im Kreuzanschlag anschlagen oder aufstricken.

Zur Runde schließen und den Rundenbeginn markieren.

Für den Rippenbund gibt es zwei Möglichkeiten. Die erste ist ganz einfach, die zweite eine echte Herausforderung.

Die zweite, komplexere Möglichkeit ist das unglaubliche Muster, das wir im Schottischen Fischereimuseum gefunden haben, das Flechtmuster und Zöpfe kombiniert. Sheila hat das Muster herausgefunden (s. ***Mustersammlung: Pittenweem Flechtmuster und Zöpfe***).

16 oder 18 Rd nach Ihrer Wahl für den Bund stricken (s. ***Zum Muster***). Bei unserem Beispiel haben wir das Bundmuster bei der zweiten Socke gewechselt!

BEIN

Auf 2,75 mm Nadeln wechseln.

Jetzt nach der Strickschrift (oben) oder dem ausgeschriebenen Muster im Forres Zopfmuster stricken.

AUSGESCHRIEBENES MUSTER

Rd 1-2: Rechts.

Rd 3: 2 M li, 2 M re, 8 rechts Zopf, 2 M re, 2 M li.

Rd 4: 2 M li, 12 M re, 2 M li.

Rd 5-6: Rechts.

Rd 7-8: 2 M li, 12 M re, 2 M li.

Diese 8 Rd ergeben das Muster.

Insgesamt 80 Rd im Muster str.

Nächste Rd (Abnahme): Bis Rd-Ende re, dabei gleichmäßig verteilt 4 M abnehmen. 60 M.

FERSENWAND (IN REIHEN GESTRICKT)

Nächste R (HinR): 15 M re, wenden.

Nächste R: 1. M abh, 29 M li, wenden.

Nur über die letzten 30 M stricken, die restl 30 SpannM stilllegen.

R 1 (HinR): 1. M abh, 29 M re, wenden.

R 2: *1 M wie zum li Str abh Fd vorn, 1 M li; ab

* bis R-Ende wdh.

R 1 bis 2 noch 14-mal wdh, dann noch einmal R 1 str.

FERSE

Maschenaufteilung (RückR): 1 M wie zum li Str abh, 16 M li, 2 M li zus, 1 M li, wenden.

R 1 (HinR): 1. M abh, 5 M re, üzus, 1 M re, wenden. **R 2:** 1. M abh, 6 M li, 2 M li zus, 1 M li, wenden. **R 3:** 1. M abh, 7 M re, üzus, 1 M re, wenden.

R 4: 1. M abh, 8 M li, 2 M li zus, 1 M li, wenden.

R 5: 1. M abh, 9 M re, üzus, 1 M re, wenden. So weiterstricken und in jeder Reihe 1 M mehr stricken, bis alle FersenwandM gestrickt wurden, mit einer HinR enden. 18 FersenM übrig.

ZWICKEL

Maschenaufteilung: Mit der rechten Seite vorn, 15 M aus der ersten Seite der Fersenwand aufnehmen, die 30 stillgelegten SpannM re, Maschenmarkierer setzen, 15 M aus der anderen Seite der Fersenwand aufnehmen, 9 M re bis zur Fersenmitte. 78 M.

Rd 1 (Abnahmen): Bis 3 M vor dem 1. MM re, 2 M re zus, 1 M re, MM, bis zum nächsten MM re, MM, 1 M re, üzus, bis Rd-Ende re. 2 M abgen.

Rd 2: Rechts.

Diese 2 Runden noch 8-mal wdh. 60 M.

FUSS

48 Rd re.

Um die Größe anzupassen, weiterstricken, bis der Fuß ca. 5 cm kürzer als gewünscht ist, dann die Spitze stricken.

SPITZE

Rd 1 (Abnahmen): Bis 3 M vor dem 1. MM re, 2 M re zus, 1 M re, MM, 1 M re, üzus, bis 3 M vor dem nächsten MM re, 2 M re zus, 1 M re, MM, 1 M re, üzus, bis Rd-Ende re. 4 M abgen.

Rd 2: Rechts.

Diese zwei Rd wdh, bis noch 24 M übrig sind, nach einer 2. Rd enden.

Nächste Rd (teilweise): Bis zum 1. MM re.

AUSARBEITEN

Faden abschneiden und ca. 30 cm stehen lassen. Die Spitze im Maschenstich schließen (s. ***Allgemeine Technik***).

Die zweite Socke stricken.

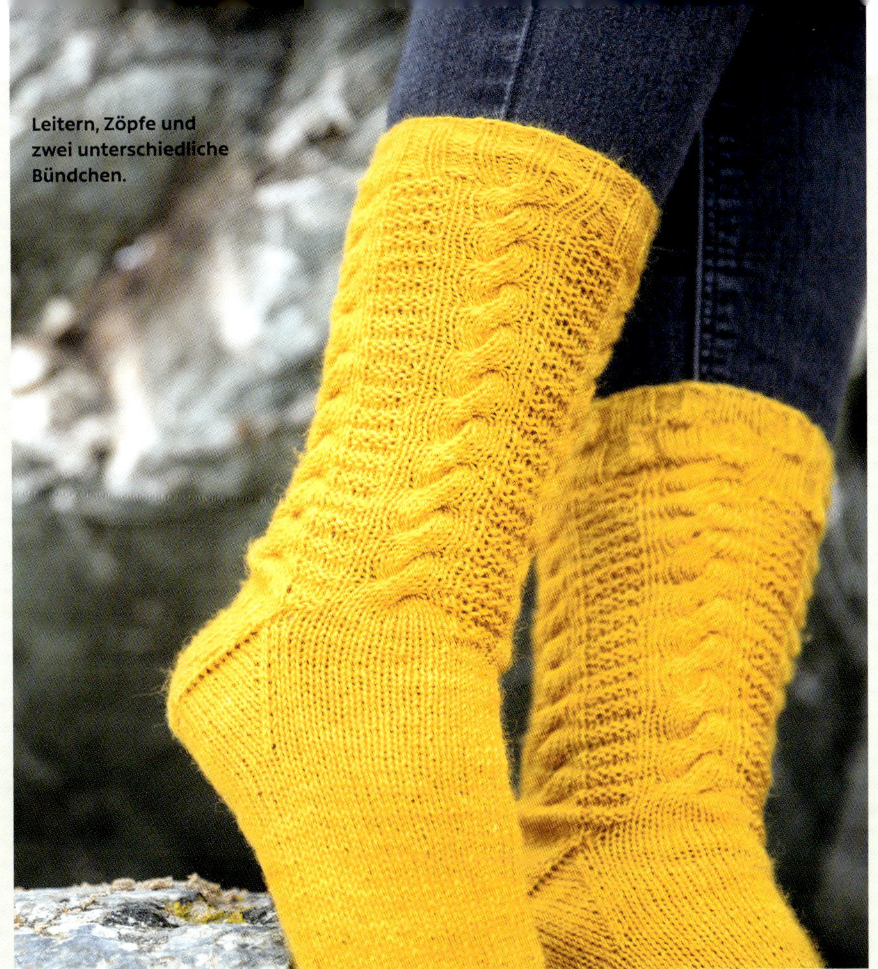

Leitern, Zöpfe und zwei unterschiedliche Bündchen.

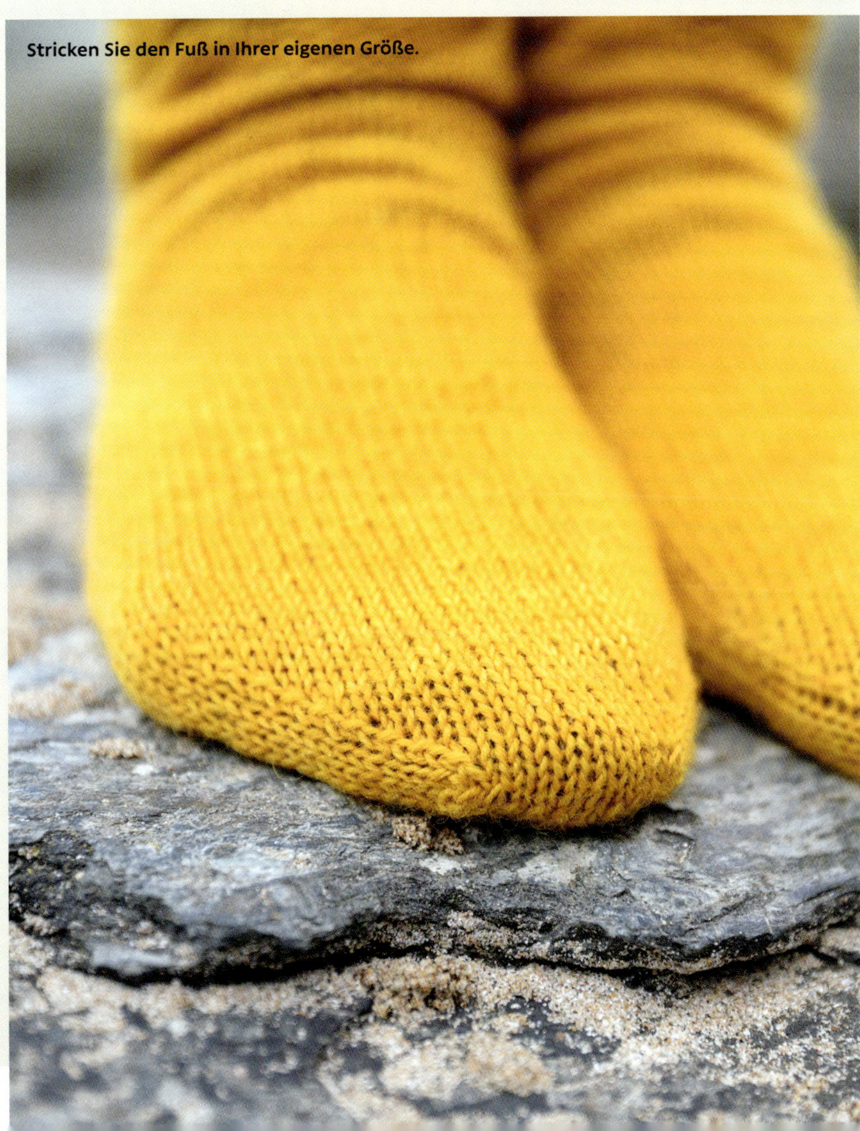

Stricken Sie den Fuß in Ihrer eigenen Größe.

The Minch

FISCHERMÜTZE

FAIR ISLE MÜTZEN SIND WUNDERSCHÖN, ICH HABE DIESE LANGEN MÜTZEN MIT QUASTEN ODER POMPONS IMMER GELIEBT. ICH BESITZE NOCH EINE ROTE MIT ZÖPFEN, DIE ICH MIT FÜNF GETRAGEN HABE! ICH HABE EINE MIT GANSEYMUSTERN IN ZWEI FARBEN ENTWORFEN, DIE SICH STETIG ÄNDERNDE SEE BEI MEINER ÜBERQUERUNG DES MINCHKANALS IM SEGELBOOT EINES FREUNDES WAR DABEI MEINE INSPIRATION. ICH WAR KÖCHIN UND FLASCHENSPÜLERIN UND HABE JEDE MINUTE GENOSSEN. NIE VERGESSE ICH, WIE WIR IN ENTLEGENEN BUCHTEN ANKERTEN, IN DENEN VOR JAHREN PIRATEN LEBTEN, UND DANN NACHTS VOM BOOT AUS SCHWAMMEN, WOBEI UNS DAS MEERESLEUCHTEN DEN WEG IM DUNKLEN WASSER ERHELLTE.

WOLLE

Di Gilpin Lalland DK (100 % Wolle), (8 ply/ DK light worsted), 50 g (175 m)

Je 1 Knäuel in Farbe A und Farbe B

Gezeigt mit Blue Enigma als Fb A und Sea Purslane als Fb B

MASCHENPROBE

24 M und 36 Rd = 10 x 10 cm im Muster auf 3,5 mm Nadeln

NADELN & ZUBEHÖR

1 Nadelspiel 3,5 mm 20 cm lang oder 1 Rundnadel 40 cm lang

1 Nadelspiel 3,25 mm 20 cm lang oder 1 Rundnadel 40 cm lang

Maschenmarkierer

Stopfnadel

Anmerkung: Wenn Sie mit einer Rundnadel stricken, sollten Sie irgendwann am Ende der Abnahmen besser auf ein Nadelspiel oder zur Magic-Loop-Methode wechseln.

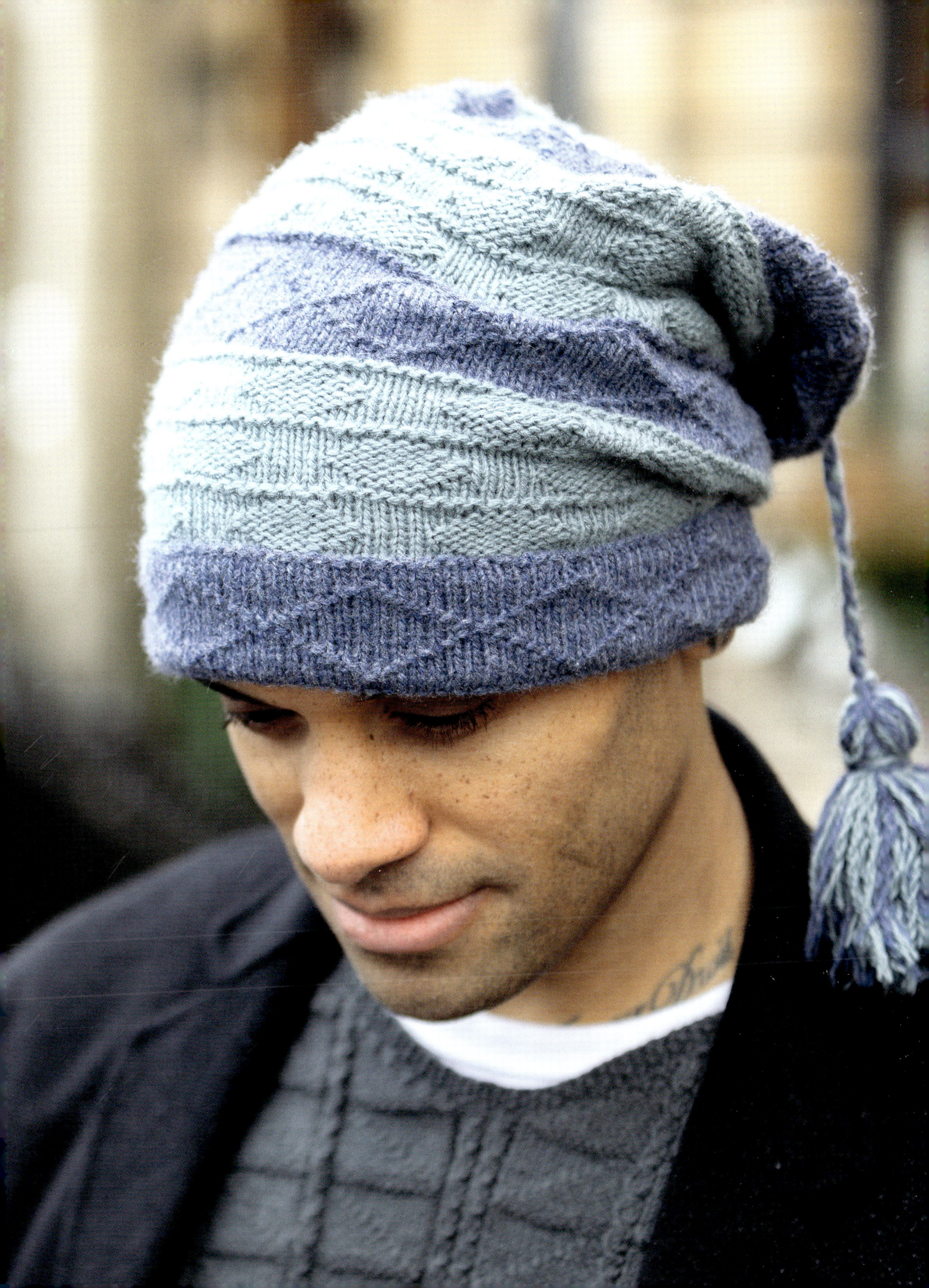

INSPIRATION

Ich liebe die Kinderbücher von Arthur Ransome. ***Schwalben und Amazonen***, das erste der Reihe, führt Nancy und Peggy ein, die Piratinnen sind mit ihrem eigenen, winzigen Segelboot, Amazone. Mir scheint, diese Mütze ist eine Piraten-Mütze.

MUSTEREIGENSCHAFTEN

Das erste Muster ist meine Interpretation des wunderbaren Ganseys des Vikars von Morwenstow aus Cornwall. Ich habe die Formen abgerundet, damit sie wie das O in den OXO-Mustern der Fair Isle aussehen. Passend dazu habe ich für das X ein oft genutztes, horizontales Rautenmuster gewählt.

GRÖSSE	Einheitsgröße
UMFANG	50 cm
GESAMTLÄNGE	35 cm lang mit doppeltem Bund

MÜTZE

Mit 3,5 mm Nadeln und Fb A 120 M im Kreuzanschlag anschlagen.

Zur Runde schließen und den Rd-Beginn markieren.

5 cm glatt rechts (jede Rd re) stricken.

Auf 3,25 mm Nadeln wechseln.

Rd 1: Bis Rd-Ende li. Diese Rd ist die Bruchkante, an der der Bund nach innen geklappt wird.

Auf 3,5 mm Nadeln wechseln.

**Mit Fb A, [M 1-24 der R 2 der Strickschrift] 5-mal str.

So weiterarbeiten bis R 66 der Strickschrift, dabei die Farben wie in R 22 und 49 angegeben wechseln.

R 22-66 noch einmal wiederholen und die Farben wie vorher wechseln.

Auf Fb B wechseln.

ABNAHMEN

Mit Fb B, [R 67 der Strickschrift] 5-mal str. 100 M.

So weiterarbeiten bis R 95 der Strickschrift. 20 M.

Letzte Rd: [2 M re zus] 10-mal wdh. 10 M.

Faden abschneiden, durch die Masche fädeln und fest zusammenziehen.

AUSARBEITEN

Fäden vernähen.

QUASTE

2 Fäden der Fb A und 4 der Fb B, je 40 cm lang abschneiden. Oben innen an der Mütze festnähen. Auf die rechte Seite ziehen und zu einem 15 cm langen Zopf flechten.

Dann beide Farben um die Hand wickeln, bis es genug Wolle für eine Quaste ist. Den Zopf an einem Ende durchschieben und festknoten. Den Faden nahe der Verbindungsstelle fest um die Quaste wickeln. Wenn sich die Quaste oben fest anfühlt, das untere Ende aufschneiden.

Die 5 cm glatt rechter Belag an der Bruchkante umschlagen und locker, aber sorgfältig festnähen.

Leicht dämpfen, das Bügeleisen dabei über dem Strickstück halten, nicht darauf (s. ***Allgemeine Technik***).

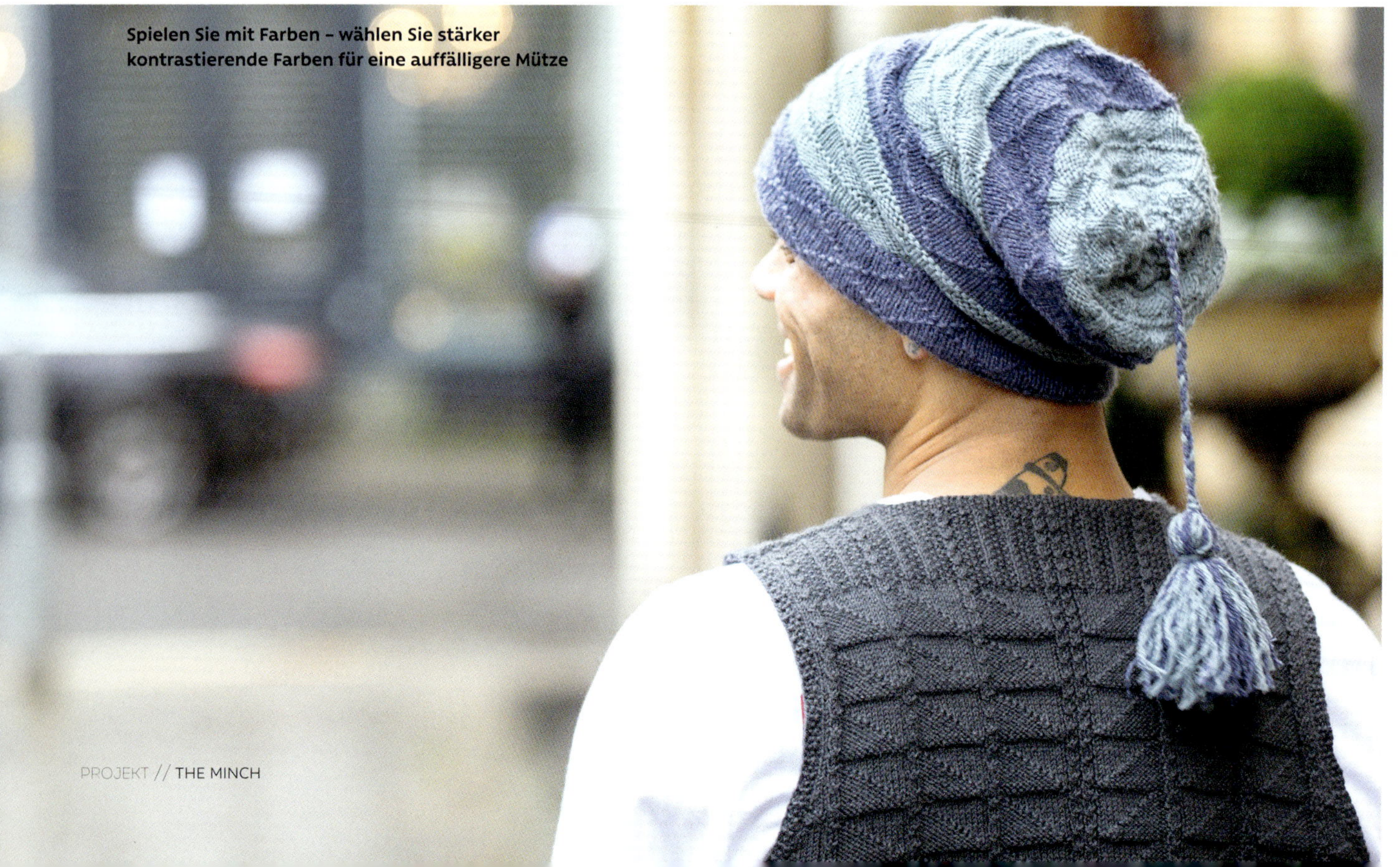

Spielen Sie mit Farben – wählen Sie stärker kontrastierende Farben für eine auffälligere Mütze

SCHLÜSSEL

Symbol			
□ HinR: re	RückR: li	⩚ 3 üzli	Fb A
⊡ HinR: li	RückR: re		Fb B

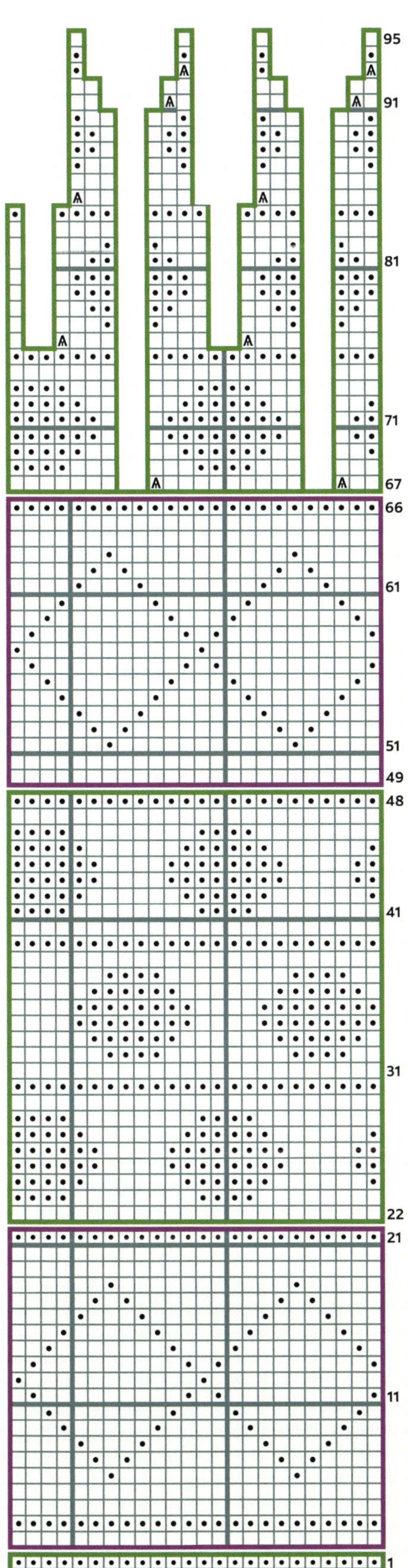

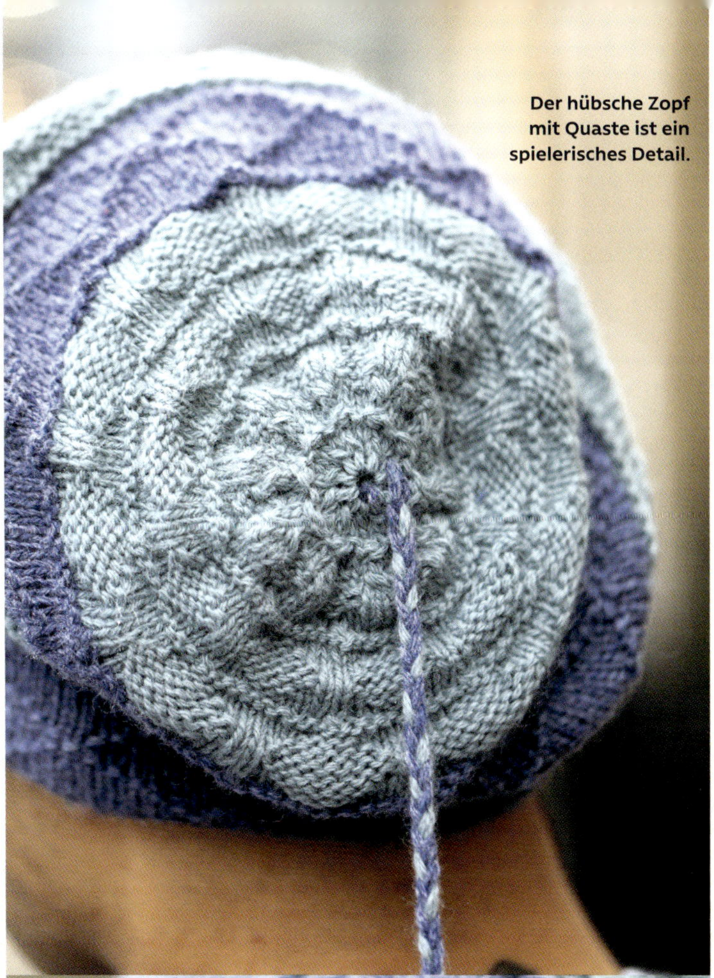

Der hübsche Zopf mit Quaste ist ein spielerisches Detail.

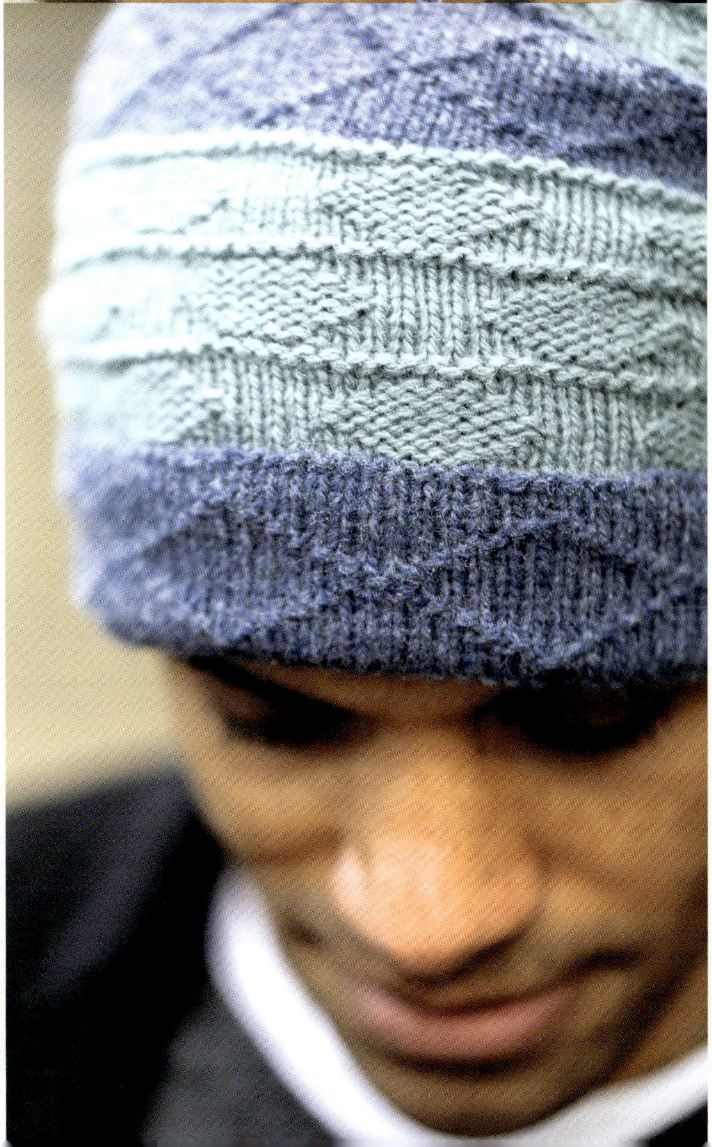

Cardium

GANSEYTUCH

DA DER ZWICKEL FÜR DEN SCHNITT EINES GANSEY SO WICHTIG IST, WOLLTE ICH IHN FÜR ETWAS ANDERES NUTZEN, FÜR EIN TUCH MIT EINEM DER WENIGEN SPITZENMUSTER, DAS ES BEI GANSEYS GIBT, UND ZWAR VON DEN ÄUßEREN HEBRIDEN: HUFABDRÜCKE. DIE ABFOLGE DER ZUNAHMEN ZUSAMMEN MIT DEM HUFMUSTER ERGIBT EIN WUNDERSCHÖNES, HERZFÖRMIGES TUCH, DAHER CARDIUM, VOM GRIECHISCHEN WORT FÜR HERZ, DER NAME EINER ART HERZMUSCHEL, DIE ICH IMMER NOCH SAMMLE!

WOLLE

Rowan Island Blend Fine (70 % Wolle, 15 % Alpaka, 15 % Seide), (5 ply sport), 50 g (165 m)

2 Knäuel

Gezeigt in Wedgewood

MASCHENPROBE

18 M und 24 R = 10 x 10 cm glatt rechts auf 5 mm Nadeln

16 M und 22 R = 10 x 10 cm glatt rechts auf 6 mm Nadeln

NADELN & ZUBEHÖR

Lange, gerade Nadeln 5 mm oder 1 Rundnadel

Lange, gerade Nadeln 6 mm oder 1 Rundnadel

Lange, gerade Nadeln 7 mm oder 1 Rundnadel

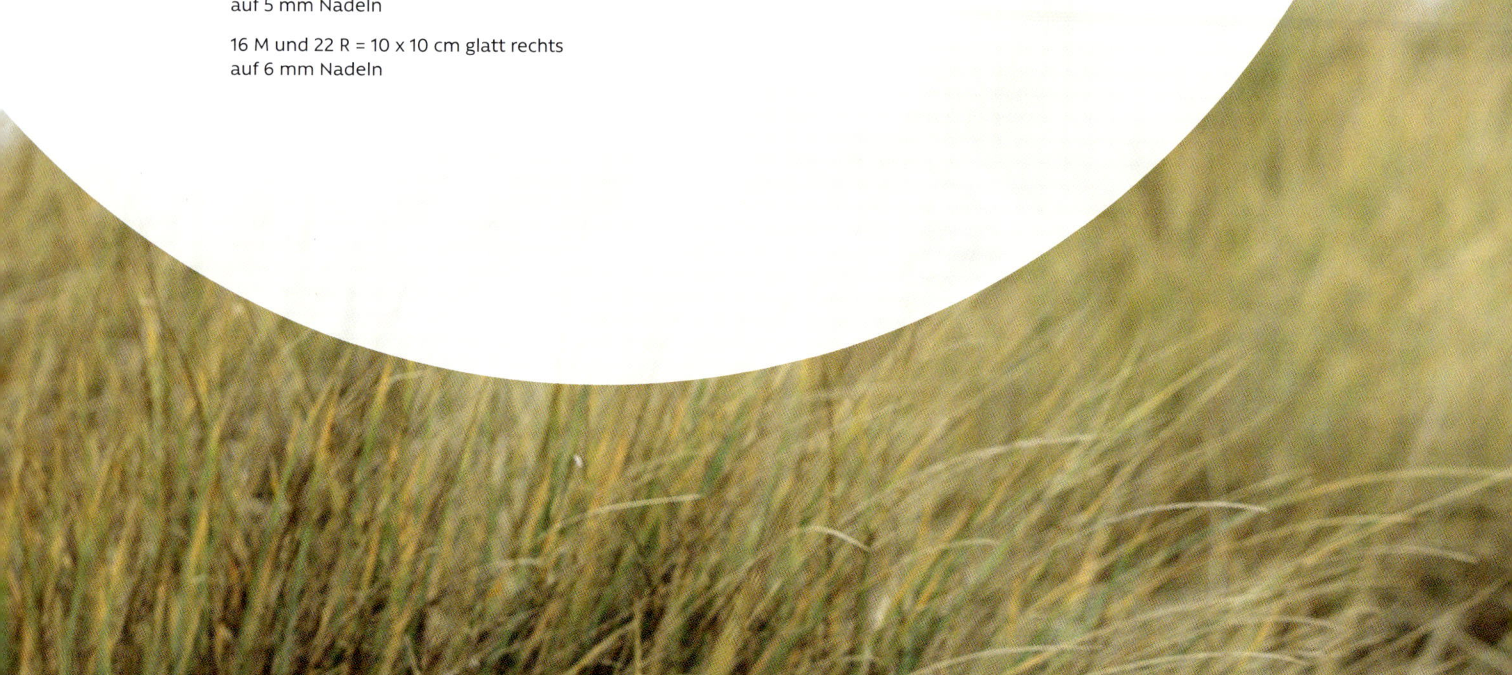

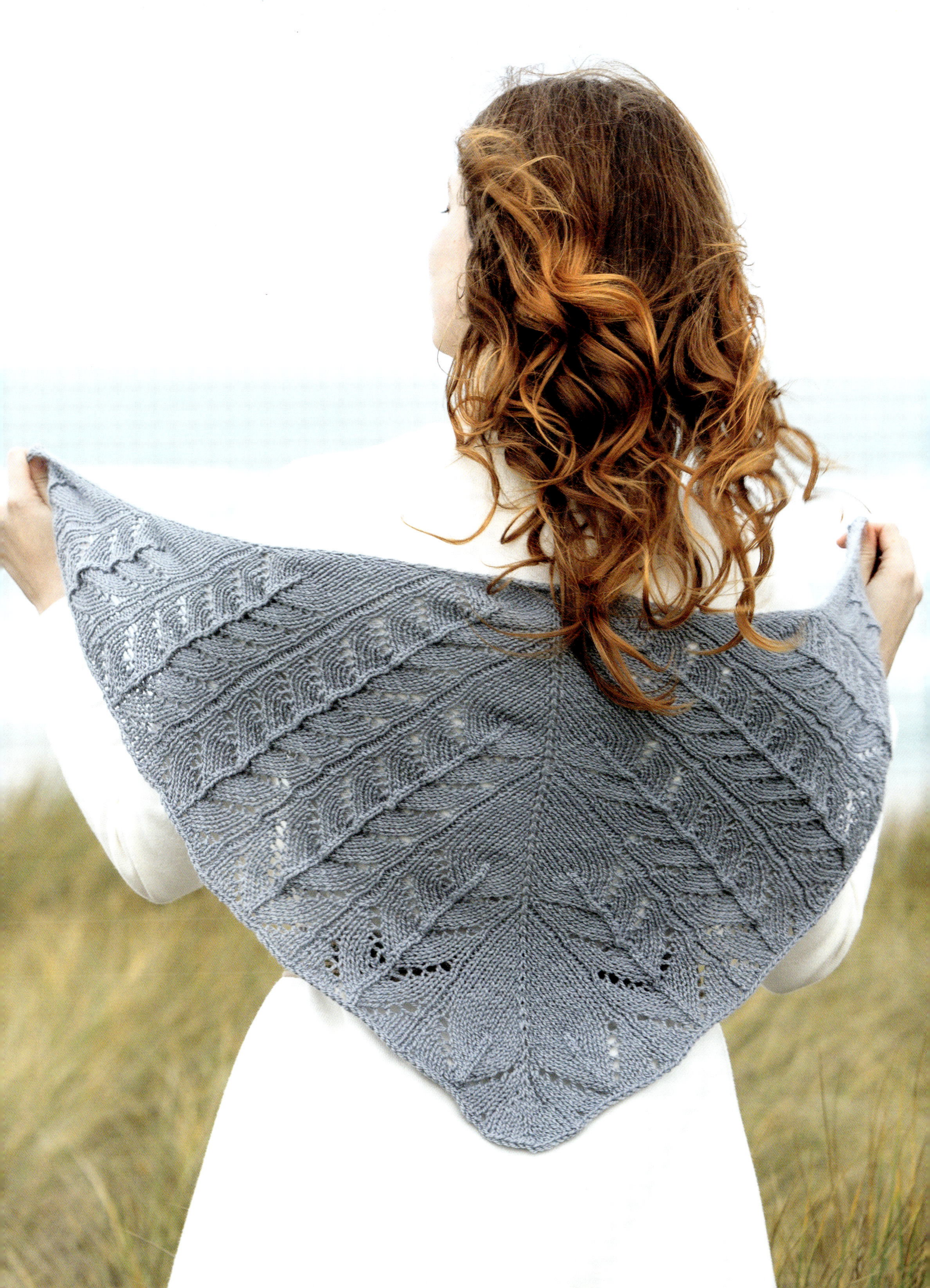

INSPIRATION

Ich liebe die Idee hinter diesem Muster, nämlich, dass es Hufabdrücke im Sand darstellt. Denn ich habe als kleines Kind gesehen, wie Fischerboote in Filey auf einem von Pferden gezogenen Anhänger in der großen Sandbucht ins Meer gezogen wurden.

MUSTEREIGENSCHAFTEN

Mehrere Konstanten in dieser Anleitung machen sie flexibel, falls Sie eine längere Version stricken möchten. Erstens wird nur an 3 Stellen zugenommen, zwischen den beiden RandM und dem Hauptteil des Tuchs (also am R-Beginn und -Ende) und beidseitig der Mittelmasche. Diese Zunahmen - die auch in Zwickeln genutzt werden - formen das Tuch.
Zweitens ist da das Hufmuster, das über 13 M mit je einer li Masche zu beiden Seiten gestrickt wird. Einmal angelegt, läuft es bis zum Ende des Tuchs weiter. Sobald ein Zunahmeabschnitt 13 M umfasst, wird ein neuer Rapport des Hufmusters mit einer einfachen linken Masche dazwischen begonnen.

ZUM MUSTER

3 M ÜBERZOGEN ZUSAMMENSTR
Achten Sie darauf, immer 3 M überzogen zusammenzustricken (s. ***Allgemeine Technik***), so läuft eine rechte Masche hübsch über die gesamte Mitte des Musters.

RANDMASCHENMUSTER
HinR: 1 M wie zum re Str abh, 1 M li, im Muster bis zu den letzten 2 M, 1 M li, 1 M re versch.
RückR: 1 M wie zum li Str abh Fd vorn, 1 M re, im Muster bis zu den letzten 2 M, 1 M re, 1 M li versch.

GRÖSSE	Einheitsgröße
LÄNGE IN DER HINTEREN MITTE	52 cm
SEITENKANTE	62 cm
UNTERE KANTE	72 cm

ANFANG

Mit 5 mm Nadeln 2 M im Kreuzanschlag anschlagen.

BasisR (RückR): Links.

R 1 (HinR): Die 1. M doppelt str, 1 M re. 3 M.

R 2: Links.

R 3: 1 M re, M1R, 1 M re, M1L, 1 M re. 5 M.

R 4: Links.

R 5: 1 M wie zum re Str abh, 1 M li, M1R, 1 M re, M1L, 1 M li, 1 M re versch. 7 M.

R 6: 1 M wie zum li Str abh Fd vorn, 1 M re, li bis zu den letzten 2 M, 1 M re, 1 M li versch.

R 7: 1 M wie zum re Str abh, 1 M li, M1R, 1 M re, M1R, 1 M re, M1L, 1 M re, M1L, 1 M li, 1 M re versch. 11 M.

R 8: 1 M wie zum li Str abh Fd vorn, 1 M re, li bis zu den letzten 2 M, 1 M re, 1 M li versch.

R 9: RandM wie bisher str, M1R, bis zur Mitte re, M1R, 1 M re, M1L, re bis zu den letzten 2 M, M1L, RandM wie bisher str. 2 M zugen.

R 10: 1 M wie zum li Str abh Fd vorn, 1 M re, li bis zu den letzten 2 M, 1 M re, 1 M li versch.

RandM wie bisher str, letzte 2 R noch 9-mal wdh, mit einer RückR enden. 31 M; 2 RandM, 13 re M, 1 re MittelM, 13 re M, 2 RandM.

HAUPTTEIL

R 1 (HinR): 2 RandM wie bisher str, M1R (Nahtmasche), R 1 der Strickschrift, M1R (Nahtmasche), 1 M re, M1L (Nahtmasche), R 1 der Strickschrift, M1L (Nahtmasche), 2 RandM. 4 M zugen.

R 2: 2 RandM, 1 M re, bis 1 M vor der MittelM li, 1 M re, 1 M li, 1 M re, bis zu den letzten 3 M li, 1 M re, 2 RandM.

R 3: 2 RandM, M1R, 1 M li, R 3 der Strickschrift, 1 M li, M1R, 1 M re, M1L, R 3 der Strickschrift, 1 M li, M1L, 2 RandM. 4 M zugen.

R 4: 2 RandM, 1 M li, 1 M re, 13 M li, 1 M re, 3 M li, 1 M re, 13 M li, 1 M re, 1 M li, 2 RandM.

R 5: 2 RandM, M1R, 1 M re, 1 M li, R 5 der Strickschrift, 1 M li, 1 M re, M1R, 1 M re, M1L, 1 M re, 1 M li, R 5 der Strickschrift, 1 M li, 1 M re, M1L, 2 RandM. 4 M zugen.

R 6: 2 RandM, 2 M li, 1 M re, 13 M li, 1 M re, 5 M re, 1 M re, 13 M li, 1 M re, 2 M li, 2 RandM.

R 7: 2 RandM, R 7 der Strickschrift, 1 M li, 2 M re, M1R, 1 M re, M1L, 2 M re, 1 M li, R 7 der Strickschrift, 1 M li, 2 M re, M1L, 2 RandM. 4 M zugen.

R 8: 2 RandM, 3 M li, 1 M re, Strickschrift, 1 M re, 7 M li, 1 M re, Strickschrift, 1 M re, 3 M li, 2 RandM.

R 9: 2 RandM, M1R, 3 M re, 1 M li, R 9 der Strickschrift, 1 M li, 3 M re, M1R, 1 M re, M1L, 3 M re, 1 M li, R 9 der Strickschrift, 1 M li, 3 M re, M1L, 2 RandM. 4 M zugen.

R 10: 2 RandM, 4 M li, 1 M re, Strickschrift, 1 M re, 9 M li, 1 M re, Strickschrift, 1 M re, 4 M li, 2 RandM.

Die letzten 10 R legen das Muster, die Zunahmen und RandM fest.

R 11-28: So weiterarbeiten, an den Rändern und beidseitig der MittelM in HinR zun und über 87 M im Muster stricken.

In der nächsten R werden neue Musterwdh vor und nach dem ursprünglichen Muster laut Strickschrift eingeführt.

R 29 (HinR): 2 RandM, M1R (Nahtmasche), R 1 der Strickschrift, um eine neue Musterwdh zu beginnen, 1 M li, nächste R der Strickschrift, 1 M li, R 1 der Strickschrift, M1R (Nahtmasche), 1 M re, M1L (Nahtmasche), R 1 der Strickschrift, 1 M li, nächste R der Strickschrift, 1 M li, R 1 der Strickschrift, M1L (Nahtmasche), 2 RandM. 4 M zugen.

R 30: 2 RandM, 1 M re, 13 M li, 1 M re, 13 M li, 1 M re, 13 M li, 1 M re, 1 M li, 1 M re, 13 M li, 1 M re, 13 M li, 1 M re, 13 M li, 1 M re, 2 RandM.

Weiter an den Rändern und der Mitte zunehmen, dabei sobald 13 M zugenommen wurden, eine zusätzliche Musterwdh str, mit einer li NahtM dazwischen.

Nach 90 Reihen auf Nadelstärke 6 mm wechseln.

So weiter zunehmen und Musterwdh einbauen, bis in der Mitte das Muster über zwei Abschnitte 10-mal gestrickt wurde. Das sollten nach dem Wechsel auf 6 mm Nadeln weitere 10 R sein.

So oft sollte das Muster in jedem Abschnitt gestrickt worden sein: 1, 4, 7, 10, 7, 4, 1, MittelM, 1, 4, 7, 10, 7, 4, 1 Mal.

In einer HinR rechts mit den 7 mm Nadeln abketten.

Wenn Sie ein größeres Tuch stricken wollen, stricken Sie einfach auf diese Art weiter, denken Sie aber daran, dass Sie dann mehr Wolle brauchen.

SCHLÜSSEL

☐ HinR: re RückR: li

Δ 3 üz

o Umschlag

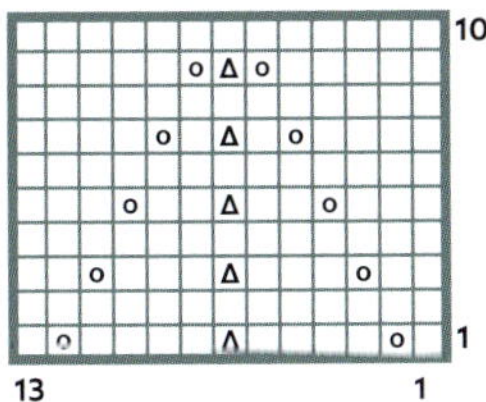

AUSARBEITEN

Nach dem Abketten das Tuch dämpfen, dabei das Bügeleisen über die linke Seite halten und sanft auf die gewünschte Größe ziehen (s. ***Allgemeine Technik***).

Etwas mehr Druck auf die Abkettkante auf der rechten Tuchseite ausüben, damit sie flach liegt und die wellige Kante klar zu erkennen ist.

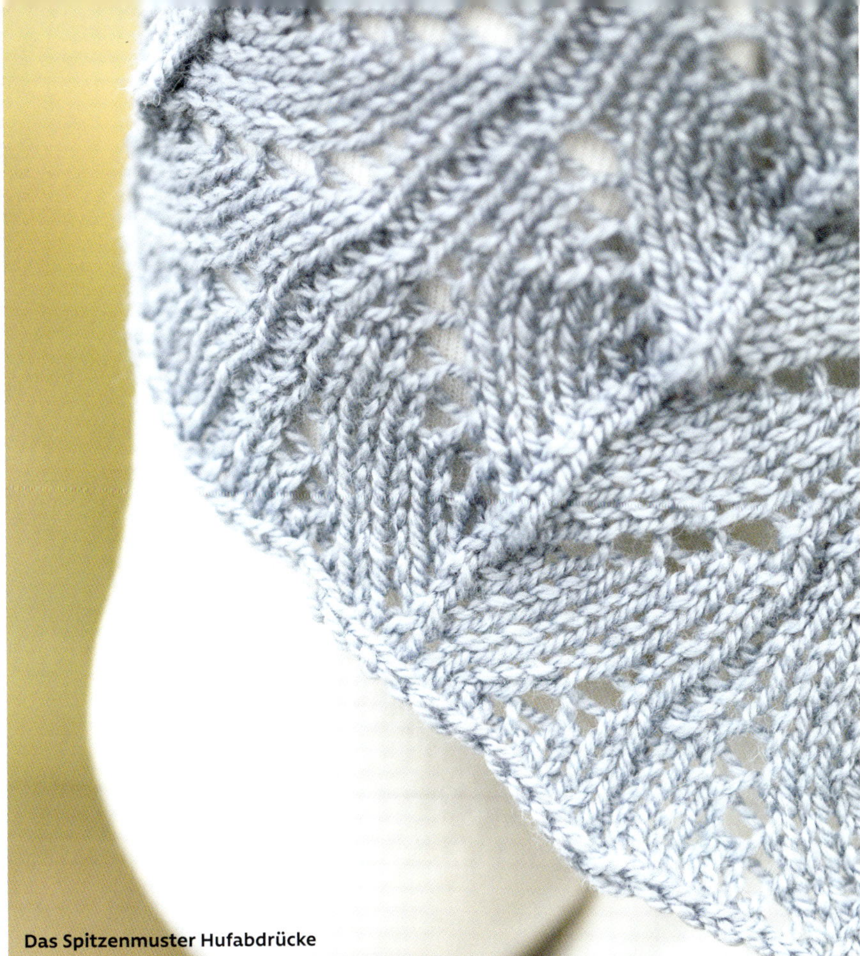

Das Spitzenmuster Hufabdrücke

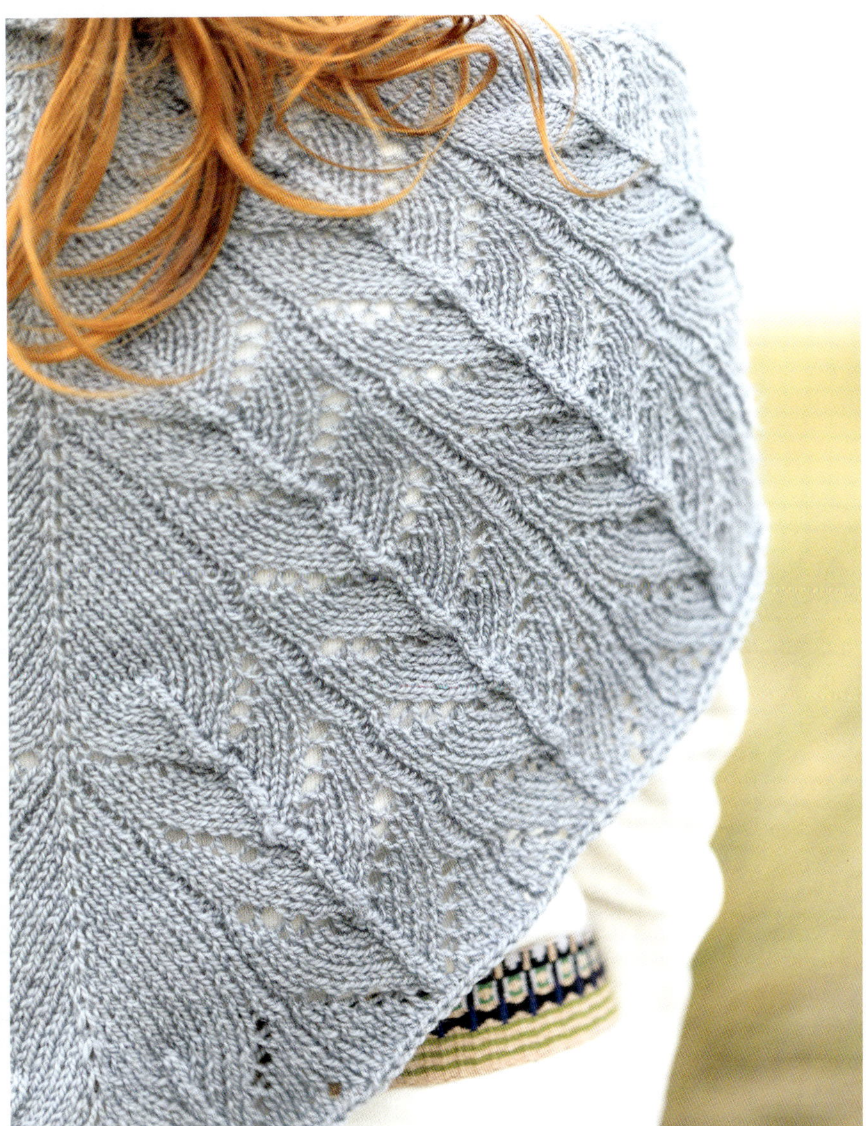

Sea Biscuit

CARDIGAN

SHEILA UND ICH WOLLTEN BEIDE EINE JACKE IM GANSEY-STIL ENTWERFEN, DIE ES DER STRICKERIN ERLAUBT, EINIGE DER GROẞARTIGEN MOTIVE DER MUSTERSAMMLUNG DIESES BUCHS AUSZUPROBIEREN. DAS GITTERMUSTER ERINNERTE MICH AN SCHIFFSZWIEBACK, DER FÜR LANGE REISEN AN BORD GENOMMEN WURDE. OFT WURDE ER AUS MEHL, WASSER UND SALZ RECHTECKIG GEBACKEN UND MANCHMAL MIT EINEM GITTER VERSEHEN, DAMIT ER LEICHTER ZU TEILEN IST. AUF ENGLISCH HEIẞT AUCH EIN SEEIGEL MIT HÜBSCH GEMUSTERTER SCHALE SEA BISCUIT. BEI DIESER JACKE SOLLEN SIE EXPERIMENTIEREN UND BEIM ENTWERFEN IHRES GANZ EIGENEN DESIGNS SPAẞ HABEN!

WOLLE

Di Gilpin Lalland DK (100 % Wolle), (8 ply/ DK light worsted), 50 g (175m)

7 (8) 10 Knäuel

Gezeigt in Sea Purslane (Größe M)

MASCHENPROBE

22 M und 36 R/Rd = 10 x 10 cm glatt rechts auf 3,75 mm Nadeln

NADELN & ZUBEHÖR

Lange, gerade Nadeln 3,25 mm oder 1 lange Rundnadel für den Körper

1 Nadelspiel 3,25 mm oder 1 kurze Rundnadel für die Ärmel

Lange, gerade Nadeln 3,75 mm oder eine lange Rundnadel für den Körper

1 Nadelspiel 3,75 mm oder 1 kurze Rundnadel für die Ärmel

Wollrest oder Maschenhalter
Stopfnadel

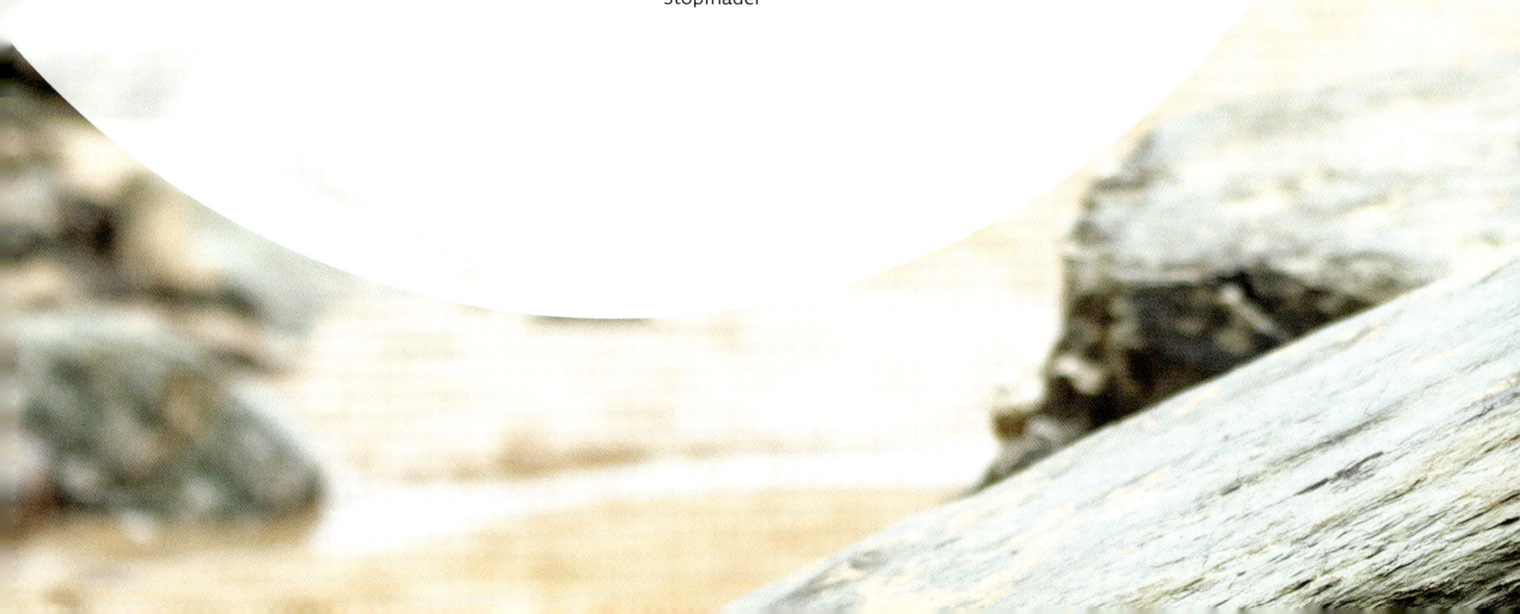

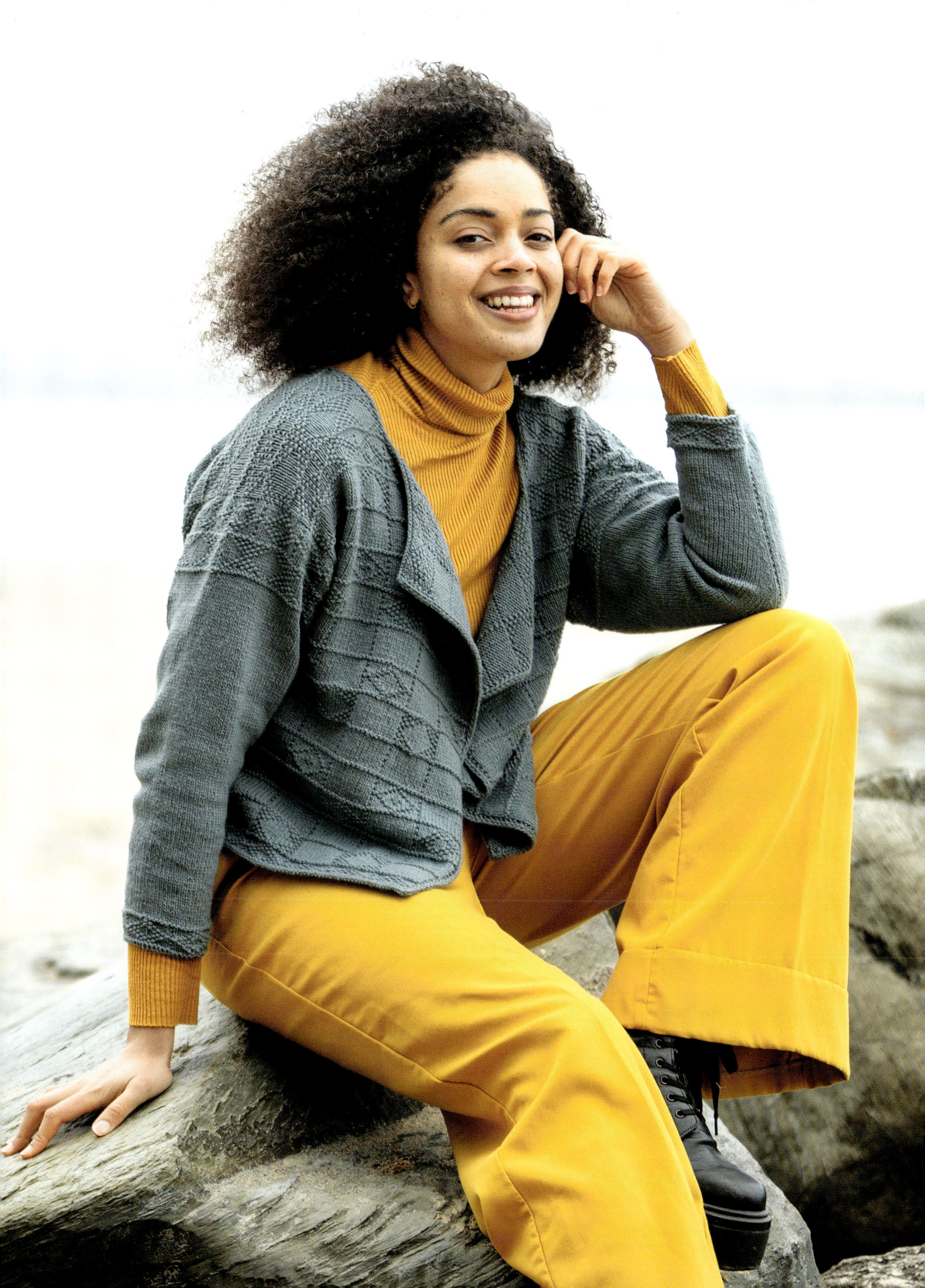

KONSTRUKTION

Diese Jacke wird nahtlos mit zwei kleinen Zwickeln gestrickt, wie es sich für ein Gansey-inspiriertes Kleidungsstück gehört. Rücken- und Vorderteile werden bis zu den Armlöchern zusammengestrickt, dann in drei Teile aufgeteilt. An jedem Vorderteil wird eine Kante eingestrickt, die Vorderteile werden mit Schulterbändern und Maschenstrich mit dem Rücken verbunden. Die Ärmelmaschen werden aus den Armlöchern aufgenommen und von der Schulter bis zum Bund in Runden gestrickt, wie es bei Ganseys sein sollte.

IHRE EIGENE VERSION

Wir haben ein Gitter entworfen, das auf den Stufen aus Cornwall basiert und eine großartige Leinwand bietet. Wir haben kleine Rauten eingefügt, aber Sie könnten auch Herzen, »Heapies« oder sogar Ihre eigenen Initialen einstricken oder ein Wort. In den Büchern der Buchliste finden sich tolle Gansey-Alphabete. Viel Spaß damit – und wir freuen uns schon darauf, die Ergebnisse zu sehen!

ZUM MUSTER

RANDMASCHEN

An den Vorderkanten werden sie immer wie folgt gearbeitet:
HinR: 1 M wie zum re Str abh, 1 M li, bis zu den letzten 2 M im Muster, 1 M li, 1 M re versch.
RückR: 1 M wie zum li Str abh Fd vorn, 1 M re, bis zu den letzten 2 M im Muster, 1 M re, 1 M li versch.
Diese 4 M finden sich nicht in der Strickschrift.
Anmerkung: Beim Stricken dieser Kante sehr sorgfältig arbeiten, damit die abgehobenen, verschränkten Maschen stets fest und ordentlich sind, und darauf achten, dass an allen Kanten fest und sorgfältig abgekettet wird.

KÖRPER

Mit langen, geraden Nadeln oder einer Rundnadel 3,25 mm 245 (293) 341 M im Kreuzanschlag anschlagen.

R 1 (RückR): 1 M wie zum li Str abh Fd vorn, bis zur letzten M re, 1 M li versch.

R 2 (HinR): 1 M wie zum re Str abh, 1 M li, M 1-24 der R 2 der Strickschrift A 10 (12) 14-mal wdh, M 1 der Strickschrift A noch einmal str, 1 M li, 1 M re versch.

R 3 (RückR): 1 M wie zum li Str abh Fd vorn, 1 M re, M 1 der R 3 der Strickschrift A einmal str, M 24-1 der R 3 der Strickschrift A 10 (12) 14-mal wdh, 1 M re, 1 M li versch.

In R 2 und 3 werden die RandM und das Muster etabliert.

Weiter im Muster stricken, bis R 12 der Strickschrift A beendet ist.

Auf ein langes Nadelspiel oder eine Rundnadel 3,75 mm wechseln.

Weiter im Muster stricken, bis R 96 der Strickschrift A beendet ist.

NUR GRÖSSE L

R 25 bis 48 der Strickschrift A noch einmal wdh.

ALLE GRÖSSEN

ZWICKELZUNAHMEN

Die Zwickel werden glatt rechts mit einer mittleren, krausrechten NahtM gestrickt. Dieser Abschnitt wird über 12 Musterreihen gestrickt, R 25 (25) 49 bis 36 (36) 60 der Strickschrift A, dabei gleichzeitig wie folgt für die Zwickel zunehmen:

Nächste R (RückR): Muster und RandM beibehalten und wie R 25 (25) 49 str.

Nächste R (HinR): Wie R 26 (26) 50 str, 62 (74) 86 M str, M1R, 1 M re, M1L, 119 (143) 167 M str, M1R, 1 M re, M1L, 62 (74) 86 M bis R-Ende str.

Nächste R: Wie R 27 (27) 51 str, 63 (75) 87 M str, 1 M re (NahtM), 121 (145) 169 M str, 1 M re (NahtM), 63 (75) 87 M bis R-Ende str.

Nächste R: Wie R 28 (28) 52 str,

Noch 8 R so weiterstricken, beidseitig des Zwickels in jeder HinR zunehmen, mit einer HinR enden. Beim Zunehmen den Zwickel weiter glatt rechts stricken, bis auf die mittige NahtM, die in jeder R rechts gestrickt wird.

Jetzt wurde insgesamt 6-mal zugenommen, 13 M für jeden Zwickel, Gesamtmaschenzahl: 269 (317) 365 M.

Nächste R (RückR): Im Muster und mit Rand M str, *wie R 37 (37) 61 bis zum Zwickelrand str, 6 M li, 1 M re, 6 M li; ab * noch einmal wdh, bis R-Ende im Muster stricken.

VORDER- UND RÜCKENTEIL TEILEN

Nächste R (HinR): Im Muster und mit RandM str, *wie R 38 (38) 62 bis zum Zwickelrand str, 1 M re, die nächsten 11 ZwickelM stilllegen, 1 M re; ab *noch einmal wdh, bis R-Ende im Muster stricken.

Anmerkung: Wenn Vorder- und Rückenteil getrennt gearbeitet werden, R 39 (39) 63 bis 84 (84) 96 str, und dann (nur Größe L), R - (-) 25 bis - (-) 48 der Strickschrift A, die vorderen RandM wie bisher.

LINKES VORDERTEIL

Wenden und über die letzten 63 (75) 87 M für das linke Vorderteil stricken, die restl M stilllegen. Die vorderen RandM werden am Ende einer HinR und dem Anfang einer RückR gestrickt. Die einzelne M am Zwickelrand wird nicht im Muster, sondern glatt rechts gestrickt und bildet den Rand des Armlochs für Rücken- und Vorderteil. Sie wird ebenfalls nicht in Strickschrift A erwähnt.

Das Vorderteil stricken, bis R 84 (84) 96 der Strickschrift A beendet ist.

NUR GRÖSSE L

R 25 bis 48 der Strickschrift A noch einmal wdh.**

GRÖSSE	BRUST-UMFANG	RÜCKEN-BREITE	LÄNGE BIS SEITL. SCHULTER	LÄNGE BIS ZWICKEL-BEGINN	ARMLOCH INKLUSIVE ZWICKEL	ÄRMELLÄNGE	NACKENBREITE
S	81-97 cm	54 cm	52 cm	27 cm	25 cm	44,5 cm	20,5 cm
M	102-117 cm	65 cm	52 cm	27 cm	25 cm	44,5 cm	31,5 cm
L	122-137 cm	76 cm	62 cm	33 cm	28,5 cm	49,5 cm	31,5 cm

ALLE GRÖSSEN

HALSAUSSCHNITT UND SCHULTER

Wie bisher im Muster stricken, R 1 bis 13 der Strickschrift B.

R 14 (HinR): 1 M re, R 14 der Strickschrift B über 37 (37) 49 M str, bis Rd-Ende re.

R 15 (RückR): Mit einer geraden 3,25 mm Nadel, für eine festere Kante, 24 (36) 36 M re abketten (erste RandM am Hals ist jetzt auf der rechten Nadel), mit Nadel 3,75 mm weiterstricken, 1 M re (zweite RandM am Hals), bis zur letzten M im Muster str, 1 M li.

Die restl M im Muster stricken.

R 16 bis 24 der Strickschrift B.

R 1 bis 24 der Strickschrift B noch einmal.

Die M stilllegen, um sie später im Maschenstich mit der Schulter zu verbinden.

RECHTES VORDERTEIL

Mit der linken Seite vorn, das rechte Vorderteil ab der Zwickelseite stricken.

Wie das linke Vorderteil stricken bis **, dabei daran denken, dass die vorderen RandM am Ende einer RückR und dem Beginn der HinR gestrickt werden.

ALLE GRÖSSEN

HALSAUSSCHNITT UND SCHULTER

Wie bisher im Muster stricken, R 1 bis 13 der Strickschrift B.

R 14 (HinR): Mit einer geraden 3,25 mm Nadel, für eine festere Kante, 24 (36) 36 M re abketten (erste RandM am Hals ist jetzt auf der rechten Nadel), mit Nadel 3,75 mm weiterstricken, 1 M li (zweite RandM am Hals), bis zur letzten M im Muster, 1 M re.

Die restl M im Muster stricken.

R 15 bis 24 der Strickschrift B.

Noch einmal R 1 bis 24 der Strickschrift B.

Die M stilllegen, um sie später im Maschenstich mit der Schulter zu verbinden.

RÜCKENTEIL

Die mittleren 121 (145) 169 M stricken. Die erste und letzte M stehen nicht in der Strickschrift; sie werden glatt rechts gestrickt, um eine flache Armlochkante zu erzielen.

Beachten Sie, dass jetzt die erste und letzte MusterM wegfallen, das Muster beginnt mit der 2. M der Strickschrift. Dadurch sollten alle Gitter gerade weiterlaufen.

R 39 (39) 63 bis 84 (84) 96 der Strickschrift A und dann (nur Größe L), noch einmal R - (-) 25 bis - (-) 48 der Strickschrift A. R 1 bis 12 der Strickschrift B.

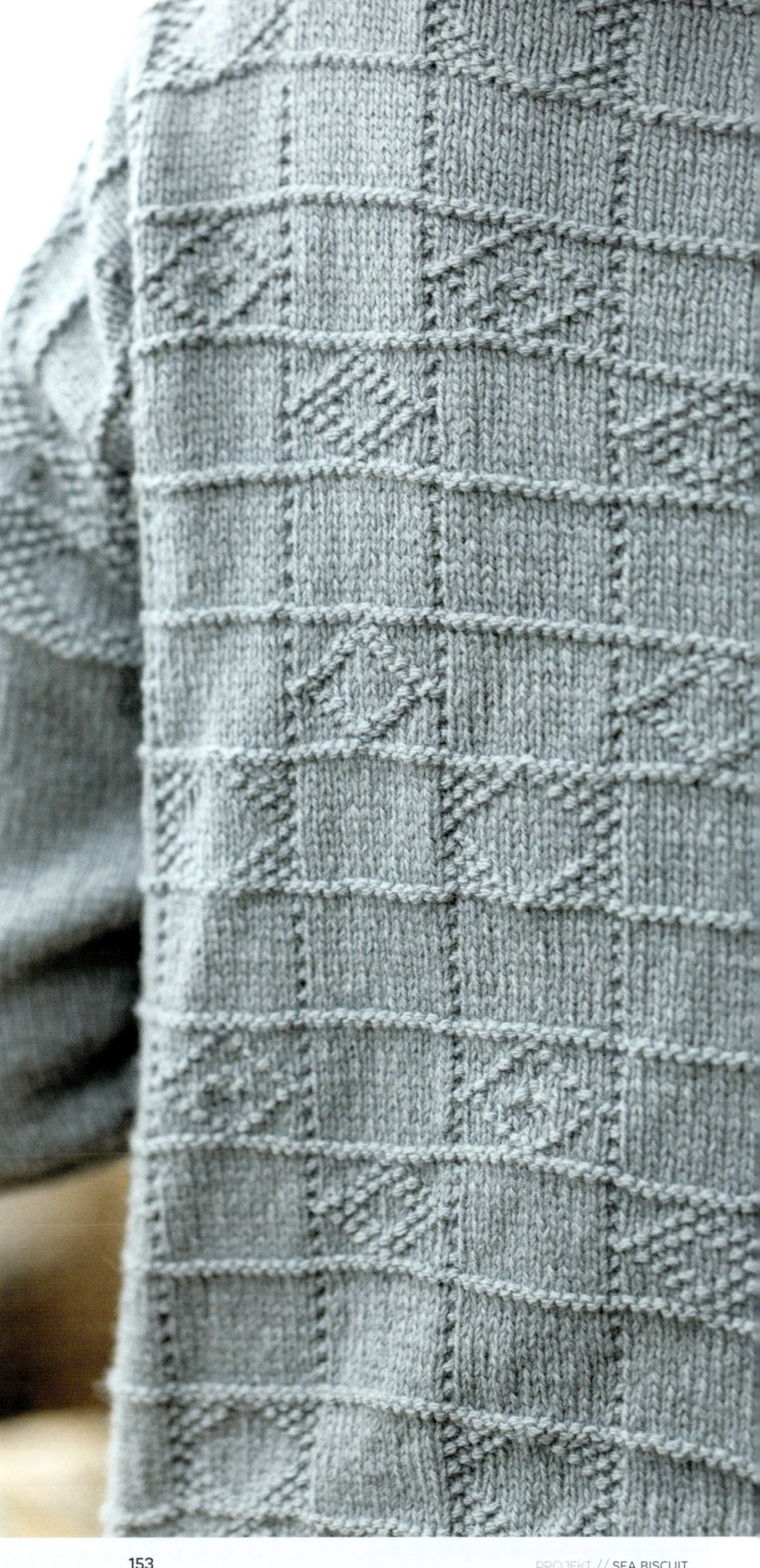

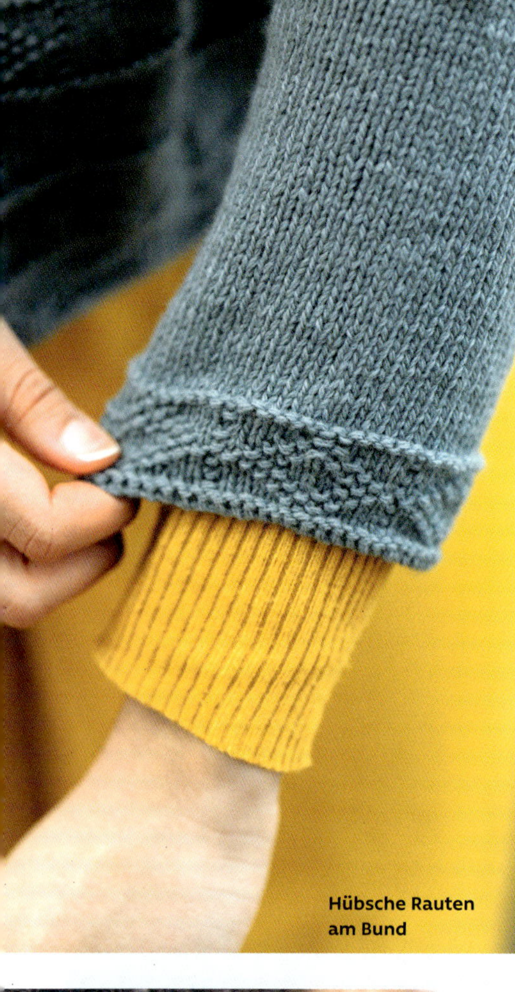

Hübsche Rauten am Bund

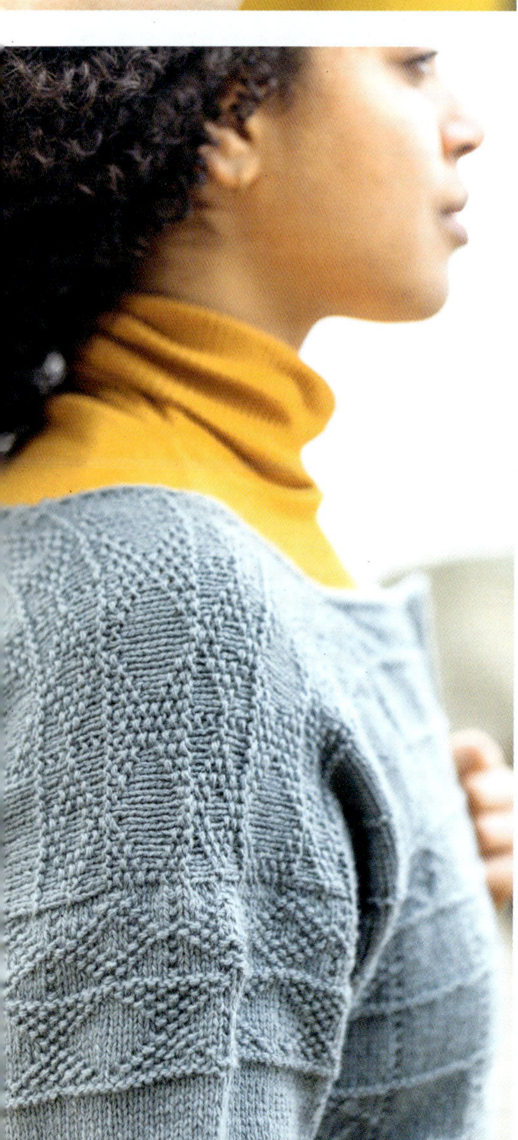

Jetzt je 38 (38) 50 M von jedem Ende der R stilllegen, um sie mit den vorderen Schulterbändern im Maschenstich zu verbinden.

Über die restl 45 (69) 69 M mit der linken Seite vorn, R 13 der Strickschrift B str, korrekt im Muster bleiben.

Auf Nadelstärke 3,25 mm wechseln. Rechts abketten.

MASCHENSTICH

Die vorderen Schulterbänder im linken Maschenstich an die hintere Schulter nähen (s. ***Allgemeine Technik***). Dadurch sollte das Muster ununterbrochen weiterlaufen.

ÄRMEL

(107) 119 M vorn und hinten aus dem Armloch aufgenommen und gleichzeitig der Zwickel beendet.

Anmerkung: Wenn Strickschrift B über die ÄrmelM gestrickt wird, die erste M jeder Strickschrift-R der ersten Strickschrift-Wdh auslassen.

Rd 1: Mit einem Nadelspiel oder einer kurzen Rundnadel 3,75 mm und der rechten Seite vorn, an der Zwickel-NahtM beginnen, 6 M re über die erste Zwickelseite str, dann gleichmäßig verteilt 54 (54) 60 M aus der Armlochkante bis zur Schulter aufnehmen, 53 (53) 59 M von dort aus der Armlochkante bis zu den restl ZwickelM aufnehmen, 5 M re über die ZwickelM und Markierer für den Rd-Beginn setzen. 118 (118) 130 M.

Rd 2: 4 M re, 2 M re zus, R 2 der Strickschrift B bis zu den letzten 5 M, üzus, 3 M re. 116 (116) 128 M; 107 (107) 119 ÄrmelM and 9 ZwickelM.

Rd 3: 1 M li, 4 M re, R 3 der Strickschrift B bis zu den letzten 4 M, 4 M re.

Rd 4: 3 M re, 2 M re zus, R 4 der Strickschrift B bis zu den letzten 4 M, üzus, 2 M re. 114 (114) 126 M; 107

(107) 119 ÄrmelM und 7 ZwickelM.

Rd 5: 1 M li, 3 M re, R 5 der Strickschrift B bis zu den letzten 3 M, 3 M re.

Rd 6: 2 M re, 2 M re zus, R 6 der Strickschrift B bis zu den letzten 3 M, üzus, 1 M re. 112 (112) 124 M; 107 (107) 119 ÄrmelM und 5 ZwickelM.

Rd 7: 1 M li, 2 M re, R 7 der Strickschrift B bis zu den letzten 2 M, 2 M re.

Rd 8: 1 M re, 2 M re zus, R 8 der Strickschrift B bis zu den letzten 2 M, üzus 110 (110) 122 M; 107 (107) 119 ÄrmelM and 3 ZwickelM.

Rd 9: 1 M li, 1 M re, R 9 der Strickschrift B bis zur letzten M, die Rd hier beenden (1 M bleibt übrig).

Rd 10: 1 M wie zum re Str abh, 2 M re zus, die abgehobene M darüberziehen, bis Rd-Ende R 10 der Strickschrift B. 108 (108) 120 M; 107 (107) 119 ÄrmelM und 1 NahtM.

Jetzt weiterstricken bis R 24 der Strickschrift B beendet ist, die NahtM dabei weiter krausrechts (1 Rd li, 1 Rd re) stricken.

ÄRMELABNAHMEN

Rd 1: 1 M li (NahtM), 1 M re, üzus, bis zu den letzten 3 M re, 2 M re zus, 1 M re. 2 M abgen.

Rd 2: Rechts.

Rd 3: 1 M li, bis Rd-Ende re.

Rd 4: Rechts.

Rd 1 bis 4 wdh bis noch 60 (60) 72 M übrig sind.

Weiter glatt rechts mit krausrechter NahtM stricken, bis der Ärmel ab der Aufnahmekante 39 (39) 44 cm misst.

Auf Nadelspiel oder eine kurze Rundnadel 3,25 mm wechseln.

R 1 bis 13 der Strickschrift B stricken.

Abketten, hier wurde wie folgt abgekettet:

*2 M re zus, die entstandene M zurück auf die linke Nadel heben, 2 M re zus; ab * bis Ende wdh. Faden durch die letzte M ziehen.

Den zweiten Ärmel wie den ersten stricken.

AUSARBEITEN

Leicht dämpfen, das Bügeleisen dabei über dem Strickstück halten, nicht darauf (s. ***Allgemeine Technik***).

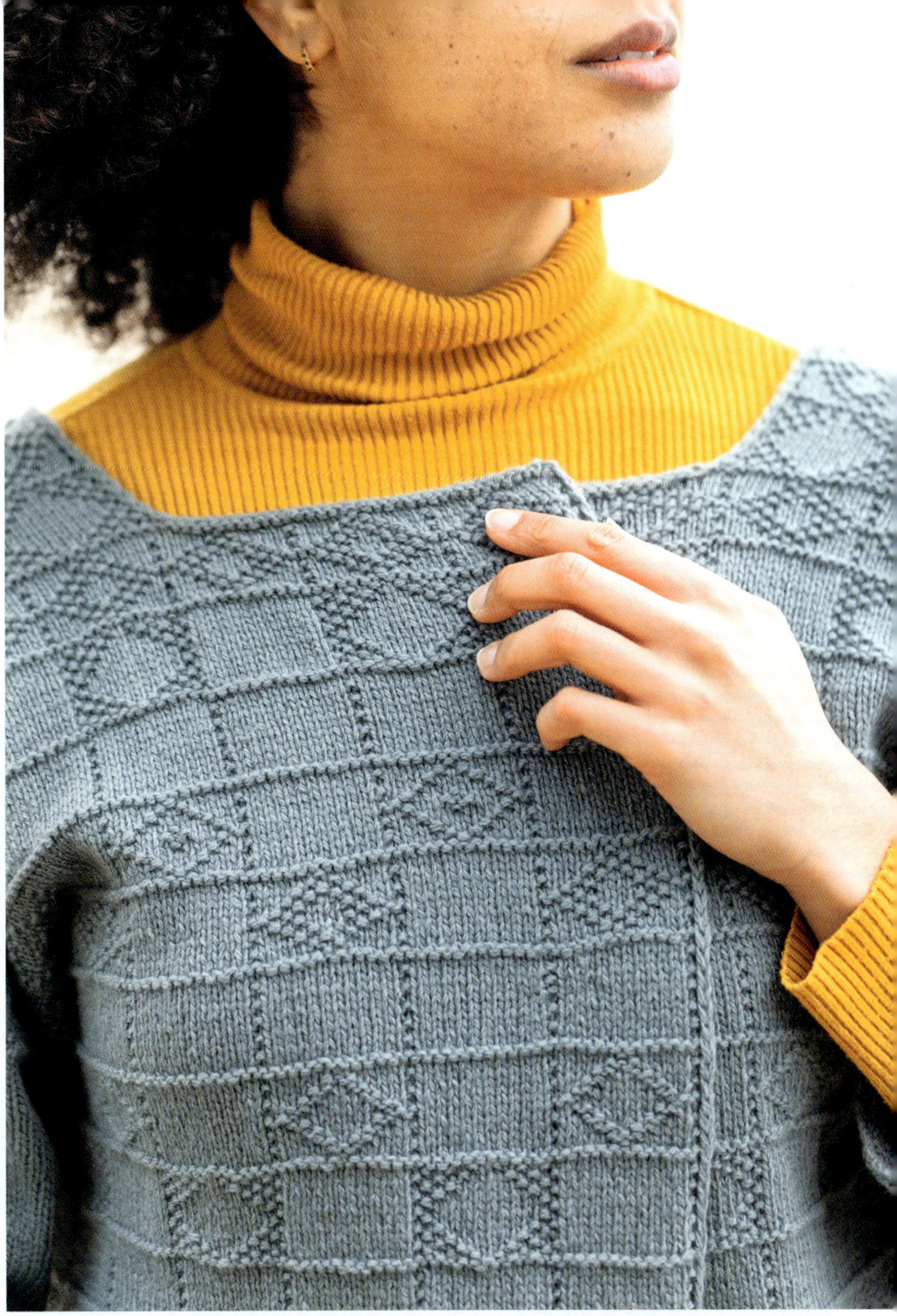

Eine hübsche Brosche oder Nadel am Hals sorgt für einen persönlichen Touch

STRICKSCHRIFT A

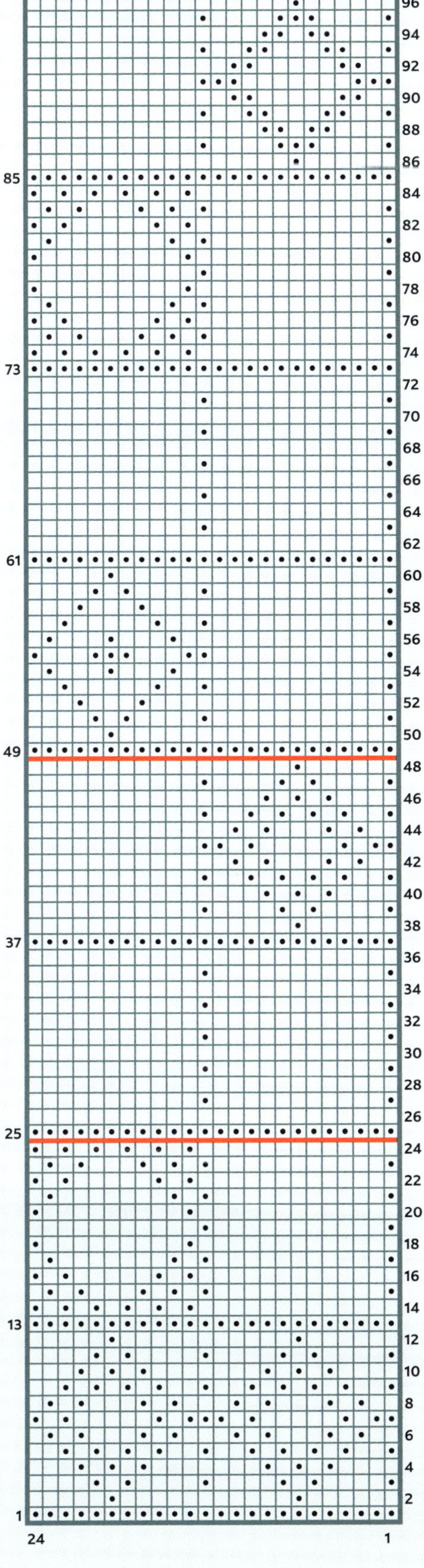

STRICKSCHRIFT B

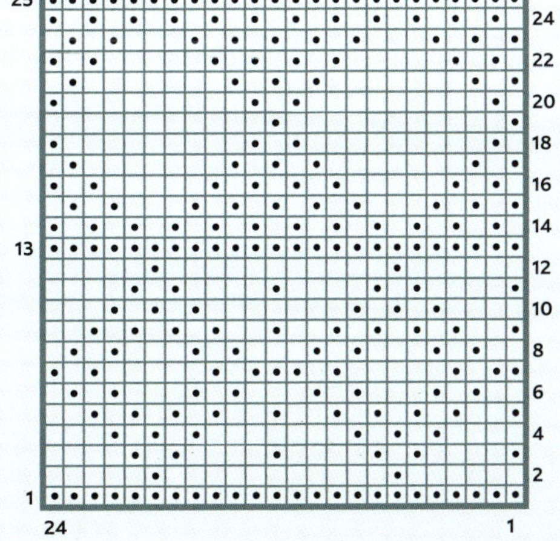

SCHLÜSSEL

- ☐ HinR: re RückR: li
- ⊡ HinR: li RückR: re
- – Nur Größe L wdh

The Calypso

SOMMERTOP

ALS ICH AUF DER ISLE OF SKYE GELEBT HABE, BIN ICH OFT IN DEN ÄUßEREN HEBRIDEN GESEGELT. CALYPSO HIEß DAS TOLLE BOOT VON TIM, DEM SKIPPER, DER UNS AN DEN WOCHENENDEN EINLUD, ÜBER DEN MINCHKANAL ZU SEGELN, UM DIE WUNDERSCHÖNE KÜSTE DER ÄUßEREN HEBRIDEN ZU ERKUNDEN. DIESES DESIGN IST EIN DANK AN TIM UND SEINE LIEBE FAMILIE, WEIL ICH TEIL IHRER MANNSCHAFT SEIN DURFTE UND SO UMWERFENDE ERINNERUNGEN AN SONNIGE TAGE IN DEN HEBRIDEN SAMMELN KONNTE!

WOLLE

Quince & Co. Sparrow (100 % Bioleinen), (4 ply/fingering), 50 g (154 m)

4 (5) 5 Knäuel

Gezeigt in Citron (Größe Small)

MASCHENPROBE

30 M und 34 R/Rd = 10 x 10 cm im Muster mit 3 mm Nadeln

NADELN & ZUBEHÖR

1 Nadelspiel 3 mm oder 1 lange Rundnadel für den Körper

Gerade Nadeln 3 mm für die getrennt gearbeiteten Vorder- und Rückenteile

Gerade Nadeln 2,75 mm für die getrennt gearbeiteten Vorder- und Rückenteile

Zopfnadel

Maschenmarkierer

Stopfnadel

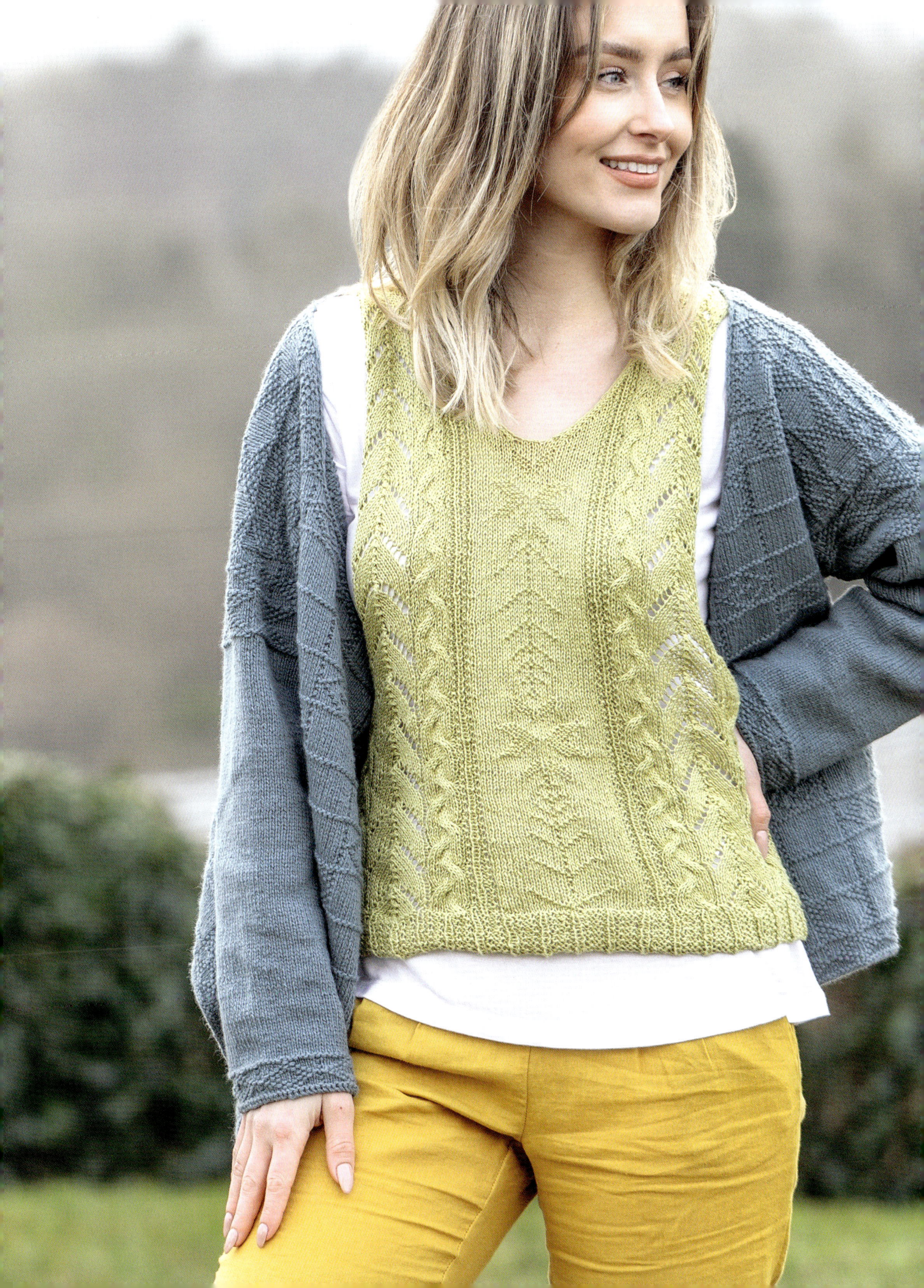

LEBEN AN BORD DER CALYPSO

Die Calypso legte auf kleinen Inseln an, die heute unbewohnt sind, von tollen Vögeln mal abgesehen. Schweinswale sprangen in den Bugwellen des Boots, und wir sahen Orca-Schulen durch den Minch-Kanal schwimmen. Wir angelten Makrelen und warfen sie direkt fürs Abendessen in die Pfanne.

MUSTEREIGENSCHAFTEN

Dieses Sommertop vereint den Eriskay Stern und das Spitzenmuster der Hufabdrücke sowie Seile, ein großartiges Trennmuster und das ikonische Pittenweem Baummotiv, das es nur an der schottischen Ostküste gibt. Die Bäume scheinen mir ein Witz zu sein, daher habe ich sie zuerst als Baum und dann andersherum als Heringsgräten gestrickt!
Das Leinen passt wunderbar zur Spitze und zeigt, dass Ganseymuster in vielen unterschiedlichen Materialien groß-artig wirken.

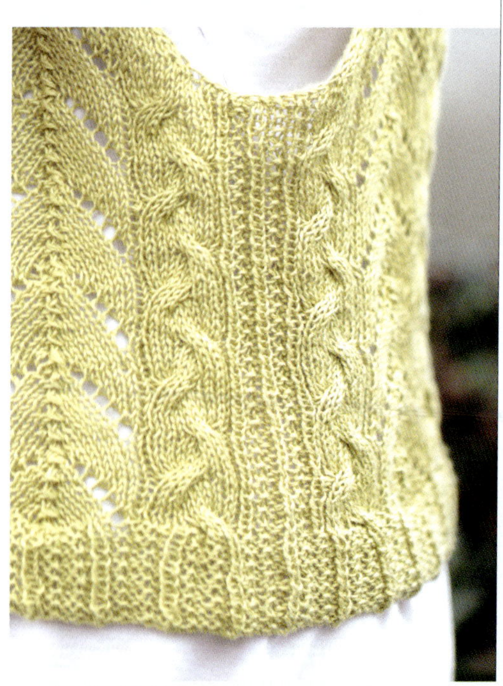

KÖRPER

Auf 3 mm Nadeln 240 (272) 304 M anschlagen.

Zur Runde schließen und den Rundenbeginn markieren. Nach 120 (136) 152 M einen zweiten Markierer setzen.

BUND

Mascheneinteilung: *R 1 der Bund Strickschrift Ihrer Größe bis zum MM; ab * 1-mal wdh.

Anmerkung: *Die jeweils letzte M vor dem Markierer ist eine NahtM und wird immer glatt rechts gestrickt.*

4 (6,5) 9 cm im Muster stricken.

HAUPTMUSTER

Weiter wie folgt beidseitig der Markierer und zwischen den Strickschriften das Trennmuster Ihrer Größe stricken, wie in der Bund Strickschrift angegeben:

Mascheneinteilung: * 5 (9) 13 M im Trennmuster wie in R 1 der Strickschrift 1, 7 (11) 15 M im Trennmuster wie in R 1 der Strickschrift 2, 7 (11) 15 M im Trennmuster wie in R 1 der Strickschrift 1, 6 (10) 14 M im Trennmuster wie bisher (inklusive NahtM), MM, ab * noch 1-mal wdh.

Insgesamt 60 Rd im Hauptmuster stricken, das heißt 5 komplette Wiederholungen der Strickschrift 1.

VORDERTEIL

VORDER- UND RÜCKENTEIL TEILEN

Anmerkung: Vorder- und Rückenteil werden jetzt getrennt in Reihen gearbeitet.

**** **Nächste R (HinR):*** 5 (9) 13 M abketten (seitliche TrennM), bis zum seitlichen MM im Muster, wenden. Strickschrift 2 ist beendet.

*Anmerkung: Ab der nächsten Reihe werden die R 38 bis 61 der Strickschrift 2 in **umgekehrter** Reihenfolge gestrickt, für das Fischgrätmuster in der Mitte.*

Wenn diese Reihen der Strickschrift 2 beendet wurden, stricken Sie die R 39 bis 61 der Strickschrift 2 noch einmal in richtiger Reihenfolge.

Nächste R (RückR): 6 (10) 14 M (M im seitlichen Trennmuster und NahtM) abketten, 107 (115) 123 M im Muster str, 1 M re, 1 M li versch.

Weiter über diese 109 (117) 125 M das Vorderteil stricken und die restl 120 (136) 152 M fürs Rückenteil stilllegen.

Ab jetzt werden die ersten und letzten Zopfabschnitte jeder Reihe (in Strickschrift 1) glatt rechts gestrickt, bis sie am Armloch ganz abgenommen wurden.

Von nun an am Beginn und Ende jeder Reihe des Armlochs wie folgt 2 RandM stricken:

RANDMASCHEN

HinR: 1 M wie zum re Str abh, 1 M li, bis zu den letzten 2 M im Muster, 1 M li, 1 M re versch.

RückR: 1 M wie zum li Str abh Fd vorn, 1 M re, bis zu den letzten 2 M im Muster, 1 M re, 1 M li versch.

Diese 4 M stehen nicht in den Strickschriften.

ARMLÖCHER

Nächste R (HinR Abn): 2 RandM, üzus, im Muster bis zu den letzten 4 M, 2 M re zus, 2 RandM. 2 M abgen.

Nächste R (RückR): 2 RandM, im Muster bis zu den letzten 2 M, 2 RandM.

Die letzten 2 R noch 7-mal wdh. 93 (101) 109 M.

Wie bisher im Muster und die RandM str, bis zum Ende der R 61 der Strickschrift 2, mit einer RückR enden.

FÜR RECHTEN UND LINKEN HALSAUSSCHNITT TEILEN

Auf 2,75 mm Nadeln wechseln.

Nächste R (HinR): 2 RandM, 43 (47) 51 M im Muster, die nächsten 3 M abk (die mittleren 3 M über dem Stern), im Muster zu den letzten 2 M, 2 RandM. 45 (49) 53 M pro Seite.

Wenden und nur über die ersten 45 (49) 53 M stricken.

GRÖSSE	BRUSTUMFANG	BUNDUMFANG	LÄNGE BIS ACHSEL	ARMLOCH	LÄNGE BIS SEITL. SCHULTER
S	76-81 cm	80 cm	21,5 cm	28,5 cm	50 cm
M	86-91 cm	90,5 cm	24 cm	28,5 cm	52,5 cm
L	97-102 cm	101 cm	26,5 cm	28,5 cm	55 cm

SEITLICHER HALSAUSSCHNITT

Nächste R (RückR): 2 RandM, 41 (45) 49 M im Muster, 2 RandM.

In dieser Reihe werden die RandM am Armloch und dem Halsausschnitt eingeführt. Weiter im Muster stricken, dabei wie folgt für den Halsausschnitt abnehmen:

Nächste R (HinR Abn): 2 RandM, üzus, bis zu den letzten 2 M im Muster, 2 RandM. 1 M abgen.

1 R stricken.

**Die letzten 2 Reihen noch 15-mal wdh. 29 (33) 37 M.

Weiterstricken, bis das Strickstück 50 (52,5) 55 cm ab dem Anschlag misst, mit einer Rückreihe enden. Wenn die Maschenprobe stimmt, sollten Sie keine weiteren Reihen mehr stricken müssen.

Maschen stilllegen.

ZWEITER SEITLICHER HALSAUSSCHNITT

Die linke Seite vorn, die stillgelegten Halsausschnittmaschen wieder aufnehmen.

Nächste R (RückR): 2 RandM, 41 (45) 49 M im Muster, 2 RandM.

In dieser Reihe werden die RandM am Armloch und dem Halsausschnitt eingeführt. Weiter im Muster stricken, dabei wie folgt für den Halsausschnitt abnehmen:

Nächste R (HinR Abn): 2 RandM, bis zu den letzten 4 M im Muster, 2 M re zus, 2 RandM. 1 M abgen.

1 R stricken.

Ab ** wie die erste Seite str, M stilllegen.

RÜCKENTEIL

Die restlichen 120 (136) 152 M wieder aufnehmen. Ab *** wie das Vorderteil stricken.

AUSARBEITEN

Rechts auf rechts legen und mit Nadeln abketten (s. ***Allgemeine Technik***).

Fäden vernähen.

Leicht dämpfen, das Bügeleisen dabei über dem Strickstück halten, nicht darauf (s. ***Allgemeine Technik***).

SCHLÜSSEL

- ☐ HinR: re RückR: li
- ⊡ HinR: li RückR: re
- 6 links Zopf
- 6 rechts Zopf
- o Umschlag
- Λ 3 üzli
- Wdh
- NahtM

BUND STRICKSCHRIFT – GRÖSSE S

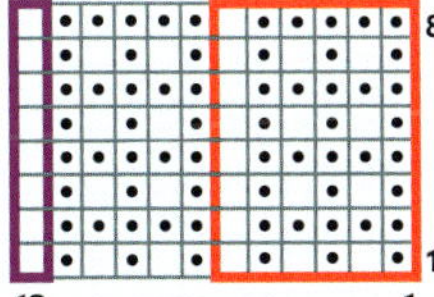

BUND STRICKSCHRIFT – GRÖSSE M

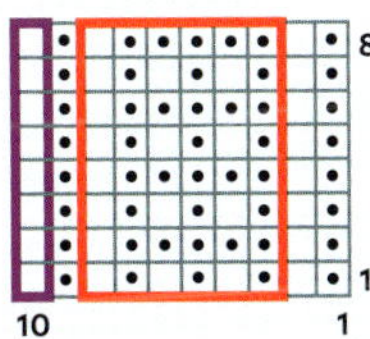

BUND STRICKSCHRIFT – GRÖSSE L

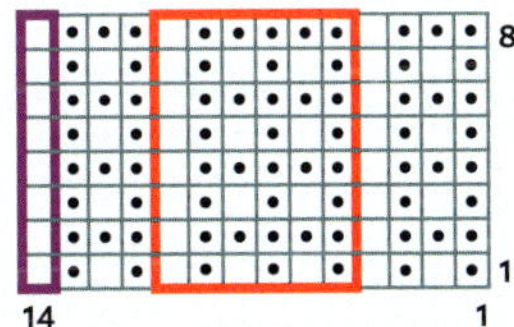

STRICKSCHRIFT 1

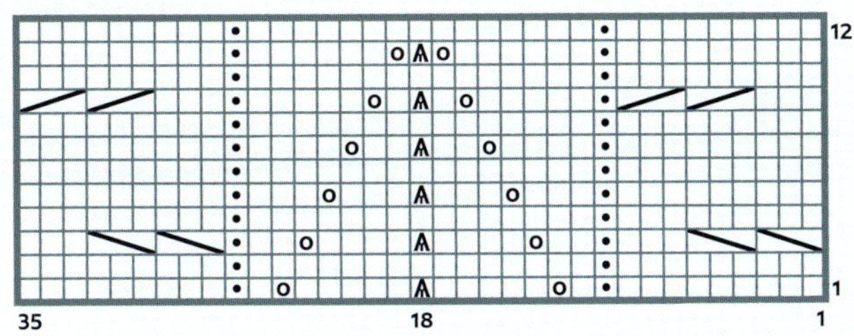

STRICKSCHRIFT 2

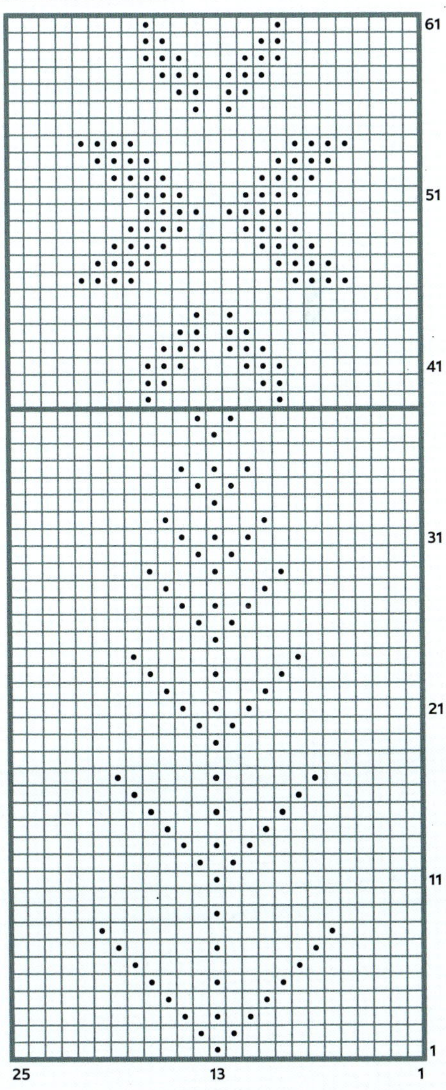

ALLGEMEINE TECHNIK

STRICKSCHRIFTEN LESEN

Jedes Kästchen einer Strickschrift steht für eine Masche. Wenn in Reihen gestrickt wird, lesen Sie die (ungeraden) Hinreihen von rechts nach links und die (geraden) Rückreihen von links nach rechts. Wenn in Runden gestrickt wird, werden alle Runden der Strickschrift von rechts nach links gelesen. Abschnitte zwischen bunten Wiederholungslinien werden so oft wie angegeben wiederholt, bevor man die restlichen Maschen dieser Strickschriftreihe strickt. Wenn keine Wiederholungszahl angegeben ist, wiederholen Sie den Abschnitt zwischen den farbigen Linien so oft, bis nicht mehr genug Maschen für eine Wiederholung übrig sind, stricken Sie dann die Maschen nach den bunten Linien.

DAS FERTIGE STÜCK DÄMPFEN

Lesen Sie bei jeder Wolle auf der Banderole die Pflegeanleitung. Für Ganseyprojekte raten wir vom nassen Spannen ab, da die Maschendefinition darunter leiden würde. Dämpfen und mit den Fingerspitzen leicht andrücken ist die beste Methode, um Maschen zu entspannen zum Beispiel beim ***Cardium Ganseytuch*** oder den Randmaschen der ***Sea Biscuit Jacke*** (s. ***Projekte***).

Das Strickstück auf links wenden und das Dampfbügeleisen ca. 5 cm über die Maschen halten, die ausgerichtet werden sollen. Achten Sie darauf, die Hände nicht in den heißen Dampf zu strecken, und drücken Sie die Ränder oder Maschen mit den Fingerspitzen an Ort und Stelle.

KREUZANSCHLAG

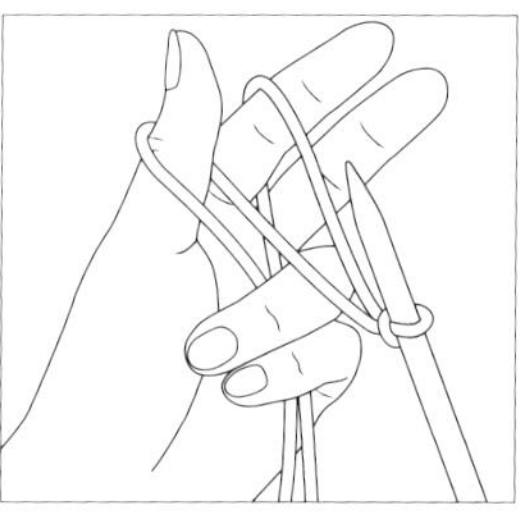

1. Schritt: Auf der rechten Nadel eine Grundschlinge knüpfen, dabei genug Faden für den Anschlag stehen lassen. Den Arbeitsfaden aus dem Knäuel vorne über den Daumen führen.

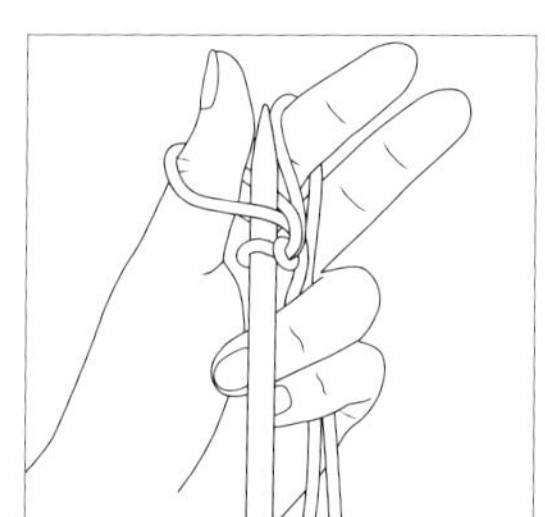

2. Schritt: Den linken Daumen und Zeigefinger zwischen Fadenende und Arbeitsfaden stecken und beide Fäden mit den restlichen Fingern halten.

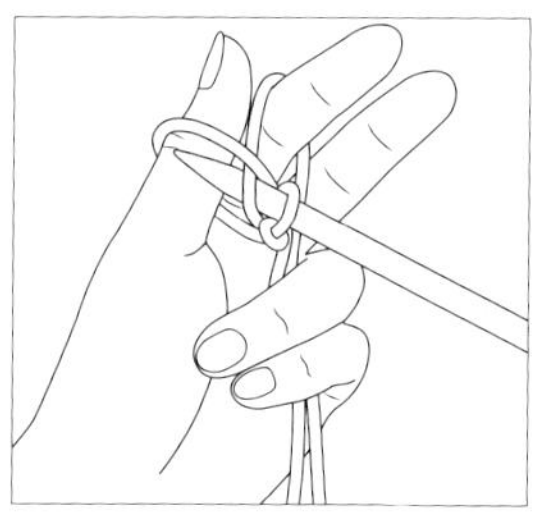

3. Schritt: Die Nadel unter die Daumenschlaufe führen, dann von oben über den Faden um den linken Zeigefinger führen und ihn auf die Nadelspitze nehmen.

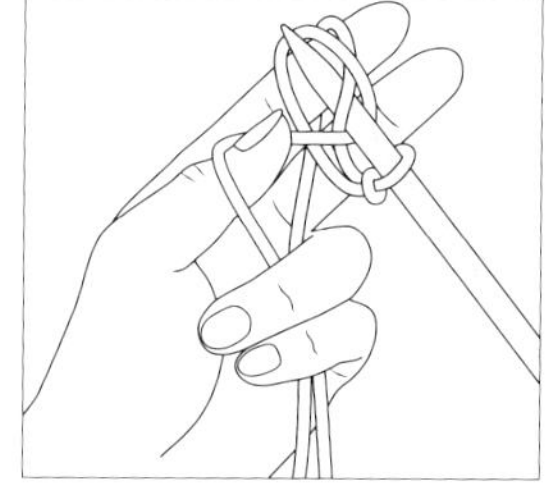

4. Schritt: Die Schlinge durch die Daumenschlaufe auf die Nadelspitze bringen, den Daumen herausnehmen und am Faden ziehen, um die Masche zu spannen.
Schritte zwei und drei so oft wie nötig wiederholen.

AUFSTRICKEN

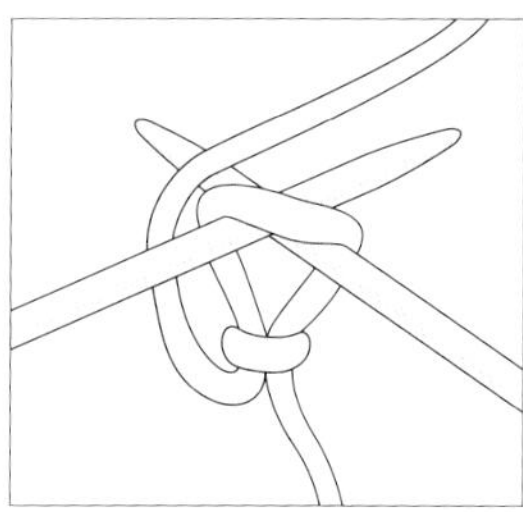

1. Schritt: Eine Grundschlinge als erste Masche auf die linke Nadel knüpfen.

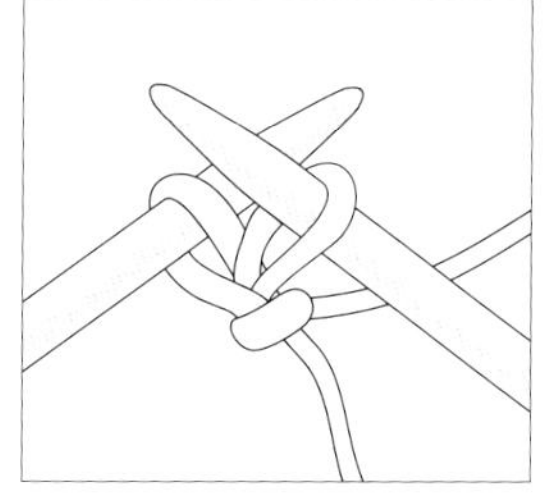

2. Schritt: Mit der rechten Nadel diese Masche stricken und als neue Masche auf die linke Nadel heben (zwei Maschen angeschlagen).

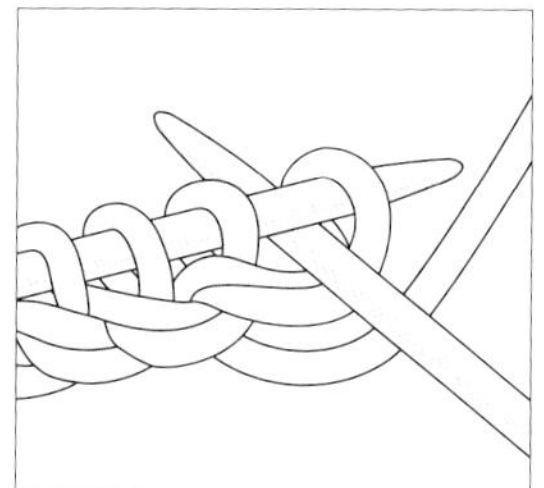

3. Schritt: Die rechte Nadel zwischen die ersten beiden Maschen auf der linken Nadel stechen.

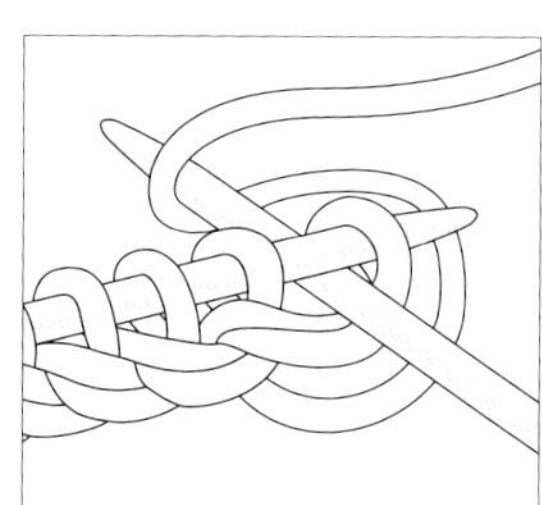

4. Schritt: Wie zum rechts Stricken den Faden um die Nadel legen, durchziehen und als neue Masche auf die linke Nadel heben.
Schritte drei und vier so oft wie nötig wiederholen.

DREI MASCHEN ÜBERZOGEN ZUSAMMENSTRICKEN (3 ÜZ)

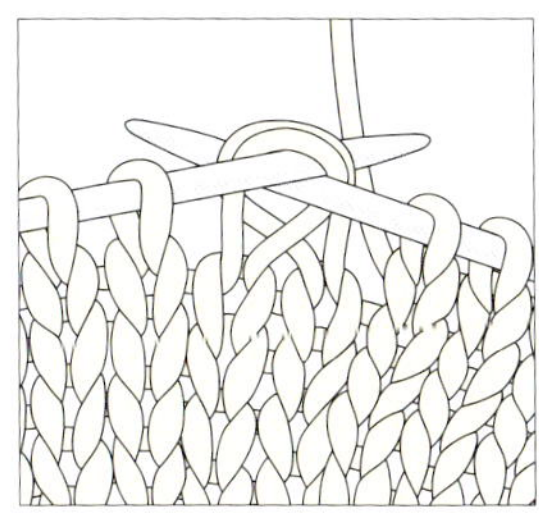

1. Schritt: Bis zwei Maschen vor der mittleren Masche rechts, die nächsten zwei Maschen wie zum rechts Stricken abheben.

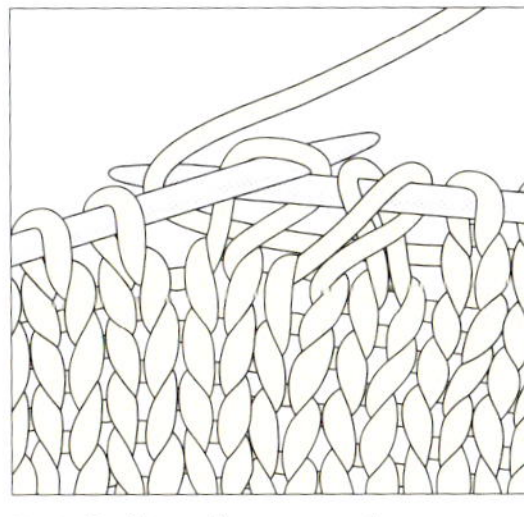

2. Schritt: eine Masche rechts.

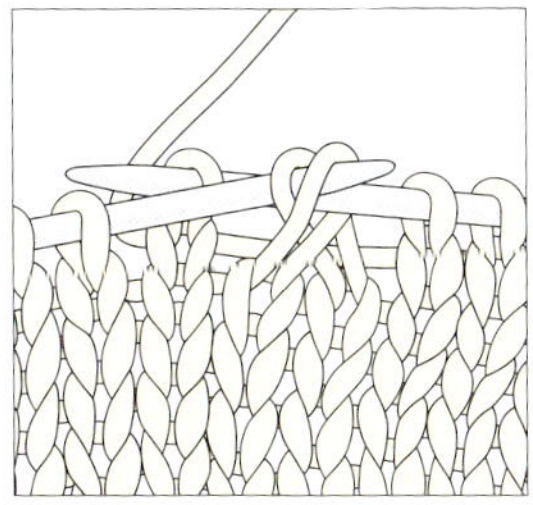

3. Schritt: Die zwei abgehobenen Maschen darüberziehen.

DOPPELTE LINKS NEIGENDE ABNAHME (3 ÜZLI)

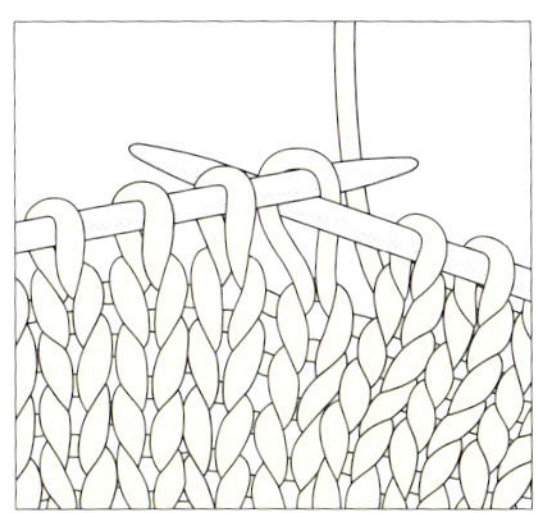

1. Schritt: Die nächste Masche abheben.

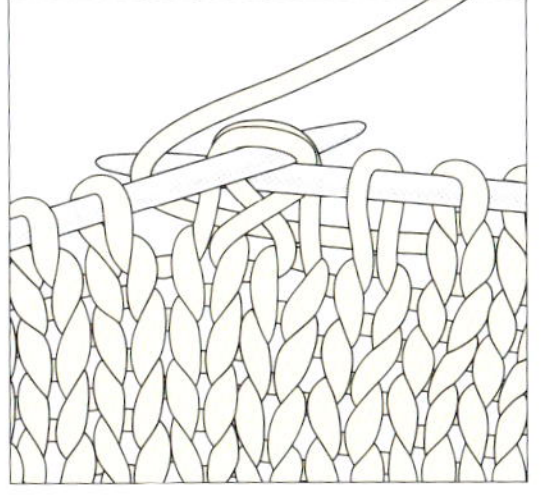

2. Schritt: Die nächsten zwei Maschen der linken Nadel rechts zusammenstricken.

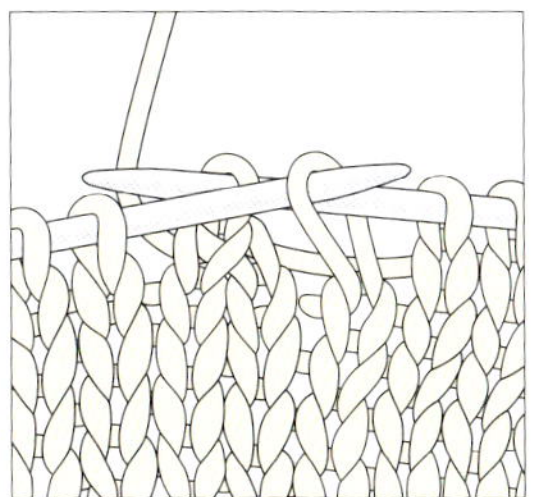

3. Schritt: Die abgehobene Masche darüberziehen.

KLASSISCH ABKETTEN

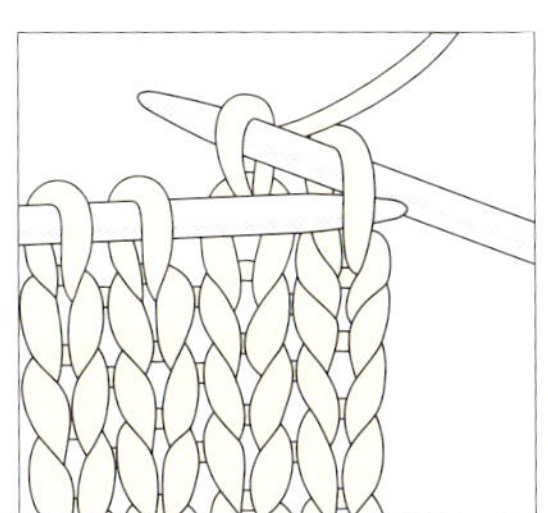

1. Schritt: Zwei Maschen auf der rechten Nadel, die linke Nadelspitze in die erste Masche einstechen.

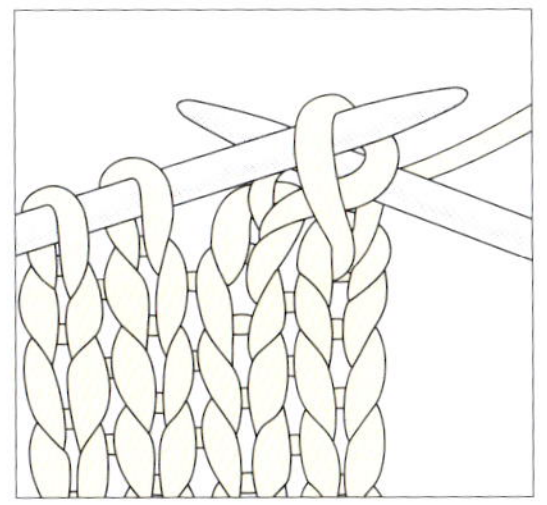

2. Schritt: Diese Masche über die zweite Masche und von der Nadel ziehen.

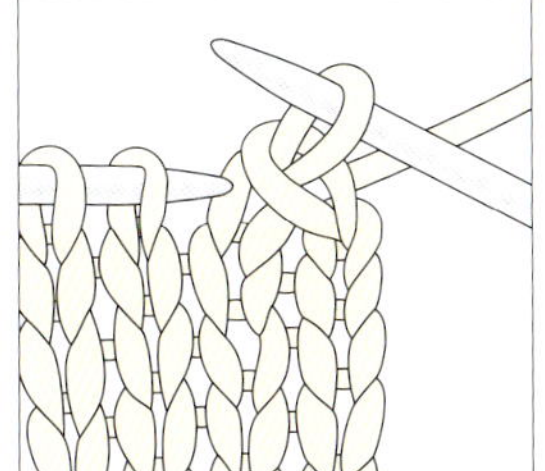

3. Schritt: Eine Masche abgekettet. Die nächste Masche rechts und ab Schritt eins wiederholen, bis noch eine Masche auf der rechten Nadel ist. Faden abschneiden, durch die letzte Masche ziehen und vernähen.

MIT 3 NADELN ABKETTEN

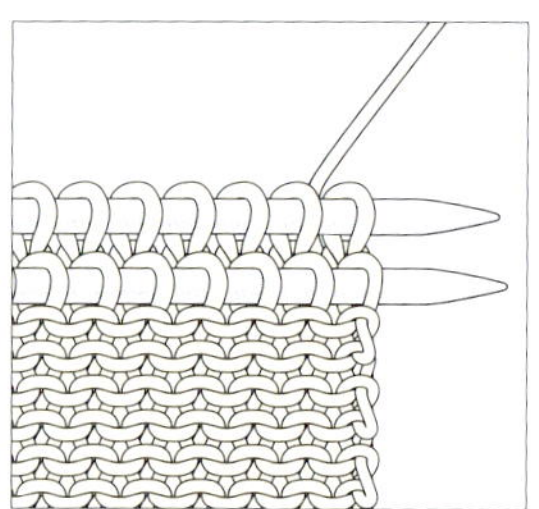

1. Schritt: Entweder rechts auf rechts (für unsichtbare Nähte) oder links auf links (für sichtbare Nähte) das Strickstück aufeinanderlegen.

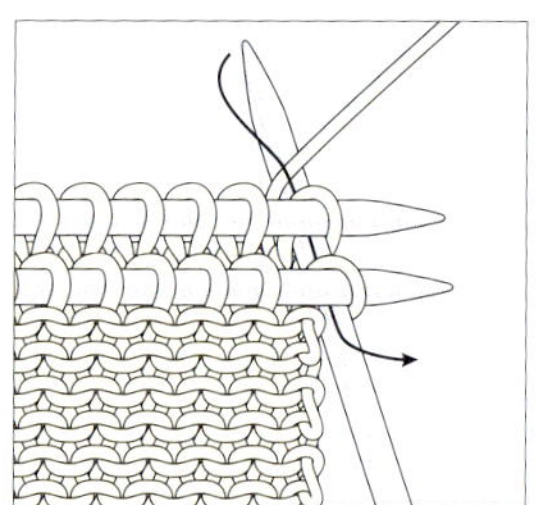

2. Schritt: Die Nadeln parallel halten und eine dritte Nadel in die erste Masche auf jeder Nadel stechen und 2 M re zusammenstricken.

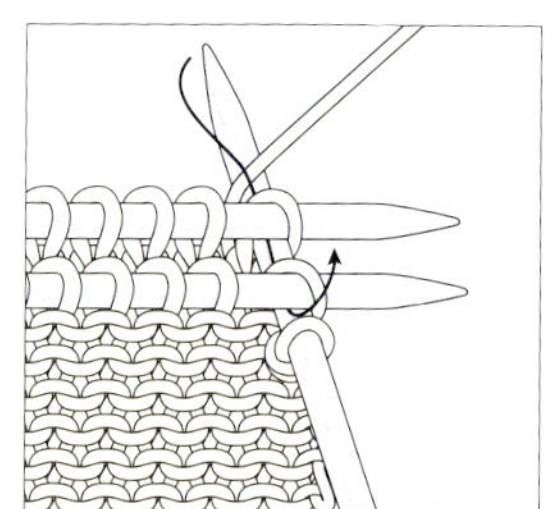

3. Schritt: Die neuen ersten Maschen jeder Nadel genauso zusammenstricken. Zwei Maschen auf der dritten Nadel.

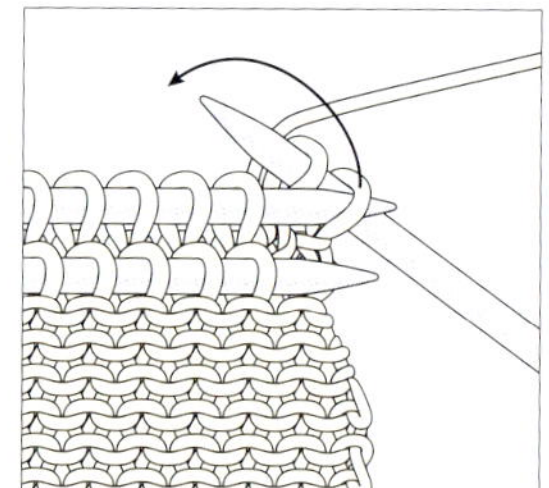

4. Schritt: Die erste Masche auf der dritten Nadel über die zweite und von der Nadel ziehen.
Schritte drei bis vier wiederholen, bis noch eine Masche übrig ist. Faden abschneiden, durch die letzte Masche ziehen und vernähen.

MASCHENSTICH

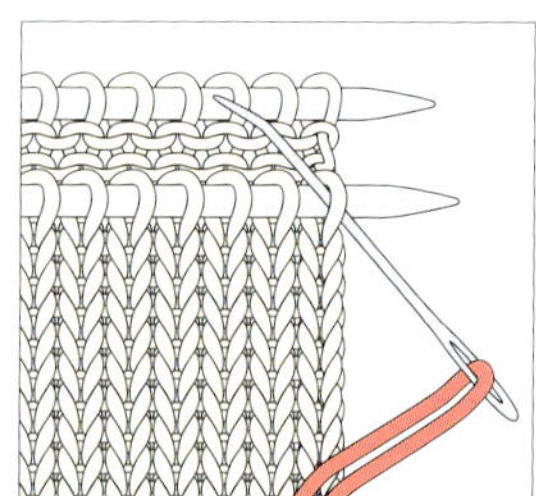

1. Schritt: Die M gleichmäßig auf zwei Nadelspielnadeln aufteilen, parallel und beide Nadelspitzen rechts halten, rechte Seite vorn.
Den Arbeitsfaden auf eine Stopfnadel fädeln.

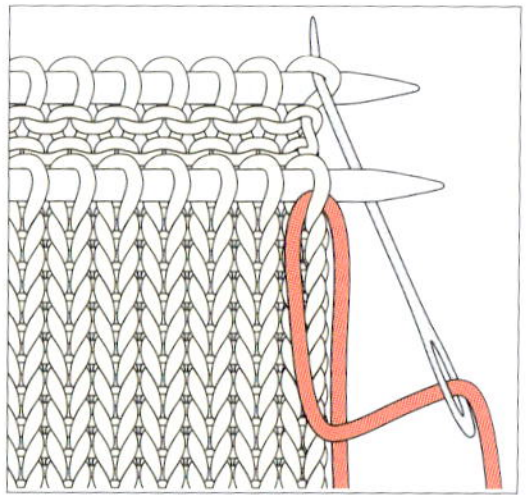

2. Schritt: Die Stopfnadel wie zum li Stricken durch die 1. M auf der vorderen Nadel führen, die M auf der Nadel lassen, dann wie zum re Stricken durch die 1. M auf der hinteren Nadel, die M auf der Nadel lassen.

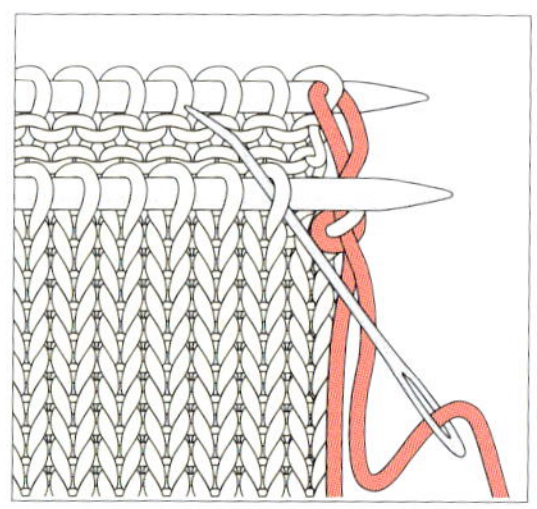

3. Schritt: Die Stopfnadel wie zum re Stricken durch die 1. M der vorderen Nadel führen, dann wie zum li Stricken durch die 2. M und nur die 1. M von der Nadel gleiten lassen.

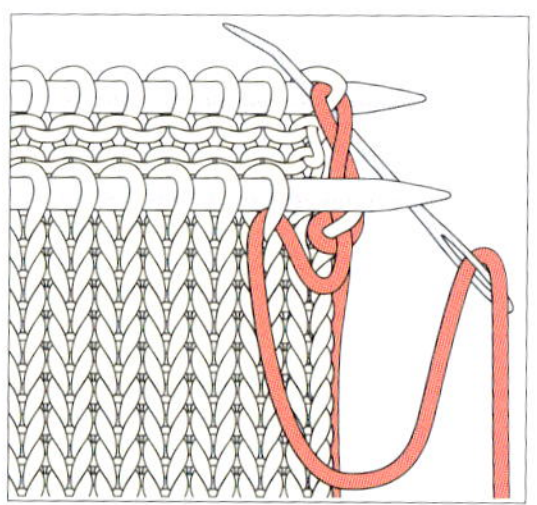

4. Schritt: Die Stopfnadel wie zum li Stricken durch die 1. M auf der hinteren Nadel führen, dann wie zum re Stricken durch die 1. M und die 1. M von der Nadel gleiten lassen.
Schritte drei bis vier wiederholen, bis alle M abgenäht wurden.

ABKÜRZUNGEN

2 links Zopf: 1 M von der li Nadel auf der Zopfnadel vor die Arbeit legen. Die nächste M auf der li Nadel re, dann 1 M von der Zopfnadel re.

2 rechts Zopf: 1 M von der li Nadel auf der Zopfnadel hinter die Arbeit legen. Die nächste M auf der li Nadel re, dann 1 M von der Zopfnadel re.

4 links Zopf: 2 M von der li Nadel auf der Zopfnadel vor die Arbeit legen. Die nächsten 2 M auf der li Nadel re, dann 2 M von der Zopfnadel re.

6 links Zopf: 3 M von der li Nadel auf der Zopfnadel vor die Arbeit legen. Die nächsten 3 M auf der li Nadel re, dann 3 M von der Zopfnadel re.

6 rechts Zopf: 3 von der li Nadel auf der Zopfnadel hinter die Arbeit legen. Die nächsten 3 M auf der li Nadel re, dann 3 M von der Zopfnadel re.

8 links Zopf: 4 M von der li Nadel auf der Zopfnadel vor die Arbeit legen. Die nächsten 4 M auf der li Nadel re, dann 4 M von der Zopfnadel re.

8 rechts Zopf: 4 von der li Nadel auf der Zopfnadel hinter die Arbeit legen. Die nächsten 4 M auf der li Nadel re, dann 4 M von der Zopfnadel re.

10 links Zopf: 5 M von der li Nadel auf der Zopfnadel vor die Arbeit legen. Die nächsten 5 M auf der li Nadel re, dann 5 M von der Zopfnadel re.

12 rechts Zopf: 6 M von der li Nadel auf der Zopfnadel hinter die Arbeit legen. Die nächsten 6 M auf der li Nadel re, dann 6 M von der Zopfnadel re.

3 üz: 3 Maschen überzogen zusammenstricken (s. ***Allgemeine Technik***)

Kornmasche: Umschlag, 2 M re, den Umschlag über die beiden Maschen ziehen

HinR: re RückR: li

2 M re zus: rechts neigend abnehmen (s. ***Gansey Technik***)

M1L: links neigend zunehmen (s. ***Gansey Technik***)

M1R: rechts neigend zunehmen (s. ***Gansey Technik***)

Elsie Buchans Scheinzopf: 1 M wie zum rechts Stricken abheben, 1 M rechts, Umschlag (U), die abgehobene M über beide M ziehen (die rechte M und den Umschlag).

HinR: li **RückR:** re

2 M li zus: 2 M links zusammenstricken für eine rechts neigende Abnahme

2 M li zus versch: 2 M links verschr zusammenstricken für eine links neigende Abnahme

HinR: Hinreihe

3 üzli: links neigende Doppelabnahme (s. ***Allgemeine Technik***)

üzus: links neigende Abnahme (s. ***Gansey Technik***)

Hebemasche: 1 M von der linken auf die rechte Nadel heben, ohne sie zu verdrehen, den Faden hinter der Arbeit

M: Masche(n)

versch: verschränkt stricken

RückR: Rückreihe

Fd hinten: Faden hinter der Arbeit

Fd vorn: Faden vor der Arbeit

Umschlag: Faden über die Nadel legen

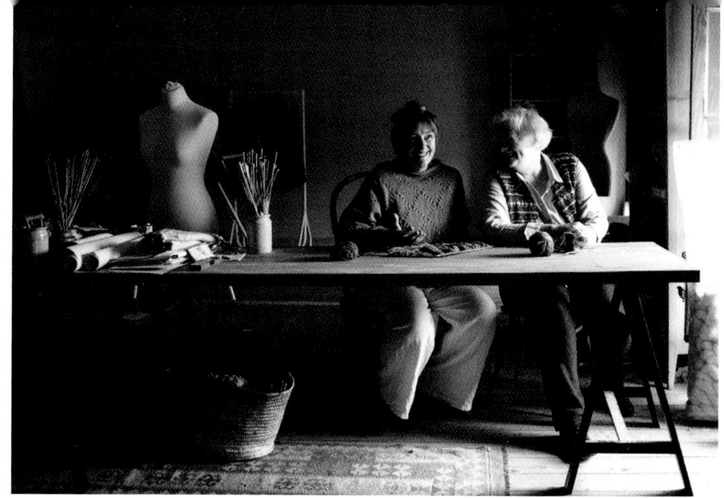

ÜBER DIE AUTORINNEN

Sheila Greenwell

Ich komme aus einer schottischen Stadt der Strickwaren und einer Familie, die viel mit Spinnen und Wolle zu tun hatte, daher konnte ich stricken, noch bevor ich zur Schule gegangen bin. Wenn ich mir alte, handgeschriebene Notizen von Ganseystrickerinnen ansehe, erinnert mich das daran, wie ich ohne gedruckte Anleitungen das Stricken erlernt habe. Ich habe Di vor zehn Jahren getroffen, als ich nach 30 Jahren im Schuldienst in den Ruhestand gegangen bin. Jetzt habe ich das Glück, sowohl das Unterrichten als auch das Stricken mit ihr zu teilen. Die Geschichte der Ganseys fesselt unser Publikum weltweit. Es war ein echtes Privileg, mit Di an diesem Buch zu arbeiten.

Di Gilpin

1983 nahm ich mir ein Jahr lang eine Auszeit vom Unterrichten, um zu reisen. Ich traf auf der Isle of Skye ein mit kaum mehr als einem Rucksack, einem Zelt, Wolle und Stricknadeln. Ich verbrachte schließlich 18 Jahre auf der Insel, ließ mich von der Landschaft und dem Meer inspirieren. Ich habe meine Strickfähigkeiten ausgebaut, mit unterschiedlichen Methoden, Stilen und Mustern experimentiert.
Inzwischen lebe ich auf der Comielaw Farm auf der Balcaskie Estate in Fife, wo ich in Zusammenarbeit mit Uist Wool Wolle zusammenstelle, darunter auch eine Biowolle/Kaschmirmischung. Sheila und ich entwerfen zusammen Strickanleitungen, Kleidungsstücke für unterschiedliche Modekunden, unterrichten und bieten Workshops an. Ich habe beim Aufbau des Moray Firth Partnership Gansey Project geholfen, und zusammen mit Sheila gehöre ich dem Leitungskomitee des »Knitting the Herring« Projekts des Schottischen Fischereimuseums an.
Gemeinsam mit Sheila und einem wunderbaren Team betreiben wir eine Firma. Unsere Marke arbeitet mit Designern wie Graeme Black, Paul Hardy, Nike, La Fetiche und Connolly England zusammen. Slow Fashion, eine ethische und nachhaltige Produktion, ist unser Ziel. Balvenie Masters of Craft Textile Award, 2005 und 2012. Fletcher of Saltoun Award der Saltire Society, 2019.

Kontaktieren Sie Di und Sheila unter di.gilpin1@gmail.com Instagram: digilpinknitwear

DANKSAGUNG

Wir möchten das Buch all den großartigen Ganseystrickerinnen widmen, deren Arbeit uns seit Jahren inspiriert.
Dank an alle bei »Knitting the Herring«. Federica Papiccio für die Stunden, in denen sie jedes Detail jedes einzelnen Ganseys protokoliert hat. Matthew Topsfield für all die herausragende Arbeit, die er bei der Forschung und dem Stricken von Eriskay Ganseys leistet. Jen Gordon vom Museum, der einen Großteil der Textile Collection in Anstruther untersucht hat. Stephanie Hoyle und Kathryn Logan vom Moray Firth Gansey Projekt, weil sie ein wunderbares Ganseyerbe für das Schottische Fischereimuseum erschaffen. Linda Fitzpatrick für all ihre Hilfe im Museumsarchiv. Maureen Malecki und Sandra Buttercase, weil sie einige der tollen Stücke in diesem Buch gestrickt haben. Vielen Dank an unseren eigenen Strickclub für die Unterstützung im letzten Jahr, wie lieben euch alle!
Dank an Martin Warren, dessen Arbeit zu den Sheringham Ganseys unschätzbar war. Anji Hancock war ebenfalls unglaublich, weil sie all das Wissen über ihre Großmutter Isabella, deren Notizen und Muster sich im Geschichtskapitel finden, mit uns geteilt hat. Dank an Oisin Davis Lyons, meinen Stiefsohn, der für uns in Bristol gemodelt hat und dessen Kunst im Buch abgedruckt ist. www.oshii.uk. Dank an Rachel Kiley, Funso Foluso-Henry, Claire Rammelkamp, Hudson und Adeline Rowntree, weil sie tolle Models waren. Einen besonderen Dank an Sarah Rowntree für Layout und Design sowie an den Fotografen Jason Jenkins und Lektorin Jessica Cropper. Dank an Sarah Callard, weil sie vom ersten Gespräch im letzten Jahr an das Buch geglaubt hat. Sheila und ich sind begeistert von all der Arbeit, die unsere Verleger David & Charles in das Buch gesteckt haben. Die Zusammenarbeit mit Tricia Gilbert war ebenfalls großartig, vielen Dank! Das war ein faszinierendes Rechercheprojekt, das Sheila und ich geliebt haben. Wir möchten beide Colm und Howard und unseren Jungs für ihre persönliche und berufliche Unterstützung und ihr Verständnis danken. Ich möchte mich vor allem bei Sheila bedanken, weil sie mich auf dieser Reise durch die Geschichte der Ganseys auf dem rechten Weg gehalten hat.

BIBLIOGRAPHIE

Für alle, für die Ganseys noch ganz neu sind oder die sich bereits in diesen unglaublichen Strickstil verliebt haben, habe ich eine Bibliographie meiner Lieblingsbücher, -artikel und -websites über Ganseys zusammengestellt.

Wichtige Quellen

Das Ganseyprojekt »Knitting the Herring« des Schottischen Fischereimuseums verfügt über ein wunderbares Ganseyarchiv vom Moray Firth Project und East Neuk of Fife. Stricken Sie einen Hering für das Projekt! ***www.scottishgansey.org.uk***

Michael Pearson's T***raditional Knitting***. ***Aran, Fair Isle and Fisher Ganseys.*** Dover Publications, Inc, Minneola, New York, 1985. ISBN 0004120566

Ein kluges Buch mit intensiver Forschung aus einer Zeit, als man Ganseystrickerinnen noch interviewen konnte.

Gladys Thompson. ***Patterns for Guernseys, Jerseys & Arans. Fishermen's Sweaters from the British Isles.*** Dover Publications, 2000. ISBN 0486227030

Das Buch, das meine Recherchen als Kind ausgelöst hat. Ein Muss für Ganseyliebhaber.

Beth Brown-Reinsel. ***Am Stück gestrickt: Ganseys. Den klassichen britischen Fischerpullover selbst stricken,*** Stiebner Verlag, 2019. ISBN 978-3830720713

Ein tolles Buch mit ein paar wunderschönen, traditionellen Designs.

Andere Bücher

Rae Compton. ***The Complete Book of Traditional Guernsey and Jersey Knitting.*** Batsford Ltd, London, 1984. ISBN 0713441259

Sabine Domnick. ***Cables, Diamonds & Herringbone: Secrets of Knitting Traditional Fishermen's Sweaters.*** Camden, 2007. ISBN 9780892726882

Marie Hartley and Joan Ingilby. ***The Old Hand-Knitters of the Dales.*** Cooperative Press, additional text Penelope Hemingway ©2014, text of original book ©1951. ISBN 9781937513269

Michael Harvey & Rae Compton. ***Fishermen Knitting.*** Shire Publications, London, 1978. ISBN 0852634218

Penelope Lister Hemingway. ***River Ganseys: Strikin' t'loop, Swaving, and Other Yorkshire Knitting Curiosities Revived from the Archives.*** Cooperative Press, 2015. ISBN 9781937513405

The Moray Firth Coastal Partnership. ***Fishing for Ganseys.*** Moray Firth, 2011.

Henrietta Munro & Rae Compton. ***They Lived by the Sea: Folklore and Gansey Patterns of the Pentland Firth.*** Caithness, 1983. ISBN 0950686034

James Norbury. ***Traditional Knitting Patterns from Scandinavia, the British Isles, France, Italy and Other European Countries***. Dover Publications, 1974. ISBN 9780486210131

Michael RR Pearson. T***raditional Patterns of the British Isles: Fisher Gansey-Patterns of Scotland and the Scottish Fleet***. Esteem Press, 1980. ISBN 9780906658055

Stella Ruhe. ***Dutch Traditional Ganseys.*** Baarn, 2013. ISBN 9058778983

Stella Ruhe. ***More Traditional Dutch Ganseys.*** Baarn, 2017. ISBN 9781782215080

Richard Rutt. ***A History of Hand-Knitting.*** Loveland, 2003. ISBN 9781931499378

Esther Rutter. ***This Golden Fleece: A Journal Through Britain's Knitted History.*** London, 2019. ISBN 9781783784356

Annie Shaw. ***Wholegarment Knitwear: New Ways of Making Clothes,*** in Text: for the Study of Textile Art, Design and History, 36, 2008-09, pp10-16

Rita Taylor, Lesley Lougher, Jan Hillier, Ken Holloway and Martin Warren. ***Sheringham Ganseys: People, Places, Patterns.*** Sheringham, 2017.

Henriette van der Klift-Tellegen. ***Knitting from the Netherlands: Traditional Dutch Fishermen's Sweaters.*** London, 1987. ISBN 0852197098

Mary Wright. ***Cornish Guernseys and Knit-frocks.*** Stanfords, 1979. ISBN 0906720052

Weitere Quellen

Martin Warren, Norfolk Gansey Project, www.northfolk.org.uk

Matthew Topsfield: Facebook Eriskay pattern page, www.facebook.com/KnitEriskay Flamborough Marine Ltd, www.flamboroughmanor.co.uk/ganseys

Gansey Nation, www.ganseys.com

Ganseys, Identity Emotional Investment & Design, www.art.mmu.ac.uk/staff/ research/3798

Deb Gillanders, Propagansey, www.propagansey.co.uk

Ravelry Group, www.ravelry.com/groups/guernseys-ganseys-knit-frocks---fishermens-sweaters

Sheringham Museum's 'The Gansey Page', www.sheringhammuseum.co.uk/ganseys.html

The Knitting History Forum, www.knittinghistory.co.uk

The Moray Firth Gansey Project, www.gansey-mf.co.uk/index.html The Net Loft, www.thenetloftak.com University of Glasgow's ›Fleece bis Fashion – Economies and Cultures of Knitting in Scotland‹, www.gla. ac.uk/schools/humanities/research/ historyresearch/researchprojects/fleece/#abouttheproject

Alexander Fenton. ***Buchan Words and Ways.*** 2004. Scottish Corpus of Texts & Speech. Document 1483

Rig and Furrow in Scotland, www.startruM.org.uk/ RIG%20AND%20FURROW-AF.PDF

Eine Händlerliste von Lalland Yarn, s. www.digilpin.com

INDEX

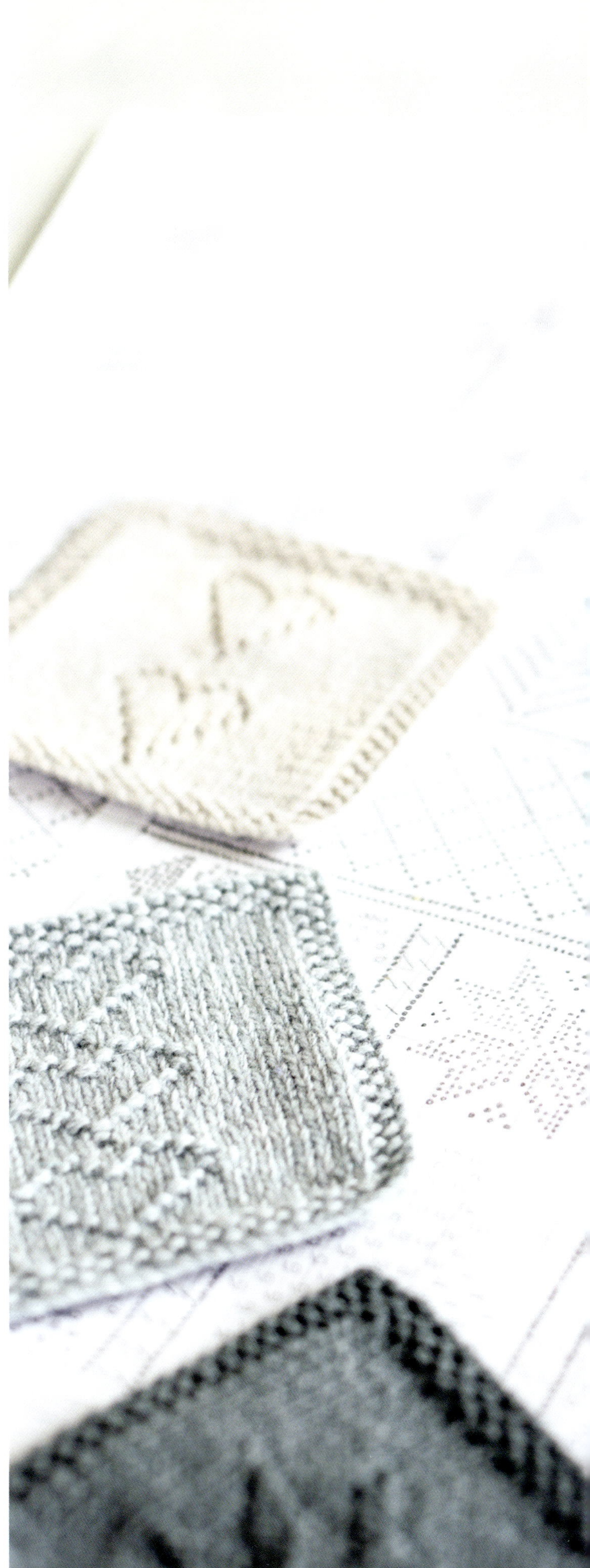

Erstmals erschienen 2021 unter dem Titel »The Gansey Knitting Sourcebook« von Di Gilpin & Sheila Greenwell bei David and Charles Ltd.

Text und Design der englischen Originalausgabe: Di Gilpin und Sheila Greenwell
Layout und Fotografie der englischen Originalausgabe: David and Charles Ltd., außer die untenstehenden Bilder:
Bilder Copyright:
Seiten 8, 9, 10 (alle Bilder), 16 (unten links), 17 (oben) © Scottish Fisheries Museum
Seite 16 (unten rechts), 17 (unten links), 22 (Foto), 140 (unten links) © Di Gilpin
Seite 11 (obere Bilder), 12 (alle Bilder), 13 (oben links, unten links), 15 (eingebundenes Foto), 17 (unten rechts) © Angela Hancock
Seite 20 (oben) , 164 (Foto) © Elena Heatherwick
Seite 20 (unten) © Nick Hand
Illustrationen: Kuo Kang Chen & Whistlefish
Designer: Sarah Rowntree
Projektfotografie: Jason Jenkins
Übersetzung aus dem Englischen: Christine Heinzius
Lektorat der deutschen Ausgabe: Stefanie Klapetek
Schlusskorrektur der deutschen Ausgabe: Rita Krajicek
Satz der deutschen Ausgabe: Danai Afrati
Gedruckt in der EU

Bibliografische Information der Deutschen Nationalbibliothek:
Die Deutsche Nationalbibliothek verzeichnet diese Publikation in der Deutschen Nationalbibliografie; detaillierte bibliografische Daten sind im Internet über http://dnb.dnb.de abrufbar.
ISBN 978-3-8307-2131-4

Wir produzieren unsere Bücher mit großer Sorgfalt und Genauigkeit. Trotzdem lässt es sich nicht ausschließen, dass uns in Einzelfällen Fehler passieren. Auf unserer Webseite finden Sie bei dem jeweiligen Titel eventuelle Hinweise und Korrekturen. Sollten Sie in diesem Buch einen Fehler finden, so bitten wir um einen Hinweis an verlag@stiebner.com. Für solche Hinweise sind wir sehr dankbar, denn sie helfen uns, besser zu werden.
www.stiebner.com